T0198504

Sammlung Metzler
Band 330

Götz-Lothar Darsow

Friedrich Schiller

Verlag J.B. Metzler Stuttgart · Weimar

Der Autor

Götz-Lothar Darsow; Studium der Musik, Soziologie, Philosophie und der Literaturwissenschaft; 1999 Promotion; Geschäftsführer der Deutschen Gesellschaft für Ästhetik am Sprengel Museum Hannover; Veröffentlichungen zur Literatur und Musik des 18. bis 20. Jahrhunderts, zur Ästhetik und zu neuen Medien.

Zugl.: Berlin, Humboldt-Univ., Diss., 1999

Meinen Eltern und Geschwistern

Die Deutsche Bibliothek – CIP-Einheitsaufnahme

Darsow, Götz-Lothar:
Friedrich Schiller / Götz-Lothar Darsow.
– Stuttgart ; Weimar : Metzler , 2000
   (Sammlung Metzler ; Bd. 330)
   Zugl.: Berlin, Humboldt-Univ., Diss., 1999
   ISBN 978-3-476-10330-7

SM 330
ISBN 978-3-476-10330-7
ISBN 978-3-476-02763-4 (eBook)
DOI 10.1007/978-3-476-02763-4
ISSN 0558 3667

Dieses Werk einschließlich aller seiner Teile ist urheberrechtlich geschützt. Jede Verwertung außerhalb der engen Grenzen des Urheberrechtsgesetzes ist ohne Zustimmung des Verlages unzulässig und strafbar. Das gilt insbesondere für Vervielfältigungen, Übersetzungen, Mikroverfilmungen und die Einspeicherung und Verarbeitung in elektronischen Systemen.

© 2000 Springer-Verlag GmbH Deutschland
Ursprünglich erschienen bei J.B. Metzlersche Verlagsbuchhandlung und Carl Ernst Poeschel Verlag GmbH in Stuttgart 2000

www.metzlerverlag.de
E-Mail: Info@metzlerverlag.de

Inhalt

Einleitung 1

I.   Provinzen und Provenienzen 10
     1. Herkunft aus beengenden Verhältnissen 10
     2. Karlsschule, Arzt im Grenadierregiment
        und Verfasser der *Räuber* 14
        2.1 Anthropologe und Arzt, Physiologe und Dramatiker . 14
        2.2 Der Anthropologe als Analytiker der Seele 26
        2.3 Mutige Strategien: Zur Publikationsgeschichte
            der *Räuber* 31

II. Der Analytiker der höfischen Gesellschaft 38
     1. Der Versuch, sich als Theaterdichter zu etablieren . . . 38
     2. Die Vergiftung der höfischen Gesellschaft 41
        2.1 *Die Verschwörung des Fiesko zu Genua* 41
        2.2 Wenn Herzen ihre Preise haben: *Kabale und Liebe* . . 45
     3. Triumph und Opfer der Liebe:
        Zu den *Philosophischen Briefen* 53

III. Mystifikationen, Aufklärung
     und Herrschaftswissen 59
     1. Einer, der ›langweilige Zäune‹ niederreißt:
        Ankündigung der Rheinischen Thalia
        und der erste Brief an Körner 59
     2. *Don Karlos* 64
     3. *Der Geisterseher* – Schiller als erfolgreicher
        Romancier 73

IV. Zweckmäßige Kompromisse:
     Historiograph und Professor 80
     1. Ernste Krisen 80
     2. Der Historiker als Diener des Staats 86
        2.1 Universalgeschichte 88
        2.2 Ästhetik der Geschichtsschreibung 92

V.   Der Lyriker 95

VI.   Diagnosen und Theorien – Zu den ästhetisch-
        philosophischen Abhandlungen 106
        1. Weitblickende Diagnosen: Die Gedichte
           Die Götter Griechenlandes und *Die Künstler* 106
        2. Krankheit und Theorie 112
           2.1 *Anmut und Würde* 114
           2.2 *Vom Erhabenen* 117
           2.3 Schillers Kant-Studium und ›eine überraschende
                Ausnahme von allem Gewöhnlichen‹ 120
        3. Diagnose und Therapie einer Epoche 125
        4. Diagnose eines Epochenwandels:
           Dichtung in sentimentalischer Zeit 134
        5. Theorie der Idylle – eine neue ›poetische Art‹ 140

VII.   Der Literaturpolitiker 147
        1. *Die Horen*: Eine Societät von Schriftstellern,
           wie noch kein Journal aufzuweisen gehabt hat 147
        2. Literaturpolitik und Ökonomie 151
        3. Schöner Schein und ökonomisches Sein 157
        4. Die Angriffe auf die Horen und der Xenienstreit:
           Nulla dies sine Epigrammate 160

VIII.   Bündnisse – Synthesen – Akkumulationen 168
        1. Zu Goethe: ›Wenige Sterbliche haben mich
           noch so interessiert‹ 168
        2. *Wallenstein* – Ort von Synthesen 178
        3. Exkurs zu den Entwürfen: *Die Polizey* 189

IX.   Klassische Rücksichten und moderne
        Vorbedeutungen 194
        1. *Maria Stuart*: Schiller und seine
           Antike-Rezeption I 194
        2. *Die Jungfrau von Orleans:* Poetisierung
           des Historischen und Enthistorisierung der Poesie .. 199
           2.1 Schillers »romantische Tragödie« als Entgegnung
                auf Voltaires *La pucelle d'Orléans* 200
           2.2 Die »charismatische« Jungfrau 204
        3. *Die Braut von Messina*: Schiller und seine
           Antike-Rezeption II 208
        4. *Wilhelm Tell* 213

X.   **Triumphaler Ausklang in intellektueller**
        Einsamkeit 222
        1. Triumph in Berlin und Isolation in Weimar 222
        2. Der Übersetzer und Bearbeiter 224
        3. Fragmentierte Apotheose: *Demetrius* 227

XI.   **Weiteres zur Rezeptionsgeschichte** 233

XII.   **Bibliographie** 239
        1. Abkürzungen 239
        2. Werkausgaben 239
        3. Bibliographien und wissenschaftliche Hilfsmittel ... 241
        4. Briefe, Gespräche, Zeugnisse 242
        5. Biographien, Gesamtdarstellungen, Allgemeines ... 243
        6. Schiller im Internet 243
        7. Zitierte Quellenwerke 243
        8. Forschungsliteratur 245

XIII. **Personenregister** 257

Einleitung

»[...] mir lag daran, den Menschen zu rechtfertigen,
und konnt ich das wohl anders und besser
als durch den herrschenden Genius seiner Zeiten?«
Vorrede zu *Don Karlos* in der *Rheinischen Thalia*

Friedrich Schiller verkörpert wie kaum ein anderer herausragender Repräsentant seiner Epoche das Dilemma der anbrechenden Moderne in Deutschland: Zerrissen von der Einsicht in die Notwendigkeit der Veränderung der gesellschaftlichen Verhältnisse und der Erkenntnis, daß die aufgeklärte bürgerliche Intellektuellenschicht an konkretem politischem Handeln auf absehbare Zeit ausgeschlossen blieb (vgl. Elias 1936, 17; Vierhaus 1967, 138ff.; Krauss 1996, 9), versuchte Schiller dennoch unermüdlich, in immer neuen Konstellationen der Kunst, dem Theater, dem gesprochenen und gedruckten Wort eine Wirkung – und eine Würde zu verleihen, die – wenn auch über notwendige Umwege – es sich schließlich doch nicht nehmen lassen wollten, »sich mit dem vollkommensten aller Kunstwerke, mit dem Bau einer wahren politischen Freyheit zu beschäftigen« (20, 311). Dafür machte sich Schiller das in den letzten Jahrzehnten des 18. Jahrhunderts gewaltig aufblühende Interesse virtuos zunutze, welches stetig breiter werdende bürgerliche Schichten an literarischen und publizistischen Erzeugnissen bekundeten (vgl. Bruford 1936, 255ff.; Habermas 1962, 139ff.; Gross 1994, 40ff.; statistische Angaben bei Kiesel/Münch 1977, 180ff.; für literarische Zeitschriften B. Zimmermann 1988, 542). Das zeigen nicht allein seine literarischen Werke, sondern auch die vielfältigen Aktivitäten als Herausgeber und Redakteur eigener Zeitschriften.

Jedoch gab es noch eine viel prinzipiellere Schwierigkeit, die die Arbeit des Literaten und seiner Kunst betraf: sie war nicht länger aufgehoben in funktionalen Abhängigkeiten von Klerus und Aristokratie; vielmehr konnte sie sich nunmehr frei auf dem rasch wachsenden Markt einer literarisch interessierten bürgerlichen Öffentlichkeit bewegen, wobei der Künstler allerdings ganz neuen, d.h. ökonomischen Zwängen ausgesetzt war. Aber mehr noch: seine Arbeit musste sich allein aus sich selbst rechtfertigen. Die Kunstwerke wurden mehr und mehr als autonome aufgefasst (vgl. Boehm/Pfotenhauer 1995, 9), deren Emanzipation von aller Heteronomie für Schiller unabdingbare Voraussetzung seiner Arbeit war.

Um 1800 hat er die Genese der deutschen Literatur in Form eines Gedichts resümiert: Es ist *Die deutsche Muse* betitelt. Jener
›Muse‹ und damit seinem eigenen Werk glaubte er vor allem bescheinigen zu können, dass sie »nicht am Strahl der Fürstengunst«
zu ihrer Blüte gekommen sei. Für die deutsche Kunst habe es kein
Augustäisches Zeitalter gegeben, kein Medicifürst habe sie gefördert,
vielmehr habe ein so bedeutender deutscher Herrscher wie Friedrich
II. von Preußen die rohe Unkultur der deutschen Literatur im Gegensatz zur französischen verächtlich gemacht: »Von des großen
Friedrichs Throne/ Gieng sie schutzlos, ungeehrt.« Mit Stolz könnten deshalb die deutschen Schriftsteller von sich behaupten, dass sie
die inzwischen vor den Augen der Welt manifestierte hohe Qualität
ihrer Literatur ganz allein bewirkt hätten. Sie waren nicht einge-
zwängt in ein Korsett überlästiger Regelwerke wie die Literatur der
Franzosen. Sie konnten sich daher »eig'ner Fülle« bedienen und ihre
Werke die ihnen eigentümliche Signatur gewinnen, die Schiller vor
diesem Hintergrund – noch unbeschwert von späterem deutschen
Raunen – als »aus Herzens Tiefen quellend« charakterisieren konnte
(2 I, 408). Der Prozess, der nicht nur ihn zum Bewusstsein eines
solchen ›selbst erschaffenen Werts‹ führte, war nicht zuletzt von Lessing und Klopstock (vgl. Schulz 1998, 23), dem Sturm und Drang
und der Aufklärungsphilosophie längst vorbereitet.

Schiller ist einer der ersten gewesen, der die Unabhängigkeit des
Schriftstellers unbezweifelbar vor aller Welt zu manifestieren gedachte. Unablässig darum bemüht, allein von seiner Schriftstellerei
leben zu können, sah er von Beginn an die Notwendigkeit, sein Tun
theoretisch zu begründen, um diesem die anscheinend abhanden
gekommene (funktionale) Grundlage ganz neu und unabhängig zu
versichern. Die Autonomie, diese postulierte Selbstgesetzlichkeit des
Kunstwerks, verlangte nach Formulierung jener Prinzipien, unter
die der moderne Künstler seine Werke zu stellen gedachte.

Solche Selbstreflexion, die durchaus als ein Signum moderner
Kunst begriffen werden muss, hat Schiller von Anfang an in einzig-
artiger Weise betrieben. Wurden zunächst ästhetische Probleme und
solche der Rezeption der eigenen Schöpfungen ausgiebig thematisiert, so wächst sich das, was als Selbstexplikation seiner dichterischen und dramaturgischen Verfahrensweise begann, zu einer veritablen Kunsttheorie aus. Sie unternimmt es, Bedingungen und
Voraussetzungen des modernen Künstlers und seines Schaffens zu
be- und ergründen. Deshalb ist es nur wenig erstaunlich, dass ihre
Prämissen noch zwei Jahrhunderte nach ihrer Formulierung diskutiert werden. Erstaunlich aber an Schillers Analyse ist deren Präzision, die noch unter anscheinend gänzlich veränderten historischen

Bedingungen ein (Begriffs-)Instrumentarium bereitstellt, mit dem
Potentiale und Aporien der Kunst der Moderne beschrieben werden
können (vgl. u.a. Klotz 1994, 61).

Im selben Jahr 1781, als im preußischen Königsberg das erste Dokument der »geistigen Revolution in Deutschland« (Heine), die *Kritik der reinen Vernunft* von Immanuel Kant, erschien, begründete
der 21jährige Schiller in Mannheim seinen Ruf als dramatischer
Schriftsteller mit den *Räubern*. Das war eine wirkungsvolle Ouvertüre. Sie wird eröffnet mit Worten präziser sozialer Diagnostik:
»Aber ist euch auch wohl, Vater? Ihr seht so blaß.« (3, 11). Hier ist
die Rede nicht nur von einem alten unglücklichen Vater, hier ist einer ganzen Gesellschaft unwohl geworden: eine Gesellschaft, die
verlogene, brutale, grausame Menschen gebiert, die ihre Kinder
zwingt, zu tückischen Mördern oder gewalttätigen Maskenträgern
zu werden.

Wenig später schon ertönt das schneidende »Mörder und Mör-
dervater« aus *Kabale und Liebe*, jenem bürgerlichen Trauerspiel von
1782/83, das ein aus der zerfallenden ›höfischen‹ Gesellschaftsformation hervorwucherndes Gegenbild eines bürgerlichen Familien-
idylls als verlogene Fratze decouvriert. Wie in kaum einem anderen
zeitkritischen Theaterstück wird hier die hoffnungslose Vergiftung
der korrupten Gesellschaft des *Ancien Régime* in aller Deutlichkeit
vor Augen gestellt. Das ›wirkliche‹ Gift am Ende des Schauspiels
wirkt angesichts dieser ausweglosen Maskeraden einer in Formeln
erstarrten Wirklichkeit schon eher wie ein schmerzstillendes Remedium.

Wie aber ist einer solchen Gesellschaft zu begegnen? Wird man
unausweichlich gebeugt? Wenn nicht: welche Strategie ist gegenüber
den Mächtigen einzuschlagen? Schiller musste sich angesichts der eigenen gesellschaftlichen Realität fragen, ob es unausweichlich war,
die verordneten Masken zu tragen, denen man sich anscheinend nur
bei Strafe der Vernichtung entziehen konnte. Früh schon hatte er
derartige Lektionen erfahren: Der schwäbische Dichter, Musiker
und Journalist Christian Friedrich Daniel Schubart und sein zerrüt-
tetes Leben verfehlten ihre Wirkung auch auf den jungen Schiller
nicht (vgl. Balet/Gerhard 1936, 124ff.). Aus eigener Anschauung
kannte er das Schicksal des Inhaftierten, der aufgrund blanker Willkür eines herzoglichen Befehls ohne jede gerichtliche Untersuchung
zehn Jahre im Kerker auf dem Hohenasperg dahinvegetieren musste,
nur weil er – die Zensur missachtend – feudale Herrschaftsattitüden
satirisch angeprangert hatte. Schiller hatte ihn 1781 durch Vermittlung seines Freundes Hoven besucht, als Schubart – durch die Lek-

türe der *Räuber* begeistert – den Wunsch geäußert haben soll, den jungen Dramatiker kennen zu lernen.

Auch Schiller hat solch erniedrigenden Despotismus in Gestalt väterlicher oder schulischer Erziehungsmaßnahmen oder in der eines absolutistischen Fürsten am eigenen Leib erfahren müssen. Und so ist es nur natürlich, dass der, welcher jeglicher Willkür nicht zu gehorchen gedachte, sich bei erster Gelegenheit aus seiner württembergischen Heimat geradezu selbst exilierte. Jedoch verstand er es auch von Anfang an mit erstaunlicher Lebensklugheit, das von ihm Geforderte oder Gewünschte, wenn es für die Realisierung der eigenen Pläne nützlich war, mit Elastizität, später auch mit Eleganz zu exekutieren.

Befragt man die Bühnenwerke Schillers, so muss auffallen, dass sich von den *Räubern* an bis hin zum nicht mehr vollendeten *Demetrius* die Figur des Usurpators, der Topos eines sich nicht mit seiner Ohnmacht abfindenden Unterlegenen unablässig wiederholt (vgl. Graham 1974, 98; Reed 1998, 21). Gleichviel ob diese Unterlegenheit aus Zufällen der Geburt oder aus politischen Umständen resultiert: sie soll mit Gewalt oder List, mit politischer Intrige oder geschmeidiger Anpassung an die Mächtigen aus der Welt geschafft werden.

Schiller wollte von Beginn an zu einem erfolgreichen Autor der Bühne werden, weil er dort alle die Defizite, Unzulänglichkeiten und Kompromisse überwunden und aufgehoben sah, die beinahe jeden Lebensbereich lähmten. Defizite, die nicht nur einen Dichter oder Künstler überall einschränkten, sondern die auch die Politik so unfähig erscheinen ließen, eine spürbare Veränderung der gesellschaftlichen Verhältnisse zu bewirken, und zudem die Ohnmacht der Religion demonstrierten. Das bestätigt eindrucksvoll seine Mannheimer Rede von 1784, die die Frage zu beantworten sucht: *Was kann eine gute stehende Schaubühne eigentlich wirken?* Der unerreichbare Bezirk des Politischen, so argumentiert der junge Intellektuelle, sei von vornherein unvermögend, den Bereich des *konkreten Handelns* der Menschen zu beeinflussen. Da aber auch die kathartische Wirkkraft religiösen Gewissens längst fragwürdig sei, würden diese Instanzen vom Theater mit seinen schlagkräftigen sinnlichen Manifestationen der Laster und Tugenden und deren erschütternden Effekten doch allemal überboten werden (zum Verhältnis von Politik und Moral in der *Schaubühnenrede* vgl. Koselleck 1959, 82ff.; zu Politik und Bühne vgl. Ueding 1998, 194).

Seine Kunst, die dramatische Kunst, musste jene Autorität gewinnen, die die vormaliger Instanzen ersetzen wenn nicht gar überbieten konnte. Rhetorisch fragt daher der junge Bühnenautor, war-

um man sich nicht vor allem darum kümmern sollte, »die Würde
einer Kunst außer Zweifel zu sezen, deren Ausübung alle Kräfte der
Seele, des Geistes und des Herzens beschäftigt?« (20, 89): Einer
Kunst also, die sich unverkürzt dem ›ganzen‹ Menschen und seinen
Vermögen zuwandte. Welche Instanz war aber vormals legitimiert,
jene ›Kräfte‹ zu beschäftigen? Der Staat als säkulares Gemeinwesen
hatte diese Legitimation ja schon seit der Reformation, mindestens
aber seit Beendigung der großen religiös motivierten europäischen
Bürgerkriege des 16. und 17. Jahrhunderts verloren. Dafür war seither niemand anders als die Religion zuständig. Aber ihr Erosions-
prozess ist im Zeitalter der Vernunft schon zu weit fortgeschritten,
da gerade die Aufklärung deren wirkmächtige »Gemählde der Phantasie, Räzel ohne Auflösung, Schreckbilder und Lockungen aus der
Ferne« in Frage gestellt und entzaubert hatte (20, 91). Der schwin-
dende Einfluss der Religion ist bereits in der zweiten Hälfte des
18. Jahrhunderts überdeutlich. Auch hier ist Schillers Sensorium sofort auf die Errungenschaften oder soll man zutreffender sagen: die
Defizite der Moderne gerichtet.

Dies Vakuum zu füllen, eröffnet gerade dem Theater seine Chance. Denn die *Bühne* wird vom jungen Schiller vorgestellt als eine Institution, die keinen außerweltlichen (und womöglich auch keinen
innerweltlichen) Autoritäten länger gehorchen muss, und dadurch
jene vakant gewordene Position besetzen kann (vgl. Eichendorff
Werke III, 481). Sie sollte gerade da, wo Religion und Politik jede
lebendige Verbindung zu den Menschen des ausgehenden 18. Jahrhunderts zu verlieren begannen bzw. schon verloren hatten, deren
Empfindungen erschüttern und so ›bilden‹ (vgl. Misch 1998, 748).
Sie wird dem jungen Schiller zur letzten Gerichts- und Gerechtig-
keitsinstanz, »wo das menschliche Herz auf den Foltern der Leidenschaft seine leisesten Regungen beichtet, alle Larven fallen, alle
Schminke verfliegt und die Wahrheit unbestechlich wie Rhadaman-
thus Gericht hält«. So »wirkt die Schaubühne tiefer und daurender
als Moral und Geseze.« Denn sie kann nicht nur innerste Seelenvor-
gänge »vor einen schrecklichen Richterstuhl« zitieren, sondern vermag es darüber hinaus noch, diese im Zuschauer aufzuwühlen.
Schiller traut der Bühne sogar zu, die Empfindung »des gemeinen
Manns« zu *bestimmen* (20, 91ff.). Frühzeitig wird hier jener Komplex programmatisch fokussiert, dem Schillers Bemühungen bis zuletzt unablässig gewidmet sind: die Ausbildung des Empfindungsvermögens des Menschen.

Der Dreischritt *Politik – Religion – Bühne* verwandelt sich im
Laufe von Schillers Entwicklung in jene drei Bereiche, mit denen er
sich konsequent beschäftigen wird: *Geschichte – Ästhetik – Anthropo-*

logie. Sie prägen *ihn* als Dichter, und als Schriftsteller hat er *sie* bis heute maßgeblich mitgeprägt.

Zur unmittelbaren zeitgenössischen Politik hat Schiller öffentlich nie ganz und gar dezidiert Stellung genommen. Es scheint, dass er sich zur politischen Aktualität deshalb nicht äußern mochte, weil diese im gleichen Moment, wo sie da ist, schon zu Historie wird. Dennoch kann sie von einer ungesicherten Zeitgenossenschaft kaum je hinsichtlich ihrer historischen Bedeutung angemessen interpretiert werden. Wenn aber Politik in einer ausreichend distanzierten Rückschau zum bedeutungsvollen historischen Geschehen wird, dann ist sie prägend für Schillers Werk wie kaum bei einem zweiten Autor. Davon geben nicht allein seine historiographischen Schriften beredtes Zeugnis, sondern mehr noch die Dramatisierung bedeutender geschichtlicher Konstellationen. Deren literarische, will heißen: ästhetische Darstellung führt zur Formulierung anthropologischer Einsichten (zum »psycho-physiologischen« Anthropologie-Begriff Schillers und seiner Abgrenzung von anderen Begriffsbestimmungen vgl. W. Riedel 1985, 13).

Die Funktion der *Religion* ist nach Schillers Diagnose in einer entzauberten Moderne obsolet geworden. An ihre Stelle tritt die *Kunst*, die dem Menschen im ästhetischen Zustand erfahrbar werden kann. Die Kunstschönheit ist mit allen Insignien einer idealen und daher: u-topischen Welt ausgestattet. Wie vormals die Religion ist sie imstande, blinde Notwendigkeit zu transzendieren und die Verstellungen der wirklichen Welt zu entlarven. Sie kann die Wahrnehmung einer anthropologischen Verfassung ermöglichen und zur Erscheinung bringen. Auch die psychosozialen Funktionen der Religion werden der Kunst übertragen. Aus diesem religiösen Erbe, das um einer kathartischen Wirkung willen zu beständiger Gewissenserforschung antreibt, scheinen gerade die wirkungsästhetischen Prämissen hervorzugehen, die für das Werk des jungen Schiller so maßgeblich sind, sich aber auch später nie verlieren.

Die *Bühne* ist für Schiller von Beginn an derjenige Ort, wo sich die Konstitution des Menschen und seine Konditionen vorzüglich darstellen lassen. Ein Laboratorium, in dem das, was der Mensch ist oder sein kann, vor aller Augen erprobt und befunden werden kann, ein Ort, wo der *logos* des *anthropos* zur Erscheinung gebracht wird. Diese anthropologische Perspektive prägt das Werk Schillers nachhaltig. Von seiner Genese aus den medizinisch-anthropologischen Diskursen des 18. Jahrhunderts sind in der deutschsprachigen Rezeptionsgeschichte bis in die achtziger Jahre des 20. Jahrhunderts hinein wenn überhaupt nur noch Rudimente übrig geblieben: die ungeheure ›Erfolgsgeschichte‹ des deutschen Idealismus, an der Schiller

wie kaum ein anderer Schriftsteller Anteil hat, hat sie verschüttet. Es
scheint, als habe erst die 1978 in Oxford erschienene Studie von
Dewhurst/Reeves *Friedrich Schiller. Medecine, Psychology and Literature* die deutschsprachige Schiller-Philologie erschüttern können –
allerdings wie ein offiziell nie registriertes Beben. Im Bericht zur
Schillerforschung zwischen 1970 und 1980 (Koopmann 1982,
197f.) wird sie bezeichnenderweise ganz am Ende unter der Rubrik
»Sonderstudien« rezensiert. Der Bann wurde erst durch die daran
anschließende und seither unverzichtbare Arbeit von W. Riedel
(1985) nachhaltig gebrochen (vgl. Koopmann 1998, 919f.).

Jene merkwürdige Spannung aber zwischen dem idealistischen
Dichter *par excellence* und der Aufgabe des Anthropologen, wie sie
einer ihrer Wortführer, der Arzt und Anthropologe Ernst Platner,
formuliert hat: nämlich »Körper und Seele in ihren gegenseitigen
Verhältnissen, Einschränkungen und Beziehungen zusammen be-
trachten« (1772, XVI), durchzieht alle drei markierten Bereiche.
Das, was der Mensch – in historischer Perspektive – *war*, was der
Mensch – in ästhetischer Perspektive – *sein kann* und was der
Mensch – in seiner historischen Bedingtheit – in anthropologischer
Perspektive – *ist*, sucht Schiller in dichterischer wie zugleich in phi-
losophisch-theoretischer Gestalt zu erforschen. Er bildet, wenn er
Geschichte, Ästhetik und Anthropologie »zusammenzudenken versucht, den Fluchtpunkt der intellektuellen Entwicklungen des deutschen 18. Jahrhunderts« (Böhme 1994, 140; vgl. Marquard 1981,
40ff.). Zugleich können diese Aspekte, wenn auch in umgekehrter
Reihenfolge, *cum grano salis* jene drei Perioden profilieren, die für
das literarische Schaffen Schillers charakteristisch sind: die Zeit bis
zum Ausbruch der Krankheit 1791, die sogenannte philosophische
Periode und schließlich die Jahre von 1796 bis zu seinem Tod 1805,
die vor allem den großen Geschichtsdramen gewidmet waren.

Das medizinisch-philosophische Experiment in den *Räubern,*
ausgehend von der Anthropologie der philosophischen Ärzte des
18. Jahrhunderts wird nach und nach abgelöst von einer historisch-
anthropologischen Beschreibung. Dort noch weitgehend wie in einem wissenschaftlichen Versuch angeordnet und vom Autor mit den
verschiedensten psychisch und physisch wirksamen Substanzen auf-
gemischt, unternimmt es Schiller mehr und mehr, seine Figuren
dem Licht eigener zeitgenössischer Erfahrung auszusetzen, um mit
deren Ideologien zu konfrontieren. Gleichviel ob sie wie in *Kabale
und Liebe* oder im *Geisterseher* im Kostüm der Gesellschaft des
18. Jahrhunderts daherkommen, oder im *Fiesko* und *Don Karlos* im
historischen Gewand, niemals geht die Folie verloren, auf deren
Grund Konstellationen der eigenen Zeit gezeichnet werden.

Die historische Tiefendimensionierung (neben und nach *Don Karlos* entstehen die großen historischen Schriften) aber vermag die Signatur des eigenen Zeitalters deutlicher zu konturieren. Durch dessen säkulare Gestalt fühlte Schiller sich offensichtlich herausgefordert zu fragen, ob jenseits der blanken Notwendigkeiten des Lebens und angesichts allgemein herrschender Nützlichkeitskategorien einer bürgerlich-kapitalistisch verfassten Gesellschaft die Existenz von Kunst in einer entzauberten Welt noch zu rechtfertigen sei. Aus dieser Problematik des Künstlers gewinnen seine ästhetischen Schriften ihre Antriebskräfte. Es galt nicht allein, die Existenz der Kunst in der Moderne zu rechtfertigen, sondern sie grundsätzlich gegen eine permanente Infragestellung zu sichern. So gelangte Schiller nicht nur zu einer Kunsttheorie, die die spezifischen Charakteristika und Gefährdungen von moderner Kunst in aller Klarheit formuliert hat, sondern vielmehr zu einer Theorie der Moderne überhaupt, die in den dramatischen Werken seit dem *Wallenstein* die erstaunlichsten und bestürzendsten Einsichten in die Abgründe und Gefährdungen antizipiert, denen der individuelle Mensch und seine Gesellschaft in einer *säkularisierten Moderne* ausgesetzt sind.

Einer der aufmerksamsten und einfühlsamsten Analytiker des Schillerschen Werks, der Zeitgenosse und Freund Wilhelm von Humboldt, diagnostizierte aufs genaueste gerade diese Aspekte. Nicht zuletzt deshalb nannte er ihn »den *modernsten* aller neuern Dichter« (32, 11). Wenn man es beinahe zweihundert Jahre nach Schillers Tod unternähme, die ideologischen Verblendungen der Moderne mit ihren grauenhaften menschlichen Destruktionspotentialen sowie deren Genese aufzuzeichnen, müßte man angesichts seines Werks zu einem ähnlichen Resümee kommen wie der britisch-amerikanische Historiker Gordon A. Craig: »Kein Angehöriger seiner Generation dachte gründlicher über die politischen Entwicklungen seiner Zeit nach und brachte so beängstigend zielgenaue Vorahnungen in bezug auf ihre Folgen zu Papier. Dies ist der Grund für die nach wie vor große Aktualität seiner Einsichten in den politischen Prozeß [...]« (1993, 61). Was Max Weber hundert Jahre nach Schiller in seiner Soziologie der Herrschaft für die moderne Massengesellschaft an möglichen Herrschaftsformen und deren Aporien diagnostiziert hat, diskutieren die Dramen Schillers in variationsreicher Gestalt mit hellsichtiger Vorausschau.

Schiller hat all jenen Tendenzen zu eindrucksvollen Darstellungen verholfen, die in machttheoretischer Perspektive zu den destruktivsten der zwei Jahrhunderte nach der Französischen Revolution gerechnet werden müssen. Er hat in Gestalten wie Franz und Karl Moor, dem geschmeidigen Fiesko, dem eine abstrakte ›Menschheit‹

liebenden Marquis von Posa paradigmatische Gestalten einer Moderne geschaffen, denen die Gefährdungen einer sich überhebenden Selbstermächtigung aus den verschiedensten Motiven eingeschrieben sind. Nicht viel anders steht der Herrschaftsanspruch eines Wallenstein da, der sich auf Gewalt einer heterogenen Masse gründet, die Begünstigung von einem Charismatiker erfährt oder sich zumindest erhofft. In *Maria Stuart* diskutiert er die heiklen und gefährlichen Abgründe, die sich zwischen legaler Macht und legitimer Machtausübung auftun. *Die Braut von Messina* fokussiert familial-psychische Interdependenzen und deren Unausweichlichkeit in einer künstlichen Anordnung, die einer idealtypischen psychoanalytischen Musterkonstellation ähnelt. Schließlich repräsentiert *Die Jungfrau von Orleans* die Gefahren ideologischer Verblendung im Namen höchster abstrakter Ideale, die (nicht nur buchstäblich wie der Marquis von Posa) über Leichen geht; *Wilhelm Tell* gleichsam als andere Seite derselben Medaille die Verstrickung desjenigen, dem die individuelle Welt korrumpiert wird durch politisch-soziale Verhältnisse, die in seine psycho-sozialen in jeder Hinsicht zerstörerisch einbrechen.

Ausgegangen wird in der folgenden Darstellung von einer dreifachen Prägung des Schriftstellers: zuerst der als *Mediziner*, der die psychophysischen Abhängigkeiten des Menschen auf Kosten purer idealistischer Spekulation ins Zentrum seiner dichterischen Arbeit gestellt hat; zweitens die Erfahrung der *lebensbedrohenden Krankheit*, die das letzte Drittel seines 45jährigen Lebens mit ihren sich permanent wiederholenden Anfällen zu einer ständigen Gratwanderung zwischen Leben und Tod werden ließen. Sie hat nicht zuletzt zu jenen ästhetisch-philosophischen Konzeptionen geführt, deren idealistischer Anteil Schiller in den Augen der Nachwelt zum idealistischen Dichter *par excellence* hat werden lassen. Dank seiner glänzend-griffigen Rhetorik ist dabei vielfach verloren gegangen, dass der Diagnostiker seiner eigenen Zeit niemals deren reale Verfassung aus den Augen verloren hat. Dazu zwang ihn immer wieder seine Existenz als sogenannter ›freier‹ *Schriftsteller*, der die Interdependenzen mit einer auf ökonomischen Prämissen basierenden bürgerlichen Gesellschaft an sich selbst paradigmatisch erlebt hat. Dies – zum dritten – prägt sein Werk in charakteristischer Weise.

I. Provinzen und Provenienzen

1. Herkunft aus beengenden Verhältnissen

Johann Christoph Friedrich Schiller kam am 10. November 1759 in Marbach am Neckar zur Welt. Er war das zweite von mehreren Kindern seiner Eltern Johann Caspar Schiller (1723-1796) und Elisabeth Dorothea, geborene Kodweiß (1732-1802); nur vier überlebten die früheste Kindheit: Friedrich als einziger Sohn. Die ältere Schwester Christophine wurde 1757 geboren, zwei jüngere Schwestern, Louise und Karoline Christiane (Nanette), kamen 1766 bzw. 1777 zur Welt. Die Familie lebte in dürftigen materiellen Verhältnissen. Der Vater war als Soldat und Wundarzt bis zum Ende des Siebenjährigen Kriegs 1763 häufig im Feld. Nach dem Krieg wurde er als Werbeoffizier von seinem Landesherrn schlecht, bisweilen gar nicht entlohnt.

»Durch eine traurige düstre Jugend schritt ich ins Leben hinein, und eine herz- und geistlose Erziehung hemmte bei mir die leichte schöne Bewegung der ersten werdenden Gefühle. Den Schaden, den dieser unselige Anfang des Lebens in mir angerichtet hat fühle ich noch heute [...] Denn ohne ihn würde selbst dieses Misstrauen mich nicht martern [...]/ Die Spuren der Gestalten, die von frühen Jahren an biss jezt mich umgaben, konnte mein beßres Wesen nicht ganz von sich scheiden.« (25, 281)

So der knapp 30jährige, der sich selbst einen ›unseligen Anfang‹ seines Lebens attestiert. Wann situiert er die Zeit ›der ersten werdenden Gefühle‹? Denkt er an die Atmosphäre des eigenen Elternhauses oder erinnert er nur die demütigenden Schulerfahrungen, über die es reichlich Zeugnisse gibt? Wenig vorstellbar ist allerdings, dass solch schwergewichtige Selbstanalyse, wie sie im zitierten Brief an die Freundin (und spätere Schwägerin) Caroline von Beulwitz vorliegt, nur auf die autoritären, ja brutalen Erziehungsmethoden in der Schule gemünzt gewesen wäre. Vielmehr wäre hier auch an die enge, im Fall des Vaters obrigkeitshörige und extrem patriarchalische Ausformung eines württembergischen Protestantismus zu denken, der eine unbefangene, vertrauensvolle Annahme eigener werdender Emotionalität des Kindes kaum zuließ. Zwar mag die pietistische, ja zuweilen enthusiastische Frömmigkeit der Mutter die repressiven Züge einer tyrannischen, immer nach Rechtfertigung jeglichen Tuns verlangenden Religiosität gemildert haben: dennoch können in die-

sen die Wurzeln der späteren nichts als dem eigenen Selbst vertrau-
enden Grundhaltung Schillers vermutet werden. Jedenfalls leitete er
selbst ›dieses Misstrauen‹, von dem er sich nicht weniger als ›gemar-
tert‹ fühlte, aus seiner Kindheit her, die ihm offenbar nur wenig un-
gebrochenes Vertrauen in andere Menschen vermitteln konnte; ein
Misstrauen, das gar nicht so sehr der Schwäche und Unzuverlässig-
keit der anderen galt, als vielmehr der Angst, die anderen könnten
das eigene schwierige Wesen verkennen und ablehnen: »Dann nur
kann ich frey und leicht vor euren Augen existiren,« schreibt er der
Freundin, »wenn die Sorge ganz aus mir verbannt ist, verkannt oder
mißverstanden werden.« (ebd.).

Vielleicht liegt hier auch jene höchste Empfindlichkeit gegen solche Kritik an seinem Werk begründet, die er – wenn er die eigenen
Intentionen nicht genug gewürdigt sah – ohne Rücksicht und oft
über alles Maß verfolgte. Wieland, Fichte, Friedrich Schlegel und
vor allem der Musiker und Journalist Johann Friedrich Reichardt, in
modifizierter Form sogar Goethe, haben später diesen unnachsichti-
gen Charakterzug Schillers erfahren müssen. Schon die Aufkündi-
gung der Freundschaft des Sechzehnjährigen mit seinem Mitschüler
Scharffenstein in der Karlsschule, der die Aufrichtigkeit des Gefühls
in seinen ersten dichterischen Versuchen bei Gelegenheit in Zweifel
gezogen hatte (vgl. 23, 2; 42, 11), kann die radikalen Konsequenzen
demonstrieren, die Schiller immer dann zu ziehen bereit war, wenn
er sein Vertrauen getäuscht und sich in seinem Bemühen missverstanden wähnte. Dagegen fällt die Bereitwilligkeit auf, kritische
Hinweise zu berücksichtigen, wenn es im Rahmen seiner prinzipiellen Entscheidungen um die konkrete Umsetzung der Werke und
Projekte ging (vgl. Oellers 1996, 50ff.).

Jenem Misstrauen gegenüber der Urteilskraft anderer Menschen
hinsichtlich des für sich selbst als notwendig Erkannten korrespon-
dierte ein Vertrauen in die eigenen Lebensentwürfe, die mit Zähig-
keit und Willensstärke durchgesetzt wurden – angefangen von der
Flucht nach Mannheim 1782 in eine mehr als ungewisse Lage bis
hin zum Aufbegehren gegen die katastrophale Zerrüttung des eigenen Körpers. Auch das Vertrauen in die eigene Schöpferkraft bei allen momentanen und unvermeidlichen Zweifeln blieb ungebrochen,
weil gerade sie dazu gedient haben mag, den sich fortzeugenden ›an-
fänglichen Schaden‹ nicht zu bedrohlich werden zu lassen. Denn in
der Kunst konnte der Mangel an ›leichter schöner Bewegung‹, die
der Theoretiker der Anmut so beredt zu beschreiben wußte, immer
neu kompensiert werden (vgl. O. und T. Nesseler 1994, 383, deren
psychoanalytisch orientierte Studie Schiller eine »homosexuell
konnotierte, depressive Grunddisposition« attestiert).

Die Genese der spezifischen Kreativität Schillers ist vielleicht geradezu erklärbar aus einer früh verletzten seelischen Konstitution, die womöglich aus dem Zusammenprall der Väterwelt (also auch der der Schulen) mit der warmherzigen Mitmenschlichkeit der Mutter resultierte, welche auch jene Dinge in die Welt mit einschloss, die keinen unmittelbaren Nutzen versprachen. In seiner schöpferischen Physiognomie verbindet sich jedenfalls ein konsequenter Pragmatismus in Hinsicht auf öffentliche Wirkung mit äußerster Kompromisslosigkeit in der Umsetzung von als richtig erkannten produktionsästhetischen Maßstäben.

Durch einen Brief der weit über sechzigjährigen Mutter, in dem sie dem Sohn endlich die Verbitterung ihres Lebens durch den andauernden hartherzigen Egoismus ihres Mannes gesteht, mag ihm, der nun schon selber Vater ist, noch einmal die konfliktreiche Konstellation des eigenen Werdens vor Augen geführt worden sein. Der rechthaberische, aufbrausende Charakter des Vaters wird da in erschütternder Weise geschildert:

»[...]überhaupt bester Sohn«, schreibt die Mutter, »mus ich jhm mein Herz ganz entdecken, weil ich nicht weiss ob ich es noch thun kan, o wie glüklich wehre ich wann mein Leiden auch bald zu ende, der Papa denkt niemahlen so zertlich und wirde alles in 24 stunden vergeßen haben, wann Er wiedr gesund und in seine Baum Schul gehen kente eine Magd wird ihm alles versehn was eine Frau thun kente. sein Betragen ist schon viele jahre gegen das seunige sehr gleich giltig und ist emmer mehr auf seine Leidenschafften und Begierden durch zu treiben was er sich in Kopf gesezt, als auf der seinigen Wohl bedacht[...]« (36 I, 195)

Auch mag an diesem Brief deutlich werden, warum Schiller zu einem der radikalsten und scharfsinnigsten Kritiker des bürgerlichen Familienideals werden musste. Caroline von Beulwitz, der Schiller seine Klage über seine verdüsterte Sozialisation anvertraut hatte, blieb es vorbehalten, diese unsägliche Konstellation in ihrem Lebensbericht über den berühmten Schwager ins Gegenteil zu karikieren: »Einfache schlichte Sitte, Ehrgefühl und zarte Schonung der Frauen im Familienkreise waren die Lebenselemente, in denen der Knabe aufwuchs. Der Vater hatte den guten Ton, den das Herz lehrt.« (Persönlichkeit I, 79). So entstehen Legenden.

Unter »beßern Sternen« (23, 82), die Schiller nach eigener Einschätzung versagt geblieben waren, mag er diejenige Unbeschwertheit und geistige Weite verstanden haben, die ihm die weltlich wie geistlich autoritäre und obrigkeitshörige Atmosphäre des Elternhauses, insbesondere des Vaters, nicht hatte bieten können. Die dadurch geweckten Gegenkräfte schienen ihm – zumindest in Phasen des Selbstzweifels – allerdings nur von wenig Wert zu sein.

Andererseits wird durch die Entscheidung für das Medizinstudium und die damit verbundene Berufswahl eine nicht unbeträchtliche Identifikation mit dem Vater deutlich, zumal es wohl gegen dessen Willen aufgenommen wurde (vgl. Palleske 1858/59, 59). Denn Johann Caspar Schiller wußte aus eigener Anschauung um die geringe soziale Akzeptanz eines praktizierenden (Militär-)Arztes, da er selbst jahrelang als Feldscher mit verschiedenen Regimentern durch die Lande gezogen war.

Eine weitere wenn auch ambivalente Identifikation des Sohnes mit dem Vater erstreckte sich auf ein ganz anderes Betätigungsfeld des Johann Caspar Schiller: Er war selbst schriftstellerisch tätig. Neben Gebeten für den Hausgebrauch hat er als Offizier mit äußerst geringen finanziellen Mitteln *Betrachtungen über landwirtschaftliche Dinge im Herzogtum Wirtemberg* (1767 im Verlag des Stuttgarter Hofbuchdruckers Cotta erschienen) sowie *Oekonomische Beiträge zur Beförderung des bürgerlichen Wohlstandes* verfasst. Seine Erfahrungen als Vorgesetzter (seit 1775) der Hofgärtnerei des herzoglichen Jagd- und Lustschlosses, der Solitude, hat er in *Die Baumzucht im Grossen aus Zwanzigjährigen Erfahrungen im Kleinen* resümiert. Der Sohn hat im November 1794 noch die Veröffentlichung für den nunmehr 71jährigen vermitteln können.

Bei aller Identifikation mit dieser Seite des Vaters ist doch eine seltsame Idiosynkrasie des Sohnes gegen dessen Sujets zu konstatieren – so fragmentarisch diese auch sein mögen: Die Natur als vom Menschen unabhängiger Gegenstand der Betrachtung hat Schiller genauso wenig interessiert (gegen alle späteren Überzeugungsversuche Goethes) wie der Primat der Erfahrung vor aller Spekulation. Zwar war letzteres bei dem praktizierenden Mediziner noch anders; der philosophierende Dichter – zumal der von quälender Krankheit gezeichnete – jedoch hat gegen die verstörende Empirie mit allen ihm zur Verfügung stehenden rhetorischen Mitteln zu argumentieren gewußt. Viel später, im Zusammenhang mit der Arbeit am *Wallenstein*, hat er sich einmal Goethe gegenüber in geradezu erschütternder Weise über dieses von ihm selbst empfundene Defizit geäußert: »In der That verliere ich darüber eine unsägliche Kraft und Zeit, daß ich die Schranken meiner zufälligen Lage überwinde, und mir eigene Werkzeuge zubereite, um einen so fremden Gegenstand als mir die *lebendige* [...] Welt ist, zu ergreifen.« (29, 9; Hervorh. v. Vf.).

Schiller hat sich lebenslang nicht von der ›Verführung‹ zu (philosophischer) Spekulation befreien mögen, weil er sie auch als eine ›reine‹ Gegenwelt zur unbekümmerten Angepasstheit der väterlichen Welt an Vorgegebenes empfunden haben mag. So sehr er auch manchmal ahnte, dass sie ihm als Dichter in einem traditionellen Verständnis nicht eben förderlich war, hat er doch durch diese Disposition dem sentimentalischen, also philosophierenden Dichter der Moderne, seine theoretischen Grundlagen zu verschaffen gewusst.

2. Karlsschule, Arzt im Grenadierregiment und Verfasser der *Räuber*

2.1 Anthropologe und Arzt, Physiologe und Dramatiker

Zunächst jedoch musste sich der junge Schiller der Väterwelt beugen, nicht nur der des eigenen Vaters, sondern auch jener ähnlich komplexen Welt eines aufgeklärten absolutistischen Regiments, wie es der Herzog Karl Eugen von Württemberg praktizierte. Das trat ihm am prägendsten in Gestalt der Hohen Karlsschule entgegen. An diesem berühmten vom Herzog ins Leben gerufenen Institut blieb Schiller fast acht Jahre bis zu seinem Examen als Mediziner (zum Verhältnis Schillers zum Herzog vgl. u.a. E. Müller 1955; Wolgast 1990, 7ff.; zu Gründung und Aufbau des Instituts vgl. Uhland 1953, 60ff.; zu Schillers Eintritt Buchwald 1959, 125f.).

Im Januar 1773 bezog der Dreizehnjährige die sogenannte »Militär-Pflanzschule« auf der Solitude. Sie hatte sich aus einer Gärtnerschule und einer Einrichtung für Waisen oder Kinder armer Militärs (Militärisches Waisenhaus) zu einem Institut entwickelt, das dem Herzog auch gut ausgebildete Arbeitskräfte zuführen konnte. Nach und nach wurden die Lehrinhalte immer anspruchsvoller. Im März 1773 wurde die Schule als »Herzogliche Militair-Akademie« straffer organisiert und Ende 1775 nach Stuttgart verlegt, wo ihr in ehemaligen Kasernengebäuden am Neuen Schloss repräsentative und großzügige Räumlichkeiten zur Verfügung standen. Den ehrgeizigen Plänen ihres Gründers konnte die Akademie im Zentrum der Hauptstadt weitaus besser genügen. 1781/82 ist sie gar von Kaiser Joseph II. in den Rang einer Universität erhoben worden. Damit mögen die Ambitionen des Herzogs erfüllt gewesen sein, die er offenbar mit dem neugegründeten Institut verbunden hat. Ein Herrscher übrigens, der – am Hof Friedrichs II. in Potsdam erzogen – sich erstaunliche Verdienste um Wissenschaft und Kunst (insbesondere der Musik) seines Landes erworben hat, was aus späterer Sicht in einem merkwürdigen Gegensatz zu seinem mitunter grausam absolutistisch-autoritären Verhalten zu stehen scheint. Im April 1794, nur wenige Monate nach Karl Eugens Tod, wurde die Hohe Karlsschule von seinem Nachfolger wieder aufgelöst (vgl. Uhland 1953, 262).

Über die Lebensumstände des jungen Schiller in diesen Jahren von 1773 bis 1780 geben die erhaltenen offiziellen Dekrete und Vorschriften für die Akademie sowie Berichte und Erinnerungen seiner Kommilitonen recht anschaulich Auskunft. Der Tagesablauf war streng reglementiert und verleugnete keineswegs seinen militärischen Charakter. Den Eleven machte vor allem die völlige Abschottung von der Außenwelt zu schaffen, die auch Schiller bitter beklagt hat. Sie machte sich nach innen ein wenig Luft durch idealische Freundschaftsbünde untereinander (vgl. 23, 2), die Ausdruck fanden in gemeinsamer enthusiastischer Lektüre empfindsamer poetischer Werke. Aber dabei blieb es nicht: Schiller und seine engeren Freunde dilettierten selber literarisch, wobei von ihm offenbar mehrere Dramenpläne begonnen oder gar ausgeführt wurden (vgl. Dewhurst/Reeves 1978, 14ff.; Koopmann 1966 I, 2; zur rezipierten Lektüre Schulz 1998, 23ff.).

Dieser Organisation mit ihrem disziplinarischen Rigorismus stand ein reichhaltiges Bildungsangebot gegenüber, das von vorwiegend jüngeren Lehrern (vgl. Uhland 1953, 93) mit einer zum Teil erstaunlichen Liberalität und Offenheit vermittelt werden konnte. Anfangs wurde Schiller in Moral und Religion, Geographie und Geschichte, Mythologie und Römischen Antiquitäten, Mathematik und Geometrie, Griechisch, Latein und Französisch, aber auch in Naturkunde, Musik, Zeichnen, Reiten, Fechten und Tanzen unterrichtet. Als Anfang 1774 eine juristische Fakultät an der Akademie etabliert wurde, entschloss sich Schiller zunächst zum Jurastudium: Hier hörte er darüber hinaus u.a. Naturrecht, Reichsgeschichte und Römische Rechtsaltertümer. Aber schon bald nach der Verlegung der Karlsschule von der Solitude nach Stuttgart wechselte der Sechzehnjährige in die medizinische Fakultät, die im Zuge einer Reform Ende 1775 neugegründet worden war. Neben dem Philosophieunterricht bei Jakob Friedrich Abel, der für Schiller in mehrfacher Hinsicht von zentralem Interesse war, wurde er nun auch in Anatomie, Pathologie, Chirurgie, Semiotik (Lehre von den Symptomen) und Therapie, in Physik, Chemie und Botanik, zudem in Englisch unterwiesen. Schon an diesen Aufzählungen ist zu erkennen, wie weitgespannt die Wissensgebiete waren, mit denen Schiller auf der Hohen Karlsschule in Berührung kam. Man hat sie denn auch als »modernste und umfassendste Erziehungsanstalt und Universität« (Uhland) im deutschen Sprachraum in der zweiten Hälfte des 18. Jahrhunderts bezeichnet. Und besonders die medizinische Fakultät scheint verglichen mit anderen von außerordentlicher Qualität gewesen zu sein (vgl. Dewhurst/Reeves 1978, 69).

Als Medizinstudent machte sich Schiller das Bildungsangebot mit ungleich höherem Engagement zunutze als vorher. Besonders haben ihn offenbar anatomische Studien interessiert, was sowohl die Beurteilungen der Fachlehrer als auch seine *Beobachtungen bei der Leichen-Öffnung des Eleve Hillers* zeigen. Zudem sind seine psychiatrischen Einsichten, die er anlässlich der Beobachtung des ihm nahestehenden Mitschülers Joseph Friedrich Grammont im Sommer 1780 aufgezeichnet hat, höchst bemerkenswert. Dieser litt unter quälenden seelischen Depressionen. Schiller und vier seiner Kommilitonen wurden beauftragt, dessen Verhalten und die Entwicklung seines Zustandes in schriftlichen Berichten zu protokollieren. Von Schiller sind sieben Berichte und ein Brief an den Intendanten der Akademie überliefert. Somatische und psychische Ursachen und ihre wechselseitigen Verbindungen und Abhängigkeiten werden vorsichtig, aber mit offensichtlichem Engagement erwogen: »Das genaue Band zwischen Körper und Seele«, schreibt der Medizinstudent, »macht es unendlich schwer, die erste Quelle des Übels ausfindig zu machen, ob es zuerst im Körper oder in der Seele zu suchen sei.« (22, 19; vgl. W. Riedel 1985, 44ff.). Die behutsame Ätiologie des angehenden Arztes und die Interessen des Studierenden an Anatomie und Psychologie bezeichnen die für den Anthropologen Schiller zentrale Leib-Seele-Problematik. Zudem weisen sie in die Richtung des Dramatikers, des Verfassers der *Räuber*, der die medizinischen Erkenntnisse und Modelle gleichzeitig für die Bühne fruchtbar macht.

Der Wechsel in die medizinische Fakultät war also nicht allein der Versuch, sich einer ungeliebten, mit wenig Engagement betriebenen Materie zu entledigen, sondern drückt vielmehr das Bemühen aus, der Enträtselung der Geheimnisse des menschlichen Lebens näher zu kommen. Und von nichts anderem handelte doch auch immer wieder die Dichtung (vgl. Dewhurst/Reeves 1978, 1). »[...] wir entschlossen uns daher zum Studium der Medizin,« berichtet van Hoven, Schillers Freund und Mitschüler, über den gemeinsamen Fakultätswechsel, »mit dem Vorsatz, dieses neugewählte Studium ernster zu treiben, als das verlassene Studium der Jurisprudenz, und wir glaubten, diesen Vorsatz umso eher ausführen zu können, da uns die Medizin mit der Dichtkunst viel näher verwandt zu sein schien, als die trockene positive Jurisprudenz« (42, 9f.). Mit Paragraphengelehrsamkeit jedenfalls war dem Leben nicht beizukommen, besser schon mit einer Art medizinischer Wissenschaft, bei der die Psychologie eine Hauptrolle spielte. Eine ärztliche Kunst, wie sie an der Hohen Karlsschule gelehrt wurde, schien gerade deshalb zur Dichtung in einer geheimen Beziehung zu stehen (zur Ausdifferenzierung und Entwicklung der Psychologie als eigenständiger Wissenschaft und deren Auswirkungen auf die Karlschule im allgemeinen und auf Schiller im besonderen vgl. Dewhurst/Reeves 1978, 109ff.).

Schiller geriet durch seine Ausbildung zum Mediziner unter den Einfluss einer der interessantesten und einflussreichsten geistigen Strömungen der deutschen Spätaufklärung, deren Vertreter man unter dem Schlagwort ›Philosophische Ärzte‹ zusammengefasst hat. Diese favorisierten »die Verbindung von Psychologie und medizinischer Physiologie, wie sie sich im Zeichen der anti-metaphysischen Empirie ausbildete. In dieser Gestalt, die ihr die ›philosophischen Ärzte‹ gaben, eroberte sich die Anthropologie den Rang einer, wenn nicht der führenden Aufklärungswissenschaft überhaupt« (Schings 1977, 13). Ihr Erbe, mit dem er in vielfältiger Weise auf der Karlsschule konfrontiert wurde, hinterlässt in Schillers Wirken kaum zu überschätzende Spuren (vgl. Dewhurst/Reeves 1978, 3; W. Riedel 1985, V/VI).

Die Medizin und insbesondere die Physiologie im Verbund mit philosophischen Ansprüchen wurde als Anthropologie zur Leit-, ja sogar zur Modewissenschaft, um die verkrusteten dogmatischen Lösungsangebote einer ausgezehrten Schulmetaphysik (insbesondere für die Leib-Seele-Problematik) zu überwinden. Gegen den beispielsweise von Herder verhöhnten Apriorismus in der Philosophie war (wie Goethe sich später erinnerte) »das allgemeine Losungswort«: *Erfahrung.* Und die meiste ›Erfahrung‹ mit dem Körper konnten eben die Mediziner machen. Im Gefolge, meistens aber in kritischer Auseinandersetzung mit den französischen Materialisten entwickelten sie »mit einer beinahe monopolartigen anthropologischen Kompetenz ausgestattet« (Schings 1977, 23) auf Erfahrung und Beobachtung gegründete psycho-physiologische Lehren vom Menschen, die die von der traditionellen Philosophie eingezogenen Grenzen souverän missachteten. So konnte die (medizinische) Anthropologie zur »Zentralwissenschaft von den psychophysischen Zusammenhängen« werden (L. Müller 1987, 426). Worin sollte nun die eigentümliche »Kunst des Arztes« bestehen? Er muss die »Vielfalt von Symptomen, Zeichen und qualitativen Merkmalen« an seinem Beobachtungsgegenstand zu einem »System von Diagnose, Ätiologie und Therapie in Beziehung setzen« (ebd., 57), um so die ›Krankheiten‹ und Unzulänglichkeiten seines Objekts klar zu benennen und einer möglichen Heilung zuzuführen. Das Schiller interessierende Thema ist dabei zunächst der Zusammenhang von Körper und Seele. Bald schon wird sich dann sein Interesse verlagern auf Symptomatologie und Therapie der Gesellschaft und deren Kunst.

An der Brücke von der Medizin zur Philosophie (und damit im weiteren Sinn auch zur Poesie) baute neben einigen anderen Lehrern

vor allem Jakob Friedrich Abel (1751-1829), der die Medizinstu-
denten seit Ostern 1776 in Philosophie unterrichtete. Es ging ihm
vor allem darum, in die anderen Wissensgebiete hineinzuwirken
und damit auch der erfahrungsabhängigen Erkenntnis der Medizin
zu dienen. Er wollte nichts von metaphysischen Setzungen, eingebo-
renen Ideen und dergleichen wissen, sondern plädierte stattdessen
für eine »philosophie des gesunden verstandes zur Bildung des geschmacks, des herzens und der vernunfft« (zit. nach W. Riedel 1985,
18), die von der leiblichen Beschaffenheit des Menschen ihren Ausgang zu nehmen hatte. Sein Einfluss auf den jungen Schiller war be-
trächtlich (vgl. ebd.; Minor I, 192ff.; E. Müller 1955, 83ff.; v. Wiese 1959, 24ff.; Buchwald 1959, 157ff.); auch weil der nur wenig
ältere Abel mit geistiger Aufgeschlossenheit den Schülern der Akademie ermöglichte, die Werke der in Deutschland weitgehend verpön-
ten französischen Materialisten wie La Mettrie oder Helvétius kennen zu lernen – was insbesondere für Schillers Werke Folgen hatte
(vgl. Schings 1982, 17f.; W. Riedel 1985, 178ff.; zu Abels Rezeption
spätaufklärerischer Autoren vgl. ders. 1998, 162f.).

Die medizinischen Studien beendete Schiller mit seiner dritten
Dissertation. Die erste Dissertation unter dem Titel *Philosophie der
Physiologie* war von den Professoren der Akademie unter anderem
mit der Begründung abgelehnt worden, daß der Verfasser sein »Vor-
urteil für neue Theorien« sowie einen »gefärliche[n] Hang zum besser wissen« allzu deutlich habe hervortreten lassen (21, 115; vgl. E.
Müller 1955, 105f.; Schuller 1994, 157, die dezidiert Schillers Einführung einer als »Nervengeist« bezeichneten »Mittelkraft« zwischen
Materie und Geist für die Zurückweisung der Dissertation verant-
wortlich macht; vorsichtiger W. Riedel 1985, 100f.). Die zweite, lateinisch geschrieben, befasste sich mit einem scheinbar rein medizinischen Thema und verhandelte den Unterschied zwischen
entzündlichen und fauligen Fieberkrankheiten. Sie wurde wiederum
zurückgewiesen: Denn die Gutachter glaubten bemerkt zu haben,
dass Schiller darauf nur wenig Zeit und Mühe verwendet hatte.
Schließlich schlug er selbst Ende 1779 vor, »den großen Zusammenhang der *thierischen* Natur des Menschen mit seiner *geistigen*« (21,
124) darzustellen – ein Thema, das nach eigener Auskunft der
Hauptgegenstand seiner Studien in diesem Jahr gewesen sei. Diese
Arbeit wurde schließlich als Dissertation akzeptiert und Ende 1780
gedruckt.

Der Aufbau der ersten, abgelehnten Arbeit setzte mit der Darstellung des ›geistigen Lebens‹ ein; dagegen beginnt der *Versuch über
den Zusammenhang der thierischen Natur des Menschen mit seiner geistigen* mit dem ›physischen Zusammenhang‹ – ganz so wie es der

Lehrer Abel programmatisch formuliert hatte. Schiller folgte damit
jedenfalls dem neuesten Stand der Anthropologie seiner Zeit in der
Gestalt Ernst Platners, »dessen Systematik von einer analogen Stu-
fung des Lebens ausgeht: ›das mechanische Leben‹, ›das geistige Leben der Thiere‹ und die ›Vernunft‹, das geistige Leben des Menschen« (W. Riedel 1985, 107).

Die dritte Dissertation ist nicht nur für das Verständnis von
Schillers Entwicklung als Anthropologe von eminenter Bedeutung,
sondern auch für den Ästhetiker, der an der Konstruktion des ›ganzen‹ Menschen festhalten wird – und ebenso für den Dramatiker
(vgl. Steinhagen 1982, 153). Der junge Mediziner will erweisen, wie
sich alle Geistesfähigkeiten des Menschen »aus sinnlichen Trieben«
entwickeln, ja wie der physische Schmerz wie ein erster »Lichtstrahl
in die Schlummernacht der Kräfte« einbricht (20, 50). Die sinnliche
Natur des Menschen – in der Kantischen Terminologie gesprochen:
die Tierheit – wird hier zum Verursacherprinzip aller geistigen Entwicklung. Kant setzte den Akzent bekanntlich anders: Er sah den
Menschen als ein »mit *Vernunftfähigkeit* begabtes Tier«, das »aus sich
selbst ein *vernünftiges* Tier« machen kann. Als solches ist der
Mensch in der Lage, »sich nach seinen von ihm selbst genommenen
Zwecken zu perfektionieren« (Kant Anthropologie A 315/B 313). In
der Anthropologie des jungen Schiller kann dagegen überhaupt
nichts von seiner vernünftigen ›Menschheit‹, ›von ihm selbst‹ her erklärt werden: der Mensch ist *nicht* von allen empirischen Bedingungen und insbesondere nicht vom Sinnlichen unabhängig – wie Kant
gegen den allgemeinen Strom der Erfahrungswissenschaftler nicht
müde wurde zu dekretieren. Das Gegenteil galt für den Anthropologen: »der Mensch mußte Thier seyn, eh er wußte, daß er ein Geist
war [...]« (20, 56). Erst die unauflösliche Verschränkung des Körpers und der Seele, der Sinne und des Geistes hat gattungs- wie in-
dividualgeschichtlich Erklärungskraft für die Entwicklung zum vernünftig denkenden Menschen. Selbst das Begriffliche kann nicht
ohne Erfahrung entstehen, die immer mit körperlicher Empfindung
verbunden ist; erst durch diese kommt das Denken in Gang. Schiller akzentuiert seinen programmatischen Ansatz in der Einleitung
der dritten Dissertation:

»Da aber gewöhnlicher Weise mehr darinn gefehlt worden ist, daß man zuviel auf die eigene Rechnung der Geisteskraft, in so fern sie ausser Abhängigkeit von dem Körper gedacht wird, mit Hintansezung dieses leztern geschrieben hat, so wird sich gegenwärtiger Versuch mehr damit beschäftigen,
den merkwürdigen Beitrag des Körpers zu den Aktionen der Seele, den
grossen und reellen Einfluß des thierischen Empfindungssystemes auf das
Geistige in ein helleres Licht zu sezen.« (20, 40f.)

Die Erforschung einer derartigen Verbindung war für die Anthropologie Kants ganz und gar obsolet, denn für ihn war es eine »auf ewig
vergebliche Untersuchung über die Art wie die Organe des Körpers
mit den Gedanken in Verbindung stehen« (Kant AA X 145).

Bei dem philosophierenden und praktizierenden Arzt ist noch
nichts von jener alle ›schmutzige Empirie‹ perhorreszierenden These
zu sehen, die der Ästhetiker und Philosoph später verfochten hat, als
er alle sinnlichen Forderungen des Leibes durch die Kraft prakti-
scher Vernunft abweisen zu können glaubte. Aber Schiller hatte
auch noch nicht Kant studiert – und vor allem hatte die Erfahrung
fast tödlicher Krankheitsanfälle ihre Spuren noch nicht bei ihm
hinterlassen. Dennoch wird dies früh erworbene anthropologische
Erbe der ›philosophischen Ärzte‹, der *ganze Mensch*, niemals ganz
aufgegeben: die Rede von der ästhetischen Erziehung des Menschen
mit ihrer deutlichen Akzentuierung des Empfindens wird eigentlich
erst vor diesem Hintergrund ganz verständlich (vgl. W. Riedel
1998b, 549).

Über die philosophisch-anthropologischen Aspekte hinaus sind
diese frühen Abhandlungen aber auch in ganz anderer Weise aufschlussreich. Zum einen sind sie das vielleicht erste Beispiel für
Schillers Arbeitsökonomie, die man durch das ganze Werk beobachten kann: Denn sie dienen ihm nicht nur als Dissertationen, wodurch
sie ganz pragmatisch einer äußeren Forderung genügen. Inhaltlich
sind sie zudem nicht allein philosophische und medizinisch-anthro-
pologische Texte, die das von seinen Zeitgenossen breit und kontrovers diskutierte Leib-Seele-Problem aufnehmen und diverse Theorien
des »Commercium mentis et corporis« verarbeiten. Vielmehr sind
die medizinischen Diskurse zugleich Folien, auf denen die psycholo-
gisch-dramatische Charakterisierung der Gestalten der frühen Schau-
spiele Kontur gewinnt.

Insbesondere kann der als zweite Dissertation lateinisch abgefas-
ste Traktat über die verschiedenen Fieberformen (*De discrimine fe-
brium inflammatoriarum et putridarum*, 22, 31ff.) als medizinische
Metapher für das gleichzeitig entstehende Schauspiel *Die Räuber*
und seine beiden Hauptprotagonisten gelesen werden (vgl. Schuller
1994, 162). Franz Moor repräsentiert das faulige Fieber, das die
Krankheit hinter verschiedensten Masken verschleiert und so als
»der hinterlistige Feind durch das Innere des Körpers schleicht«
(Med. S. 1959, S.102); der Räuber Karl Moor, der »höchste Lebenskraft und einen für die Leidenschaft sehr empfänglichen Geist« hat
(ebd., 75), ist durch diese Konstitution prädestiniert für die entgegengesetzte Art des Fiebers und stellt damit das – in wahrhaft doppeltem Sinn – *entzündliche* Fieber dar (vgl. J.G. Zimmermann

1763/64 I, 441). Schon diese Abhandlungen sind also unter jene Kategorie von Texten zu subsumieren, die das eigene dichterische Schaffen reflektieren und damit dessen Rechtfertigung und Begründung dienen.

In seiner dritten Dissertation hat Schiller nicht nur viele Anspielungen und Zitate aus Dramen Gerstenbergs, Shakespeares und Goethes verwendet, sondern auch aus seinem gleichzeitig entstehenden Schauspiel *Die Räuber* zitiert. Das ist weit mehr als nur Illustration einer philosophisch-medizinischen Schrift – ein Verfahren übrigens, das sein Lehrer Abel zur Veranschaulichung des Unterrichtsstoffs vielfach anwandte (vgl. 42, 11). Denn die Abhandlung ist theoretische Grundlage und anthropologische Vorstudie der Gestalten seiner frühen Dramen – vor allem der *Räuber*, die dann ihrerseits zum Exempel psycho-physiologischer Bestimmungen werden.

Die Erkenntnisse des psychologisierenden Physiologen resultieren nach Schillers eigenem Diktum aus dessen »Hauptschule«: und die ist das »Krankenbett« (20, 68). Die Produktion seiner frühen Dramen erscheint ohne diese Voraussetzung der medizinischen Praxis des Anthropologen nicht denkbar (vgl. Schings 1977, 16). Allerdings geht die Verbindung von literarischem Schaffen und medizinischer Anthropologie im 18. Jahrhundert in den *Räubern* ihre vielleicht fruchtbarste, auf jeden Fall ihre berühmteste Allianz ein. Exemplarisch ist insbesondere der § 14 der Abhandlung, der vielfach für deren Verbindung zu Schillers erstem Schauspiel genannt wird (vgl. 21, 130; Pfotenhauer 1987, 25f.; L. Müller 1987, 49 u. 422). Er handelt vom ›geistigen Schmerz‹, der »die Kräfte des Lebens in jene Mißstimmung« setzt, welche den »Flor« des ganzen Nervengebäudes »zernichtet, und alle Aktionen der Maschine aus dem Gleichgewicht bringt«. Körper, Seele und Geist werden so innig verbunden gedacht, dass Schiller im Gegenzug zu einer rationalistischen Leib-Seele- oder Körper-Geist-Dichotomie sagen kann: »der Zustand des grösten Seelenschmerzes ist zugleich der Zustand der grösten körperlichen Krankheit.« (20, 59).

An den pathologischen Fällen gewinnt der ›philosophische Arzt‹ Einsichten, die sich Franz Moor im ersten Monolog des zweiten Akts des Dramas zunutze macht. Diese Bühnengestalt hat vor allem wegen ihrer abscheulich berechnenden Boshaftigkeit Berühmtheit erlangt. Schiller selbst nennt seine Figur einen »spekulativischen Bösewicht«, einen »metaphysisch-spizfündigen Schurken« (23, 25), der sich durchaus dessen bedienen will, was ihn die ›philosophischen Ärzte‹ über den Zusammenhang von Körper und Geist gelehrt haben:

FRANZ VON MOOR. Philosophen und Mediziner lehren mich, wie treffend
die Stimmungen des Geists mit den Bewegungen der Maschine zusammen
lauten. [...] Leidenschaften *mißhandeln* die Lebenskraft – der überladene
Geist drückt sein Gehäuse zu Boden – [...] (3, 38)

Er will den Körper seines Vaters »vom Geist aus verderben«, er
möchte es anstellen »wie der gescheide Arzt (nur umgekehrt.)«:

FRANZ VON MOOR. ...Und wie ich nun werde zu Werk gehen müssen, diese
süsse friedliche Eintracht der Seele mit ihrem Leibe zu stören? Welche Gattung von Empfindnissen ich werde wählen müssen? Welche wohl den Flor
des Lebens am grimmigsten anfeinden? (3, 39)

Schiller lässt seinen Protagonisten genauestens kalkulieren, welche
geistig-seelische Erschütterung das körperliche Leben des Vaters am
schnellsten und effektivsten zu Grunde richten könnte: Soll er ihn
zornig machen? Dieser Affekt hält nicht lange genug vor. Die *Sorge*?
Sie nagt zu langsam. *Gram* wäre zu träge, *Furcht* taugt auch nicht
recht. Schließlich wird ihm der *Schreck* zu jenem mark-
erschütternden Moment, das in Begleitung von Jammer, Reue und
Selbstanklage dem lebendigen Menschen am besten zu Leibe rücken
kann: »Was kann der Schreck nicht? – Was kann Vernunft, Religion
wider dieses Giganten eißkalte Umarmung?« (Auch diese Aufzählung von Affekten ist keineswegs bloße dichterische Erfindung, sondern geht auf die medizinische Affektenlehre der ›philosophischen
Ärzte‹ zurück: vgl. J.G. Zimmermann 1763/64, II, 11. Kap.; ebd.
434 zum plötzlichen Tod als Folge »eines heftigen Schrekens«). Diesem »Furientrupp« psychischer Leiden kann, so der ›vernünftig‹ kal-
kulierende Zynismus, das »zerbrechliche Leben« schließlich nicht
standhalten – und hinterlässt doch *physisch keinerlei Spuren*... Zur
ironischen Pointe von Schillers Drama wird schließlich der Tod jenes eiskalten Kalkulators, des atheistischen Materialisten Franz, den
der ›Furientrupp‹ all jener Affekte selbst in ausweglose Verzweiflung,
in den Selbstmord treibt (vgl. Dewhurst/Reeves 1978, 321).
      Ganz anders die leibhaftige ›Furientruppe‹ der Räuberbande des
Zwillingsbruders Karl: brennend, vergewaltigend und mordend hinterlässt diese reale Manifestation menschlicher Grausamkeiten überall ihre *Spuren an den lebendigen Leibern*. Wie begründet aber der
Autor in seiner Dissertation die geistig-seelisch-körperliche Verfassung dieses Antipoden, dieses ganz anderen Charakters, der sich
zu dem seines bösartigen Bruders gleichwohl komplementär verhält?
Hier ist kein berechnender Bösewicht am Werk, sondern ein leiden-
schaftlicher Mensch, der sich seiner Schwächen in besonnenen Momenten nur allzu deutlich bewusst ist. Begegnet ihm jedoch eine
Ungerechtigkeit, dann gerät ein derartiger Charakter außer sich vor

Zorn, er wird zu »wilder Bewegung« (3, 30) hingerissen. Der philosophische Arzt kann auch solch leidenschaftlich impulsives, spontan
aufbrausendes Verhalten ›wissenschaftlich‹ ableiten: Als Karl Moor
den von Franz gefälschten Brief erhält, der ihm die Verstoßung
durch seinen Vater mitteilt, werden – durch eine grenzenlose Empörung affiziert – alle familiären, ja alle menschlichen, eben »die stärk-
sten Bande zerrissen« (20, 69) – wie die Dissertation konstatiert.
Und so das Schauspiel:

MOOR. [...] wenn Blutliebe zur Verrätherinn, wenn Vaterliebe zur Megäre
wird; o so fange Feuer männliche Gelassenheit, verwilde zum Tyger sanft-
müthiges Lamm, und jede Faser recke sich auf zu Grimm und Verderben.

[...] Menschen haben Menschheit vor mir verborgen, da ich an Menschheit
appellirte, weg dann von mir Sympathie und menschliche Schonung! – Ich
habe keinen Vater mehr, ich habe keine Liebe mehr, und Blut und Tod soll
mich vergessen lehren, daß mir jemals etwas theuer war! (3, 31f.)

In der wahnwitzigen Spirale seines unbändigen Zorns stellt er demjenigen seiner Räuber eine Belohnung in Aussicht, »der am wilde-
sten sengt, am gräßlichsten mordet«. Die individuelle Wut des leidenschaftlichen Menschen gegen einen ungerechten Vater gebiert
»einen Universalhaß gegen das ganze Menschengeschlecht« (22,
120; vgl. Schings 1980/81; ders. 1982, 11).
   Aber nach diesen grauenhaften Exzessen von Hass und fieberhaf-
ter Zerstörung fordert die zerbrechliche Maschine, der Körper, Er-
holung; soll er anders nicht »einer totalen Relaxation [d.i. Erschlaf-
fung]« anheimfallen: Davon handelt der ›philosophische Arzt‹ in §
26 seiner Abhandlung. Deshalb müssen sich die extrem gespannten
Affekte Karl Moors, die in der zweiten Szene des ersten und in der
dritten Szene des zweiten Akts in geradezu unerträglicher Weise cre-
scendieren, nach den begangenen Grausamkeiten psychisch entlasten. Die »höchsten Grade des Entzückens, des Schrekens und des
Zorns« lösen sich in den ihnen entsprechenden Zuständen melan-
cholischer, ja depressiver »Ermattung, Schwäche oder Ohnmacht«
(20, 74), was Schiller nach der Schilderung der Mordbrennereien
wirkungsvoll in Szene zu setzen weiß (Hinderer 1992, 45 spricht
von einem »offensichtlich manisch-depressiven Temperament; vgl.
die frappierenden Parallelen zum Profil Karl Moors in der Schilderung der psychischen Veranlagung des politischen Führers Lenin
durch seine Frau: Figes 1998, 416f.).
   Die Paragraphen 14, 15 und 19 können als medizinisch-anthro-
pologische Grundierung der ersten Szene des fünften Akts gelesen
werden, in der sich Franz' Traum vom Jüngsten Gericht findet.
(Umgekehrt verwendet Schiller im § 15 daraus eine Textpassage –

als Zitat eines fingierten englischen Dramatikers – zum Beleg seiner
psycho-physiologischen Theorie.) Der Traum wird zum Menetekel
für Sterben und Tod des Franz Moor. Der alte Diener Daniel diagnostiziert das ungewohnte und angstvoll desorientierte Verhalten
des sonst immer »überlegenden Schurken« (22, 120), der toten-
bleich und lallend zu ihm spricht, als Krankheit:

DANIEL. Oh ihr seyd *ernstlich* krank.

FRANZ. Ja freylich, freylich! das ists alles. – Und Krankheit verstöret das Gehirn, und brütet tolle und wunderliche Träume aus – Träume bedeuten
nichts – nicht wahr Daniel? Träume kommen ja aus dem Bauch, und Träume bedeuten nichts – ich hatte soeben einen lustigen Traum *er sinkt unmächtig nieder.* (3, 118)

Der eingefleischte Materialist Franz nimmt den Befund seines alten
Dieners erleichtert auf: wenn die Körper-Maschine nicht funktioniert, wird auch das Gehirn von seinem ›vernünftigen‹ Gleis abirren.
Aber was ist mit dem verstörenden Träumen? Der Verstandesmensch
glaubt sich beruhigen zu können, indem er sie kurzerhand in den
Antipoden seines Verstandessitzes, den Bauch, verdrängt – und kann
doch der eigenen Ohnmacht nicht Herr werden. »Der von Freveln
schwer gedrükte Moor, der sonst spizfindig genug war, die Empfindungen der Menschlichkeit durch Skeletisirung der Begriffe in
nichts aufzulösen, springt eben izt bleich, athemloß, den kalten
Schweiß auf seiner Stirne, aus einem schreklichen Traum auf. Alle
die Bilder zukünftiger Strafgerichte, die er vielleicht in den Jahren
der Kindheit eingesaugt, und als Mann opsopirt [verdrängt] hatte,
haben den umnebelten Verstand unter dem Traum überrumpelt.
Die *Sensationen* sind allzuverworren, als daß der langsamere Gang
der Vernunft sie einholen und noch einmal zerfasern könnte.« (20,
60; vgl. die Erläuterung des Zitats im Hinblick auf das medizinge-
schichtliche Umfeld bei W. Riedel 1993, 211ff., der in diesem Zusammenhang auf die ausschließlich psychophysiologische Deutungs-
möglichkeit von Träumen in den *Theses philosophicae* von Abel
hinweist, die 1780 zugleich Prüfungsthesen waren). Die gemischte
Natur des Menschen fordert ihren Tribut von demjenigen, der sie
standhaft leugnen zu können glaubt. Der gefeierte Verstand vermag
in dem Moment nichts mehr gegen die Macht lebensgeschichtlicher
Traumata auszurichten, wo sich seine psychischen Verpanzerungen
ihrer somatischen Stützen nicht länger versichern können, wo der
Leib sich den Zumutungen vermeintlich vernünftiger Begriffsskelet-
te verweigert.
    Der Mediziner Schiller kommentiert derartig auffällige *psycholo-
gische* Verhaltensänderungen, die sich einstellen *vor* dem »allgemei-

ne[n] Tumult der Maschine [d.i. der Körper], wenn die Krankheit
mit offener Wuth hervorbricht«, als *Physiologe*:

»Alle Krankheiten von Bedeutung, diejenigen vorzüglich, die man die bös-
artige nennt, und die aus der Oekonomie des Unterleibs hervorgehn, kündigen sich mehr oder weniger mit einer sonderbaren Revolution im Karak-
ter an. Damals, wenn sie im Stillen noch in den verborgenen Winkeln der
Maschine schleichen, und die Lebenskraft der Nerven untergraben, fängt
die Seele an, den Fall ihres Gefährten in dunkeln Ahndungen voraus zu
empfinden. Das ist mit ein grosses Ingrediens zu demjenigen Zustand, den
uns ein grosser Arzt [vmtl. Schillers Lehrer Johann Friedrich Consbruch
(1736-1810); vgl. Dewhurst/Reeves 1978, 290] unter dem Namen der *Vor-
schauer* (Horrores) mit Meisterzügen geschildert hat. Daher die Morosität
dieser Leute, davon niemand die Ursache weißt anzugeben, die Aenderung
ihrer Neigungen, der Ekel an allem, was ihnen sonst das liebste war.« (20, 65)

Franz Moors ängstliches Anschmiegen an den alten Daniel (»Nein,
nein, nein! Bleib! Oder ich will mit dir gehen. Du siehst ich kann
nicht allein sein! Wie leicht könnt ich, du siehst ja – unmächtig –
wenn ich allein bin.« 3, 362), den er bis dahin nur gequält und genötigt hatte (vgl. 4. Akt, II); sein Verlangen nach einem Geistlichen,
das zu dem berühmt-berüchtigten Gespräch mit dem Pastor Moser
führt (vgl. Buchwald 1959, 91f.); gar sein vergebliches Beten zu
dem vormals geleugneten Gott: all das zwingt Schiller in jene Szene,
um diese ›sonderbare charakterliche Revolution‹ zu demonstrieren.
Sie geht dem Zusammenbruch von Körper und Seele voraus, der
schließlich in jenem wahrhaft theatralischen Selbstmord endet.
Franz, der kurz vorher noch seinem Herrgott versichern zu müssen
glaubte, dass er sich »nie mit Kleinigkeiten abgegeben« habe, muß
nun zu seiner »goldenen Hutschnur« Zuflucht nehmen, um sich damit zu erdrosseln (3, 126; zur Gestaltung des Todes seines Protagonisten sowie Literaturhinweise zur weitverbreiteten Kritik an dem
angeblich »unbefriedigenden Schluß« vgl. W. Riedel 1993, 209f.).
    Auch die Ohnmacht des Vaters jener beiden monströsen Charak-
tere, in die der alte Moor – einem Gestorbenen gleich – bei der
Nachricht vom Tod seines geliebten Sohnes Karl fällt, ist nicht bloßer, dabei ins Grelle übersteigerter Theatereffekt, als welche viele
derartige Extremsituationen in Schillers frühen Stücken denunziert
worden sind. Sondern sie ist die präzise (Bühnen-)Illustration seiner
medizinisch-anthropologischen Einsicht: »Die Erstarrung der Seele
unter dem Schreken, dem Erstaunen u.s.w. wird zuweilen von einer
allgemeinen Aufhebung aller physischen Thätigkeit begleitet.« (20,
63).
    Nicht zuletzt hat die Reaktion der Amalia von Edelreich (» – weißt
du nicht, Bösewicht, daß Karl unmöglich das werden kann?« 3, 36)

auf die lügenhafte und widerliche Schilderung, die Franz über die ekelhafte körperliche Verfallenheit des Räubers Moor durch seine angebliche syphilitische Infektion erdichtet, ihre theoretische Grundlage im § 22, »Physiognomik der Empfindungen« überschrieben. Ihm ist die Erläuterung vorangestellt: »Körperliche Phänomene verraten die Bewegungen des Geists«. Eine große, wenn auch verirrte Seele, kann niemals in einem solch grimassierenden Körper wohnen, wie Franz ihn für seinen Rivalen erfindet.

Der junge Schiller unterstützt seine physiologischen und psychologischen Erkenntnisse, mit denen er die Bühnenfiguren seiner frühen Dramen gestaltet, auch mit der in der zweiten Hälfte des 18. Jahrhunderts so einflussreichen wie umstrittenen Lehre der Physiognomik – von deren prominentester Formulierung durch Johann Kaspar Lavater er sich jedoch distanzierte (vgl. 20, 70). Sie untermauert abermals die »innige Korrespondenz« von Körper und Seele, indem »die geheimsten Rührungen der Seele auf der Aussenseite des Körpers« manifest werden (20, 68).

Ähnlich hat Schiller als ›philosophischer Arzt‹ in seinen anderen frühen Schauspielen jene seltsame Mischung aus Physiognomik und Affektenlehre, aus Physiologie und Psychologie, mithin aus den anthropologischen Vorgaben, seinen Bühnengestalten amalgamiert und macht dort ebenso von der in seiner Dissertation ausgearbeiteten Theorie Gebrauch (vgl. Košenina 1995, 247ff.). Exemplarisch ist das in der zentralen dritten Szene des dritten Aktes von *Kabale und Liebe* zu sehen, die gerade durch ihre lakonische Kürze so wirkungsvoll ist. Als der intrigante Wurm dem verbrecherischen Präsidenten die Verhaftung der Eltern der Luise Millerin meldet, womit von ihr ein fingierter, sie selbst belastender Brief erpreßt werden soll, antwortet dieser triumphierend: »Ein Gift, wie das, müßte die Gesundheit selbst in eiternden Aussatz verwandeln – [...]« (5, 55).

2.2   Der Anthropologe als Analytiker der Seele

Mit den *Räubern* hat Schiller nach eigenem Bekunden das »Gemälde einer verirrten großen Seele« schaffen wollen. Diese Seele wollte er als eine vorführen, die eigene Verwundungen in grauenhaft mörderischen Exzessen zu heilen sucht, und zugleich als eine, die durch alle psychischen Abgründe von Verzweiflung und Reue stürzt: die Rede ist von Karl Moor. Dagegen stellte er mit der Figur des Bruders Franz einen »heimtückischen Schleicher« auf die Bühne, die Ausgeburt eines Heuchlers, der von dem verminten Gelände seines eigenen Intrigennetzes schließlich »gesprengt« wird (22, 88). Karl und Franz Moor sind leibliche Brüder, die sich als Manifestationen von Leib und Seele komplementär zueinander verhalten – »zwei Seiten einer Medaille« (Hinderer 1992, 51). Das mag auch Karls Resümee unterstreichen: »[...] da steh ich am Rand eines entsezlichen Lebens, und erfahre nun mit Zähnklappern und Heulen, daß *zwey Menschen wie ich den ganzen Bau der sittlichen Welt zu Grund richten würden.*« (3, 135). Die Formulierung ›zwei Menschen wie ich‹ bliebe ohne die bewusst gestaltete Komplementarität völlig rätselhaft (vgl. Bolten 1985, 10, der »von den sich letztlich als *eine* Person erweisenden ›feindlichen Brüdern‹ Moor« spricht; ebd., 66f.; Guthke 1994, 51; Brittnacher 1998, 338 ff.). Sie sind deutsch-protestantische Brüder des romanischen *Don Giovanni* von Mozart und da Ponte, der nur wenig später, 1787, in Prag die Bühne betrat. In ihm vereinigen sich der spekulative Verbrecher und der monströs Liebende, die Schiller in die Figuren des verbrecherischen Liebenden und des spekulativen Monstrums (de-)konstruiert: feindliche Brüder, die im *Schauspiel* niemals direkt aufeinanderprallen.

In diesen Gestalten der ungleichen Zwillingsbrüder werden radikale Ausprägungen aufgeklärten, d.h. hier terroristischen wie blanken kalkulatorischen Denkens und Handelns dargestellt: Beides muß an der eigenen Konsequenz zerbrechen. Der Zweck, die Welt mit brachialer Gewalt zu verändern, wie Karl Moor es im Namen vorgeblich höherer Menschheitsideale will, desavouiert sich durch die eigenen Mittel: Die *terreur* der Französischen Revolution wird es einige Jahre später realiter illustrieren. Schiller lässt seinen Protagonisten davon eine Ahnung bekommen, wenn Karl dem Zweck seiner Ideale am Ende nachsinnt: »Aber wofür der heisse *Hunger* nach *Glückseligkeit*? Wofür das Ideal einer *unerreichten* Vollkommenheit?« Die grausam umgekommenen Opfer bei seinem Versuch, diese Ideale zu verwirklichen, lassen ihn nicht mehr zur Ruhe kommen; die Erinnerung an die Ermordeten überwältigt ihn, wobei der ›Räuber Moor‹ – so Schillers Regieanweisungen – zunächst »heftig zittert« und dann gar »von Schauer geschüttelt« wird:

Euer banges Sterbegewinsel – euer schwarzgewürgtes Gesicht – eure fürchterlich klaffenden Wunden sind ja nur Glieder einer unzerbrechlichen Kette des Schiksals, und hängen zulezt an meinen Feyerabenden, an den Launen meiner Ammen und Hofmeister, am Temperament meines Vaters, am Blut meiner Mutter – (3, 109)

Der Autor lässt seine Figur die unbewussten Motivierungen seiner Taten aufzählen. Phantasien, Erziehung, schließlich die elterliche Abkunft: all das führt ihn an der ›unzerbrechlichen Kette des

Schicksals‹ zu Wurzeln, die bis in die frühe Kindheit zurückreichen. Damit macht sich der Autor einmal mehr als psychologisierender Arzt kenntlich, der an der Ätiologie oder in diesem Fall vielleicht besser: an der Anamnese der Pathologien seiner Figuren interessiert ist.

Will sich aber – wie Franz Moor – ein vorgeblich radikal vernünftiges Denken nach dem Vorbild des naturwissenschaftlichen Experiments die Welt unterwerfen, so kann es das nur um den Preis der Verdrängung alles dessen, was sein Anderes ist als abgründige Seele, als Traum, Wahnsinn und Lust: ein Stück *Dialektik der Aufklärung*.

Die anderen, die dunklen, die irrationalen Seiten aber lassen sich nicht auf Dauer wegsperren: Schiller hat es in seinem *Versuch über den Zusammenhang* deutlich gemacht und unzweideutig an Franz Moor demonstriert. Schon während Franz das Bildnis seines Bruders betrachtet, steigt ein ungewisser Zweifel in ihm auf, ob er die Abgründe nicht umsonst »eben gemacht« habe:

FRANZ. [...] Hab ich darum meine Nächte verpraßt – darum Felsen hinweggeräumt und Abgründe eben gemacht – bin ich darum gegen alle Instinkte der Menschheit rebellisch worden, daß mir zuletzt dieser unstete Landstreicher durch meine künstlichsten Wirbel tölple – [...] (3, 90)

Franz Moor bekommt angesichts des Bruders eine Ahnung von der Vergeblichkeit seines hybriden Unternehmens – auch darin diesem ähnlich. Hier enthüllt sich ihm (und dem Rezipienten) sein Bruder Karl eben als jenes Andere, jener Andere, an dem zu verdrängen die mühevolle gedanken-, listen- und intrigenreiche Unterdrückungsmaschinerie sich so lange abgearbeitet hat. Nun, im Augenblick vermeintlichen Gelingens, taucht es leibhaftig wieder auf. Das allerdings ist von weitaus größerem psychologischen Raffinement als jener berühmte Fiebertraum vom Jüngsten Gericht, was eigentlich ein ganz und gar konventionelles, gewiß aber ungeheuer bühnenwirksames Moment ist. Mit dem Auftauchen des verdrängten Anderen gibt der Dichter seinem monströsen Ungeheuer zugleich das vorher verschwundene Menschenantlitz wieder: »[...] seine Verzweiflung fängt an, uns mit seiner Abscheulichkeit zu versöhnen [...]« (22, 124).

Wenn sich dem Zuschauer oder Leser aber jene künstliche Konstruktion erschließt, die die brüderlichen Protagonisten eher in die Nähe modernerer Modelle psychischer Konstitution wie etwa in das vom Ich und Es oder von Bewusst und Unbewusst rücken lässt, sieht er auch die eigentümliche psychologische Kunst des jungen Schiller. Deswegen sind in diesem ersten Bühnenwerk auch kaum

Gestalten zu finden, deren Handlungen glaubwürdig durchmotivierte Psychogramme zugrunde liegen: Es sind kalkulierte Konstruktionen des sezierenden (Seelen-)Anatomen.

Wohl aus diesem (Miss-)Verständnis heraus haben Interpreten immer wieder kritisch vermerkt, dass die Handlung des Schauspiels sich durchaus nicht durch übermäßige psychologische Wahrscheinlichkeit auszeichnet, vielmehr voller Ungereimtheiten sei (vgl. 3, 265 u.v.a.). Schiller selbst hat öffentlich als erster in seiner anonym erschienenen Selbstrezension auf »Außerordentliches« hingewiesen, bei dem das »Natürliche« auf der Strecke geblieben sei: In der Figur des Franz habe er »*den Menschen überhüpft*« (22, 123). Noch schärfer kritisiert der rezensierende Autor die Figur des alten Moor hinsichtlich der psychologischen Wahrscheinlichkeit ihrer Handlungen oder besser: Unterlassungen − und verweist zugleich auf die besondere Brauchbarkeit einer derartig konzipierten Gestalt für den *Dichter*. Und hier betont Schiller noch einmal ausdrücklich, dass er als Dichter zugleich *Arzt* ist und als solcher die vermeintlichen psychologischen Mängel ganz bewusst gestaltet habe.

Bei seinem Unternehmen hoffte der Autor, »die Seele gleichsam bey ihren verstohlensten Operationen zu ertappen« (3, 243). Das ist ein prinzipielles Movens des Dramatikers und Anthropologen. Es galt, die bewussten wie unbewussten Motive von bewusst wie unbewusst eingesetzten Konventionen und Konventionsüberschreitungen zu sezieren und zu enthüllen. Dazu konnte ihm ein künstlich hergestelltes Laboratorium und Experimentierfeld viel besser dienen als eine sorgfältig motivierte Bühnenhandlung. Und genau davon redet seine Selbstrezension: Da attestiert sich der Dichter, dass er »eine so ziemlich vollständige Ökonomie der ungeheuersten Menschenverirrung, selbst ihre Quellen« aufgedeckt habe (22, 119); da ist von ›Kunstgriffen‹ die Rede, um den Zuschauer empathischen Einblick in dies Laboratorium zu geben; da glaubt Schiller den Rezipienten so weit »gefesselt« zu haben, daß dieser gleichsam nicht anders kann, als das »Triebwerk« der »Teufeleien« (22, 122) wie in einem Reagenzglas zu betrachten. Vermutlich ist hier das Erbe des sezierenden Pathologen und seine gleichsam experimentelle Versuchsanordnung zum Zweck psychologischen Erkennens am Werk (vgl. Buchwald 1959, 175, der das Schauspiel »ein psychologisches *drame expérimental*« nennt). Ein zeitgenössischer Kritiker wie Karl Philipp Moritz fragte daher unwillig, was »dergleichen Ungeheuer, wie z.B. der abscheuliche Franz Moor in den Räubern, und dieser Präsident [aus *Kabale und Liebe*]« auf der Bühne überhaupt sollten, da man überhaupt nicht erfahre, »wie diese Menschen so geworden sind«

(zit. bei Henning 1976, 183). Paradigmatisch ist das Moritzsche
Unverständnis, weil es ihm zwar ebenso wie Schiller um psychologische Erkenntnis zu tun ist, ihn als Erfahrungsseelenkundler aber,
anders als den philosophischen Arzt, die momentanen Auswirkungen des ›Commerciums‹ zwischen physischer und seelischer Natur
nur wenig interessierten (vgl. L. Müller 1987, 280f.). Wird dies
übersehen, dann allerdings muss Schillers Experimentanordnung als
monströse Unwahrscheinlichkeit missverstanden werden.

Dieser Gefahr wollte der Autor offensichtlich mit seiner Selbstrezension vorbeugen, die in weitaus höherem Maße Selbstreflexion
und -explikation als Selbstkritik ist. Vor allem nahm Schiller die Gelegenheit wahr, um das Publikum über die Konstruktionsprinzipien
und seine damit verbundenen Absichten aufzuklären. Denn die Eingriffe, die das Stück bis zur Uraufführung erfahren musste, hatten
dem Autor nur allzu deutlich gemacht, dass von seinen ursprünglichen Intentionen wenig mehr als Relikte verstanden worden waren.
Nun wollte er »mehreres Licht« auf seinen Text werfen, von dem er
mit Recht annehmen konnte, »daß er auf eine andere Art als ich mir
dachte begriffen worden« (23, 30).

Als Schiller noch wenig Anlass hatte, die Realisierung der *Räuber*
auf der Bühne erleben zu können, bekannte er sich zur Gattung des
Dramas als der Darstellungsform, die ihm für die Entlarvung seelischer Vorgänge am vorteilhaftesten erschien. Den engen Grenzen
des konventionellen Genres wollte er sich jedoch nicht fügen. Sein
künstlerischer Wille, außerordentliche Menschen darzustellen und
sie mit dem Leser zu analysieren, verbat sich mit stolzer Gebärde
alle Beschränkung durch theaterpraktische Rücksichten: Denn seine
Dramengestalten, »deren Thätigkeit von vielleicht tausend Räder-
chen abhänget« (3, 5), könnten gar nicht in wenigen Stunden mit
möglicherweise schlechten Schauspielern ihre Abgründe entfalten.
Zwar sollte sich dies bei der Mannheimer Uraufführung durchaus
als richtig erweisen; aber zugleich konnte eine derartige Behauptung
auch vor zu erwartender Kritik schützen, weil Schiller die szenische
Anlage der *Räuber* offenbar ganz auf die französisch inspirierten
Stuttgarter und Ludwigsburger Theaterverhältnisse hin ausgerichtet
hatte (vgl. Michelsen 1979, S.9-63; Friedl 1990), die einzigen, die
er aus eigenem Augenschein kannte: und diese differierten bühnen-
technisch wie stilistisch in erheblichem Ausmaß von den Verhältnissen an anderen Theatern.

Aus Gründen des Umfangs ebenso wie aus theaterpraktischen
Rücksichten konnte Schiller in der ersten Fassung seiner Vorrede
darauf verweisen, dass es ihm »gar nicht darum zu thun war, für die
Bühne zu schreiben« (3, 245). Zum dritten zweifelte er aber auch an

seinen potentiellen Zuschauern: Da nun einmal, so in der zur
Ostermesse 1781 geschriebenen Druckfassung der Vorrede, die ›edlen
Seelen‹ die ›moralischen Dissonanzen‹ seines Dramas nicht ertrügen,
wolle er selbst nicht dazu raten, das Wagnis einer Aufführung der
Räuber einzugehen. Noch ist der junge Autor kompromisslos, der
sich selbst stolz Euripides und Shakespeare an die Seite setzt; nur
wenig später aber wird sich die unbeugsame Haltung ändern.

Denn als sich im Sommer 1781 die Möglichkeit abzeichnete, die
Räuber auf die Mannheimer Bühne zu bringen, zeigte sich Schiller
zu Kompromissen bereit (vgl. 23, 22). Als Mannheimer Theater-
dichter schließlich war ihm die Bühne allein »ein unfehlbarer
Schlüssel zu den geheimsten Zugängen der menschlichen Seele«.
Nur sie, so verkündet der junge Dramatiker, deckt dem Menschen
»das geheime Räderwerk« auf, »nach welchem er handelt«. Das
Theater wird ihm zum probatesten diagnostischen Mittel, dessen
Zweck Analyse der Seele ist: »Hier *hören* [Hervorhebung vom Vf.]
wir, was unsre Seele in leisen Ahndungen fühlte, die überraschte
Natur laut und unwidersprechlich bekräftigen.« (20, 95ff.).

2.3 Mutige Strategien: Zur Publikationsgeschichte der *Räuber*

Als 1781 Schillers *Räuber* in Stuttgart im Druck erschienen sind, er-
eignen sich im intellektuellen Deutschland fast zeitgleich überall
Dinge von weitreichenden Folgen; nicht allein in der Hauptstadt
des Herzogtums Württemberg und im fernen preußischen Königsberg, wo Kant seine erste *Kritik*, die *der reinen Vernunft*, veröffentlicht. Goethe reflektiert am Weimarer Hof in seinem *Torquato Tasso*
Abhängigkeit und Autonomie des Künstlers und Intellektuellen in
der ›höfischen‹ Gesellschaft. Mozart befreit sich aus seinem erniedrigenden Hofdienst beim Fürsterzbischof von Salzburg. Haydn, nach
langer und experimentierfreudiger Inkubationszeit im abgelegenen
Eisenstadt, veröffentlicht seine Quartette op. 33, die nicht nur ihm
»auf eine gantz neu Besondere Art« (Haydn 1965, 104) komponiert
erscheinen. Aufbruch zu neuen Horizonten und Brüchigkeit einer
untergehenden Ordnung werden also nicht allein in Stuttgart und
Mannheim manifest, wo Schiller – mit 22 Jahren der Jüngste in dieser Aufzählung illustrer Namen – dennoch seine Stimme für die
deutsche Öffentlichkeit mit einem Drama am spektakulärsten vernehmen lässt, dem nach der Uraufführung auch ein für seine Zeit
beispielloser Bucherfolg beschieden war.

Als Schiller im Dezember 1780 die Akademie in Stuttgart verließ, hatte er schon eine mehr oder weniger druckreife Fassung der

Räuber vorliegen, und hoffte, dafür einen Verleger zu finden. Als das nicht gelang, entschloss er sich, das Schauspiel auf eigene Kosten drucken zu lassen, wofür er sich die nicht unbeträchtliche Summe von fast 150 Gulden leihen musste. Denn nach dem Abschluss seiner Prüfungen im Dezember 1780 bekam er als »Regiments-Doctor« beim Grenadierregiment Augé in Stuttgart für seine Tätigkeit lediglich 18 Gulden Monatslohn. Dennoch hatte es Schiller offensichtlich besser getroffen als die meisten seiner Kommilitonen, die ohne Aussicht auf irgendeine Verwendung in Württembergischen Diensten auswanderten oder versuchten, sich selbständig zu machen – meistens unter erheblichen Schwierigkeiten. Andere wiederum, deren finanzielle Mittel es erlaubten, qualifizierten sich andernorts weiter (vgl. Dewhurst/Reeves 1978, 56f.; Buchwald 1959, 275 zählt fünf examinierte Mediziner, von denen allein Schiller eine besoldete Stelle erhielt). Wenigstens beanspruchten ihn seine ärztlichen Pflichten bei der schäbigen Bezahlung und der mangelnden Attraktivität seiner Arbeit für herumlungernde, kaum entlohnte Soldaten (vgl. Buchwald 1959, 273f.) weder zeitlich noch kräftemäßig so sehr, dass seine literarischen und publizistischen Interessen darunter zu leiden gehabt hätten.

So konnte er sich zu Anfang 1781 auch um die Drucklegung der *Räuber* kümmern. Die arkane Geschichte des Drucks und seiner Verbreitung bezeugt die geschickten Schachzüge des jungen Dichters (vgl. 3, 288ff.), der keiner Schwierigkeit aus dem Weg zu gehen schien, um sein erstes Bühnenwerk vor die Öffentlichkeit zu bringen: Schiller wie der Drucker mussten anonym bleiben, weil ein Autor ohne Erlaubnis nichts und ohne Zensur allemal gar nicht veröffentlichen durfte. Ob der Stuttgarter Verleger Johann Benedikt Metzler den Druck bei Johann Philipp Erhard vermittelt und *Die Räuber* dann außerhalb Württembergs vertrieben hat, wie eine ab Oktober 1782 in verschiedenen mitteldeutschen Journalen erschienene Zeitungsnotiz nahe legt, oder ob Schiller das Werk bei Christoph Gottfried Mäntler in Stuttgart drucken ließ, ist umstritten (vgl. Metelmann 1957; Wittmann 1982, 300f.; dagegen 3, 292ff.). Im Frühjahr 1781 müsste das Werk in Druck gegangen sein.

Dass Schiller den Titel nicht wie üblich am Anfang sondern erst nach der erfolgten Drucklegung des Textes drucken ließ, mag seinen Grund darin haben, dass er hoffte, mit dem gedruckten Text eher einen Verleger außerhalb Württembergs zu finden als mit seiner handschriftlichen Version. Der hätte dann seinen Namen nur noch auf den zu druckenden Titel setzen können, und Schiller wären möglicherweise die ihm entstandenen Kosten zurückerstattet worden. Das mag er sich wohl von dem Mannheimer Verleger Christian

Friedrich Schwan (vgl. Buchwald 1959, 383; Fröhlich 1998, 71ff.)
gewünscht haben, dem er die ersten sieben Textbogen der *Räuber*
schickte. Der las sie zwar begeistert, aber das Wagnis des Verlags
scheute er dennoch, weil das Schauspiel seiner Meinung nach auch
Szenen enthielt, die er »als Buchhändler dem ehrsamen und gesitte-
ten Publikum verkäuflich anzubieten, für unschicklich hielt« (3,
300f.).

Zwar wurde Schillers eigener finanzieller Einsatz nicht wie erhofft vergolten, aber eine ganz andere, weitreichende Konsequenz
hatte seine Strategie dennoch. Denn der ›ehrsame‹ Buchhändler
scheint das Besondere des Werks durchaus erkannt zu haben und
machte den Mannheimer Intendanten Dalberg damit bekannt. Und
der witterte als erfahrener Theaterpraktiker den Bühnenerfolg, der
möglicherweise mit dem Stück zu erzielen war. Jedenfalls war er sich
nicht zu schade, den unbekannten Autor mit einer »schmei-
chelhafftesten Zuschrifft« zu erfreuen. Mit diesem Brief, der übrigens mit »noch in zukunfft zu verfertigenden Stüke[n]« (23, 17f.)
diplomatisch gewandt einen jungen Autor wohl unwiderstehlich
locken musste, beginnt die zunächst so verwickelte und dann umso
erfolgreichere Bühnengeschichte von Schillers erstem Schauspiel.

Aber aus dem Schauspiel wurde das von Dalberg verlangte Trauerspiel. Dieses bemerkenswerte Faktum ist nicht nur für die weitere
Rezeptionsgeschichte der *Räuber* von Belang, sondern hat sich zugleich auch entscheidend auf die Entwicklung Schillers zum freien
Schriftsteller ausgewirkt. Mitte August 1781, nur wenige Wochen
nach seiner hochgemuten Absage an die Aufführbarkeit des Stückes,
kündigte Schiller dem Intendanten an, »die Theatralisierung [...]
innerhalb 14 Tagen zu Stand zu bringen« (23, 19). Weil ihn aber
eine Ruhrepidemie im Regimentslazarett die meiste Zeit von seiner
literarischen Arbeit abgehalten hatte, konnte Schiller erst am 6. Oktober das umgearbeitete Schauspiel – als »der *Verlorne Sohn*, oder die
umgeschmolzenen Räuber« (23, 20) – dem Mannheimer Intendanten übersenden; mit dem ausdrücklichen Hinweis, dass er bei dieser
ungeliebten Arbeit gezwungen war, nicht allein »leidigen Conven-
zionen« zu genügen, sondern auch »an sich gute, [sic!] Züge den
Gränzen der Bühne« aufzuopfern (ebd.).

Eine dieser ›Konventionen‹ war offensichtlich die Titeländerung,
zu der Schiller zwar wohl von außen gedrängt worden war, die er
aber dennoch in seinem Bühnentext durch entsprechende Formulierungen zu verankern suchte (vgl. 3, 394f.; Koopmann 1976c). Von
dieser Seite wenigstens sollte der Annahme des Stückes nichts
entgegenstehen. Aber als Dalberg schließlich die Idee kam, das
aufrührerische Stück aus der Gegenwart ins Ambiente des 16. Jahr-

hunderts zu verlegen, da wehrte Schiller sich. Und nicht nur er. Erstaunlicherweise erfuhr der Intendant auch Widerspruch vom Theaterausschuss: dass »in Betracht der Räuber die allgemeine Stimme
wider das altdeutsche Kostüm sich erklärt« habe. Kein Wunder, dass
er Einwände von solcher Seite kraft seiner Autorität als Intendant
nicht besonders zu fürchten brauchte. Er schmetterte sie mit dem
Argument ab, daß das Stück in zeitgenössischer Kostümierung un-
glaubwürdig wirken würde. Aber ganz offenbar ging es vor allem
darum, dessen gefährlich zeitkritische Provokation zu entschärfen:
Wo sei, fragte der Prinzipal in gespielter oder tatsächlicher Naivität
seinen Theaterausschuss, »nur der geringste Grad von Wahrscheinlichkeit, dass in unsern jetzigen politischen Umständen und Staaten-
verfassung sich eine solche Begebenheit zutragen könne« (3, 316).
Unterdessen frisierte er Schillers Drama schon ohne dessen Wissen
und Einverständnis auf ›altdeutsche Manier‹.

Wie aber würde er mit dem Einspruch des Autors umgehen?
Denn der kam mit der überzeugenden Begründung, dass alle Personen des Stücks »zu modern, zu aufgeklärt« für das 16. Jahrhundert
sprächen: »Die Simplicitaet, die uns der Verfaßer des Göz v[on] Berlichingen so lebhaft gezeichnet hat, fehlt ganz. Viele Tiraden, kleine
und große Züge, Karaktere sogar sind aus dem Schoos unserer
gegenwärtigen Welt herausgehoben, und taugten nichts in dem Ma-
ximilianischen Alter.« (23, 25; vgl. Selbstrezension 22, 130). Die
Ungleichzeitigkeiten, die historischen Verfälschungen, deren sich ihrer Sache kaum bewusste oder ihrem Sujet gegenüber wenig verant-
wortungsvolle ›Künstler‹ so oft schuldig gemacht hätten, würden in
diesem Fall zu einem »*Verbrechen* gegen die Zeiten Maximilians, um
einem *Fehler* gegen die Zeiten Friderichs II. auszuweichen« (23, 25).
Diesen Eingriff konnte das Drama kaum ernstlich verkraften. Man
sieht auch hier, mit welch eminentem Bewusstsein Schiller seine Arbeit als Reaktion auf die eigene Zeit und Analyse ihrer Gesellschaft
verstand: Genau diesen Stachel suchte der ›höfische‹ Intendant von
Dalberg nun dem Werk auszutreiben.

Mit der Transplantation in längst vergangene Zeiten war plötzlich auch die Titeländerung obsolet geworden. Das Drama durfte
nun wieder seinen ursprünglichen Titel führen. Auch das wird seinen Grund im ›Theaterinstinkt‹ Dalbergs gehabt haben. Denn dem
hatten wohl die Publikumserfolge mit den zeitgenössischen Ritter-
dramen Mut gemacht, den jungen Schiller gewissermaßen zu einem
Autor *à la mode* zu degradieren: was für diesen doppelt schmerzlich
war, denn die *Räuber* büßten nicht nur einen Teil ihrer gesellschaftlichen Brisanz ein, sondern ihm war auch der Typus des beständig
um Popularität buhlenden Bühnenautors von Anfang an verdächtig.

Dennoch musste er es schließlich zulassen, dass sein Stück durch diesen Eingriff »zu einem fehlervollen und anstößigen Quodlibet, zu einer Krähe mit Pfauenfedern« (23, 26) gemacht wurde. Die Strategie Dalbergs war mehr als geschickt: Stellte er doch den jungen ehrgeizigen Autor mehr oder weniger vor vollendete Tatsachen. Hätte dieser jedoch auf seinem Standpunkt beharrt, so wäre sein klug eingefädeltes Projekt, sich mit den *Räubern* aus der ungeliebten Stuttgarter Arztexistenz in die erhoffte als erfolgreicher Bühnenautor und Schriftsteller zu befreien, schon im Keim erstickt worden. Resigniert musste Schiller erkennen, dass jedes Theater mit dem Werk zumal eines jungen Schriftstellers umspringen konnte, wie es wollte: »der Autor muß sichs gefallen laßen [...]« (ebd.). Da half es gar nichts, wenn er mehrfach anmahnte, ein Wort bei den Änderungen mitsprechen zu dürfen, erst recht nicht der Hinweis, dass er sein Werk doch mit hoher künstlerischer Bewusstheit geschaffen habe. Wenigstens bei der Drucklegung jedoch verbat er sich fremde Eingriffe und Eigenmächtigkeiten (vgl. 23, 22).

Bei dieser Intervention Schillers ging es allerdings schon um den Mitte April 1782 erschienenen Druck der Bühnenfassung, also des Trauerspiels. Zuvor war Mitte Januar die »Zwote verbesserte Auflage« des Schauspiels ebenfalls in Mannheim erschienen, der der Autor noch einmal unmissverständlich die Zeitangabe »um die Mitte des achtzehnten Jahrhunderts« mitgegeben hatte – zu einer Zeit, als auf der Bühne schon die als Ritter kostümierten Räuber zu sehen waren.

Das Engagement Dalbergs bei einem Stück, in das er soweit eingreifen zu müssen glaubte, dass es letztlich seine ursprüngliche Stoßrichtung ganz verlor, hatte also ganz pragmatische Gründe: Den Intendanten interessierte eine Räubergeschichte, die zweifellos theaterwirksam in Szene zu setzen war; dasselbe gilt für das Rührstück (Amalia-Handlung), das er gleich mitgeliefert bekam. Dazu gab es noch eine himmelschreiende Familientragödie (vgl. 22, 310). Und genau diese Aspekte des Schillerschen Dramas ließ Dalberg denn auch unangetastet, ja er versuchte, sie noch stärker zu unterstreichen. Die Räuberbande (vgl. Scherpe 1979, 22ff.; Hinderer 1992, 58ff.; zum Räuber Spiegelberg Veit 1973; Mayer 1973b; Best 1978) verliert dabei jedoch alle vom Autor intendierten aktuellen politischen Implikationen; durch den ›genialen‹ Einfall des Intendanten, Amalia nicht von der Hand des Geliebten, sondern durch Selbstmord sterben zu lassen, verfällt auch die Liebeshandlung plattester Rührseligkeit (vgl. dazu Schillers Einwand 23, 26); aber die durch eigene Hand fallenden liebenden Heroinen kannte das Publikum eben. Schließlich wird die aktuelle gesellschaftspolitische Bri-

sanz kurz vor Ausbruch der Französischen Revolution zu einer Neuauflage der immer wieder anrührenden biblischen Geschichte vom
»Verlorenen Sohn« und so zu einem bloßen Generationenkonflikt
degradiert. Die Anfangsworte des Dramas mit ihrer genialen Mehr-
deutigkeit (vgl. Einleitung) werden dadurch natürlich ihrer zwin-
genden zeitdiagnostischen Kraft beraubt.

Um dieses Vermögen zu aufklärender Diagnose ging es dem jungen Schiller: als Anthropologe wollte er die Pathologien und seelischen Abgründe des einzelnen Menschen und ihrer Gesellschaft erhellen, als Kritiker der eigenen Zeit die teilweise erbärmliche und
erbarmungswürdige Abhängigkeit der Individuen von einer Gesellschaft brandmarken, die ihnen jede Freiheit nahm, sich ohne verzer-
rende Masken zeigen zu dürfen – was ihm selbst und seinem Stück
durch die Eingriffe des ›despotischen‹ Intendanten abermals widerfahren ist. Der hatte nun das Erfolg versprechende Stück so, wie er
es wollte. Und der dann wirklich eingetretene Erfolg der Uraufführung am 13. Januar 1782, bei der Schiller zugegen war, gab Dalberg
anscheinend auch noch Recht: »Das Theater glich einem Irrenhause,
rollende Augen, geballte Fäuste, heisere Aufschreie im Zuschauer-
raum! Fremde Menschen fielen einander schluchzend in die Arme,
Frauen wankten, einer Ohnmacht nahe, zur Tür. Es war eine allgemeine Auflösung wie ein Chaos, aus dessen Nebeln eine neue
Schöpfung hervorbricht.« (Zit. nach Grawe 1976, 146).

Sicher hatte mit diesem aufregenden Erstling eines kaum 22jäh-
rigen Autor eine neue ›Schöpfung‹ das Licht der Welt erblickt, die
sich – wie gesehen – nicht so einfach rubrizieren lässt. Denn wenn
man all diese verwickelten Wege und Umwege des Werks und seiner
Publikationsgeschichte verfolgt, so kommt man möglicherweise
auch den vielfältigen inhaltlichen wie formalen Implikationen näher, die das Erstlingswerk eines bedeutenden Autors unter dem Aspekt seiner Veränderungen so widerspruchsvoll erscheinen lassen:
von der Konzeption des medizinischen Anthropologen in Stuttgart,
die sicherlich unter dem Eindruck der dortigen Theaterverhältnisse
entstanden ist, bis zu den Wandlungen noch über die Mannheimer
Uraufführung hinaus, die sich vorwiegend der pragmatischen Anpassung an Vorgaben von außen verdanken.

Wenn es aber in dieser korrupten, schleicherischen Gesellschaft
des *Ancien Régime* einzig die Bühne vermochte, Tatsachen und Menschen nicht nur unverstellt zu zeigen, sondern sie womöglich auch
noch zu verändern – was die *Schaubühnenrede* vom Juni 1784 bekräftigt –, dann wollte der junge Schiller das unter allen Umständen
leisten, als ihm sich in Mannheim die Gelegenheit dazu bot. Dort
hatte der junge Autor nicht allein ein Medium zur Verfügung, son-

dern viel mehr: ein Forum, das dazu noch versprach, eine *Existenz* *als Schriftsteller* zu begründen, um dem trüben Alltag als Stuttgarter Regimentsarzt zu entkommen. Nur wenig später machte er sich von allen einengenden bürgerlichen Verhältnissen los und überließ sich einer ungewissen Schriftstellerexistenz. Dabei ist er selbst Kind dieser Gesellschaft: als Revolutionär – also als Karl Moor – und als einer, der die intriganten Spielregeln seiner Gesellschaft mitspielen muss: als Franz Moor. In seinen Stücken versucht Schiller in immer neuen Anläufen und Konstellationen, diesen Antagonismus in den Griff zu bekommen, bis ihn schließlich die historischen Veränderungen selbst einholen. Aber zunächst hatte er sich in seinem neuen Leben als Theaterschriftsteller einzurichten, das dann jedoch viel weniger glanzvoll verlief, als er nach dem Erfolg der *Räuber* wohl hat annehmen können: »Der Aufbruch des ›Genius‹ führt jedoch wieder in die ›Subordination‹ [...]« (Scherpe 1979, 11).

II. Der Analytiker der höfischen Gesellschaft

1. Der Versuch, sich als Theaterdichter zu etablieren

Vermutlich nur wenige Wochen nach dem grandiosen Erfolg der Mannheimer Uraufführung der *Räuber* im Januar 1782 begann Schiller mit der Arbeit an seinem nächsten Bühnenstück (vgl. 4, 299). Schon Anfang April konnte er Dalberg ankündigen, dass er hoffe, die Arbeit gegen Ende des Jahres abgeschlossen zu haben (vgl. 23, 32): es handelte sich um *Die Verschwörung des Fiesco zu Genua*. Das zweite Theaterstück sollte ihm zu einem »neuen Hebel zu Sprengung seines Gefängnisses« werden (Streicher 1836, 37). Anfang Juni hat Schiller einen Brief an den Mannheimer Intendanten geschrieben, der die ganze Verbitterung über seine Stuttgarter Situation schildert. Er formuliert darin selbstbewusst, dass er ein besseres Schicksal verdient habe als sein jämmerliches Dasein als Regimentsarzt. Das Schreiben kulminiert in einem pathetischen Anerbieten, sich Dalberg »*ganz zu geben*, mein ganzes Schiksal in Ihre Hände zu liefern, und von Ihnen das Glük meines Lebens zu erwarten« (23, 35).

Letztendlich hat Schiller aber selbst handeln müssen. War es ein mehr oder weniger bewusst von Schiller herbeigeführter ›Zufall‹, dass die nicht genehmigte zweite Reise nach Mannheim dem Herzog zu Ohren kam (vgl. Persönlichkeit II, 44; Teller 1921, 103) ? Zumal die erste zur Uraufführung keine disziplinarischen Konsequenzen gehabt hatte, und die heiklen Umstände der Drucklegung der *Räuber* den Behörden ja auch nicht bekannt geworden waren. Was war geschehen? Schiller war Ende Mai ohne förmlichen Urlaub nach Mannheim gereist, um eine Aufführung der *Räuber* zu sehen, die aber aufgrund der Erkrankung einiger Schauspieler gar nicht hatte stattfinden können. Einen Monat später erfuhr sein Vorgesetzter, der über 80jährige Generalfeldzeugmeister Augé, davon und berichtete diesen Ungehorsam pflichtgemäß dem Herzog. Woraufhin »Serenissimus befohlen [...], den Medicum Schiller 14 tag in arest zu setzen, weilen er außer Land ohne Urlaub greisset seye« (23, 267). Nach dieser Inhaftierung vom 28. Juni bis zum 11. Juli 1782 scheint für den Gedemütigten festgestanden zu haben, Württemberg auf jeden Fall bald zu verlassen, was nichts anderes hieß als zu desertieren.

Für den Literaten war die Lage ausweglos geworden, wollte er nicht auf weitere Wirksamkeit verzichten. Ihm war nicht nur aufs Strengste verboten zu veröffentlichen, sondern auch mit Ausländern in Kontakt zu treten (vgl. E. Müller 1955, 222ff.). Eigentlich blieb Schiller unter solchen Umständen nur, sich so schnell wie möglich irgendwohin jenseits der württembergischen Landesgrenzen zu begeben (vgl. Reed 1998, 9). Da bot sich natürlich kein anderer Ort in Deutschland mehr an als Mannheim, wohin er mit dem Freund Streicher in der Nacht vom 22. auf den 23. September 1782 geflohen ist.

Hier konnte er zumindest einige Aussicht haben, sein Leben als Schriftsteller bestreiten zu können. Es ist anzunehmen, daß Streicher Schillers eigene Erwartungen wiedergibt, wenn er schreibt:

»[...] wer hätte daran zweifeln mögen, daß eine Theater-Direction, die schon im ersten Jahre, so vielen Vortheil aus den Räubern gezogen, sich nicht beeilen würde, das zweite Stük des Dichters, – was nicht nur für das Große Publikum, sondern auch für den gebildeteren Theil desselben, berechnet war – gleichfalls aufzunehmen? Es ließ sich für gewiß erwarten [...] (1836, 57).

Um diese Hoffnung Wirklichkeit werden zu lassen, wäre es vor allem nötig gewesen, mit seinem *Fiesko* die Theaterleute in Mannheim und besonders natürlich Dalberg zu überzeugen. Aber jene, die noch bei den *Räubern* zugunsten des Autors gegen den Intendanten interveniert hatten, etwa die Schauspieler Iffland, Beil und Beck, dachten während Schillers Lesung des neuen Stücks eher an »Erfrischungen« oder gar ein »Bolzschießen«, weil sie es so misslungen fanden (ebd., 60f.). Vielleicht war es nur der durch die schwäbische Mundart wirkungslos gemachte Vortrag Schillers, der übrigens wohl niemals unpathetisch vortragen konnte. Aber aus welchen Gründen auch immer die dem Autor doch eigentlich Wohlgesonnenen Mängel am *Fiesko* fanden: wenn schon diese nicht zu faszinieren waren, um wieviel weniger sollte Dalberg sich für ein Stück erwärmen können, das ja – trotz seiner historischen Kostümierung – auch diesmal wieder einigen politischen Zündstoff enthielt. Und an der Annahme hing doch in dieser äußerst schwierigen Situation fast alles. Aber der Intendant verweigerte dem Schauspiel und seinem Autor jegliche Unterstützung: das Stück sei in dieser Gestalt für das Theater unbrauchbar – so die bündige Auskunft.

Schiller blieb in seiner desolaten Situation nichts anderes übrig, als wiederum zu versuchen, das Stück den Wünschen des Theaterprinzipals nach Möglichkeit anzupassen. Ende November lehnte Dalberg aber auch die überarbeitete Fassung des *Fiesko* als für die Bühne unbrauchbar ab. Die Hast, mit der sich Schiller ohne

stringente Konzeption an die Ausarbeitung einzelner Szenen gemacht hatte, blieb Theaterpraktikern wie Dalberg oder Iffland nicht
verborgen, der bei der schließlich Anfang 1784 doch noch zustande
gekommenen Mannheimer Aufführung den Gegenspieler Fieskos,
den alten Republikaner Verrina spielte. Wenngleich zu bedenken ist,
dass Schillers ursprüngliche Fassung nicht erhalten ist, die – noch
unberührt von den verschiedensten Einsprüchen und Anforderungen – möglicherweise in sich stimmiger gewesen sein mag, wurden
immer wieder dramaturgische Schwächen des Stücks kritisiert (vgl.
4, 300ff.; vgl. Buchwald 1959, 338; Koopmann I 1966, 30ff.; ders.
1998b). Hölderlin dagegen sah gerade im »innern Bau [...] das Un-
vergänglichste des Werks [...]« (38 I, 155).

Die mitunter erheblichen Variationen der Fassungen erklären
sich denn auch zu einem guten Teil durch die Funktion, die das
Schauspiel für den verschuldeten und seiner Existenzform als Mediziner beraubten Autor bekommen sollte. Eine Erinnerung seines
Stuttgarter Lehrers Abel, dem das Stück übrigens gewidmet ist,
weist darauf hin, dass Schiller mit dem *Fiesko* seinen Ruf als dramatischer Schriftsteller begründen wollte (vgl. 4, 247). So hat er nicht
nur mit Rücksicht auf den gebildeteren Teil des Publikums höheren
Ansprüchen genügen wollen, sondern gewiss auch mit ungleich größerem psychischem, weil ökonomischen Druck als bei den *Räubern*
arbeiten müssen. Denn nicht nur seinen ›Ruf‹ hatte er zu begründen, sondern auch seinen Beruf: da er »durch Schriftstellerey allein
existieren« wollte, musste er auch auf den »Profit« sehen (25, 44).
Der *Fiesko* half ihm jedoch nicht aus seiner finanziellen Misere, worauf er doch zweifellos auch ›berechnet‹ war. Nach der Ablehnung
durch Dalberg in finanziellen Nöten, ließ Schiller Ende 1782 das
Stück bei dem Mannheimer Verleger Schwan für lediglich ca.
60 Reichstaler drucken, wo nach seinen eigenen Berechnungen ein
alleinstehender Mann jährlich doch mindestens 300-400 Reichstaler
(je nach Wohnort) zu einem einigermaßen auskömmlichen Leben
benötigte. Die Uraufführung fand am 20. Juli 1783 in Bonn statt
(vgl. Koopmann I 1966, 30).

Schiller gab sich durch diesen Misserfolg keineswegs geschlagen,
was durchaus einmal mehr verzeichnet zu werden verdient als ein
immer wiederkehrender, immer wieder erstaunender Charakterzug
dieses Lebens. Vielmehr schrieb er mit nicht weniger Hast, aber
umso größerem Erfolg über die Wintermonate 1782/83 *Luise Millerin*. Hatte der Dramatiker nach eigener Auskunft in seinen *Räubern* »das Opfer einer ausschweifenden Empfindung zum Vorwurf
genommen«, so ganz anders im *Fiesko*: »das Gegentheil, ein Opfer
der Kunst und Kabale« (4, 9). Aber sind das ›Gegenteile‹? *Luise Mil-*

lerin ist denn auch durch die Verschlingung beider Aspekte geprägt: Die Protagonisten Luise und Ferdinand sind keineswegs nur Opfer einer kunstvoll inszenierten Kabale, sondern sie unterliegen nicht weniger einer unbedingt ausschweifenden Empfindung. Darin lässt der junge Dramatiker auch jene Ökonomie erkennen, bei der sich – so weit zu sehen ist – geradezu instinktiv und doch planmäßig die wichtigen Tendenzen der Bühne seiner Zeit als einer Bühne seiner Gesellschaft zusammendrängen; sie werden in den vier Dramen von dem *Schauspiel Die Räuber* über das *Republikanische Trauerspiel Fiesko* und das *Bürgerliche Trauerspiel Kabale und Liebe* bis hin zum *Dramatischen Gedicht Don Karlos* durchdekliniert: Spontaneität und Kalkulation, Empfindung und Verstellung, bürgerliches und höfisches Gebaren, Moral und Politik.

2. Die Vergiftung der höfischen Gesellschaft

2.1 *Die Verschwörung des Fiesko zu Genua*

Die doppelsinnige Gattungsbezeichnung des Dramas als *Republikanisches Trauerspiel* führt abermals mitten in die Problematik des Gesellschaftskritikers, aber auch schon in die des Geschichtsphilosophen Schiller hinein. Denn der *Fiesko* sollte natürlich nicht nur »ein ganzes, grosses Gemählde des würkenden und gestürzten Ehrgeizes werden« (23, 50), wie der vorsichtig gewordene, aus bürgerlichen Verhältnissen stammende Gesellschaftskritiker seinem aristokratischen Intendanten versichern zu müssen glaubte. Sondern vielmehr bringt der Dramatiker eine geschichtsphilosophische Problematik auf die Bühne, die am Ende des 18. Jahrhunderts höchst aktuell war: ob ein republikanisch legitimierter Machthaber versucht sein würde, erneut jene Herrschaftsmechanismen zu erproben, deren sich die Unterdrückten gerade entledigen wollten. Unter diesem Aspekt geht es im *Fiesko* doch nur am Rande um individuellen Ehrgeiz. Verhandelt wird die entscheidende, die intellektuelle Klasse des ausgehenden 18. Jahrhunderts bedrängende Frage, ob republikanische, d.h. demokratische Verhältnisse geeignet sind, den Verschleierungen von wirklicher Machtausübung wirksam zu begegnen; oder ob sie vielmehr nur dazu dienen, unter dem Deckmantel republikanischer Verhältnisse die Defizite absolutistischer Herrschaftsformen zu restituieren. Kant hat neben anderen republikanisch gesinnten Intellektuellen einige Jahre später mit seinen sarkastischen Bemerkungen im *Streit der Fakultäten* dem Unbehagen an

solchen Potentialen deutlichen Ausdruck verliehen. Die englische
Verfassung, so Kant, täusche »durch eine lügenhafte Publizität das
Volk mit Vorspiegelung einer durch das Gesetz *eingeschränkten Mon-
archie* [...], indessen daß seine Stellvertreter, durch Bestechung ge-
wonnen, es in Geheim einem *absoluten Monarchen* unterwarfen«
(SdF A 153f.).

Der junge Schiller hat also allemal eine Frage auf die Bühne gebracht, die zu einer Kernfrage der politischen Tendenzen seiner Zeit
gerechnet werden muss. Keineswegs hat ihn allein die tradierte Bewunderung Rousseaus für die geschichtliche Gestalt des genuesi-
schen Adeligen dazu bewogen, einen Ehrgeizling, als den die von
Schiller benutzten historischen Quellen die Titelfigur schildern, zu
einem republikanischen ›Helden‹ umzugestalten; auch wenn der
vom Autor verfasste Theaterzettel der Mannheimer Aufführung am
11. Januar 1784 lakonisch vermerkt: »*Fiesko*, von dem ich vorläufig
nichts Empfehlenderes weiß, als daß ihn J.J. Rousseau im Herzen
trug -« (4, 271). Vielmehr stellt er mit Fiesko, den er als »höfischge-
schmeidig, und eben so tükisch« (4, 11) charakterisiert, eine Gestalt
auf die Bühne, die sich republikanischer Gesinnungen bedient, um
an die Macht zu gelangen: Schiller demonstriert das eindrücklich
mit Fieskos listiger Erzählung einer Tierfabel an die Adresse republikanischer Genueser: die Unzulänglichkeiten der Mehrheitsverfas-
sung, die sich die Tiere gegeben haben, sollen durch eine repräsentative Vertretung behoben werden. Deren Korruption führt jedoch
schließlich dazu, dass der Löwe als Alleinherrscher inthronisiert wird
(4, 49f.).

Die Frage, die den Bühnenautor und seine intellektuellen Zeitgenossen bewegte, war, wie demokratisch errungene Macht ausgeübt
würde. Die Schwierigkeiten, die Schiller mit der Gestaltung des
Schlusses hatte, bezeugt dies in augenfälliger Weise. In der Erstausgabe von 1783 mag der siegreiche, zum ›Volksheld‹ gewordene Fiesko
nicht von den Insignien lassen, die er im Kampf mit dem Despoten
von diesem errungen hatte – und wird dafür von dem unbeugsamen
Republikaner Verrina ertränkt. Das ist in Hinsicht auf die Durchsetzung republikanischer Ideale alles andere als ein optimistischer
Schluss. Dagegen lässt Schiller in der Mannheimer Bühnen-
bearbeitung seinen Protagonisten in einem wahrhaft (auf-)›rührenden‹ Schluss das Zepter als Zeichen despotischer Machtausübung
zerbrechen und symbolträchtig »die Stücke unter das Volk« werfen:

DAS VOLK *stürzt jauchzend auf die Knie.* Fiesko und Freiheit! (4, 229)

Tatsächlich war das historisch überlieferte Ende des Helden, dessen
Gegner ihn in schwerer Rüstung ganz banal ins Wasser gestoßen ha-

ben soll, »weder für ein Trauerspiel noch gar für eine Tragödie« (Ueding 1990, 41) gut geeignet, wohl aber für ein »Republikanisches
Trauerspiel« (vgl. Janz 1979, 39).

Jedoch gibt Schillers Selbstkommentierung in der kurzen Vorrede auch Anlass zu einer Lektüre, die wiederum eine Fährte zum
›philosophischen Arzt‹ legt, der sich auf vertrackte Weise dem ›politischen Analytiker‹ und dem aufkeimenden Geschichtsphilosophen
amalgamiert. Er beschreibt als selbstgestellte Aufgabe: »[...] die kalte, unfruchtbare Staatsaktion aus dem menschlichen Herzen heraus-
zuspinnen, und eben dadurch an das menschliche Herz wieder anzuknüpfen – den *Mann* durch den *Staatsklugen Kopf* zu verwickeln
– und von der erfindrischen Intrigue Situationen für die Menschheit
zu entlehnen – *das* stand bei mir.« Da er »mit dem Herzen bekannter« sei als mit trockenen politischen Entscheidungsabläufen, hoffte
er, diesen scheinbaren Mangel zu einem poetischen Vorzug ummün-
zen zu können (4, 9f.). Und diese ›Hoffnung‹ deckte sich einmal
mehr mit dem Interesse des psychologischen Analytikers und Anthropologen, der in der Titelgestalt eine Figur schuf, die sich die
Vorlieben, Eitelkeiten und Gebrechen, kurz: die Charakterdisposi-
tionen seiner Umgebung zu Nutze macht, um mittels Verstellung
und Intrigen seine Pläne zu verwirklichen. Aber – wie bei Franz
Moor vorher und nachher beim Marquis von Posa – wendet sich auch
hier alle diplomatische Verstellungskunst endlich gegen ihren Urheber.

Einmal mehr wird deutlich, dass die Aufgabe des Dichters für
den jungen Schiller darin besteht, die Wege und Irrungen der unbewussten oder der mehr oder weniger bewussten Motive des Handelns zu Gesicht zu bekommen. Er will den Rezipienten auf ihre
Spur führen – gerade auch in der scheinbar so objektiven, d.h. ›un-
fruchtbaren‹ politischen Sphäre, in der das einzelne Subjekt einge-
kerkert scheint in gesellschaftliche Konventionen, in ›Masken‹. Die
Eröffnungsszene exponiert dieses Thema sofort symbolisch, als sich
im tumultuarischen Lärm eines Maskenballs im Hause Fieskos, seine achtzehnjährige Gattin Leonore voller Empörung ihre Maske
vom Gesicht reißt. Sie will sich nicht mit der Unterscheidung zwischen subjektiv empfundener »Liebe« (des Herzens) und gesellschaftlich gebotener und erlaubter »Galanterie« abfinden (vgl. Utz
1990, 61: »Das ›Herz‹ als akustisch ansprechbares Zentrum des ›natürlichen Menschen‹ steht gegen den optischen Trug der Politik, der
es – wie Leonore mit dem allerersten Gestus im *Fiesco* demonstriert
– die ›Maske‹ abzureißen gilt.«). Mit Galanterie, mit Politik versuchen Leonores Kammermädchen, Fieskos Verhalten zu bagatellisie-
ren, der Julia den Hof macht: Julia, der dummen, anmaßenden
Schwester jenes Gianettino Doria, vor dessen zu erwartender tyran-

nischer Herrschaft der republikanisch gesinnte Teil Genuas zittert. Was ist bei Fieskos Maskenspiel Konvention, was wahres Gefühl, was trügerische Verstellung? Darüber lässt er alle im Unklaren, seine Freunde nicht weniger als seine Gegner.

Schiller spielt virtuos mit dem Motiv der Maske und des Maskierens. Als drei schwarz maskierte Gäste nähern sich die Republikaner Verrina, Kalkagno und Sacco dem Fiesko, um sich über seine zweifelhaft gewordene republikanische Gesinnung Klarheit zu verschaffen. Auch sie empört seine offensichtliche Kumpanei mit dem brutalen Giannettino Doria. Der unmaskierte Fiesko erkennt Verrina an seiner Stimme, worauf dieser seine Maske abnimmt und sagt: »Fiesko findet seine Freunde geschwinder in ihren Masken, als sie ihn in der seinigen.« (4, 22).

Fiesko seinerseits offenbart dem jungen Republikaner Bourgognino, der ihn wegen der Kränkung an Leonore zur Rede stellt, die kunstreiche Art seiner Verstellung:

FIESKO. [...] Ich dächte doch, das Gewebe eines Meisters sollte künstlicher seyn, als dem flüchtigen Anfänger so gerade zu in die Augen zu springen – Gehen Sie heim Bourgognino, und nehmen sie sich Zeit zu *überlegen*, warum Fiesko *so* und nicht anders handelt. (4, 25)

Aber gerade die mit den höfischen Konventionen bestens vertraute Julia, die »stolze Kokette« mit ›mokanten Gesichtszügen‹ (4, 12), erstaunt ihre Gegenspielerin Leonore mit der Behauptung, dass sich ›wahre Empfindung‹ niemals hinter verstellender Scheinhaftigkeit manifestieren wird. ›Falscher‹ Putz wird zur Signatur ›höfischer‹ Verstellung, die zugleich über die gesellschaftliche Stellung Auskunft gibt. Die Lebbarkeit ›wahrer Empfindung‹ des Herzens, um die Leonore ringt, wird denn auch von der ›höfischen‹ Julia als »grämliche Empfindsamkeit« denunziert und einer beschränkten bürgerlich-familialen Sphäre zugeschlagen. Auch hier also der Kontrast von Politik und Moral, von ›höfischer‹ und ›bürgerlicher‹ Welt (4, 39).

Wie aber ist ›wahre Empfindung‹ in einer Gesellschaft von Maskenträgern zu erkennen? Für den Semiotiker des Leibes gibt es nur diese untrüglichen Zeichen: »*Liebe* hat *Thränen*, und kann Thränen *verstehen*; *Herrschsucht* hat eherne Augen, worinn ewig nie die Empfindung perlt« (4, 100; vgl. *Kabale und Liebe*: »WURM *macht falsche Augen*.« [5, 8]; sowie Lady Milford über Luises Augen: »Augen, die sich im Weinen übten – Wie lieb ich sie, diese Augen!« [5, 74]; zur Blindheit des Großinquisitors in *Don Karlos* vgl. Utz 1990, 64). In diesem künstlichen Gespinst von Maskierung und Verstellung, des erstarrten Blicks und der beherrschten Mimik, das der *Politiker* Fiesko so souverän zu knüpfen weiß, muß sich der Mensch am Ende selbst verfangen: Leonore, Protagonistin der ›wahren Empfindung‹, wird von ihrem eigenen Mann, dem virtuosesten Vertreter jenes »staatsklugen« Verstellungsprinzips, ermordet. Das Spektakel eines bühnenwirksamen Gattenmords wird zum symbolischen Fazit. Was Fiesko anfangs mit Verrina noch leichthin gelang, nämlich zu wissen, wer und was sich hinter der Maske verbirgt, wird im immer künstlicher werdenden Gewebe des Belauerns am Ende undurchschaubar. Die maskierte ›wahre Empfindung‹, die verkleidete Leonore, kann schließlich nicht mehr hinter ihrer Maskerade erkannt werden. Und umgekehrt muss sich die ›wahre Empfindung‹ selbst verstellen – in einem Klima der Kommunikation, in dem Aufrichtigkeit und Redlichkeit zu einem »verdroschene[n] Mährgen« (4, 17) verkommen ist.

2.2   Wenn Herzen ihre Preise haben: *Kabale und Liebe*

Natürlich liegt eine ähnliche Zweideutigkeit, die bei der Charakterisierung des *Fiesko* als »Republikanisches Trauerspiel« vorliegt, auch in der Prägung »Bürgerliches Trauerspiel«. Wohl ist dies auch eine Gattungsbezeichnung (vgl. Guthke 1972; Alt 1996, 207ff.), mehr aber als bei anderen Beispielen dieses Genres (etwa Lessings *Emilia Galotti*, der Schiller so viel verdankt; vgl. Alt 1994, 273) wird in der Tragödie von Luises und Ferdinands Liebe das Trauerspiel des Bürgertums kurz vor seiner Emanzipation zu Anfang des 19. Jahrhunderts sichtbar. Schiller wird dieser Doppelsinn nicht verborgen geblieben sein.

Gegensätze: Dialektik der Begriffe, Kontraste von Phänomenen, vor allem auch Antagonismen von Menschen hat Schiller wohl mehr geprägt – und dies durchaus in aktivem wie in passivem Sinn – als etwa ein ausgewiesener Dialektiker wie Hegel, der viel mehr als Schiller die Nähe entgegengesetzter Positionen bewusst gemacht hat. Aber als dramatischer Dichter musste er notwendigerweise mit stärkeren Kontrasten arbeiten, deren Komplementarität sich dennoch nur selten verbirgt. Das Kontrastierende infiltriert sich dialektisch. Das Prozesshafte dieses Vorgangs führt Schiller in *Kabale und Liebe* exemplarisch vor, wo im fast gleichzeitig entstandenen *Fiesko* die gesellschaftlichen Antipoden noch viel holzschnittartiger gegeneinander gestellt sind.

Vielleicht macht gerade das die auch für einen heutigen Rezipienten noch spürbare Suggestion dieses bürgerlichen Trauerspiels aus. Unverstellte Empfindung, die sich vor allem in Luise, weniger in dem sich immer wieder darauf berufenden Ferdinand verkörpert, und Kunst und Kabale scheinen eine derartig symbiotische Beziehung einzugehen, dass hier am Ende nicht mehr zu unterscheiden ist, was wahrhaftige, natürliche Empfindung und was gesellschaftlich (ob aristokratisch oder bürgerlich) geprägte und eingesetzte Kunst und Künstlichkeit ist. Die aufwendigen Bemühungen des 18. Jahrhunderts um eine Verständigung, die auf untrüglichen Zeichen beruhen sollte, werden als vergeblich entlarvt. Und diese Vergeblichkeit bemächtigt sich der Individuen derart, dass sie nicht mehr, wie noch im *Fiesko*, nur Ergebnis täuschender Maskeraden ist, sondern Konsequenz vermeintlich richtig entschlüsselter (Körper-)Semiotiken. Abermals also Darstellung gefährdeter, doppelbödiger Kommunikation – nun aber nicht mehr im historischen Gewand, sondern mit allen Insignien der eigenen Zeit.

Ein hochdifferenziertes Bild der Möglichkeiten gesellschaftlicher Verhältnisse im Spätabsolutismus, der schon von den moralischen Ansprüchen eines politisch noch weitgehend machtlosen Bürgertums unterminiert ist, zeichnet denn auch *Kabale und Liebe* aus. Da ist die natürliche, die unbestechliche, dabei durchaus diplomatische Luise. Da verkörpert ihr Vater, der bürgerliche Musikus Miller, die klein- ja spießbürgerliche Moral, die fortwährend zwischen Abgrenzung und Anpassung an die sie beherrschende Schicht schwankt. Es gibt den idealistischen Ferdinand, der die schrankenlose ideale Liebe leben will – und doch an den Schranken und Beschränktheiten seiner aristokratischen Verbiegungen zerschellt. Dessen Vater, der Präsident von Walter, reüssiert mit seinem zynischen Sinn für vermeintliche Realitäten in einer verworren gewordenen gesellschaftlichen Realität auch nicht. Um wie viel weniger der Hofmarschall von Kalb, dessen absurder Dünkel jedoch in seiner komödiantischen Fratzenhaftigkeit ungeschorener bleibt als der intrigante Wurm mit seinem blanken, karrieregeilen Opportunismus: dergleichen kann sich in einer im Umbruch befindlichen Gesellschaftsformation am Ende doch nicht mehr bewähren. Dabei ist die schleicherische Gestalt des bürgerlichen Höflings Wurm gegenüber den kleinbürgerlichen Ressentiments, besonders aber gegenüber dem gerissenen Nützlichkeitsdenken Millers und den naiv-(auf)streberhaften Zügen seiner Frau gewissermaßen die höfisch verzerrte Fratze des bürgerlichen Gesichts. Bleibt die Mätresse des Fürsten, Lady Milford, deren gesellschaftlich erzwungene Anpassung jene Mitmenschlichkeit verdeckt, die aus dem Wissen einer Gedemütigten resultiert: sie erkennt rechtzeitig, dass auch sie nur als Figur in einem Spiel gebraucht wird, deren Regeln ganz andere bestimmen (zum »kanonisierten Personenbestand« im bürgerlichen Trauerspiel um 1780 vgl. Alt 1994, 270).

Um zu zeigen, dass der Konflikt zwischen höfischer und bürgerlicher Sphäre unausweichlich geworden war, dazu bedurfte es sechs Jahre vor Ausbruch der Französischen Revolution keiner Prophetie. Aus dem Kampf von Tendenzen zur Vermischung beider mit jenen zur Aufrechterhaltung überholter sozialer Grenzziehungen kommen die Repräsentanten beider Schichten nicht mit heiler Haut heraus: weder Luise und Ferdinand wie auch die Lady Milford, die Schranken missachten, noch Miller und der Präsident (also die beiden Väter), die die alten Ordnungsschemata am signifikantesten repräsentieren.

Sieht man von den ambivalenten Gattungsbezeichnungen für *Fiesko* und *Kabale und Liebe* einmal auf die Anfänge der vier frühen Dramen selbst, so gibt sich der junge Schiller überhaupt als Meister metaphorischer Zweideutigkeiten zu erkennen. Das belegen nicht nur die mehrfach deutbaren Anfangsworte der *Räuber* und die Maskenträgerei in den Regieanweisungen des *Fiesko*, die wohl am konventionellsten, in Leonores wahrhaft theatralischem Herunterreißen ihrer Maske für den unbefangenen Zuschauer aber am wirkungsvollsten ist. Auch die wunderbar melancholischen Worte am Anfang des *Don Karlos* nehmen nicht nur Abschied von einer königlichen Sommerfrische, sondern beschwören zugleich das Zuendegehen einer monarchisch-klerikal geprägten Welt: »Die schönen Tage in Aranjuez/ Sind nun zu Ende.« (6, 9).

Schließlich *Kabale und Liebe*: Was Schiller in den Anfangsworten des Musikus Miller formuliert, ist abermals präzise Gesellschaftsdiagnostik: »Einmal für allemal. Der Handel wird ernsthaft.« Der Handel von Bürgertum und Aristokratie ist nicht mehr zu umgehen, das sorgsame Einhausen jeglicher Sphäre hat seine Wirkkraft eingebüßt. Von inhaltlich entsprechender, ebenso großartiger sprachlicher Ambivalenz ist einer der ersten Sätze des anderen Vaters, des Präsidenten, des Protagonisten der Aristokratie: »Daß er [der Sohn Ferdinand] der Bürgerkanaille den Hof macht – [...]« (5, 15).

Für Schillers Diagnose sich auflösender gesellschaftlicher Schranken ist die erste Szene exemplarisch. Der Musikus Miller spricht vom Gerede – »Meine Tochter kommt mit dem Baron ins Geschrei. Mein Haus wird verrufen [...]« – und von den Schwierigkeiten, in die Luises Verhältnis den Vater selbst bringt. Seine Frau dagegen denkt sofort an eventuelle ökonomische Vorteile, die durch die Verbindung der Tochter mit einem Aristokraten winken. Zwar ist die Rede vom Geldverdienen, vom ›Kommerz‹, aber Schiller verwechselt das Wort ›enharmonisch‹ und ist sogleich wieder bei den gesellschaftlichen Händeln:

FRAU *schlürft eine Tasse aus.* Possen! Geschwätz! Was kann über dich kommen? Wer kann dir was anhaben? Du gehst deiner Profession nach, und raffst Scholaren zusammen, wo sie zu kriegen sind.
MILLER. Aber, sag mir doch, was wird bei dem ganzen Kommerz auch herauskommen? – Nehmen kann er das Mädel nicht – [...]

Schiller macht sich nicht zum plumpen Anwalt eines tatsächlich machtlosen Kleinbürgertums, sondern denunziert mit virtuoser Doppelbödigkeit dessen korrumpierbares Nützlichkeitsdenken, das die Spiele der Mächtigen unbesehen mitmacht, solange es nicht um den eigenen Vorteil gebracht wird. Er unterstreicht jene gesellschaftliche Ambivalenz noch mit der scheinbar beiläufigen Regieanweisung, die die Frau ihren Kaffee ›schlürfen‹ lässt: jener im 18. Jahrhundert zur bürgerlichen Mode gewordene Genussform, die für müßiggängerisches und damit aristokratisches Lebensgefühl stand (vgl. Clasen 1991, 89). Aber die Szene redet auch von einer anderen bürgerlichen Mode, von dem im Aufklärungszeitalter immer mehr aufkommenden literarischen Bedürfnis des Bürgertums, jener ›Lesewut‹, die dem Kleinbürgertum wegen ihres gleichfalls müßiggängerischen Charakters verdächtig war.

FRAU. Sieh doch nur erst die prächtigen Bücher an, die der Herr Major ins Haus geschafft haben. Deine Tochter betet auch immer draus.
MILLER *pfeift.* Hui da ! Betet ! Du hast den Witz davon. Die rohe Kraftbrühen der Natur sind Ihro Gnaden zartem Makronenmagen noch zu hart. – Er muß sie erst in der höllischen Pestilenzküche der Bellatristen künstlich aufkochen lassen. Ins Feuer mit dem Quark. Da saugt mir das Mädel – weiß Gott was als für? – überhimmlische Alfanzereien ein, das läuft dann wie spanische Mucken ins Blut und wirft mir die Handvoll Christentum noch gar auseinander, die der Vater mit knapper Not so so noch zusammen hielt. Ins Feuer, sag ich. Das Mädel setzt sich alles Teufelsgezeug in den Kopf; über all dem Herumschwänzen in der Schlaraffenwelt findets zuletzt seine Heimat nicht mehr, vergißt, schämt sich, daß sein Vater Miller der Geiger ist [...] (5, 6f.)

Schiller lässt seine Figuren über soziales Prestige in allen seinen Formen sprechen: Moral, Geld und soziale Zugehörigkeit – und deren drohenden Verlust. Er demonstriert jene Orientierungslosigkeit, die mit der Aufweichung der Klassenschranken einhergeht. Die manifestiert sich in Gestalt eines dem Bürgerlichen noch nicht lange vorher zugänglichen kulturellen Habitus, der goutiert wird und zugleich als Einfallstor unmoralischer Verirrung verdächtig ist. Die korrupte herrschende Schicht der ›höfischen Gesellschaft‹ liegt in ihren letzten Zügen; an deren Verfallserscheinungen zeigt sich die Brüchigkeit ihrer gesamten Struktur – einschließlich ihres ›bürgerlichen‹ Anderen, dessen Glauben an seine moralische Überlegenheit mit der Infiltration ›aristokratischer‹ Moden zunehmend unterminiert wird.

Von einer genialen Exposition ist in mehrfachem Sinn zu sprechen. Zum einen sind die Anfangsworte des Musikus Miller höchst ambivalent besetzt, zum andern deutet die erste Szene insgesamt auf die im Trauerspiel abzuhandelnden Problemkonstellationen und damit über die vorgestellte Handlung hinaus. Und schließlich zählt der gesamte erste Akt in klassischem dramentheoretischen Sinn zu einer »der glänzendsten Expositionen in der deutschen Dramengeschichte« (5, 181).

K. S. Guthke hat im Zusammenhang mit *Kabale und Liebe* von einer »Ironisierung der Klassen« (1979, 63) gesprochen, die sich darin manifestiere, »daß das angeblich ›Ständische‹ des Denkens und Handelns *beider* sozialen Parteien, des Adels und des Bürgertums, sich auf Schritt und Tritt ins Gegenteil verkehrt und somit eine wechselseitige Ähnlichkeit an den Tag legt« (ebd.). Der Begriff ›Ironisierung‹ entschärft die sozialen Konstellationen, die Schiller in seinem Trauerspiel demonstriert; jener der ›Dialektik‹ vermag die Essenz des Trauerspiels weitaus pointierter zu beschreiben. Denn nichts anderes als die Infiltration der einen sozialen Gruppe durch das Gedankengut der ihr entgegenstehenden wird hier – im doppelten Wortsinn: eindringlich – auf die Bühne gebracht: eben Kabale der höfischen Gesellschaft und die Liebe der bürgerlichen und *vice versa.*

Das Geschehen auf der Bühne allerdings veranstaltet durchaus eine Ironisierung seiner Protagonisten, die für Schillers gesamtes dramatisches Werk ungewöhnlich ist. Insbesondere die Auftritte des schrillen Hofmarschalls von Kalb entfalten komödiantische, allemal aber satirische Züge: etwa gleich bei seinem ersten Auftritt in einem »geschmacklosen Hofkleid«, wobei er »mit großem Gekreisch auf den Präsidenten« zufliegen soll und dabei »einen Bisamgeruch über das ganze Parterre« des Theaters zu verbreiten hat (5, 18; zu den gesellschaftskritischen Implikationen der Regieanweisung vgl. Utz 1985, 65 f.; allg. 62). Auch das komische Gebaren des bürgerlichen Paars mit ihrer »dumm-vornehm[en]« Gespreiztheit und seinem Stoßen, Kneifen und In-den-Hintern-Treten verzerrt Schiller zu einer lächerlichen Karikatur (5, 8; vgl. Koopmann 1969, 272 f.).

Auch wenn sich in der Interpretationsgeschichte von *Kabale und Liebe* immer wieder soziologische und theologische Ansätze gegenüberstanden (vgl. Guthke 1979, 62ff.; ein Überblick bei Alt 1994, 281f.) oder das Stück je nach ideologischem Standort entweder als sozialkritisches Zeitstück (u.a. J. Müller 1955; Janz 1976) oder als reine Liebestragödie gelesen wurde (u.a. Binder 1958; vgl. die Über-

sicht bei Koopmann 1966 I, 46f.), so bleibt doch eine derartige
Frontstellung blind für die Darstellung des soziologisch zu konsta-
tierenden Faktums der Ausplünderung religiöser Inhalte durch die
Aufklärung. Sie findet eine geradezu grobe Darstellung in der 3.
Szene des ersten Akts:

LUISE. ...- Ich hab keine Andacht mehr, Vater – der Himmel und Ferdinand
reißen an meiner blutenden Seele, und ich fürchte – ich fürchte – *Nach einer Pause.* Doch nein, guter Vater. Wenn wir ihn über dem Gemälde ver-
nachlässigen, findet sich ja der Künstler am feinsten gelobt. – Wenn meine
Freude über sein Meisterstück mich ihn selbst übersehen macht, Vater,
muß das Gott nicht ergötzen?
Miller *wirft sich unmutig in den Stuhl.* Da haben wirs! Das ist die Frucht
von dem gottlosen Lesen. (5, 11 f.)

Luises Liebe in all ihrer jugendlichen Absolutheit will nicht nur
gesellschaftliche Schranken ignorieren, sondern sie wird ihr zum
höchsten Gut, vor dem das eigene Leben ebenso wie der Gott religiöser Tradition und Erziehung zunichte wird: »Ich wußte von keinem Gott mehr, und doch hatt ich ihn nie so geliebt.« (5, 12). Die
›bürgerliche‹ Luise weiß von vornherein – anders als der ›aristokratische‹ Ferdinand – um die Konsequenzen ihrer absoluten Liebe: Sie
ist einer spröden und vergifteten gesellschaftlichen Realität gegenüber nur um den Preis der eigenen Existenz aufrechtzuerhalten. Als
Ferdinand enthusiastisch ausruft: »Mein bist du, und wärfen Höll
und Himmel sich zwischen uns«, da ist ihre lakonische Antwort:
»Mein Tod ist gewiß – Rede weiter – [...]« (5, 39). Für Luise ist das
ein resignierendes Erwachen aus einem schönen Traum: »Ich entsag
ihm für dieses Leben.« (5, 13). Ferdinand hingegen appelliert auch
dann noch an ihre unbedingte Liebe, als ihm Luise sagt, auf keine
›glücklichen Tage‹ mehr hoffen zu können: »Höre, Luise – ein Gedanke, groß und vermessen wie meine Leidenschaft, drängt sich vor
meine Seele – *Du*, Luise, und *ich* und die *Liebe*! – Liegt nicht in
diesem Zirkel der ganze Himmel?« (5, 56).

Wenn Schiller das Theorem der schrankenlosen Liebe ins Spiel
bringt, das als Remedium gegen die Vereinseitigungen einer platten
Aufklärungsideologie exemplarisch geworden ist (vgl. Henrich 1967,
9ff.), greift er einen der prominentesten Aspekte seiner Zeit auf. Er
forciert ihn in den Gestalten von Luise und Ferdinand zu einer Un-
bedingtheit, die alle sozialen Bedingungen ignoriert, und schlägt damit zugleich den sozialkritischen Funken aus dem zu einer puren
»Empfindeley« verkommenen Liebestheorem.

Auf die Anregung des Mannheimer Schauspielers August Wilhelm Iffland (1759-1814), selbst Verfasser äußerst publikumswirksa-

mer Theaterstücke, geht die Änderung des ursprünglichen Titels *Luise Millerin* in den bis heute gebräuchlichen *Kabale und Liebe* zurück. Sie ist vielfach als dem Stück unangemessen kritisiert worden. Manche dieser Kritiker versuchten, das Trauerspiel als das Drama der ›Sprachlosigkeit‹ der Protagonistin zu interpretieren (Müller-Seidel 1955, 132; v. Wiese 1959, 196; Duncan 1982) – und verkannten dabei die Sprachnot des scheinbar munter drauflos redenden Ferdinand. Solche Interpretationen unterschlagen die soziologische Diagnose des Stücks, die – als eine auf beiden Seiten hoffnungslos vergiftete Kommunikation – eben am Stück selbst zu diagnostizieren wäre. Auf jeden Fall aber profiliert der geänderte Titel dies *Bürgerliche Trauerspiel* schärfer auf seinen gesellschaftskritischen Hintergrund hin und macht erst dessen Einbettung in den zeitgenössischen Diskurs über das Theorem der alle Entzweiungen dieser Welt lösenden Liebe deutlich.

Die Liebe und ihr zu einer »gesellschaftlich zerredeten Metapher« (Utz 1985, 69) verblichenes physiopsychisches Pendant, das ›Herz‹, wird am Ende aus ihrem idealistischen Nebel gerissen, um dessen bürgerlich-familiale Funktion schauerlich zu entlarven. Das behält Schiller seinem Musikus Miller vor, dem in seiner Grobheit auch hier aufrechten und aufrichtigen Vater:

MILLER. [...] Die Zeit meldet sich allgemach bei mir, wo uns Vätern die Kapitale zustatten kommen, die wir im Herzen unsrer Kinder anlegten – Wirst du mich darum betrügen, Luise? Wirst du dich mit dem Hab und Gut deines Vaters auf und davon machen?
LUISE *küßt seine Hand mit der heftigsten Rührung.* Nein, mein Vater. Ich gehe als Seine große Schuldnerin aus der Welt, und werde in der Ewigkeit mit Wucher bezahlen.
MILLER. Gib acht, ob du dich da nicht verrechnest, mein Kind? *Sehr ernst und feierlich.* Werden wir uns dort wohl noch finden? – – Sieh! Wie du blaß wirst! – Meine Luise begreift es von selbst, daß ich sie in jener Welt nicht wohl mehr einholen kann, weil ich nicht so *früh* dahin eile wie sie. *Luise stürzt ihm in den Arm, von Schauern ergriffen.* (3, 87)

Auf engstem Raum wird hier das ganze Trauerspiel bürgerlicher Familien- und Liebesideologie zusammen gepresst. Es wird wie schon zu Anfang gerechnet: die gewährte elterliche Liebe fordert als Kapitalanlage unnachsichtig ihre Rendite ein.

Als ›philosophischer Arzt‹ ist der Dramatiker hier abermals dem Körper und den Körpern seiner Gesellschaft zu Leibe gerückt. Zerstört wird der Traum der Aufklärung »vom un*mittel*baren Verstehen« (Geitner 1992, 167), die durch Entschlüsselung all der Zeichensysteme an den Leibern, in Gestik und Mimik, schließlich am

Körper der Sprache selbst zu unverstellter Kommunikation zu gelangen hoffte. Schillers Trauerspiel beschreibt solch Bemühen als genauso vergeblich wie das gleichzeitige Paradigma der reinen, weil authentischen Liebe, die all dieser zu übersetzenden Zeichen ledig schien. Deren Ideologe, Ferdinand, verstrickt sich mehr und mehr im Gewirr der von ihm zu entschlüsselnden Zeichen von Körper und Sprache: unmöglich für ihn, sie in ihrer Widersprüchlichkeit zu enträtseln. Als endlich die Kabale ihr Ziel erreicht hat, und er sich von Luise betrogen glaubt, will sich das Äußere nicht mit dem vermeintlich wahren Inneren zur Deckung bringen lassen, das auf die (Körper-)Oberfläche transportiert vorgestellt wird:

FERDINAND. Es ist nicht möglich. Nicht möglich. Diese himmlische Hülle versteckt kein so teuflisches Herz – – Und doch! doch! (5, 66)

In seiner aberwitzigen Verwirrung nimmt Ferdinand Zuflucht zu der abermals von Schiller beschworenen eschatologischen Vorstellung vom Jüngsten Gericht, vor dem jede Verstellung, jede Lüge obsolet wird. Als er Luise mit dem von ihr erpressten Brief konfrontiert, sinkt sie »leichenblaß« nieder. Er deutet sich und ihrem Vater das körperliche ›Zeichen‹, die Pathognomik der Luise:

FERDINAND. Bleich wie der Tod! – Jetzt erst gefällt sie mir, deine Tochter! So schön war sie nie, die fromme rechtschaffne Tochter – Mit diesem Leichengesicht – – Der Odem des Weltgerichts, der den Firnis von jeder Lüge streift, hat jetzt die Schminke verblasen, womit die Tausendkünstlerin auch die Engel des Lichts hintergangen hat – Es ist ihr schönstes Gesicht! Es ist ihr *erstes wahres* Gesicht! Laß mich es küssen! (5, 90f.)

Es ist, als könne nur das Zeichen des Leibes der Wahrheit auf die Spur kommen. Denn das allein transzendiert die sprachliche Äußerung, die immer schon der Verstellung und Manipulation verdächtig ist. Körperformen und Körpersprache, Physiognomik und Pathognomik allein sind probate Mittel, das ›wahre Gesicht‹ eines Menschen zu erkennen (zu Traditionen der Verstellungskunst wie der »Kunst der Entschlüsselung« vgl. Košenina 1992).

　　Schiller aber distanziert sich (und den Zuschauer) von dieser Art »Ausspähungsdiagnostik« und führt ihr Versagen vor, dessen Protagonist Ferdinand ist: »kein Gedanke tritt in dies Angesicht,« sagt er zur geliebten Luise, »der mir entwischte.« (5, 13f.) Im Fall dieses Verblendeten entlarvt der Autor eine derartige Diagnostik als hochgradig defizitär und irreführend. Gewiss agiert Schiller in *Kabale und Liebe* als philosophischer Arzt, »der eine Symptomatologie des sozialen Körpers entwirft wie der Mediziner eine semiotische Diagnostik des physischen Körpers« (Böhme 1988, 184), aber als einer,

der die eigenen Methoden, die die seiner Zeit sind, darstellt und –
indem er sie kritisch befragt – zugleich ihre Abgründe vorführt.

Die konzentrierte Arbeit an der *Luise Millerin*, die innerhalb weniger Monate abgeschlossen werden konnte, hatte die ersehnten
Konsequenzen. Schiller las das Stück am 13. August 1783 vor dem
Mannheimer Theaterpersonal und erhielt endlich einen Vertrag als
Theaterdichter, der von September 1783 bis August 1784 seinen Lebensunterhalt als Schriftsteller sicherte. Bei einem Jahresgehalt von
300 Gulden (zuzüglich einiger weiterer Vergünstigungen) war er
verpflichtet, drei Stücke für die Bühne zu liefern. Schillers Kalkül
war damit zumindest befristet aufgegangen, als er sich Ende 1782
bis zum Sommer 1783 in die dörfliche Abgeschiedenheit von Bauer-
bach bei Meiningen zurückgezogen hatte, um ungestört und ohne
Furcht vor Nachstellungen der württembergischen Behörden sein
drittes Bühnenstück zu verfassen.

3. Triumph und Opfer der Liebe: Zu den *Philosophischen Briefen*

Direkte Kommentierungen des Autors wie diejenigen zu seinen andern frühen Dramen gibt es für *Kabale und Liebe* nicht. Vielleicht
weil es das einzige Bühnenwerk Schillers ist, das ganz von Erfahrungen und Beobachtungen der eigenen gesellschaftlichen Wirklichkeit
gespeist ist. Jedenfalls hielt der Autor keine erklärenden Vorworte
für nötig wie bei seinen ersten beiden Stücken oder gar Interpretati-
onsanweisungen wie für *Die Räuber* und *Don Karlos*. Vielmehr betont er »die leichte Faßlichkeit des Plans« (23, 131). Und dennoch
scheint Schiller, abgesehen von seinen medizinisch-anthropologischen Voraussetzungen, auch bei diesem Stück von einer philoso-
phisch-theoretischen Grundlage ausgegangen zu sein (vgl. Guthke
1979, 59ff.). Die wäre in den erst 1786 veröffentlichten *Philosophischen Briefen* zu finden: und zwar besonders in dem darin enthalte-
nen Textsegment, das *Theosophie des Julius* überschrieben ist. Jene
stellen vermutlich das Fragment eines nicht weiter ausgeführten Romans in Briefen dar (vgl. Koopmann 1976a), dessen Wurzeln zwar
bis in die Karlsschulzeit zurückreichen; vermutlich aber wurden sie
in unmittelbarer zeitlicher Nähe zur Arbeit an *Kabale und Liebe* und
an *Don Karlos* niedergeschrieben (vgl. 21, 151ff.).

Die *Theosophie* kann als Keimzelle der Heilung jener »Fieberpar-
oxysmen des menschlichen Geistes« gelesen werden, die sich für
Schiller als »Scepticismus und Freidenkerei« (20, 108) kenntlich

machen. Sie finden in dem terroristischen Aktionismus des Karl
Moor und in der nihilistischen Abrechnung seines Bruders Franz
(vgl. 3, 95) ihren vielleicht bestürzendsten Ausdruck. Nur die Erschütterung durch diesen fiebrigen Skeptizismus mit seiner trübsin-
nig machenden Melancholie aber kann die Heilkräfte des depressiven
Grüblers mobilisieren, der an Sinn und Bestimmung des menschlichen
Lebens verzweifelt. Und nur diese können die Reste eines verschüt-
teten jugendlichen Enthusiasmus, wenngleich in veränderter Gestalt, neu beleben, welcher anders in lebensuntauglicher Realitätsfer-
ne verharren müsste.

Dieser von allem Zweifel noch ganz unangekränkelte Enthusiasmus ist dokumentiert in der *Theosophie des Julius*: Fähig zur Vorstellung seiner eigenen Vollkommenheit, wird der Mensch zugleich mit
der Hervorbringung dieser Idee ihrer teilhaftig und kann so die eigene immer wieder schmerzlich erfahrene Unvollkommenheit kom-
pensieren. »Laßt uns Vortreflichkeit *einsehen*, so wird sie unser« (20,
125), ruft der jugendlich-begeisterte Julius seinem älteren Freund
und skeptisch-nüchternen Ratgeber Raphael zu. Denn der Mensch
schaffe sich damit eine Glückseligkeit, die er auf alles andere ausdehnen will. So muß er auch die Glückseligkeit der andern wollen,
weil er bestrebt ist, die eigene vollkommen zu machen. »Begierde
nach fremder Glükseligkeit« aber, so schließt der »Idee« überschrie-
bene Abschnitt der *Theosophie*, »nennen wir Wohlwollen, *Liebe*«
(20, 119).

So kann der höchste Punkt, »das schönste Phänomen in der be-
seelten Schöpfung«, erreicht werden: Liebe, in der »der Widerschein
dieser einzigen Urkraft« aufleuchtet, in der »eine Verwechslung der
Wesen« stattfinde (ebd.). Liebe als ein unzerreißbares Band gleich
den Tönen eines Akkords, wie der blind-idealistische Ferdinand die
geliebte Luise belehrt, als sie auf den realen Differenzen zweier
Menschen insistiert; Liebe als Akkord ›harmonischer Seelen‹, so
auch die Formel des schwärmerischen Julius in seinem theosophi-
schen Traktat. Die Geliebte (Luise), der Geliebte (Raphael) werden
zur Reflexionsfläche der eigenen Empfindungen des Liebenden, zum
vom anderen ungetrübten Spiegel des eigenen enthusiastischen
Selbst. Mit der musikalischen Metapher und mit der des Spiegels
formuliert der junge Schiller das Liebestheorem sowohl im philosophischen Text wie in *Kabale und Liebe*, und so lässt er auch Don
Karlos (im *Thalia*-Fragment) in naiver Verkennung seines weltklu-
gen Gegenübers sein Freundschaftsverhältnis zum Marquis von Posa
charakterisieren: »Wenns wahr ist, daß die schaffende Natur/ den
Rodrigo im Karlos wiederhohlte,/ und unsrer Seelen zartes Saiten-
spiel/ am Morgen unsers Lebens gleich bezog [...]« (6, 365).

Dass aber solch Liebestheorem sich an der Wirklichkeit nicht bewähren kann, demonstriert Schiller exemplarisch an den in *Kabale und Liebe* dargestellten konkreten gesellschaftlichen Lebensverhältnissen – und zwar gleich in doppelter Weise: Einerseits führt er in Gestalt von Luise seine Unlebbarkeit in einer von menschlichen Schwächen, Eitelkeiten und Gemeinheiten geprägten Umgebung vor; sie weiß, daß Liebe, die »Anschauung unserer Selbst in einem anderen Glase«, nicht mehr, aber auch nicht weniger ist als »ein *glüklicher Betrug*« (23, 79). Dagegen entlarvt der Autor in der Gestalt Ferdinands die phrasenhafte Propagierung der Liebe, der deren soziale Gebundenheit, die sie zersetzt, ja vernichtet, bis zum Ende nicht einsehen will, um seine wahrhaft meta-physischen Gedankenkonstrukte nicht einer ernüchternden Realität aufopfern zu müssen. »Ehe er sich eine Übereilung gestände, greift er lieber den Himmel an« (5, 102), kommentiert resignierend die gedemütigte Luise. In der Gestalt Ferdinands schafft Schiller eine Bühnenfigur, die unfähig ist, ihr Ideal der Liebe an der Realität zu bewähren, weil sie die Bedingungen von dessen Existenz nicht zu modifizieren imstande ist. Seine Liebesideologie kommt nicht einmal angesichts der realen Katastrophe ins Wanken. Als er die tragisch verstrickte Unschuld der toten Luise erkennt, fällt ihm denn auch nichts anderes ein, als sie über die Welt zu erheben: »Das Mädchen ist eine Heilige – [...]« (5, 105).

Der enthusiastisch-kluge Julius der *Philosophischen Briefe* ist frei von derartigen Verkennungen (vgl. W. Riedel 1998a, 160, der Julius »das fiktive Alter ego« seines Autors nennt). Er kann endlich allem ›quälendem Zweifel‹ und aller Verzweiflung zum Trotz die von ihm selbst konstruierte ideale Schöpfung als eine solche bestehen lassen, ohne sie unbedingt an der Welt bewähren zu müssen. Gerade deshalb wird es ihm möglich, seinem (von Schiller als ›philosophischen Arzt‹ eingeführten) Freund und Lehrer Raphael selbstbewusst gegenüberzutreten: »Spotte nun oder freue dich, oder erröthe über deinen Schüler. Wie Du willst – aber diese Philosophie hat mein Herz geadelt, und die Perspektive meines Lebens verschönert.« (20, 126). Durch die Krise immunisiert gegen alle bodenlose Schwärmerei, ist Julius nun fähig, die eigenen metaphysischen Entwürfe und Bemühungen um Vollkommenheit in die Schranken und Beschränktheiten menschlichen Daseins illusionslos zu integrieren (vgl. 20, 128). Er vermag, Ambivalenzen auszuhalten.

Ganz anders als Ferdinand ist nicht nur der durch sein überstandenes metaphysisches Fieber genesene Julius, ganz anders ist auch Luise. *Unbedingte* Liebe, wie die der Luise Millerin, die von deren *Bedingungen* weiß (solche *contradictio in adjecto* scheint charakteri-

stisch für das Denken Schillers), ist gar zur Aufopferung ihrer selbst
bereit; sie vermag alles zu verschenken bishin zum eigenen Leben.
»Aufopferung« ist aber auch der Abschnitt in Schillers theosophi-
scher Argumentation überschrieben, der auf die Erörterung der Liebe folgt. Dort soll erwiesen werden, dass das Opfer des Lebens im
Namen einer ganz und gar uneigennützig zu manifestierenden Tugend oder Wahrheit durchaus in der Konsequenz einer glückselig
machenden Liebe liegt.

Diese einzigartige im menschlichen Leben erreichbare Vollkommenheit soll sich aber nicht nur auf ein anderes einzelnes menschli-
ches Wesen ausdehnen können wie bei der Luise Millerin, sondern
eben so sehr auf ein Ideal wie etwa das einer glühenden Liebe zu einem künftigen glücklichen Menschengeschlecht. Das hat Schiller im
Don Karlos in der Figur des Marquis von Posa dargestellt. Auch dort
wird das Leben eingesetzt, um die Wirklichkeit zum Ideal werden
zu lassen – und wird am Ende wiederum von jener überwältigt; und
zwar in Gestalt eines zwar enthusiastischen Infanten, aber eines ge-
brechlichen schwachen, weil eben »eigennützig« (immer wieder verwendet Schiller diesen Ausdruck – fast voller Abscheu) liebenden
Menschen, wie der ›idealische‹ Marquis bald bemerkt:

> MARQUIS. [...] ein ganzer Weltkreis hatte
> in deinem weiten Busen Raum. Das alles
> ist nun dahin, von einer Leidenschaft,
> von einem kleinen Eigennutz verschlungen.
> Dein Herz ist ausgestorben. Keine Thräne,
> dem ungeheuern Schicksal der Provinzen
> nicht einmal eine Thräne mehr! – O Karl,
> wie arm bist du, wie bettelarm geworden,
> seitdem du niemand liebst als Dich. (6, 146)

Wo es keine Bereitschaft zur Aufopferung gibt, da kann von *Ideal*
keine Rede sein; wo der »Eigennutz der Liebe« (6, 142) ins Spiel
kommt, da ist es aus mit aller vermeintlichen Tugendhaftigkeit.

Die Ambivalenz des Liebesideals zwischen utopischer Hoffnung
und sozial verorteter Wirklichkeit wird ähnlich wie in *Kabale und
Liebe* also auch im *Don Karlos* durchgespielt – freilich hier in der
Gestalt des Marquis von Posa mit seiner »ganzen erhabenen Anlage
zu der Liebe« (20, 123). Abermals aber werden die Begrenzungen
und Bedingtheiten ihrer Verwirklichung im sozialen (und für *Don
Karlos* auch: historischen) Zusammenhang demonstriert.

Wo der junge Schiller seinem Julius das Liebestheorem zum
Glaubensbekenntnis seiner Vernunft werden lässt, da betrachtet der
seine gesellschaftliche Umwelt reflektierende Bühnenschriftsteller in
seinen Dramen das gerühmte Prinzip weit weniger spekulativ und in

seiner Wirksamkeit skeptischer. Hatte es dem Karlsschüler noch die Gewähr dafür geboten, dass sowohl die »Geisterwelt« als auch die »Körperwelt« nicht in »anarchischem Aufruhr« (20, 32) zusammenstürzen und in schließlichem Chaos versinken würde, so seziert der Dramatiker die Folgen des Liebestheorems in sozialen Wirklichkeiten, wo jene avisierte Aufhebung alles Trennenden nicht mehr gelingen mag. Diese »Leiter, worauf wir emporklimmen zu Gottähnlichkeit« (20, 124), trägt dann allenfalls momentan. Auf der Bühne zeigt Schiller die Brüchigkeit der philosophisch beschworenen Bindekraft der Liebe.

Der *philosophische* Anthropologe Schiller, den man hier gar als *metaphysischen* Anthropologen apostrophieren könnte (vgl. W. Riedel 1985, 215; Weissberg 1990, 120), lässt seinen Protagonisten Julius den Glauben an die Realisierung einer erhabenen, mithin uneigennützigen Liebe bekennen, den der *historische* Anthropologe im Bühnenwerk sogleich als Chimäre und schlimmer noch: als Ideologie entlarvt. Aber auch innerhalb des gesamten Korpus der *Philosophischen Briefe* ist jene enthusiastische Liebesmetaphysik ja schon ins Zwielicht gerückt. Der, der sie veröffentlicht, ist wie sein Protagonist nicht länger Anhänger jener idealisierenden Weltkonstruktionen, welche sich nicht darum bekümmern, ob ihre Ideale auch Chancen auf Realisierung in der Welt haben. Der kurze Brief des Julius, der seine *Theosophie* einleitet, verrät aus der Rückschau das Motiv für seine Liebesmetaphysik: »Mein Herz suchte sich eine Philosophie, und die Phantasie unterschob ihre Träume. Die wärmste war mir die Wahre.« (20, 115).

Wenn die *Theosophie des Julius* schließlich in einer Bestimmung Gottes als Summe aller Vollkommenheiten des Universums gipfelt und für den Menschen der Weg dahin allein über die Liebe gehen soll und kann – in welcher Ausprägung auch immer –, dann folgt der junge Schiller damit einem weitverbreiteten, ja populären Thema der deutschen Spätaufklärung, das um die ›Bestimmung des Menschen‹, um seinen Weg zur Glückseligkeit, um die Fähigkeit zur Vervollkommnung seiner Kräfte kreist. Dafür sind die radikal-materialistischen Konstruktionen des Menschen als Maschine zu defizitär, die Schiller in den Schriften einiger französischer Aufklärer zur Kenntnis genommen hatte (vgl. zu den verarbeiteten Einflüssen W. Riedel 1985). Dass dagegen die Liebe ins Zentrum seines philosophischen Räsonnements gestellt wird, ist angesichts der seinerzeit weithin rezipierten auf Platon zurückgehenden Vereinigungsphilosophie gar nichts besonderes. Mit dem antiken Philosophen konnte auf die dualistische Konstruktion der Welt, die cartesische Trennung von *res extensa* und *res cogitans*, von Materie und Geist, von Körperwelt und Geisterwelt (so die häufig anzutreffende Diktion in Schillers frühen Schriften) eine Gegenposition formuliert werden, die den psycho-physiologischen Bemühungen der ›philosophischen Ärzte‹ um den ›ganzen‹ Menschen entgegenkam. In seinem berühmten Dialog *Symposion* hatte Platon gezeigt, daß die Gegensätze, die die Welt konstituieren, im Prinzip des Eros vereinigt werden konnten. Der niederländische Philosoph Frans Hemsterhuis war im ausgehenden 18. Jahrhundert einer der populärsten Vertreter dieser vereinigungsphilosophischen Strömung. Von ihm erschien Ende 1781 im *Teutschen Merkur* der Dialog *Über das Verlangen*. Von Herder übersetzt und in einem eigenen *Liebe und Selbstheit* betitelten Aufsatz diskutiert, hatte er dort gegen Hemsterhuis die ›Selbstheit‹ im Sinn von je freien, ihrer selbst bewussten Liebenden akzentuiert (vgl. Henrich 1967, 13ff.). Herders Betonung von ›Selbstheit‹ – oder in Schillerscher Diktion ›Eigennutz‹ – als Grenze eines metaphysischen Liebesprinzips mag einer jener »Berührungspunkte« gewesen sein, die Schiller zwischen Herders Aufsatz und der eigenen *Theosophie* konstatierte (vgl. 24, 125; W. Riedel 1998a, 163f.).

III. Mystifikationen, Aufklärung und Herrschaftswissen

1. Einer, der ›langweilige Zäune‹ niederreißt: *Ankündigung der Rheinischen Thalia* und der erste Brief an Körner

Ende 1784 ließ Schiller in Mannheim die *Ankündigung der Rheinischen Thalia* drucken. Datiert auf den 11. November 1784, dem Tag nach seinem fünfundzwanzigsten Geburtstag, beschrieb er darin recht pathetisch die eigene Lage, um wirkungsvoll auf sich und sein geplantes Zeitschriftenprojekt aufmerksam zu machen. Nach etwas umständlich einleitenden Worten, die dem Verdacht blanken ökonomischen Interesses vorbeugen sollten, beginnt seine öffentliche Konfession einer Fanfare gleich: »Ich schreibe als Weltbürger, der keinem Fürsten dient.« Stolz kündigt der junge Schriftsteller an, fortan sein Auskommen unabhängig von aller feudalen Generosität finden zu wollen. Aber der Hintergrund solchen Stolzes ist Not. Der hochverschuldete, sich um Reputation und materielles Auskommen bemühende Autor verbirgt seine Strategie kaum, das mögliche Publikum, vielleicht auch potentielle Gönner durch die Darstellung seiner »Jugendgeschichte« zu tätiger Anteilnahme an seinem Schicksal zu rühren. Der jung berühmt gewordene Autor der *Räuber* – die zu erwähnen er natürlich nicht vergisst – nennt sich nicht ohne Koketterie einen, den ein »seltsamer Mißverstand der Natur [...] zum Dichter verurteilt« habe. Seine Darstellung endet – nicht anders als sie begonnen hatte – mit einem Pathos, das seinen Zweck nicht verhehlen will, Bewunderung und Mitleid gleichermaßen von seinem Publikum einzufordern: »Nunmehr sind alle meine Verbindungen aufgelöst. Das Publikum ist mir jetzt alles, mein Studium, mein Souverain, mein Vertrauter. Ihm allein gehör ich jetzt an.« Diesem Publikum galt es zu imponieren als ein »Bürger des Universums, der jedes Menschengesicht in seine Familie aufnimmt und das Interesse des Ganzen mit Bruderliebe umfaßt [...]« (22, 93ff.). Aber in Wahrheit bedurfte der unerfahrene Publizist zuallererst selbst der Aufnahme, nicht nur bei einem wenig berechenbaren Publikum sondern mehr noch in der Gesellschaft überhaupt.

Denn vor allem wird Schiller von seinem Appell die Besserung seiner bedrängenden materiellen Situation erhofft haben: Sein Kon-

trakt als Theaterdichter in Mannheim war im September 1784 nicht
verlängert worden (vgl. Buchwald 1959, 372ff.), obwohl er den Intendanten mit einer Unmenge von Projekten heftig umworben hatte. Er stellte nicht nur Übersetzungen von Stücken Corneilles, Raci-
nes, Crébillons und Voltaires in Aussicht, sondern auch noch die
zweier Shakespeare-Tragödien; dazu den *Don Karlos* sowie eine Fortsetzung der *Räuber* (vgl. 23, 154ff.).

Wofür ihm bislang vor allem anderen das theatralische Werk und
die Schaubühne prädestiniert erschienen waren, das wollte und musste
er nun in der geplanten Zeitschrift versuchen: dem Menschen »die
Magnetnadel an sein Herz hinzuhalten«, um »neugefundene Räder
in dem unbegreiflichen Uhrwerk der Seele« zu enthüllen. Das ist
der erste von vier thematischen Schwerpunkten, mit denen Schiller
Profil und Programm seiner *Rheinischen Thalia* zu umreißen suchte.
Sie lesen sich wie ein Resümee seiner bisherigen Arbeit: Psychologie
als Anthropologie, »*Philosophie für das handelnde Leben*«, zum dritten Ästhetik der Natur und der Kunst und schließlich »*Deutsches
Theater*« (22, 95f.); dazu Gedichte, Kritik, Selbstzeugnisse etc. Der
Bericht über die eigene Entwicklung gewinnt auch in Hinsicht auf
diese Sujets Gewicht, weil er einen möglichen Leser nicht nur über
Schillers Zeitschriftenplan informieren konnte, sondern auch de-
monstrierte, dass er seine bisherigen Interessen, Studien und schriftstellerischen Projekte hier unter anderem Vorzeichen fortsetzen wollte.

Die *Ankündigung* sandte Schiller umgehend an Publizisten,
Schriftsteller und solche Personen in vielen Orten Deutschlands und
der Schweiz, von denen er hoffen konnte, dass sie die Angelegenheit
verbreiten und möglicherweise unterstützen würden. Auch in verschiedene literarische Zeitschriften ließ er sie einrücken. Aber seine
Hoffnungen scheiterten jämmerlich. Weder stellte sich wirtschaftli-
cher Erfolg ein, noch reagierte die literarisch interessierte Öffentlichkeit.

Nicht nur Schillers ökonomische Situation war katastrophal (vgl.
23, 325; 33 I, 34ff. u. 40ff.), sondern auch seine Beziehungen zu
Dalberg und zum Ensemble des Mannheimer Theaters scheinen
Ende 1784 endgültig zerrüttet gewesen zu sein. Er musste sich also
wohl oder übel nach neuen Wirkungsmöglichkeiten umsehen. Da
erinnerte er sich einer Geschenksendung, die er ein halbes Jahr zuvor erhalten hatte. Sie war von vier Verehrern des Dichters aus Sachsen gekommen, den Schwestern Dora und Minna Stock und deren
Verlobten Ludwig Ferdinand Huber und Christian Gottfried Körner, und enthielt u.a. vier Porträts der Freunde von der Hand Dora
Stocks und Körners Vertonung eines Gedichts aus den *Räubern*. Im
Dezember sandte Schiller zunächst einen Brief, in dem er sich für

das so lang hinausgeschobene Dankschreiben entschuldigte, und schilderte seine bedrückende Situation ausführlich: Das deutsche Publikum zwinge seine Schriftsteller, so beklagt er, »nicht nach dem Zuge des Genius, sondern nach Speculazionen des Handels zu wählen« (23, 170). Wären da nicht diese »Kaufmannsrüksichten« genannten ökonomischen Zwänge – so beeilt er sich denn auch gleich, den Adressaten gegenüber zu betonen –, dann würde seine Schaffenskraft jenem ›Zuge des Genius‹ wohl gefolgt sein und hätte ihre Kräfte vor allem dem Theater widmen können. Jetzt konnte er nur die Ankündigung des geplanten Journals schicken, und sich selbst sah er plötzlich in der ungeliebten Rolle eines Journalisten. Beides verfehlte die beabsichtigte Wirkung nicht: Man sorgte sich um das Wohlergehen des *Dichters* und lud ihn ein, um womöglich in ihm einen neuen Freund zu gewinnen.

Dies wiederum nutzte Schiller mit einem umfänglichen Brief (23, 174ff.), dessen geschickte Dramaturgie schon als solche nähere Betrachtung verdient, allemal aber deshalb, weil dadurch sein Leben eine entscheidende Wendung bekam. Es ist der erste an Körner, der derjenige Freund werden wird, dem gegenüber Schiller sich bis zu seinem Tod zwanzig Jahre später am vertrauensvollsten geäußert hat (zu ihrem Verhältnis vgl. Camigliano 1976; zum Briefwechsel vgl. Berghahn 1986, 181ff.).

Gleich der Anfang des Briefs ist von glänzendem dichterischem Pathos, so dass sich der Schreiber zur Kommentierung veranlasst sieht: »Dieser Eingang, fürchte ich, wird einer *Schwärmerei* gleicher sehen als meiner wahren Empfindung, und doch ist er ganz, ganz Stimmung meines Gefühls. Für Sie, meine besten, kann ich schlechterdings keine Schminke auftragen, diese armselige Zuflucht eines kalten Herzens kenne ich nicht [...]«. Die ambivalenten Kommunikationsstrukturen des 18. Jahrhunderts werden abermals fokussiert zwischen Gefühl und ›kaltem Herzen‹, zwischen ›wahrer‹ Empfindung und einer bloßen Redegewandtheit, die ihre wahren Absichten zu verbergen weiß. Im Widerspruch zu seinem eigenen Diktum oszilliert Schiller jedoch hochvirtuos zwischen rhetorischer Formulierungskunst, die das noch kaum bekannte Gegenüber für sich einzunehmen sucht, und naiv-empfindsamer Offenheit, die scheinbar unbekümmert um mögliche Reaktionen rückhaltlos eigene Gefühle formuliert.

Was wird hier im besonderen verhandelt? Es ist das in mehrfacher Variation schon diskutierte Motiv der Täuschung, der Verstellung, der Maske, dem sich der Anthropologe und Gesellschaftsdiagnostiker Schiller von Beginn an – und allemal in *Kabale und Liebe* – mit nicht nachlassender Intensität gewidmet hat. Eben das

der im Brief benannten ›Schminke‹, ohne die man im gesellschaftlichen Leben kaum auszukommen schien. Und doch verlang-
ten die anthropologischen und ästhetischen Konzeptionen einer unverstellten Gefühlsäußerung im Zeitalter der Empfindsamkeit
jeglichen Verdacht rhetorischer Berechnung zu zerstreuen. Denn
Schiller antwortete einem Verehrer, der ihm unmissverständlich klar
gemacht hatte, dass ihn gewöhnliche Konventionen herzlich wenig
interessierten, und der offenbar in ihm selbst einen Unangepassten
vermutete (vgl. 33 I, 31).

Schiller ist ängstlich bemüht, ja nicht in ein falsches Licht zu geraten: »Urtheilen Sie«, setzt er seinen Brief fort, »deßwegen von meiner Freundschaft nicht zweideutiger, weil sie vielleicht die Miene
der Uebereilung trägt – Gewißen Menschen hat die Natur die lang-
weilige Umzäunung der Mode niedergerissen.« Aber kein Mensch
kann sich den ›langweiligen Konventionen‹ seiner Gesellschaft so
mir nichts dir nichts entledigen. Schiller hat das – wie gesehen –
frühzeitig begriffen und danach gehandelt. Zweifellos gehörte er zu
den lebensklugen Dichtern, die das Wünschbare wohl künstlerisch
ausdrücken, aber die Kunst nicht mit dem Leben verwechseln: So
jedenfalls in diesem ersten Brief an Körner, der ein diplomatisches
Meisterstück genannt werden muss. Auch die metaphorisch um-
schriebene Prophezeiung ihrer zukünftigen Beziehungen, die sich
für Schiller wie für Körner in mancher Hinsicht erfüllt hat, ist ganz
auf das Gegenüber berechnet; denn die Geschenksendung von Körner und seinen Freunden hatte diese als ausübende Musiker und
Maler gezeigt: »Edlere Seelen«, so fährt er deshalb fort, »hängen an
zarten Seilen zusammen, die nicht selten unzertrennlich und ewig
halten. Große Tonkünstler *kennen* sich oft an den ersten Akkorden,
große Mahler an dem nachläßigsten Pinselstrich – edle Menschen
sehr oft an einer einzigen Aufwallung. Doch vernünfteln möchte ich
über meine Empfindung nicht gern.« Nur das Gefühl, die ›Aufwallung‹, konnte im sich neigenden Zeitalter der Aufklärung den Verdacht jeglicher Verstellung vermeiden. Und doch musste der unbekannte großzügige Freund im fernen Sachsen sofort wieder dahinter
›Schwärmerei‹ vermuten, die nicht weniger verdächtig war.

Eine verwirrende Zeit, eine überall Misstrauen erzeugende Gesellschaft, in der jedes Wort mit dem Verdacht starrer Konvention
oder übertriebener Schwärmerei überzogen werden konnte, demonstriert hier ihre ganz und gar brüchigen, kaum mehr tragfähigen
Strukturen. Das von den Adressaten bewunderte Werk konnte da allemal zuverlässiger über seinen Autor Auskunft geben: »[...] – für
mich spreche, wenn Sie wollen, Karl Moor an der Donau« (vgl. 3,
77ff.). Aber auch das reichte eigentlich nicht, um das eigene Profil

angemessen zu beschreiben. Er sei einer, der aus seinem bisherigen Wirken schließen müsse, »daß die Natur ein eignes Projekt mit ihm vorhatte«, der aber überhaupt noch nicht wisse, wieviel er überhaupt leisten könne. Abermals schleicht sich Unsicherheit ein, nicht nur angesichts der eigenen Lebensperspektiven, sondern auch Unsicherheit über die Motivation der Adressaten. Meinen sie nur den erfolgversprechenden *Dichter*? Oder ist ihnen am *Menschen* gelegen?

Nach einer Schreibpause von zwölf Tagen gibt Schiller dem Brief eine dramatische Wendung. Nun malt er ein Szenario, vom dem er wohl hoffte, dass er sich damit aus seiner als ausweglos empfundenen Lage in Mannheim würde befreien können; ja dass ihm seine noch unbekannten Verehrer in der sächsischen Messestadt dabei helfen *müssten*. Eine »Revolution« sei mit ihm und in ihm vorgegangen, er spricht von der »unnennbaren Bedrängniß« seines Herzens, von Menschenhass und Weltverachtung, von Einsamkeit, dann von seinem Durst »nach *beßern* Menschen – nach *Freundschaft, Anhänglichkeit* und *Liebe*«. Leipzig erscheine in seinen »Träumen und Ahndungen, wie der rosigste Morgen jenseits der waldigten Hügeln«.

Ein erstaunliches Dokument, das im ersten Teil voll ist von wohlüberlegten Wendungen, ja diplomatischer Klugheit, dabei eine Mischung von höflicher Distanz und einem empfindsamen Engagement, das den Adressaten schmeicheln musste. Und dann in der zweiten Hälfte eine Suada rückhaltloser Bekenntnisse, selbstbezichtigender Anklagen und schwärmerischer Prophezeiungen, die schließlich in einer lockenden Ankündigung für die fernen Verehrer eines ihnen nur aus seinen Dichtungen bekannten Schriftstellers gipfelten: »Bis hieher haben Schiksale meine Entwürfe gehemmt. Mein Herz und meine Musen mußten zu gleicher Zeit der Nothwendigkeit unterliegen. Es braucht nichts als eine solche Revolution meines Schiksals, daß ich ein ganz andrer Mensch – daß ich *anfange*, Dichter zu werden« (23, 177). Er spielte hier einen Ball zurück, den er in seinem Dankschreiben vom Dezember 1784 angestoßen hatte, und der bereitwillig aufgenommen worden war: nämlich der Wunsch, dass man den Dichter in desolater Lage neu ermutigt habe und im Falle einer näheren Bekanntschaft weiter beflügeln könnte. Das bekräftigte Schiller im Februar: »Den Dom Karlos [...] bringe ich – in meinem Kopfe nemlich – zu Ihnen mit, in Ihrem Zirkel will ich froher und inniger in meine Laute greifen. Seien Sie meine begeisternde Musen, laßen Sie mich in Ihrem Schooße von diesem Lieblingskinde meines Geists entbunden werden.« (23, 178).

Eine rhetorische Meisterleistung ist Schiller mit diesem Brief gelungen. Und sie musste wohl gelingen, sollte die erhoffte Veränderung in seinem Leben eine glückliche Wendung nehmen. Von der

Arbeit am *Don Karlos* hatten die fernen Verehrer schon ohne sein Zutun erfahren. Schiller seinerseits wusste durch Hubers Brief, dass sie auf sein neues Bühnenwerk gespannt waren. Ja dass sie sogar in Sorge waren, die publizistische Arbeit könne das dichterische Schaffen behindern (vgl. 33 I, 53). Dennoch vermittelte man ihm Publikationsmöglichkeiten für die *Rheinische Thalia* bei dem Leipziger Verleger Göschen, die er aufgrund des ihm »äuserst lästigen Brief- und Krämercommerce« ganz einem Buchhändler überlassen wolle (23, 180), selbst wenn er dabei finanzielle Einbußen in Kauf nehmen müsse. Das Kaufmännische hat dann, auch Dank der finanziellen Unterstützung durch Körner, Göschen übernommen, was 1786 sogar einen Nachdruck des ersten *Thalia*-Heftes ermöglichte. Die freundlichen Ermunterungen, die hohen Erwartungen, ja die Bewunderung, die man Schiller gegenüber äußerte, ermutigte ihn endlich, ein Darlehen zu erbitten, um seine drückendsten Schulden in Mannheim bezahlen zu können. Er erhielt es unter Umständen nobelster Diskretion (vgl. 24, 208; Fröhlich 1998, 79f.).

Anfang April 1785 ist Schiller nach Leipzig abgereist.

2. Don Karlos

Höchst ironisch hat der Philosoph Arthur Schopenhauer den vermeintlichen »Edelmut« des Marquis von Posa im *Don Karlos* kritisiert (Werke II, 56). In Goethes sämtlichen Werken sei davon nicht soviel aufzutreiben wie in der einen zentralen Gestalt von Schillers umfangreichstem und letztem Bühnenwerk der frühen Periode. Sie ist denn auch eine der wirkmächtigsten von allen seinen Dramengestalten geworden (vgl. den Überblick zur Geschichte der heftig umstrittenen Posa-Deutung bei Malsch 1990; zu neueren Deutungen vgl. Guthke 1994, 133ff.). Aber damit nicht genug des bissigen Sarkasmus des Philosophen: Wenn er mit Schillers berühmtem dramatischen Gedicht ein heute längst vergessenes »kleines deutsches Stück ›Pflicht um Pflicht‹ (ein Titel wie aus der ›Kritik der praktischen Vernunft‹ genommen)« in Zusammenhang brachte, wollte er jene pathetisch erhabene Rhetorik Schillers in den Jahren unmittelbar vor der Französischen Revolution denunzieren, mit der der Dichter seinem Werk die von aufklärerischem Gestus getränkten philosophischen Leitsätze (politisch-)praktischer Vernunft implantiert. Die gegen Schiller gezielte Pointe war, dass nur »der ganz echte Dichter oder Denker« von Einflüssen der eigenen Zeit frei und über deren philosophische Ideen erhaben sei. Dass der Dichter sich gar davon hatte inspirieren lassen, veranlasste den alternden Philoso phen zu spöttischer Ironie: »*Schiller* sogar hatte in die ›Kritik der praktischen Vernunft‹ hineingesehn, und sie hatte ihm imponiert: aber *Shakespeare* hatte nur in die Welt hineingesehn [...] Die Schillerschen Personen im ›Don Carlos‹ kann man ziemlich scharf in weiße und schwarze, in Engel und Teufel einteilen. Schon jetzt erscheinen sie sonderbar: was wird es erst über vierzig Jahre sein!« (Werke V, 82). Abgesehen davon, dass man dem Philosophen keine sehr differenzierte Lektüre bescheinigen kann, bringt er hier zeitlich einiges durcheinander, denn der *Don Karlos* wurde vor der Veröffentlichung von Kants zweiter Kritik abgeschlossen! Aber er bewies mit seinem Diktum auch viel weniger Sinn für das Theater und vor allem für dessen Publikum wie der, dem seine Ironie galt.

Schiller ging in Hinsicht auf sein Publikum niemals blauäugig vor: um auf es wirken zu können, zog er fast immer dessen Interesse in sein Kalkül. Er wusste genau, dass in einem sentimentalischen Zeitalter wie dem seinigen das philosophische Bedürfnis seiner Zeitgenossen zufrieden gestellt werden musste. Und nichts anderes wollte auch der Autor des *Don Karlos*: Schiller bewegt sich mit dem berühmten »Geben Sie/ Gedankenfreiheit« (6, 191) einmal mehr auf der politisch-philosophischen Höhe seiner Zeit (vgl. Vierhaus 1987). Deren Gedankengut manifestiert sich etwa in den Vorstellungen der Illuminaten, die er aus vielfältigen Kontakten zu Mitgliedern des Geheimordens in Mannheim und aus Dresden gekannt haben muss (vgl. Beaujean 1978, 222 ff.; Schings 1996, v.a. 88); oder aber – und von daher erklärt sich die Rezeption Schopenhauers – in den Aufsätzen, die Kant seit 1784 in der *Berlinischen Monatsschrift* veröffentlicht hatte. Schiller kannte deren Inhalt wohl zumindest aus zweiter, aus Karl Leonhard Reinholds Hand, dessen *Briefe über die Kantische Philosophie* seit 1786 in Wielands *Teutschem Merkur* erschienen waren. Erst im Sommer 1787 las er Kants kleinere Arbeiten selbst: zu einer Zeit also, als der *Don Karlos* schon gedruckt war.

Die Gestalt des Marquis von Posa, die diese seinerzeit so aktuellen Ideen verkörpert, rückt erst nach und nach ins Zentrum des »Dramatischen Gedichts«: Im sogenannten »Bauerbacher Entwurf« vom Frühjahr 1783 steht dort noch die Titelfigur. Die kurze Charakteristik des Plans vom März 1783 erwähnt die Figur des Marquis sogar überhaupt noch nicht (vgl. 23, 74f.). Und auch über ein Jahr später ist davon immer noch keine Rede: »Carlos ist ein herrliches Sujet, vorzüglich für mich. Vier große Karaktere, beinahe von gleichem Umfang, *Karlos*, *Philipp*, *die Königin* und *Alba* öffnen mir ein unendliches Feld.« (23, 155). In der Vorrede der *Thalia*-Fassung von 1785 schien dem Autor dann das ganze Projekt von der Gestaltung des Königs abzuhängen. Aber bald machte er die ursprünglich nur als Nebenfigur konzipierte Gestalt des Marquis, nämlich als eines Vertrauten des Infanten, zum Sprachrohr jener Menschheitsideen; dessen Fähigkeit zur Freundschaft ist nicht geeignet, »um sich für ein einziges Wesen zusammenzuziehen« (22, 143).

Schiller selbst gibt in seinen 1788 erschienenen *Briefen über Don Karlos* Hinweise, die Aufschluss über die Konzeption des Dramas und ihre Wandlungen geben könnten (vgl. Beaujean 1978, 223; Schings 1996, 8). Er muss aus seinen Beziehungen zu Mitgliedern des geheimen Illuminatenordens (vgl. Weis 1987) nicht nur Kenntnisse ihrer Ideen, sondern auch Einblicke in die Organisationsstruktur des Ordens gehabt haben. Jedenfalls wurde er Zeuge einer Ideologisierung der aufklärerischen Ideen. Zum skandalösen Beleg für einen »*Despotismus* der Aufklärung« (33 I, 145), so die prägnante Formulierung Körners, wurde 1787 die Veröffentlichung der konfiszierten *Originalschriften des Illuminatenordens*. Sie geschah auf Befehl des bayerischen Kurfürsten, der den Orden 1785 verboten hatte. Was damit ans Licht kam, konnte vor allem diejenigen erschüttern, die mit den emanzipatorischen Bestrebungen der Aufklärung Ernst machen wollten. Denn hier manifestierte sich im Namen von Freiheit und Aufklärung ein hierarchisches System, das im Verborgenen mit Hilfe einer ausgeklügelten Organisation seine Ideen ausbreiten wollte. Es schreckte auch nicht vor Spitzeleien zurück, um seinen Einfluss geltend zu machen. Den Marquis und seine Mission vergleicht der sein Werk kommentierende Autor in den *Briefen über Don Karlos* ausdrücklich mit dergleichen Phänomenen. Er selbst sei weder Illuminat noch Freimaurer, erklärt Schiller zu Anfang des zehnten Briefs, wohl um jeglichen Verdächtigungen vorzubeugen, daß er selbst Mitglied jener mit Misstrauen betrachteten Verbindungen sei. Denn er attestiert Freimaurern wie Illuminaten einen gemeinsamen »moralischen Zweck« und fährt dann fort:

»[...] wenn dieser Zweck für die menschliche Gemeinschaft der wichtigste ist, so muß er mit demjenigen, den Marquis Posa sich vorsetzte, wenigstens sehr nahe verwandt sein. Was jene durch eine geheime Verbindung mehrerer durch die Welt zerstreuter tätiger Glieder zu bewirken suchen, will der letztere, vollständiger und kürzer, durch ein einziges Subjekt ausführen: durch einen Fürsten nämlich, der Anwartschaft hat, den größten Thron der Welt zu besteigen, und durch diesen erhabenen Standpunkt zu einem solchen Werk fähig gemacht wird.« (22, 168; vgl. 6, 268)

Vor diesem Hintergrund gerät die Frage nach der Implantierung der aufklärerischen ›Ideenmasse‹ und ihrer Ambivalenzen in das ursprünglich geplante ›Familiengemälde‹ in erhellendes Licht (vgl.

Schings 1996, 106). Diese von Schiller selbst gelegte Fährte kann zu einem Verständnis des *Don Karlos* führen als eindringliches Plädoyer gegen alle Ideologien der Moderne, die Glück und Freiheit einer Gesellschaft ›von oben‹ verordnen wollen.

Schiller schreibt in den *Briefen über Don Karlos*: »Alle Grundsätze und Lieblingsgefühle des Marquis drehen sich um *republikanische* Tugend«, die »Ideen von Freiheit und Menschenadel« (22, 140f.). Um sein »Ideal von Menschenglück« zu verwirklichen, soll Karlos dem Marquis von Posa nicht nur als willkommenes Werkzeug dienen, sondern er wird zum bloßen Mittel in dessen »*Intrige*«. Schiller will nach eigenem Bekunden den anscheinend untadeligen Charakter in seiner inneren Wahrheit bloßlegen und desavouiert im elften Brief seine auf den ersten Blick so strahlende Figur, die für ihren ›erhabenen‹ Zweck auch Mittel nicht verabscheut, die moralisch zutiefst fragwürdig erscheinen. Begründet wird dies abermals mit einem Argument, das *ex negativo* der Lehre vom ›ganzen‹ Menschen entstammt: Die »moralischen Motive«, die den Handlungen des Marquis zugrunde liegen, seien »von *einem zu erreichenden Ideale von Vortrefflichkeit* hergenommen«, das »nicht natürlich im Menschenherzen« läge; es sei vielmehr ein »Kunstgebäude« einer fehlgeleiteten und hybriden Vernunft. Im Handeln des Marquis wollte Schiller jenen Konflikt darstellen, der unvermeidlich entsteht, wenn sich der Mensch »der gefährlichen Leitung universeller Vernunftideen, die er sich künstlich erschaffen hat«, überlässt, statt sich »den Eingebungen seines Herzens oder dem schon gegenwärtigen und individuellen Gefühle von Recht und Unrecht« anzuvertrauen (22, 168 ff.). Für Schiller selbst, der es abermals nicht unterließ, das eigene Werk zu explizieren, verkörpert die Gestalt des Marquis von Posa jene Hybris eines Menschen, der, »mit glühenden Gefühlen für Menschenglück« begabt (22, 147), von »zu allgemeinen Abstraktionen« korrumpiert wird zu einem »Despotismus« im Namen der Freiheit (22, 172; vgl. Guthke 1994, 157).

Über alle zeitgenössischen Anregungen und Motive hinaus hat Schiller in dieser Figur den Prototyp eines schwärmerischen Ideologen in der Moderne geschaffen, der zugunsten seiner menschheitsbeglückenden Vision über Leichen geht. Sein ›Despot der Freiheit‹ ist ein bis heute verstörender Aspekt an diesem »Dramatischen Gedicht«, das sowohl im Schaffen Schillers als auch in Hinsicht auf die umwälzenden historischen Ereignisse gleichermaßen auf einem Scheitelpunkt zu stehen scheint (vgl. Borchmeyer 1983, 65; Malsch 1990).

Als ›ideale Konstruktion‹ gehört der Marquis allemal zu den Kunstfiguren, deren sich der Dramatiker in seiner frühen Periode

immer wieder bedient hat, um mit ihnen durch gleichsam experimentelle Anordnung neue Räder in jenem unbegreiflichen ›Uhrwerk‹ namens Seele aufzufinden. Schiller hat diese Absicht, an der
ihm als Verfasser der *Räuber* so viel gelegen war, während der Arbeit
am *Don Karlos* erneut bekräftigt. Unter solchem Aspekt fungiert die
Gestalt Posa sogar als Autor experimenteller Anordnungen, was sie
im Stück zum ›verlängerten Arm‹ des wirklichen Autors macht.
Denn Schiller lässt den Marquis die Figuren um sich herum »zweck-
voll« (6, 177) in seinem Sinn einsetzen; auch die ›Mittel‹ lässt er ihn
wissen, wie dies zustande zu bringen ist. So wird er in die Position
eines Demiurgen gebracht. Die in der einschlägigen Literatur zum
Teil geradezu erbittert geführte Diskussion um den wahren Charakter dieser Bühnengestalt – ist der Marquis gut oder böse, handelt er
im Namen seiner ethischen Prinzipien vertretbar oder nicht? und
dgl. mehr – scheint das durch und durch Konstruierte dieser Gestalt
zu übersehen (anders J. Burckhardt 1859, 31); auch wenn Schiller
vermutlich einen nicht unbeträchtlichen Teil seiner Figur in jenem
vom Illuminatenorden bestimmten Klima hat finden können, der
ihm in den 1780er Jahren in den mannigfaltigsten Konstellationen
begegnet ist (vgl. das Charakterprofil, das der Ordensgründer Adam
Weishaupt für potentielle Mitglieder erstellt hatte: »Suchet junge
schon geschickte Leute, und keine solche rohe Kerls. Unsere Leute
müssen einnehmend, unternehmend, intriguant und geschickt
seyn.« In: *Einige Originalschriften des Illuminatenordens*, 175).

Der Marquis von Posa hat keine Geschichte, aus der sich die
›menschliche‹ Motivation seiner Handlungen erklären ließe. Er ist
kein potentieller Vater- und Brudermörder wie Franz Moor, nicht
ein von eigener Macht und Verstellungskünsten egomanisch Faszi-
nierter wie Fiesko, auch kein Ideologe der Liebe wie Ferdinand in
Kabale und Liebe. Sein Autor konzediert ihm nur Ideen – und ein
brennendes Interesse, jene mit Hilfe von Personen zu realisieren, die
ihm dafür geeignet erscheinen; ohne dass es Schiller für notwendig
hielte, Winke für die Genese jenes »universelleren« Motivs (22, 154)
seiner Figur zu geben. Der Marquis wird vorgestellt als jemand, der
anscheinend bruchlos vom Spielkameraden des Infanten zum Abge-
ordneten der ganzen Menschheit (6, 16) wird. Vergangenheit wird
ihm zu »kindischen/ Geschichten« (6, 19). Wenn man denn eine
Tragik in dieser Gestalt finden wollte, hier läge sie. Aber eigentlich
ist es obsolet, bei dieser ganz und gar künstlichen Figur von Tragik
sprechen zu wollen. Philipp II. attestiert ihm denn auch am Ende
des großen Gesprächs im dritten Akt: »Leidenschaft wird Ihren
Blick/ Nicht irren« (6, 198). *Wo* aber menschliche Leidenschaft den
Blick trübt, *was* allein den ›Eingebungen des Herzens‹ folgt, fällt

dem Verdikt der unbestechlichen Ratio des Marquis anheim, denn sie könnten seine kunstreichen Ambitionen durchkreuzen. Dagegen attestiert Posa sich selbst »reine Liebe«, die er den Menschen »gönnt« (6, 182)!

Was den Marquis auszeichnet, ist, dass er als begnadeter Inszenator höchst virtuos mit der Klaviatur menschlicher Leidenschaften umgehen kann. Zwar charakterisiert er sich selbst als »Künstler« (6, 181), gleicht aber wohl eher einem Marionettenspieler, der seine Fäden mit stupender Geschicklichkeit zu ziehen weiß. Was er in seinem Gespräch mit dem König diesem mit generöser und gleichzeitig gerissener Klugheit unterstellt, das glaubt er sich selbst attestieren zu können: »Ich bin gewiß, daß der erfahrne Kenner,/ in Menschenseelen, seinem Stoff, geübt,/ beim ersten Blicke wird gelesen haben,/ was ich ihm taugen kann, was nicht.« (6, 179). Nichts anderes als die Menschenseele, die Schiller ausdrücklich zu seinem *eigenen* ›Stoff‹ deklarierte, ist auch der seiner Figur. Und nur der Autor selbst, der ›Weltenschöpfer‹, kann beim ersten Blick, bei einer ersten Begegnung (wie der von Posa und Philipp) in die Geheimnisse der abgründigen Menschenseele blicken: eine im zwiefach verstandenen Sinn durchaus ›künstlerische‹ Figur also. Doch Posa täuscht sich, wenn er sich derartige Qualitäten konzediert. Er bleibt Mensch, dem bei aller halsbrecherischen Virtuosität jederzeit der Absturz droht. Als das Spiel aus ist, wird auch diesem ›göttlichen‹ Marquis die Hybris seiner Unternehmung klar:

> MARQUIS. Denn wer,
> wer hieß auf einen zweifelhaften Wurf
> mich alles setzen? Alles? So verwegen,
> so zuversichtlich mit dem Himmel spielen?
> Wer ist der Mensch, der sich vermessen will,
> des Zufalls schweres Steuer zu regieren
> und doch nicht der Allwissende zu sein? (6, 266)

Nicht zuletzt durch diesen Prototyp eines politischen Idealisten in der Moderne gewinnt Schillers »Dramatisches Gedicht« seine bis heute wirkende Faszination. Die realen historischen Erfahrungen in den zweihundert Jahren nach Entstehung dieser Gestalt, die ihren ›idealen‹ Ideen verfallen ist, haben jedenfalls deren Problematik und Brisanz keineswegs aus der Welt geschafft.

Gerade von der Gestalt des Marquis aus kann der *Don Karlos* denn auch als ein *Menschheitsdrama* gelesen werden. Wo anstelle individuellen menschlichen Schicksals ein Konstrukt von Ideen ins Zentrum rückt, wird darüber verhandelt, wie es möglich sei, »*den glücklichsten*

Zustand hervorzubringen, der der menschlichen Gesellschaft erreichbar ist« (22, 164). So handelt das Drama von den Freiheits- und Gerechtigkeitsideen des Protagonisten und diskutiert die Diskrepanz von *idealem* Zweck und den Mitteln bei dessen *realer* Umsetzung. Historisch gesehen hat diese Konstellation zu permanent auftauchenden Menschheitsdramen geführt. Die ursprüngliche Absicht Schillers, durch Darstellung der repressiven Institution der Inquisition »die prostituirte Menschheit zu rächen« (23, 81), kehrt sich im Lauf der langen Arbeit in einer vertrackten Dialektik mehr und mehr in deren Gegen- und Abbild, in die begeisterten Menschheitsentwürfe des Marquis. Wird auch der Zweck ins Positive gewendet, bleiben doch die Mittel unmenschlich.

In der Figur des Marquis von Posa wird exemplarisch dargestellt, wie obsolet es in einer zersplitterten Moderne für das einzelne Individuum ist, ›Zwecke‹ für andere, gar für die Menschheit zu setzen: Gesellschaftspolitische Ideale können nicht von dem Makel des »eingeschränkten« Gesichtspunkts des handelnden Individuums loskommen. Deshalb seien sie »in ihrer Anwendung also auch der Allgemeinheit nicht fähig« (22, 171). Der knapp dreißigjährige Schiller hat das wie wenige seiner Zeitgenossen gespürt und war sich dieser Herausforderung bewusst, noch bevor sich während der *terreur* der Französischen Revolution der Übergang vom »Herzklopfen für das Wohl der Menschheit [...] in das Toben des verrückten Eigendünkels« (Hegel 3, 280) so grausam manifestieren sollte.

Der gestaltenden Zentralfigur kontrastiert die Philipps II. Seine institutionelle Maske decouvriert Schiller als Leerheit seiner »Despotengröße« (22, 153). Am König aber ist gerade jene menschliche Zerbrechlichkeit zu entdecken, von der der ›ideale‹ Marquis nicht angekränkelt ist. Die Bestürzung der Räte über ihren unnahbaren Souverän, der den Verlust der ersehnten Freundschaft mit dem Marquis beweint, konnte nicht nur Thomas Manns *Tonio Kröger* erschüttern. Die Wirkung dieser Szene zielt bei aller dramaturgischen Raffinesse ins Zentrum jener Frage, die sich durch alle dramatischen Werke des jungen Schiller zieht: Trotz aller institutionellen Würde, trotz aller vermeintlichen Souveränität, die Strukturen der Macht und gesellschaftliche Konvention gewähren und verheißen, bleibt der Mensch der Fragilität seiner psycho-physischen Konstitution unterworfen, und sei es auch ein König, in dessen Reich die Sonne nicht untergeht (vgl. Lessing, 73; Alt 1996, 211f.).

Ideen- und Menschheitsdrama, politisches Drama und Freundschaftsdrama, Liebesdrama und Intrigenstück und was der Rubrizierungen mehr sein mögen: All das ist dies letzte Schauspiel der ›frühen‹ Schaffensperiode auch. Die verwirrende Vielfalt der Inter-

pretationen (vgl. Koopmann 1966 I, 57ff.; ders. 1979) indiziert aber
allemal, dass Schiller als Dramatiker durchaus gleichzeitig Anthropologe und Gesellschaftskritiker, Psychologe sowie Historiker und
Geschichtsphilosoph sein wollte. Das entspricht dem Anliegen der
eigenen Kunsttheorie, die sich immer wieder gegen die ›spezialisie-
renden‹, arbeitsteiligen Tendenzen der Moderne gewandt hat.

Ein Wink Schillers, mit dem er sein Werk schon sehr frühzeitig cha-
rakterisierte, entfaltet jedoch eine besondere diagnostische Kraft für
Don Karlos; und auch für die Zeit, der das Drama entstammt:
»Dom [sic!] Karlos ist ein Familiengemählde aus einem königlichen
Hause.« (6, 495). Dies Diktum, das in einer Fußnote der *Thalia*-
Fassung von 1786 zu finden ist, hat man als eine auf Diderot zu-
rückgehende Formel verstehen wollen (vgl. 7 II, 79ff.; zu den zeitgenössischen bürgerlichen Familiengemälden vgl. Guthke 1972;
Reichard 1987). Ursprünglich war sie aber auch eine Formulierung
von durchaus diplomatischer Provenienz, berechnet auf die Erwartungen des Mannheimer Intendanten und seines Theaters (vgl.
Reinhardt 1998, 383), wo eine Unzahl von bürgerlichen Familien-
dramen das Publikum zu rühren wusste (vgl. 23, 144).

   Überhaupt aber wäre damit ein weiterer (gemeinsamer) Schlüssel
zu Schillers Dramen der ersten Periode zu finden: Denn das Phänomen der Familie wird in seiner Brüchigkeit, in seinem Abweichen
von einem bürgerlichen Ideal, in allen frühen Dramen thematisiert
– ein Ideal, das in der Wirklichkeit wohl niemals erreicht worden
ist. Schiller scheint diese Legende gleich am Anfang ihrer Entstehung einer illusionslosen Analyse und Diagnostik unterzogen zu haben.

»Das 18. Jahrhundert ist in vieler Hinsicht ein Jahrhundert der Familie. Es
ist als läge das Bürgertum der europäischen Gesellschaften noch in der
Wiege seiner kindlichsten Phantasien und träume den Wachtraum vom se-
ligmachenden, auf Liebe gegrundeten Familiengluck [...] Um so wichtiger
ist, daß schon in der Frühgeschichte der bürgerlichen Familie im 18. Jahrhundert zumindest literarisch die Bruchstellen, Widersprüche, Gewaltfor-
men und bewußten wie unbewußten Konflikte kleinfamilialer Codifizie-
rungen reflektiert werden. Man lese nur *Anton Reiser* oder ein Drama des
jungen J. M. R. Lenz. Und Goethes skeptische Einschätzung der Familie
hält sich vom *Werther* bis ins Spätwerk, siehe die *Wahlverwandtschaften* und
die *Wanderjahre*. Doch aufs Ganze geht, wieder einmal, der Marquis de
Sade. Seine Romane sind von wildem, antifamiliastischem Geist geprägt.«
(Böhme 1988, 283; vgl. Bolten 1985, 10)

Auch wenn Schiller in dieser Aufzählung fehlt, der als Dichter der
Glocke oder des *Wilhelm Tell* im 19. Jahrhundert zu einem der

exponiertesten Propagandisten bürgerlicher Familienidylle und ihrer
Ideologie (gemacht) werden konnte – auch das gehört zu den durch
nichts zu verdeckenden Brüchen in seinem Œuvre –, konnte gerade
der Schiller der *Räuber* nicht von ungefähr mit dem berüchtigten
Marquis de Sade in Verbindung gebracht werden (vgl. Steinhagen
1982, 138f.); sind hier doch weite Passagen von ›wildem, antifamiliastischem Geist‹ infiziert. Subtiler, dabei von ungleich subversiverer
Intransigenz ist dieser Geist in der traurigen Geschichte der Liebe
von Luise und Ferdinand zu verspüren. Im *Don Karlos* sind die ge-
sprengten bürgerlichen Familienphantasmen höchst artifiziell in die
aristokratische Sphäre mit ihren libertinären Grenzüberschreitungen
transponiert: Da ist es dann möglich, dass der Sohn zugleich Ge-
liebter der Mutter, der Freund des Sohnes vom Vater begehrt wird,
welcher nebenbei eine Mätresse hat; der Mutter wiederum auch der
Freund nicht gleichgültig zu sein scheint, der Vater schließlich seinen geliebten Freund opfert und so sich selbst zugleich mit seiner
Frau und seinem Sohn bestraft für all ihre verbotenen Sehnsüchte,
die jede bürgerliche Konvention überschreiten. Doch der rächenden
Strafe ist es damit noch nicht genug: »Nichts ist aber gewisser,« war
in der *Rheinischen Thalia* in einem Aufsatz über Philipp II. zu lesen,
»als daß Philipp Mörder seines Sohnes war. Er lieferte seinen Sohn
dem Haß der Inquisition aus, und Philipp und die Inquisition waren eins.« (SW IV, 24).

Welch ein ›Familiengemälde aus einem königlichen Hause‹! In
dieser Schillerschen Prägung wird der Begriff ›Haus‹, der als soziologische Kategorie der höfischen Sphäre zugehört (vgl. zu den Begriffen ›Familie‹ und ›Haus‹ Elias 1969, 79ff.), mit dem Begriff ›Familie‹, den der Dramatiker – darin seiner Zeit ganz gemäß – der
antipodischen bürgerlichen Sphäre zurechnet, in eigenartiger und
geradezu paradoxer Weise miteinander verschmolzen. Im *Don Karlos*
saugt die bürgerliche Sphäre durch die familialen Konstellationen
am Ende die höfische in sich auf – viel mehr noch als in *Kabale und
Liebe*; ein im historischen Rückblick auch sozialgeschichtlich zu
konstatierendes Faktum.

Ebenso wie das Trauerspiel um die Luise Millerin hat auch der
Don Karlos Konsequenzen für Schillers Leben gehabt. Diese waren
zunächst zwar weniger konkret als jene des vorangegangenen Schauspiels, aber sie reichten weiter. Schon zu Anfang der langjährigen
Arbeit, am 26. Dezember 1784, las der Dichter den ersten Akt vor
dem Darmstädter Hof in Anwesenheit des Herzogs Karl August von
Sachsen-Weimar-Eisenach. Am Tag darauf erfolgte auf Bitten Schillers seine Ernennung zum herzoglichen Rat. Damit war für den
fünfundzwanzigjährigen Dichter nicht nur die Verbindung zum

Weimarer Hof hergestellt, sondern auch zu der Stadt, in der Goethe, Wieland und Herder lebten und arbeiteten. Zweieinhalb Jahre später, im Juli 1787, wird Schiller in Weimar sein, und das macht – es ist nicht zu viel gesagt – Epoche in diesem Leben. In Leipzig und Dresden aber, wo der größte Teil des im Druck schließlich 6282 Verse umfassenden *Don Karlos* entstanden ist, lebte Schiller bis zu seinem ersten Weimarer Aufenthalt.

3. *Der Geisterseher* – Schiller als erfolgreicher Romancier

Ungewöhnlich erfolgreich war die zeitgenössische Rezeption von Schillers einzigem Roman *Der Geisterseher*, der – vermutlich 1786 begonnen – Fragment geblieben ist. Er ist von 1787 bis 1789 im vierten bis achten Heft der *Neuen Thalia* erschienen. Von den ersten beiden Folgen gab es schon 1789 eine französische Übersetzung. Im selben Jahr lag *Der Geisterseher* auch in Buchform vor und wurde mehrfach von Schillers Verleger Göschen neu aufgelegt. Das Romanfragment wurde überall nachgedruckt, und mit seiner schnell wachsenden Popularität machten sich sogar andere daran, die Geschichte mit abenteuerlichen Fortsetzungen zu Ende zu schreiben (vgl. Bussmann 1961). Noch Jahre später, im Juli 1800, fragte der Berliner Verleger Unger bei Schiller an, ob er seinen Roman nicht fortsetzen könne. Dieser lehnte den Vorschlag allerdings ab mit dem Hinweis auf die zu lange Zeitspanne, die seit der Arbeit am ersten Teil des *Geistersehers* vergangen sei.

Schiller porträtiert und skandalisiert im *Geisterseher* durchaus nicht irgendeine Gesellschaft sondern wie in *Kabale und Liebe* die eigene, die ›höfische‹ Gesellschaft. Die war in der Tat Jahre nach Ausbruch der Französischen Revolution in der ihr eigenen sozialen Realität nicht mehr so vorhanden wie noch vor 1789. Sie eignete sich nicht länger als Sujet, um sozialpsychologische Verwicklungen zu beschreiben und zu analysieren. Das scheint allemal ein triftiger Grund dafür zu sein, dass die erfolgreiche Geschichte nicht zu Ende geschrieben wurde. Und um wie viel weniger hätte sie noch am Beginn des 19. Jahrhunderts fortgesetzt werden können.

Die Wertschätzung der Zeitgenossen zeigt symptomatisch eine Rezension von 1792: »Wir kennen im Deutschen kaum etwas, und selbst in fremden Sprachen nur wenig, was an lebhafter, hinreißender Darstellung mit den meisten Scenen des *Geistersehers* verglichen werden könnte, das die Theilnahme der Leser aller Art in solcher

Stärke erregte und fesselte.« (Braun I, 372). Schiller wollte seinen
Leser »wunderbar in Bewegung« (25, 203) setzen und hat ihn durch
Stimulierung seiner Phantasie und Imagination ohne allzu große
Rücksicht auf psychologische und tatsächliche Wahrscheinlichkeit
zu ›fesseln‹ gewusst. Er hat damit eine literarische Atmosphäre schaffen können, die exemplarisch für manche Tendenzen der bald folgenden romantischen Literatur geworden ist (vgl. Grassl 1968,
289ff.). E.T.A. Hoffmanns Erzählung *Das Majorat* aus den 1817 erschienenen *Nachtstücken* demonstriert diese Wirkung eindrucksvoll:

> » – in der Tat, ich mußt es in dem leisen Schauer fühlen, der mich durch-
> bebte, daß ein fremdes Reich nun sichtbarlich und vernehmbar aufgehen
> könne. Doch dies Gefühl glich dem Frösteln, das man bei einer lebhaft
> dargestellten Gespenstergeschichte empfindet und das man so gern hat. Da-
> bei fiel mir ein, daß in keiner günstigeren Stimmung das Buch zu lesen sei,
> das ich, so wie damals jeder, der nur irgend dem Romantischen ergeben, in
> der Tasche trug. Es war Schillers Geisterseher. Ich las und las, und erhitzte
> meine Fantasie immer mehr und mehr.« (Werke I, 495f.)

Die Geschichte des *Geistersehers* wird zunächst aus der Perspektive
der *Memoires des Grafen von O*** erzählt: Ein in sich gekehrter pro-
testantisch erzogener Prinz gerät in die Fänge einer geheimen Gesellschaft, die wachsenden Einfluss auf sein Leben und Denken gewinnt. Der Prinz, so fasst der Autor den Weg seines Protagonisten
knapp zusammen, »hatte sich in dieses Labyrinth begeben als ein
glaubensreicher Schwärmer, und er verließ es als Zweifler und zuletzt als ein ausgemachter Freigeist« (16, 106). Durch eine Intrige
wird der Graf von O** gezwungen, Venedig zu verlassen, so dass die
weitere Geschichte des Prinzen in zehn Briefen des *Baron von F** an
den Grafen von O*** aufbewahrt ist. Der Prinz wird in mancher Hinsicht zum unberechenbaren Spieler, am Ende gar dazu verleitet, sich
mit Hilfe verbrecherischer Machenschaften die Thronfolge zu sichern, die ihm als Drittgeborenem sonst versagt geblieben wäre. Die
Geschichte endet mit seiner (vermutlichen) Konversion zum Katho-
lizismus.

Die Resultate dieser Verwicklungen leitet Schiller aus der charak-
terlichen Disposition des Prinzen her, die geprägt ist von einer bi-
gotten und knechtischen Erziehung durch »Schwärmer oder Heuch-
ler«. Er kann sich sein Leben lang niemals ganz von den ihm
eingeimpften religiösen Zwangsvorstellungen befreien, deren Ergebnis als »religiöse Melancholie« diagnostiziert wird. Denn als der
Prinz in Venedig schließlich dem Joch seiner düster-protestantischen
Welt entfliehen kann, ist es nur eine Frage der Zeit, bis er sich dem
des dort herrschenden jesuitisch-katholischen unterwirft. Die Sub-

ordination setzt sich auch hier fort, weil er vor den Zumutungen
seines protestantischen Glaubens nicht mit Besonnenheit sondern in
Panik geflüchtet ist: »Er war mit der Kette entsprungen, und eben
darum mußte er der Raub eines jeden Betrügers werden, der sie ent-
deckte und zu gebrauchen verstand.« (16, 104). Die Geschichte des
Prinzen ist also nicht die einer ›Entwicklung‹, sondern Diagnose einer Disposition und ihrer Folgen, womit Schiller sich der Milieu-
theorie des französischen Materialisten Helvétius anschließt, die
auch sein Lehrer Abel vertreten hat (vgl. W. Riedel 1985, 178 u.
244).

Eine Disposition, die paradigmatisch bleibt für eine säkularisierte
und rational entzauberte Moderne, weil sie auf ihrer verzweifelten
Suche nach Sinn die jeweils bereit liegenden Angebote bereitwillig
annimmt, ohne allzu viel Aufhebens von deren eigentlich inkommensurablen Inhalten zu machen. Mochte es sich um Dinge des
Herzens oder der Vernunft handeln, überall beherrschte den Prinzen
sein Hang, »der ihn immer zu allem, was nicht begriffen werden
soll, mit unwiderstehlichem Reize hinzog« (16, 106) – insoweit hat
dieser Charakter diejenige Konsequenz, die ihm sein Autor beschei-
nigt.

»Jeder will doch gern *ganz* sein, was er *ist*«, sagt der Prinz, der
sich auch unter gänzlich veränderten Vorzeichen nicht aus den
Zwängen einer erstarrten Gesellschaftsformation zu befreien vermag.
Aber ein ›ganzer‹ Mensch zu sein verwehrt ihm seine aristokratische
Lebensform, die von ihm in jedem Augenblick fordert, *»glücklich*
[zu] *scheinen«* (16, 123). Die Vergangenheit ist für ihn tot, die Zukunft hoffnungslos, der gegenwärtige Augenblick bleibt in seinem
permanent forcierten Taumel folgenlos. Unmöglich, sich aus sich
selbst zu bestimmen, gibt es für den melancholischen Prinzen
nichts, was durch individuelle Läuterung zu Eigenem umgeschmol-
zen werden könnte. Die inhaltsleere Etikette im Gesellschaftlichen
vergiftet »durch blendenden Stil« und »Spitzfindigkeiten« (16, 106)
alle Kommunikation und verwirrt dem Prinzen gleichermaßen Einbildungskraft wie Vernunft. Authentische Empfindungen und durch
Erfahrung bewährte Überzeugungen sind in seiner maskenhaften,
heuchlerischen, dabei ganz und gar auf den Augenschein fixierten
Gesellschaft nicht möglich, es sei denn, man entzöge sich ihr seinerseits hinter einer schützenden ›Maske‹ – wie der Prinz am Anfang
des Romans.

Abermals ist also auch hier das in der ersten Schaffensphase
Schillers so prominente und durchgängige Motiv der ›Maske‹, der
Verstellung, hervorragend exponiert. So beginnt die Geschichte des
Prinzen in Venedig an einem Abend, als er und sein Begleiter, der

Graf von O**, »nach Gewohnheit in tiefer Maske und abgesondert auf dem St. Markusplatz spazieren gingen [...]«. Sie bemerken, dass ihnen ein ebenfalls maskierter Armenier folgt, den sie vergeblich abzuschütteln versuchen:

»Wir setzten uns auf eine steinerne Bank und erwarteten, daß die Maske vorübergehen sollte. Sie kam gerade auf uns zu und nahm ihren Platz dicht an der Seite des Prinzen. Er zog die Uhr heraus und sagte mir laut auf französisch, indem er aufstand: ›Neun Uhr vorbei. Kommen Sie. Wir vergessen, daß man uns im ›Louvre‹ erwartet.‹ Dies sagte er nur um die Maske von unserer Spur zu entfernen. ›Neun Uhr,‹ wiederholte sie in eben der Sprache nachdrücklich und langsam. ›Wünschen Sie sich Glück, Prinz‹ (indem sie ihn bei seinem wahren Namen nannte). ›*Um neun Uhr ist er gestorben.*‹ – Damit stand sie auf und ging./ Wir sahen uns bestürzt an.« (16, 46f.)

Was hat die Phantasie der zeitgenössischen Leser von Schillers Geschichte eines deutschen Prinzen in Venedig so erhitzen können? Neben aller detektivischen Kombinationsfreude an einer Kriminalgeschichte konnten die Zeitgenossen – mehr als ihre romantischen Nachfahren – Gebahren und Geheimnisse jener Verbindungen faszinieren, deren repressive Struktur sich unter einem Mantel von kultivierter Kommunikation versteckte, die scheinbar den Parolen der Aufklärung verpflichtet war. Paradigmatisch für die am Ende des 18. Jahrhunderts verbreiteten geheimen Gesellschaften (insbesondere für die erwähnten Illuminaten) mag die Beschreibung jener Organisation erscheinen, die der Autor *Bucentauro* nennt:

»Die Gesellschaft hatte ihre geheimen Grade [...] Jeder, der in diese Gesellschaft eintrat, mußte, wenigstens solange er ihr lebte, seinen Rang, seine Nation, seine Religionspartei, kurz alle konventionellen Unterscheidungszeichen ablegen und sich in einen gewissen Stand universeller Gleichheit begeben. Die Wahl der Mitglieder war in der Tat streng, weil nur Vorzüge des Geistes einen Weg dazu bahnten. Die Gesellschaft rühmte sich des feinsten Tons und des ausgebildetsten Geschmacks [...]« (16,107).

Dies alles faszinierte den Prinzen. Lange sah er nicht »das Gefährliche dieser Verbindung. Wie ihm nach und nach der Geist des Instituts durch die Maske hindurch sichtbarer wurde, oder man es auch müde war, länger gegen ihn auf der Hut zu sein, war der Rückweg gefährlich, und falsche Scham sowohl als Sorge für seine Sicherheit zwangen ihn, sein inneres Missfallen zu verbergen« (ebd.). Auch in diesem Stück präziser Prosa werden die Abgründe politischer Strukturen in der Moderne vorgeführt (vgl. C. J. Burckhardt 1955, 32).

Schiller war hier abermals auf der ›Höhe‹ seiner Zeit und wurde zum »Schöpfer des deutschen Geheimbundromans« (Haas 1975, 10; vgl. Voges 1987, 343ff.). Das Interesse der Öffentlichkeit war nicht nur durch die Vorgänge um das Verbot der Illuminaten in Bayern geweckt, sondern auch durch die sogenannte Pariser Halsbandaffäre in den Jahren 1785/86, die der europäischen Öffentlichkeit die Korruption der ›höfischen‹ Gesellschaft und des ganzen spätabsolutistischen Staatswesens vor Augen führte. In der betrügerischen Geschichte spielte der berühmte sizilianische Schwindler, Spiritist und Freimaurer Giuseppe Balsamo, der sich als Graf Cagliostro ausgab, eine nicht unbeträchtliche Rolle. Auf die Verbindung dieser dubiosen Gestalt mit geheimen Gesellschaften könnte Schiller durch einen Artikel in der *Berlinischen Monatsschrift* vom Mai 1786 aufmerksam geworden sein sowie durch ein im Jahr darauf erschienenes Buch der Schriftstellerin Elise von der Recke, wo von den »geheimen Verbindungen der Jesuiten mit den Magiern« die Rede war. Beides machte er sich für die Gestaltung des geheimnisumwitterten Armeniers seines Romanfragments zunutze, aber wohl auch für die des Sizilianers, der im ersten Buch des *Geistersehers* die Geisterbeschwörung inszeniert. Diese recherchierte Schiller in den zahlreich vorhandenen zeitgenössischen Beschreibungen magischer Praktiken (vgl. 16, 429f.; Koopmann 1998d, 706).

Von den verschiedensten Seiten ergaben sich also merkwürdige Anknüpfungspunkte, die das Publikum in Aufregung, Nachdenken und Faszination für die Geschichte versetzen konnten. Schiller wollte sich dieses Verlangen seiner Leserschaft zu Nutzen machen, um soviel Geld wie nur möglich daran zu verdienen, wie er Mitte Mai 1788 an Körner schrieb. Knapp ein Jahr vorher, im August 1787, hatte er sich ungefähr diesen Zeitraum selbst gesetzt, um zu sehen, ob er von seiner Arbeit als Schriftsteller würde leben können. Obwohl gerade dieses Genre eine solche Perspektive eigentlich erstmals realistisch erscheinen ließ, hat er sich dennoch zumeist abfällig darüber geäußert: Dem »verfluchten« *Geisterseher* könne er kein Interesse abgewinnen. Schon bevor er überhaupt das erste Buch abgeschlossen hatte, schrieb er an Körner: »[...] welcher Dämon hat mir ihn eingegeben!« (25, 25). Aber dann erinnert er sich auch an den Profit und an die mögliche Abzahlung der immer vorhandenen Schulden. So schreibt er im Juni an Körner: »Jezt dank ich dem guten Zufall, der mir den Geisterseher zuführte. Lache mich aus, soviel Du willst, ich arbeite ihn ins Weite und unter 30 Bogen kommt er nicht weg. Ich wär ein Narr, wenn ich das Lob der *Thoren*, und *Weisen* so in den Wind schlüge. Göschen *kann* mir ihn gut bezahlen.« (25, 68).

Vermutlich war Schillers Lustlosigkeit bei der Arbeit am *Geisterseher* in seiner Abneigung begründet, für den Geschmack eines breiten Publikums, für den ›Markt‹, produzieren zu sollen: mit der Ge-

fahr, die eigenen ästhetischen Maßstäbe dadurch zu korrumpieren –
auch das exemplarisch für viele Künstler und Schriftsteller der Moderne, welche die Inkommensurabilität zwischen Marktgängigkeit
und unabhängig entwickelten künstlerischen Prämissen virulent
werden ließ. Möglicherweise spielte aber auch das Bedürfnis eine
Rolle, sich lieber erneut philosophischen Fragestellungen zu widmen, um in seiner dichterischen Arbeit endlich den avancierten Positionen der zeitgenössischen Philosophie, nämlich denen Kants, gewachsen zu sein. Interesse am *Geisterseher* jedenfalls gewinnt der
Autor erst wieder bei Abfassung des ›Philosophischen Gesprächs‹,
dem Anhang des ersten Teils der Geschichte, die keine Fortsetzung
mehr fand. Dort wägt er erneut die Frage nach dem moralischen
Wert von Mittel und Zweck einer Handlung und deren Folgen *theoretisch* ab, das zentrale Thema, welches schon ganz am Anfang exponiert worden war (16, 45; vgl. Weissberg 1990, 92ff.): Ein moral-
philosophisches Problem, das er nicht nur im Roman selbst
diskutiert, sondern gerade erst an der Figur des Marquis von Posa
im *Don Karlos* in abgründiger Ambivalenz ausgelotet hatte. In der
Philosophie des Prinzen findet Schiller dabei zu einer Antwort, die
an die antimetaphysischen Konstruktionen seiner Karlschulzeit an-
knüpft wie – freilich in anderer Weise – die zur selben Zeit entstandenen Gedichte *Die Götter Griechenlandes* und *Die Künstler*.
   Allein in seiner Wirksamkeit zeigt sich der Mensch als moralischer, behauptet der Prinz. Mittel und Zweck seiner Handlungen
moralisch unterschiedlich bewerten zu wollen, beinhalte schon eine
teleologisch-metaphysische Wertung. Nur die realen Konsequenzen
seiner Wirksamkeit seien entscheidend, die aber nicht selten inkommensurabel mit den gewählten Mitteln oder den Intentionen sind.
Besser solle man von Ursache und Wirkung sprechen, weil es nichts
als ein innerpsychischer Vorgang sei, wenn der intentionale Antrieb
einer Handlung mit den vorab formulierten Zwecken gleichgesetzt
werde. Von außen kann das Mittel nur als Ursache einer Wirkung
betrachtet werden. Und das Mittel verfehle in seiner Wirkung oftmals den beabsichtigten Zweck, weil der Mensch zur Erreichung seines Zwecks das Mittel falsch wählt, dessen Wirkungen in allen seinen Konsequenzen im voraus schlechterdings nicht zu bestimmen
ist – und wie häufig entspringt aus einer moralischen Ursache mit
ihren wohlgemeinten Mitteln eine fatale Wirkung. Deshalb lässt
Schiller den Prinzen dafür plädieren, alle metaphysische Spekulation
über die Bestimmung des Menschen, seinen Zweck, aufzugeben.
Beides muss ihm notwendig unbekannt bleiben.
   Alle Transzendenz wird abgewehrt, denn seine ganze Bestimmung sei nichts als der Einfluss in dieser Welt, den er als eines von

unzähligen Rädchen im Ganzen der Maschine zu absolvieren hat
unwissend über seine Funktion. Sein Dasein hört zugleich mit seiner Wirksamkeit auf. Zwar konstatiert der Prinz eine weltimmanen-
te ›Vollkommenheit‹, aber gerade durch sie wird jede Hoffnung auf
etwas über sie Hinausweisendes obsolet: »Worauf *Sie* und *andere*
Ihre Hoffnungen gründen,« resümiert der Prinz seine Philosophie,
»eben das hat die meinigen umgestürzt – eben diese geahndete Vollkommenheit der Dinge. Wäre nicht alles so in sich beschlossen, säh'
ich auch nur einen einzigen verunstaltenden Splitter aus diesem
schönen Kreise herausragen, so würde mir das die Unsterblichkeit
beweisen. Aber alles, alles, was ich sehe und bemerke, fällt zu diesem *sichtbaren* Mittelpunkte zurück, und unsre edelste Geistigkeit
ist eine so ganz unentbehrliche Maschine, dieses Rad der Vergänglichkeit zu treiben.« (16, 183). Versprach Vollkommenheit in der
Theosophie des Julius zunächst noch Gottähnlichkeit, mithin Unsterblichkeit, so wurde sie dennoch schon dort als »Funken« eines
unhaltbaren Enthusiasmus identifiziert, der unter dem »Angriff des
Materialismus« verloschen war (22, 115). Sie mutiert in der anti-
metaphysischen Philosophie des Prinzen zur Maschine, die nichts
anderes mehr als Vergänglichkeit annonciert. Es ist die arbeitsteilige
Verfassung der Moderne, die zur bloßen Nützlichkeit degeneriert,
zu einer Brauchbarkeit, die das, woraufhin sie ›eigentlich‹ gerichtet
ist, nicht mehr in ihren Blick bekommt. So endet das philosophische Gespräch im *Geisterseher*:

»›Das eben ist das Schlimme, daß wir nur moralisch vollkommen, nur
glückselig sind, um brauchbar zu sein, daß wir unsern *Fleiß*, aber nicht
unsre *Werke* genießen. Hunderttausend arbeitsame Hände trugen die Steine
zu den Pyramiden zusammen – aber nicht die Pyramide war ihr Lohn. Die
Pyramide ergötzte das Auge der Könige, und die fleißigen Sklaven fand
man mit dem Lebensunterhalt ab. Was ist man dem Arbeiter schuldig,
wenn er nicht mehr arbeiten kann, oder nichts mehr für ihn zu arbeiten
sein wird? Was dem Menschen, wenn er nicht mehr zu brauchen ist?‹
›Man wird ihn immer brauchen.‹
›Auch immer als ein denkendes Wesen?‹« (16, 183)

IV. Zweckmäßige Kompromisse: Historiograph und Professor

1. Ernste Krisen

Als Schiller im Mai 1787 nach mehr als vierjähriger Arbeit den *Don Karlos* endlich abgeschlossen und zum Druck befördert hatte, begann der vielleicht einschneidendste Abschnitt in diesem Leben. Die tiefe Verunsicherung hinsichtlich seiner menschlichen und schriftstellerischen Existenz erforderte schließlich eine grundlegende Revision seiner privaten und beruflichen Verhältnisse. Diese Krise kulminierte im körperlichen Zusammenbruch Schillers in Erfurt Anfang Januar 1791, mit dessen Folgen er bis zu seinem Tod vierzehn Jahre später zu kämpfen hatte.

Die permanent virulente ökonomische Krise zwang ihn, seine Situation als freier Schriftsteller und Bühnenautor und damit seine Existenzgrundlagen und deren längerfristige Perspektiven kritisch und illusionslos zu analysieren angesichts einer bürgerlichen Gesellschaft, die sich mehr und mehr blanken Marktgesetzen unterwarf. Schiller konnte die »krasse Divergenz« nicht länger ignorieren, die sich auftat »zwischen der Ideologie des ›freien‹ Schriftstellertums und der Realität des eben sich entfaltenden literarischen Markts [...]« (Kiesel/Münch 1977, 87). Der wurde zwar als Voraussetzung für die ›Unabhängigkeit‹ und ›Freiheit‹ des Schriftstellers begrüßt, aber er funktionierte eben nur in den engen Grenzen von Angebot und Nachfrage. Das 1784 großartig als alleiniger Souverän angesprochene Publikum zeigte auf einmal Fesseln, die denen nicht unähnlich waren, von denen Schiller sich bei seinem Schritt in eine ungewisse Existenz als freier Schriftsteller gerade hatte befreien wollen. Sein Appell ›an die menschliche Seele‹ war ungehört verhallt: was blieb, war eine Realität, die er widerwillig als »Oekonomische Schriftstellerei« (25, 30) charakterisierte. Die mühevolle Arbeit am *Geisterseher* hatte er eine ›Schmiererei‹ genannt: In solch dunklen Momenten wollte ihm seine gesamte schriftstellerische Arbeit nur als unnützer Zeitaufwand erscheinen, der allein deswegen betrieben werden mußte, um Geld zu verdienen.

Mit solchen Erfahrungen ging folgerichtig der Versuch einer Klärung und Formulierung des eigenen künstlerischen Selbstverständnisses einher. Wie weit muß sich der Schriftsteller am Geschmack und den daraus resultierenden Forderungen des Publikums orientieren? Wird er als *Künstler* von den ökonomischen Notwendigkeiten korrumpiert, nur Dinge zu schreiben, die sich verkaufen lassen? Diese Fragen wird Schiller mit unterschiedlicher Akzentuierung bis weit in die 1790er Jahre hinein immer wieder erörtern.

Er sieht die Situation des um Unabhängigkeit ringenden modernen Künstlers ganz klar: Zwischen der Skylla des Marktes und der Charybdis eines nach Autonomie strebenden Schaffens, das jede bürgerliche Lebensgrundlage verwehrt. Anfang 1788 schreibt er an Körner: »Für meinen Carlos – das Werk dreijähriger Anstrengung bin ich mit Unlust belohnt worden. Meine Niederl*ändische* Geschichte, das Werk von 5 höchstens 6 Monaten, wird mich vielleicht zum angesehenen Manne machen.« Der Dichter wusste genau, dass beim lesenden Publikum ein etwaiger Nutzen, den er als historischer Schriftsteller bedienen konnte, weit vor allen artifiziellen Fertigkeiten des Sprachkünstlers rangierte. Und er hatte Recht mit seiner Vermutung über die Konsequenzen für seine »Anerkennung in der sogenannten gelehrten und in der bürgerlichen Welt« (25, 2f.). Als er Anfang Januar 1791 Mitglied in der »kurmainzischen Academie *nützlicher* Wissenschaften« wird, kommentiert er ironisch: »*Nützlicher*! Du siehst dass ich es schon weit gebracht habe [...]« (26, 72). Schiller erfährt an sich selbst die doppelgesichtige Autonomie aller Kunst in der Moderne, die sich ihre Unabhängigkeit sichern will fern aller potentiellen Benutzbarkeit für Zwecke, welche außerhalb ihrer selbst liegen, aber als soziales Phänomen – zumal für den Künstler – keineswegs aus jeglicher *ökonomischer* Nutzbarkeit entlassen ist.

Nicht zuletzt erzwang dieser ökonomische Druck eine Neubestimmung seiner Möglichkeiten als Künstler, der als Schriftsteller um nichts anderes als um Lohn arbeiten musste. In diesem Selbstfindungsprozess hatte er in seinem Freund Körner einen unerbittlichen und deswegen eigentlich großartigen Widerpart: Schiller sieht ganz deutlich, dass er sein materielles Auskommen besser als Historiograph denn als Dichter würde sichern zu können. Er lässt die Bedenken nicht gelten, die der Freund gegen seine Pläne formuliert, und enthüllt den ungebrochenen Realismus des idealistischen Schriftstellers in einer Deutlichkeit, in einem Pragmatismus wie selten sonst. Schiller gibt in einem Brief von Anfang Januar 1788 ein Resümee seiner Lage, seines Lebens, seiner Schriftstellerexistenz. Er versucht sich über seine Möglichkeiten, seine Beschränkungen, kurz über die Ökonomie seines Lebens in allen ihren Ausprägungen zu verständigen. Körner antwortet indigniert: Er, dessen Leben als sächsischer Staatsdiener sich zwangsläufig im ›Prosaischen‹ abspielt,

ist enttäuscht, dass auch der von ihm als Künstler Verehrte mit den
›Kleinigkeiten‹ einer zu sichernden Existenz rechnet und sich nicht
allein um ›höhere Verdienste‹ bekümmert. Dieser Brief konnte
nichts weniger als den Verrat früher formulierter Ideale suggerieren:
»Wie viel fehlt noch,« schrieb Körner, »so schämst Du Dich bloß
zur *Kurzweil* andrer Menschen zu existiren, und wagst es kaum einem Brodtbecker unter die Augen zu treten? Also keine Spur mehr
von jenen Ideen über *Dichterwerth* und *Dichterberuf,* über die wir
längst einverstanden waren?« (33 I, 164) Aber der Schriftsteller, der
seine Arbeit auf einem gnadenlosen Markt feilbieten musste, wusste
es jetzt besser. Schiller antwortet mit einer souveränen Bestimmtheit,
die einmal mehr deutlich macht, wie bewusst er mit der von ihm erkannten Situation umging:

»1. Ich muß von *Schriftstellerei leben,* also auf das sehen, was *einträgt.*
2. Poetische Arbeiten sind nur meiner *Laune* möglich: forciere ich diese, so
misrathen sie. Beides weißt Du. *Laune* aber geht nicht gleichförmig mit der
Zeit – aber meine Bedürfnisse. Also darf ich um sicher zu seyn, meine *Laune* nicht zur *Entscheiderin* meiner Bedürfnisse machen.
3. Du wirst es für keine stolze Demuth halten, wenn ich Dir sage, daß ich
zu *erschöpfen* bin. Meiner Kenntniße sind wenig. Was ich bin, bin ich
durch eine, oft unnatürliche Spannung meiner Kraft. Täglich arbeite ich
schwerer – weil ich viel schreibe: Was ich von mir gebe steht nicht in pro-
portion mit dem, was ich empfange. Ich bin in Gefahr mich auf diesem
Weg auszuschreiben.
4. Es fehlt mir an *Zeit,* Lernen und Schreiben gehörig zu verbinden. Ich
muß also darauf sehen, daß auch *Lernen,* als Lernen, mir rendiere!
5. Es gibt *Arbeiten,* bei denen das Lernen die Hälfte, das *Denken* die andere
Hälfte thut. Zu einem Schauspiel brauche ich kein Buch aber meine ganze
Seele und alle meine Zeit. Zu einer z.B. historischen Arbeit tragen mir Bücher die Hälfte bei. Die Zeit welche ich für beide verwende ist ohngefähr
gleich groß. Aber am Ende eines historischen Buchs habe ich Ideen erweitert, neue empfangen – am Ende eines verfertigten Schauspiels vielmehr
verloren.
6. Bei einem großen Kopf ist jeder Gegenstand der Größe fähig. Bin ich
Einer so werde ich Größe in mein historisches Fach legen.
7. Weil aber die Welt das *Nützliche* zur höchsten Instanz macht, so wähle
ich einen Gegenstand, den die Welt auch für nützlich hält. Meiner Kraft ist
es eins oder soll es eins seyn – also entscheidet der Gewinn.
8. Ist es wahr oder falsch daß ich darauf denken muss, wovon ich *leben* soll,
wenn mein dichterischer Frühling verblüht? Hältst *Du* es nicht für beßer,
wenn ich mich entfernt auf eine Zuflucht für spätere Jahre bereite? – Und
wodurch kann ich das als durch diesen Weg? Und ist nicht die Historie das
fruchtbarste und dankbarste für *mich?*« (25, 5f.)

Das ist ein beeindruckendes Dokument nicht allein als sachliche
Analyse der schöpferischen Physiognomie des bald 30jährigen Dich-

ters, sondern auch als illusionslose Schilderung der Zwänge einer
›freien‹ Schriftstellerexistenz in einer sich ausbildenden bürgerlich-
kapitalistischen Gesellschaft. In ihr hat sich der Künstler mit seinen
Produkten Marktgesetzen zu beugen wie jeder andere Produzent
auch: nicht viel anders eben wie der von Körner angeführte ›Brodtbecker‹. Schiller hat es kaum vermieden, seinem Freund gegenüber
auszusprechen, was der Publizist Rudolf Zacharias Becker 1789
ohne jeden Euphemismus beim Namen nannte: ein Schriftsteller sei
gezwungen, sich »in manche Verhältnisse der bürgerlichen Gesellschaft [zu] fügen, die ihm wehe thun, ob sie schon sein Wesen nicht
zerstören. Von dieser Art dünkt mir die Nothwendigkeit zu seyn,
daß er seine Werke zu einer Kaufmannswaare machen und um Lohn
arbeiten muß.« (zit. nach Kiesel/Münch 1977, 88; ebd. zum literarischen Markt im 18. Jahrhundert, 77ff.).

Schiller jedenfalls hat seinen Einsichten von da an niemals mehr
zuwidergehandelt. Die Umstände gestalteten sich zwar erst langfristig günstiger, aber die Erfahrungen des in seinen Idealen zurecht-
gestutzten Dramatikers, der nicht zuletzt auch aus pragmatischen
Gründen vorübergehend zum historischen Schriftsteller werden
musste, haben sich nie mehr verloren.

Die Akzentuierung der wirtschaftlichen Sorgen hat aber ursäch-
lich auch mit einer grundlegenden Veränderung in Schillers Leben
zu tun: Er war entschlossen zu heiraten. Der junge Dramatiker hatte, wie kein anderer vielleicht, in seinen bis dato vorliegenden Dramen die Brüchigkeit und strukturelle Grausamkeit der bürgerlichen
Familie in ihren bestürzendsten, ja abscheulichsten Auswüchsen auf
die Bühne gebracht. Da gab es Kinder, die ihre Eltern und Geschwis-
ter quälen, ja nicht einmal vor Mord zurückschrecken (*Die Räuber*);
ehebrecherische Männer, ja auch solche, die Frauen psychisch oder
auch ›irrtümlich‹ physisch ermorden (*Fiesko*); Väter, die die Selbsttö-
tung ihrer eigenen Kinder in Kauf nehmen, wenn sich diese ihrer
Instrumentalisierung für Zwecke der Eltern widersetzen (*Kabale und
Liebe*); schließlich im *Don Karlos* familiäre Zerrüttungen, die jeder
Beschreibung spotten.

Just von jenem Autor wird nun erwogen, seine bisherigen bürgerlichen Verhältnisse zu verändern, um durch eine »ununterbroche-
ne Reihe feiner wohlthätiger häuslicher Empfindungen« (25, 4) im
Schoß einer Familie bisher vermisstes Glück und Ruhe zu finden.
Glaubte dieser radikale Diagnostiker familiärer Verhältnisse tatsächlich, dass seinem Zustand nur mit einer Heirat abzuhelfen sei? Der
bald dreißigjährige Autor war offenbar in einer depressiven, krisen-
haften Verfassung: Er beklagte seine »elende Existenz«, sein ›verwüs-
tetes Gemüth‹; er schrieb von seinem erstarrten Wesen, fürchtete

nicht bloß Hemmung aller schöpferischen Produktivität, sondern
Sterilität (ebd.). Er meinte zu erkennen, dass er »seit 4 oder 5 Jahren
aus dem natürlichen Geleise *menschlicher* Empfindungen gewichen«
sei (25, 7). Das einzige Heilmittel schien ihm ein anderer Mensch
zu sein, der seine innere Depravation und Isolation hätte beenden
können.

Fast beiläufig teilt Schiller in einem Brief von Mitte November
1787 seine noch wenig konkreten Heiratsabsichten Körner mit und
bittet ihn um Rat. Geschickt bereitet er so seinen in gesicherten materiellen und bürgerlichen Verhältnissen lebenden Freund, der in
ihm ja nicht zuletzt einen Unangepassten bewunderte (vgl. 33 I,
193), auf seine Pläne zur eigenen Verbürgerlichung vor. Sie bestürz-
ten Körner in der Tat, der so viel Gespür für die Bedürfnisse einer
wahrhaft schöpferischen Physiognomie zu haben meinte, dass ihm
das »Streben nach bürgerlicher und häuslicher Glückseligkeit« (33 I,
165) für die Kreativität gefährlich erscheinen wollte – so wie bei
ihm selbst, dem komponierenden und schreibenden Dilettant von
hohem Kunstverstand. Er befürchtete offenbar, daß die sich scheinbar jeder Konvention entziehende ›Genialität‹ des Freundes an einer
bürgerlichen Wohlanständigkeit Schaden hätte nehmen können.

Er wollte sich ›seinen‹ Künstlerfreund offensichtlich nur als jene
Existenz vorstellen, die – über alle Notwendigkeiten des Alltags erhaben – bedingungslos ihrer Kunst lebt: auch dies ein nachhaltig
wirksamer Topos der Moderne, den sie schon gleich zu Beginn aus-
bildet. Aber nicht erst durch Körner wurde Schiller mit jener fatalen
bürgerlichen Sichtweise konfrontiert (vgl. 23, 129), die dann im
19. Jahrhundert und weit darüber hinaus fast alle bedeutende
Künstler der Vergangenheit zu weltfremden, kaum lebenstauglichen
Toren gestempelt hat – bis auf die wenigen Ausnahmen, bei denen
das allzu offensichtliche Gegenteil derartige Mystifizierungen partout
nicht hätte gelingen lassen.

Entschlossen zur Veränderung seiner Situation, setzte Schiller
den Entschluss bald in die Tat um. Als er jenen Brief mit seinen
Heiratsplänen Mitte November 1787 schrieb, kannte er Charlotte
von Lengefeld, die er zwei Jahre später heiraten wird, *noch nicht.*
Merkwürdig jedoch, dass er sie nicht einmal zwei Wochen nach diesem Brief bei einem Besuch der Familie Lengefeld in Rudolstadt
kennen gelernt hat. Dort traf er nicht nur seine spätere Frau, sondern auch deren Schwester Caroline von Beulwitz. Mit beiden hat
sich vom Sommer 1788 an eine Dreierbeziehung entwickelt, die zumindest für Charlotte nicht immer leicht zu ertragen war.

Schiller war – wie immer wieder zu sehen ist – alles andere als
unrealistisch. Ja er scheint bewusst Vor- und Nachteile auch von

Dingen des Privatlebens, die doch mehr von spontanen Sympathien oder Antipathien gesteuert scheinen, genauestens abgewogen, ja Entscheidungen bis in sein Intimleben hinein – fast könnte man sagen – kalkuliert zu haben. (Übrigens fehlt dieser Aspekt auch bei der Aufnahme der Beziehung zu Goethe nicht). Jedenfalls laufen die Lösungen all dieser zugespitzten Krisenerfahrungen darauf hinaus, den Forderungen der Gesellschaft zu genügen, der er nun auf andere Weise das Seine abzuringen gedenkt.

Die Zeit bis zur Heirat wurde zu einer hektischen Suche nach beruflichen Alternativen: bald erwog Schiller, nach Wien zu gehen, bald schienen ihm Heidelberg oder Mannheim aussichtsreich, dann aber dachte er wieder daran, Beziehungen nach Berlin anzuknüpfen (vgl. 25, 321). Dabei scheint es ihm selbst ziemlich unklar gewesen zu sein, ob er als Dichter oder Professor oder irgendwie sonst sein Auskommen hätte finden können. Andere Möglichkeiten wie etwa eine federführende Mitarbeit an Wielands *Teutschem Merkur* wurden in überraschender Hast erwogen, für die nach Schillers Vorschlag als ›dritter Mann‹ Goethe hinzugezogen werden sollte; wohl ein früher etwas unbeholfener Versuch, sich dem seit langem Bewunderten anzunähern. Aber aus beidem wurde nichts. Anders bei einem eigenen Projekt, auf das er Anfang 1789 große Hoffnungen setzte. Es handelte sich um den Plan der Herausgabe einer *Allgemeinen Sammlung Historischer Memoires vom zwölften Jahrhundert bis auf die neuesten Zeiten,* welche Porträts bedeutender historischer Persönlichkeiten von anderen Autoren enthalten sollte. Ergänzt durch eigene Kommentare wollte Schiller jeden Band dem Publikum mit einer historischen oder philosophischen Abhandlung schmackhaft machen, um sowohl auf Leser zu zielen, die sich für Geschichte interessierten, als auch auf solche, die sie studierten.

Wiederum scheint es Schiller in erster Linie darum gegangen zu sein, seine Existenz ohne zu großen fremdbestimmten Zeitaufwand wenigstens einigermaßen zu sichern; denn arbeitsökonomisch ließ sich das *Memoires*-Projekt bestens mit der dem Historiographen Ende 1788 angebotenen unbesoldeten Professur für Geschichte an der Universität Jena verbinden, für deren Annahme vor allem das höhere Ansehen in der Gesellschaft sowie eine bessere Ausgangsposition bei künftig zu erwartenden Berufungen auf eine lukrative Stelle ausschlaggebend waren (vgl. 25, 168f.).

2.   Der Historiker als Diener des Staats

Von Schiller als Historiker zu sprechen (Literaturangaben bei Muh-lack 1995, 6), umfasst vielerlei: Es gibt den Historiographen, der so umfangreiche Werke wie die *Geschichte des Abfalls der vereinigten Niederlande* oder die *Geschichte des Dreißigjährigen Kriegs* geschrieben hat (vgl. Eder 1998, 662-684); es gibt den Geschichtsprofessor, der eine durchaus eigene Konzeption historischer Erkenntnismöglichkeit propagierte; es gibt den Geschichtsphilosophen und Geschichtspoetologen, der mit seinen prägenden Begriffsbildungen nachhaltige Wirkung entfalten konnte; und schließlich hat Schiller als Verfasser der vielleicht bedeutendsten historischen Dramen deutscher Sprache eine »einzigartige und langanhaltende Wirkung auf die Geschichtsanschauung des deutschen Bürgertums« gehabt (Schulin 1995, 137).

Am 21. Januar 1789 erfolgte die offizielle Berufung Schillers zum außerordentlichen Professor an der philosophischen Fakultät der Universität Jena. Seine Aufgabe war, »sich in der Geschichte fest zu setzen und in diesem Fache der Akademie nützlich zu seyn« (Goethe AS II 1, 140). Nach der Schaubühne und dem gedruckten Wort betrat Schiller damit ein weiteres Forum, von dem aus er seine Wirkung entfalten konnte. Hier war sein Debut ebenso glänzend wie auf dem Theater. Seine Antrittsvorlesung mit dem Titel *Was heißt und zu welchem Ende studiert man Universalgeschichte?* sollte am 26. Mai 1789 im Hörsaal des Philosophieprofessors Karl Leopold Reinhold stattfinden, der ca. 80 Zuhörer faßte. Aber schon eine halbe Stunde vor Beginn war der Saal überfüllt; man zog deswegen in das größte Auditorium Jenas um, wo aber ebenfalls nicht alle Interessenten Platz fanden, obwohl es ca. 400 Zuhörer aufnehmen konnte. Die Vorlesung wurde mit Begeisterung aufgenommen: Am Abend huldigten die Studenten dem neuen Professor sogar mit Musik.

Allerdings schien ihm schon bei seinem ersten akademischen Auftritt, als wenn »zwischen dem Catheder und den Zuhörern eine Art von Schranke ist, die sich kaum übersteigen läßt. Man wirft Worte und Gedanken hin, ohne zu wißen und fast ohne zu hoffen daß sie irgendwo fangen, fast mit der Überzeugung, daß sie von 400 Ohren 400mal, und oft abentheuerlich, mißverstanden werden.« (25, 258). Bei allem großartigen äußeren Erfolg und Zuspruch zweifelte Schiller schon am Anfang seiner neuen Tätigkeit als Lehrender, ob diese Art, sich Gehör zu verschaffen, die ihm gemäße sei.

Erst einmal aber hatte der Geschichtsprofessor ein immenses Arbeitspensum zu absolvieren. So beklagte er, dass ihm die Vorlesungsvorbereitungen erstaunlich viel Zeit und Mühe kosteten (zur Themenvielfalt der Vorlesungen vgl. Eder 1998, 661). Kein Wunder also, dass *Der Geisterseher* und andere schriftstellerische Arbeiten nur schleppend vorankamen. Sie waren es aber, die vorerst allein seine Einkünfte sichern mussten, denn die mit Annahme der Professur erwarteten Hörergelder waren äußerst gering. Aber nicht nur aus ökonomischen Gründen quälte ihn seine Tätigkeit als Professor. Das »UniversitätsWesen« ekelte ihn an (25, 354), und er wünschte sich, »in eine bessere Sphäre versetzt zu werden, wo mein Geist von elenden Rücksichten des Gewinns unabhängig wirken kann« (25, 316). Schiller hatte den unbändigen Willen, berufliche Abhängigkeiten zu vermeiden, um sich ganz frei in der ihm zur Verfügung stehenden Zeit einer selbst bestimmten Arbeit widmen zu können. Schon an seinem dreißigsten Geburtstag, am 10. November 1789, war er der Professur vollends überdrüssig. Er hoffte nunmehr nur noch auf eine sich bietende Gelegenheit, um ohne Aufsehen die lästigen Verpflichtungen loszuwerden: »Ich verlange auf Ostern einen fixen Gehalt, den man mir ganz gewiß verweigert, und dann lege ich meine Professur nieder.« (25, 355). Nur auf seinen Vater glaubte er in dieser Sache Rücksicht nehmen zu müssen: denn der Sohn bekleidete zum ersten Mal in seinem Leben ein hochangesehenes bürgerliches Amt; und Schiller wird die bitteren Vorwürfe nicht vergessen haben, als er seine Stellung als Regimentsarzt aufgegeben hatte. Nachteilige Folgen für seine weitere Karriere fürchtete er nicht, denn er meinte selbstbewusst, sich allein mit der Fortsetzung seiner historischen Schriftstellerei allgemeine Anerkennung als Historiker erwerben zu können.

Seit 1790 wurde Schiller vom Landesherrn Karl August von Sachsen-Weimar-Eisenach ein Gehalt von 200 Reichstalern gewährt, als dieser erfuhr, dass er und Charlotte von Lengefeld heiraten wollten. Aber der Herzog wusste wohl selbst, dass Schiller damit nicht längerfristig an Jena zu binden wäre (vgl. 25, 380f.). Der vermochte darin denn auch kaum einen Vorteil zu sehen, weil es ihn in eine Situation brachte, in der er die eingegangenen Verpflichtungen doch nicht so einfach hätte aufgeben können. Insgeheim hoffte er deshalb auf eine so vorteilhafte Berufung von außerhalb, die er ohne Gesichtsverlust unmöglich hätte ausschlagen können.

Im Herbst 1790 wusste er sich schon besser mit seiner Situation abzufinden; sicherlich auch, weil er nun mit seiner Frau Charlotte zusammenleben konnte – sie hatten am 22. Februar geheiratet. Er fühle sich besser als jemals in seinem Leben, schrieb er Ende September, aber eben nur so gut, wie es »*ohne eine völlige Freiheit im Gebrauch meiner Kräfte, ohne vollkommene Unabhängigkeit des Geistes seyn*« könne (26, 43). Das »academische Karrenführen« blieb Schiller zwar vorerst erhalten, aber er wusste der ungeliebten Aufgabe Aspekte abzugewinnen, die seinen Interessen entgegenkamen: Er las über die Ästhetik der Tragödie und entwickelte eine Theorie des Trauerspiels, die zu den Anfang 1792 gedruckten Aufsätzen *Ueber den Grund des Vergnügens an tragischen Gegenständen* und *Ueber die tragische Kunst* führte. Am wenigsten im eigenen Fach konnte und wollte Schiller die in seiner Antrittsvorlesung so scharf gegeißelte Absonderung jeder speziellen Wissenschaft von anderen Wissens- und Schaffensgebieten einhalten. Das erlaubte ihm wohl nicht zuletzt auch die immer wieder gerühmte geistige Liberalität der Jenaer Universität im ausgehenden 18. Jahrhundert.

Um seiner Misere Herr zu werden, wollte er schließlich einmal mehr versuchen, das Notwendige mit dem Angenehmen und dem Nützlichen zu verbinden. So arbeitete er einige seiner Vorlesungen zu Zeitschriftenbeiträgen für die *Thalia* aus und plante im November 1790 einen »*deutschen Plutarch*«, also wohl Biographien bedeutender historischer Persönlichkeiten nach dem Vorbild des griechischen Historikers Plutarchos von Chäronea (45-120), der in seinen *Vitae parallelae* jeweils einen berühmten Griechen einem berühmten Römer gegenübergestellt hatte. Er hoffte nun, in seinem Projekt die eigenen Fähigkeiten mit seinen Verpflichtungen und ökonomischen Erfordernissen so in Einklang zu bringen, um am Buchmarkt reüssieren zu können. Dabei leitete ihn abermals der Gedanke, als historischer Schriftsteller sowohl den »Gelehrten« als auch die ungelehrte »Lesewelt« (d.h. »für das Frauenzimmer und die Jugend«) zu interessieren. Bei gutem Absatz wäre dann ein Verdienst von 700 Talern möglich gewesen, die zusammen mit den Zuwendungen des Herzogs und der Schwiegermutter jene Summe ergäben hätten, die ihm für ein einigermaßen auskömmliches Leben unverzichtbar erschienen (26, 59). Aber dieser Plan wurde durch den körperlichen Zusammenbruch gut einen Monat später verhindert. Der Wunsch, seinen »Hauptzweck« zu erreichen, nämlich in eine Lage versetzt zu werden, »bey welcher ich die ganze Freiheit über die Beschäftigungen meines Geists behalte« (26, 63), blieb weiterhin unerfüllt.

2.1   Universalgeschichte

Schiller wollte in seiner Antrittsvorlesung »einen Begriff von dem erwecken« (25, 303), was er als Geschichtsprofessor leisten könne. Wie geht er dabei vor? Zunächst weist er etwaige Vorstellungen seines Publikums zurück, dass es ihm als Historiker darum zu tun sein könne, »Gedächtnißschätze« etwa ›zusammenzuhäufen‹ und mit einer »kümmerlichen Genauigkeit zu sammeln« (17, 360f.). Solch »Stückwerk« wollte er gerne den pedantischen Brotgelehrten überlassen. Denn das sei eines philosophischen Geists unwürdig, der – forschend und entdeckend – seinen Blick fortwährend durch neu gewonnene Aspekte seiner Materialien erweitert, wohingegen »der Brotgelehrte, in ewigem Geistesstillstand, das unfruchtbare Einerley seiner Schulbegriffe hütet« (17, 362f.). Diese Unterscheidung in den Köpfen seiner Zuhörer und Leser zu fixieren, war ihm vor allem anderen wichtig. Man hat diese Entgegensetzung von ›Brotgelehrtem‹ und ›philosophischem Kopf‹ als jene Begriffsopposition Schillers charakterisiert, die »vielleicht am folgenreichsten« gewirkt habe (Osterkamp 1995, 157).

Ihn und seine Zuhörer sollten gewichtigere Fragen bewegen: Etwa die, wie es in der Vergangenheit gelungen sei, eine *politische Gesellschaft* zu erzeugen. Daran anschließend wollte er Interesse erwecken für die Frage, was historisch passiert ist, bis der Mensch »von *jenem* Aeussersten zu *diesem* Aeussersten, vom ungeselligen Höhlenbewohner – zum geistreichen Denker, zum gebildeten Weltmann hinaufstieg?« (17, 367) Wie ist es erklärbar, dass eine Gruppe von Menschen, wie beispielsweise das Publikum seiner Antrittsvorlesung, sich mit einem hohen Grad kultureller Besonderheiten, mit einer differenziert ausgebildeten Sprache, mit besonderen Sitten und schließlich mit einer in früheren historischen Perioden nicht gekannten Freiheit des Gewissens zusammenfand? Auf alle diese Fragen sucht die Geschichte, wie Schiller sie verstehen und lehren will, Antworten. Sie tut dies als *Universalgeschichte*, indem sie aus der ungeheuerlichen Fülle von Informationen und Begebenheiten diejenigen zu ihrem Material auswählt, »welche auf die *heutige* Gestalt der Welt und den Zustand der jetzt lebenden Generation einen wesentlichen, unwidersprechlichen und leicht zu verfolgenden Einfluss gehabt haben« (17, 371). Der Universalhistoriker schlägt den Nagel, an dem er seine Konstruktion festzumachen gedenkt, immer ins Heute. Von dort aus sichtet er die Überlieferung daraufhin, welche historischen Ereignisse die je aktuelle Weltlage zu erklären vermögen. Dieser Akzent, den Schiller dem in der zweiten Hälfte des 18. Jahrhunderts verbreiteten Konzept der »Universal-Historie« gegeben hat, ist durchaus neu und originell (vgl. Osterkamp 1995, 158; zur Einbettung der Schillerschen Konzeption in die Diskussion des 18. Jahrhunderts vgl. Muhlack 1995).

Für Schiller muss sich der Historiker aus dieser Reihe von ›Bruchstücken‹ der Geschichte die passenden Glieder zu einem zusammenstimmenden Ganzen fügen, freilich immer mit dem erkenntnistheoretischen Vorbehalt, dass es seine subjektive Auswahl und Ordnung sei. Es ist also eine Vermittlung zwischen subjektiven Auswahl- und Ordnungsprinzipien und den tradierten geschichtlichen Fakten zu leisten. Denn der Historiker nimmt mit seinem schöpferischen (Konstruktions-) Vermögen »diese Harmonie aus sich selbst heraus, und verpflanzt sie ausser sich in die Ordnung der Dinge d.i. er bringt einen vernünftigen Zweck in den Gang der Welt, und ein teleologisches Prinzip in die *Weltgeschichte*« (17, 374). Genau das hatte Kant in seiner 1784 erschienenen Schrift *Idee zu einer allgemeinen Geschichte in weltbürgerlicher Absicht* vorgeschlagen, die Schiller schon 1787 zustimmend gelesen hatte. Der ›Brotgelehrte‹ ist zu einer derartigen Strukturbildung nicht in der Lage, diese Aufgabe erfordert einen ›philosophischen Kopf‹. Damit tritt auch in Schillers Geschichtskonstruktion das Erbe des ›philosophischen Arztes‹ zu Tage: Denn der Historiker soll für die Anamnese der Gegenwart das zum Verständnis Notwendige aus der unübersehbaren Menge des Tradierten vermitteln.

Schillers Haltung gegenüber der Aufgabe des Historikers verrät durch ihren vorsichtig skeptischen Zug gegenüber scheinbar fragloser wissenschaftlicher ›Objektivität‹ jenes Verständnis des modernen Menschen, der Abschied nimmt von der Vorstellung, die eigene Individualität hintergehen zu können. Zumal das, was als geschichtliches Faktenmaterial überliefert ist, redlicherweise immerfort mit einem gesunden wissenschaftlichen Misstrauen hinsichtlich seiner Glaubwürdigkeit begleitet werden müsste, so dass am Ende nur »eine kleine Summe von Begebenheiten« (17, 371) übrig bliebe.

Erneut, wie schon der politische Philosoph Schiller im *Don Karlos* und der philosophische Anthropologe im *Geisterseher*, debattiert auch der Historiker die Problematik von »*Ursache* und *Wirkung*« und deren Transformierung in »*Mittel* und *Absicht*« (17, 373; vgl. Kommerell 1956, 234). Aber anders als der demiurgische Marquis von Posa, der Mittel und Absichten genauestens kalkulieren zu können glaubte, und der skeptisch-resignierende *Geisterseher*, der nur Ursachen und ihre Wirkungen sehen wollte, ist dem Historiker als Geschichtsphilosoph der mühsame Versuch aufgetragen, Geschichte teleologisch in Hinsicht auf ihre vernünftigen Absichten zu rekonstruieren – allerdings immer unter dem Vorbehalt seiner subjektiven Interpretation, die als permanent revisionsbedürftig angesehen werden muss. Dieser Aspekt des Konzepts von Schillers universalgeschichtlicher Betrachtungsweise fügt sich einerseits an seine bisherigen anthropologischen Bemühungen zur Aufdeckung menschlicher Handlungsweisen an, die insbesondere an Ätiologie und Anamnese manifester Zustände der Protagonisten interessiert war. Andererseits

aber verdankt sich diese Konzeption wie gesagt auch der geschichtsphilosophischen Konstruktion Kants. Beides wird Schiller zum Leitfaden des eigenen Geschäfts als Historiker.

Anlass zu erneuten methodologischen Überlegungen des Historiographen bot im Herbst 1789 die Frage Körners, ob sich ein moderner Historiker die Einfachheit griechischer Geschichtsschreibung
zum Vorbild nehmen könne, die ja ganz auf (geschichts-)philosophi-
sche Spekulation verzichtet habe, weil sie als Geschichte *eines* Volkes
für dieses allemal von Interesse gewesen sei. Schiller entwickelt sogleich prononciert die ganz anders geartete Aufgabe des modernen
Historikers – wie anderswo für den modernen Dichter. Für den modernen Historiker sei es

»ein armseliges kleinliches Ideal, für *eine* Nation zu schreiben; einem philosophischen Geist ist diese Grenze durchaus unerträglich. Dieser kann bey
einer so wandelbaren zufälligen und willkührlichen Form der Menschheit,
bey einem Fragmente (und was ist die wichtigste Nation anders?) nicht stil-
le stehen. Er kann sich nicht weiter dafür erwärmen, als soweit ihm diese
Nation oder Nationalbegebenheit als Bedingung für den Fortschritt der
Gattung wichtig ist. Ist eine Geschichte, von welcher Nation und Zeit sie
auch sey, dieser Anwendung fähig, kann sie an die Gattung angeschloßen
werden, so hat sie alle Requisite, unter der Hand des Philosophen interessant zu werden [...]« (25, 304).

Erst dann sei Geschichtsschreibung um ihrer selbst willen von allge-
meinem Interesse.

Zuallererst soll sich der Universalhistoriker auf die Suche nach
dem Zweck der Weltgeschichte insgesamt begeben. Andernfalls hätte man es im dunklen Gang der Weltgeschichte mit einer ungeheuren Anhäufung von Fakten zu tun, die als gänzlich isolierte,
mithin unverständliche Phänomene nichts zur Erklärung des
jeweils sichtbaren Resultats eines Weltzustands beitragen könnten.
Dabei muss er auch als Vermittler wirken; denn der erst kann die
Motive der geschichtlich Handelnden zu Tage fördern, um sie dem
Zeitgenossen, der die ihn real umgebende Welt verstehen will, psy-
chologisch nachvollziehbar zu machen. Vom Historiker wäre also
zu fordern, dass er als Psychologe mit Empathie begabt jene ver-
schütteten Motive freilegen muss, die unter wechselnden kulturellen Bedingungen zu genau dem Zustand geführt haben, dem sich
die jeweilige Gegenwart gegenübersieht. Das heißt aber nichts anderes, als die psychologischen Motive für die Handlungen der Protagonisten zu rekonstruieren: Ihre Prägungen gilt es herauszufin-
den, welcher Art nationaler, religiöser oder sonstiger Provenienz sie
auch immer seien (vgl. Muhlack 1995, 16f.). Um die historischen
Konsequenzen zu begründen, die sich aus derartigen Voraussetzun-

gen ergeben, muss der Historiker auch als (empirischer) Psychologe geschult sein.

Dass auch hier wieder das Erbe des Anthropologen Schillers zur entscheidenden Triebkraft seines Interesses als Historiker wird, scheint evident (vgl. Osterkamp 1995, 160). Ein Brief an Caroline von Beulwitz vom Ende des Jahres 1788, in dem die drei ›Fluchtpunkte‹ des Schillerschen Werks – Anthropologie, Geschichte und Ästhetik – und ihr Verhältnis zueinander in exemplarischer Weise erörtert werden, macht das ganz deutlich (vgl. 25, 154). Schiller bemüht sich dort, das prekäre Verhältnis von ›historischer Wahrheit‹ und ›innerer Wahrheit‹ zu bestimmen. Die erste versucht unzweifelhaft geschichtliche Fakten in ihrer ›historischen Richtigkeit‹ zu verifizieren, die zweite kann erkennbar werden in der gelungenen ästhetischen Gestalt dessen, was tradiert wird. Das Aufspüren der ›inneren Wahrheit‹ bedarf also der ästhetischen Vermögen, um zur Kenntnis der Gattung Mensch etwas beizutragen. Das ist das Ziel des historischen Anthropologen. Daran kann aber zugleich deutlich werden, dass sich Schillers Weg als Historiker folgerichtig in den des historischen Dramatikers wandeln konnte, der es weit besser vermochte, die von ihm erkannten Mängel einer dürren und kontingenten ›historischen Richtigkeit‹ durch das Mittel poetischer Vergegenwärtigung zur ›inneren‹, will heißen exakteren ›historischen Wahrheit‹, zu reinigen. Im *Wallenstein* ist Schiller genau das nach Auskunft späterer, auf breiterer Quellenlage operierender Historiker in staunenswertem Maß gelungen (vgl. Schulin 1995, 146).

2.2   Ästhetik der Geschichtsschreibung

Um die Idee begrifflicher Eindeutigkeit wissenschaftlicher Ausführungen zu verwirklichen, dafür schien Schiller sich selbst nicht besonders geeignet zu fühlen. Diese Erfahrung hatte er schon bei seiner Antrittsvorlesung im Mai 1789 gemacht (vgl. 25, 258). Damit geriet er selbst in die Nähe eines Dilemmas, das er noch Anfang 1789 an der Schrift *Ueber die bildende Nachahmung des Schönen* von Karl Philipp Moritz, dem Verfasser des berühmten Romans *Anton Reiser*, beredt zu kritisieren gewusst hatte: »Es ist schwer zu verstehen, weil er keine feste Sprache hat, und sich mitten auf dem Wege philosophischer abstraction in Bildersprache verirrt [...]« (25, 177). Die Auseinandersetzung über jene Diskrepanz zwischen trockener wissenschaftlicher Präzision und einer Begrifflichkeit, die auch vor metaphorischen Übersetzungen nicht zurückscheute, führte Schiller einige Jahre später, 1795, zum Bruch mit dem Philosophen Johann Gottlieb Fichte. Der hat ihm just das zum Vorwurf ge macht, worauf Schillers Kritik an Moritz' Abhandlung zielte: Er begleite Begriffe nicht durch Bilder, sondern ersetze vielmehr jene durch diese. Das wiederum veranlasste Schiller zu einem seiner kleineren Aufsätze, der unter dem Titel *Von den notwendigen Grenzen des Schönen, besonders im Vortrag philosophischer Wahrheiten* in den *Horen* veröffentlicht wurde. Dort werden die Unterschiede zwischen streng wissenschaftlicher Diktion, populärer Darstellung und dichterischer Formulierung herausgearbeitet. Der »Triumph der Darstellung« ist für Schiller an jenem Punkt erreicht, wo der Schriftsteller eine Wirkung mit seiner Diktion hervorzubringen weiß, die »sich des ganzen Menschen, seines Verstandes, seines Gefühls, seines Willens zugleich« versichert (21, 14f.; vgl. Berghahn 1998, 291ff.).

Deswegen wollte sich Schiller in einem eminenten Sinn mehr noch als Historiograph denn als historischer Forscher verstanden wissen. Zwar begründet er dies auch mit der angeblich wenig verlässlichen Faktentreue seiner historiographischen Arbeiten. Jedoch scheint eine derartige Aussage seinen Umgang mit der ›historischen Richtigkeit‹ zu verzerren. Schiller hat die überlieferten historischen Zeugnisse offensichtlich in einem höchst kritischen Ausmaß benutzt und sie dem Rezipienten benannt (zum Verhältnis Schillers zu historischen Quellen vgl. Dann 1995, 113). Für Golo Mann (1976, 98) sind »Sachgemäßheit und schöner Stil« des Historiographen Schiller »völlig eins« (vgl. Diwald 1972, 39).

Nur als historischer *Schriftsteller* glaubte er aber eine Begeisterung beim Leser zu erreichen, die ihm notwendig erschien, um ein Verständnis für Geschichte überhaupt erst zu wecken. Zum Paradigma wurde ihm eine eigene Erfahrung, die er in der Vorrede zu seinem ersten großen Geschichtswerk, der *Geschichte des Abfalls der vereinigten Niederlande von der spanischen Regierung*, geschildert hat: Als er im Zusammenhang mit seinen Vorarbeiten für den *Don Karlos* die 1777 in Amsterdam erschienene *Histoire du règne de Philippe II. Roi d'espagne* des englischen Historikers Robert Watson studierte, konnte er sich sogar für die dort geschilderten Staatsaktionen begeistern. Bei der Analyse seiner Begeisterung kam Schiller zu dem Schluss, dass sie eine schnelle Wirkung seiner Vorstellungskraft gewesen sei, die der rezipierten Geschichte eine besonders reizvolle Gestalt gegeben habe. Es scheint, als sei dies Erlebnis zur Initialzündung für den Historiographen geworden. »Diese Wirkung«, schrieb Schiller, »wünschte ich bleibend zu machen, zu vervielfältigen, zu verstärken; diese erhebenden Empfindungen wünschte ich weiter zu verbreiten, und auch andern Antheil daran nehmen zu lassen. Dieß gab den ersten Anlaß zu dieser Geschichte, und dieß ist auch mein ganzer Beruf, sie zu schreiben.« (17, 7).

Am Schluss der Vorrede fügt Schiller noch ein weiteres Motiv seiner Arbeit als Geschichtsschreiber hinzu. Seine Absicht sei, wenigstens einen Teil der Leser von der Möglichkeit überzeugen zu können, »daß eine Geschichte historisch treu geschrieben seyn kann, ohne darum eine Geduldprobe für den Leser zu seyn« (17, 9); einem anderen Teil des Publikums hoffte er zeigen zu können, daß Geschichtsschreibung der gelungenen literarischen Darstellung bedürfe, ohne deshalb selbst zur bloßen Literatur zu werden. Schiller hat damit eine Problemkonstellation präzise formuliert, die ihn allerdings für das (natur-)wissenschaftsgläubige 19. Jahrhundert zu einer marginalen Figur der Geschichtswissenschaft hat werden lassen (vgl. Dann 1995, 1).

Schillers späterer Freund Wilhelm von Humboldt sah sich schon 1821 genötigt, dessen Ästhetik der Geschichtsschreibung zu begründen, ja vielleicht mehr noch zu *verteidigen*. »Es mag bedenklich erscheinen,« schrieb Humboldt, »die Gebiete des Geschichtsschreibers und Dichters sich auch nur in einem Punkte berühren zu lassen.« (1821, 29). Von solchen Berührungsängsten des Historikers wusste auch Schiller; aber wenn er sie sah, so wusste er dergleichen – wie zu sehen war – scharfzüngig als trockene Gelehrsamkeit zu brandmarken. Humboldt aber musste schon viel mehr argumentative Kraft einsetzen, um die Spezialisierungen und Sonderungen einer heraufkommenden Wissenschaftskultur als für den Historiker letztendlich unzureichend aufzuweisen. Ihm sind »Speculation, Erfahrung und Dichtung« noch einander eng verflochtene »Strahlseiten« der geisteswissenschaftlichen Tätigkeit (ebd., 30). Anders gesagt: philosophisches Denkvermögen, wissenschaftlich erwiesene Fakten und gelungene literarische Darstellung sieht er im Anschluss an Schillers Konzept als Momente an, die einander aus Gründen der Überzeugungskraft wissenschaftlicher Darstellung in höchstem Maß bedingen.

V. Der Lyriker

Im November 1781 bereitete Schiller seine (nach den *Räubern*) zweite eigene Publikation vor. Es ist die *Anthologie auf das Jahr 1782*, der allerdings mit dem berüchtigten und lange unterdrückten Gedicht *Der Venuswagen* noch eine anonyme Einzeledition vorausging (vgl. Oellers 1996, 148ff.). Beide kamen aus der Buchdruckerei von Johann Benedikt Metzler in Stuttgart. Die im Februar 1782 erschienene *Anthologie* versah Schiller jedoch mit der fiktiven und zugleich ironischen Anmerkung, dass sie im fernen sibirischen Tobolsk gedruckt sei (vgl. Koopmann 1998a, 306ff.). Sie besteht hauptsächlich aus einer Sammlung eigener und fremder Gedichte; aber auch ein kleines Stück mit dem Titel *Semele* findet sich dort, das Schiller als *lyrische Operette in zwo Scenen* bezeichnet hat (vgl. Fähnrich 1977, S.16ff.; Vaerst-Pfarr 1979; Finscher 1990). Der Anlass war auch literaturpolitischer Art: Ihn hatte offenbar geärgert, dass sich der Dichter Gotthold Friedrich Stäudlin (1758 1796) mit der Herausgabe seines *Schwäbischen Musenalmanachs auf das Jahr 1782* anmaßte, die bessere schwäbische Poesie zu repräsentieren. Zudem hatte er darin nur ein Gedicht Schillers aufgenommen (und das noch gekürzt), andere seiner lyrischen Arbeiten wohl ganz zurückgewiesen (vgl. 2 II A, 45f.). Dem begegnete dieser mit einer Rezension, in der er den »Schwall von Mittelmäßigkeit« als »Froschgequäke der Reimer« attackierte (22, 188). Die eigene *Anthologie* wird damit als Konkurrenzunternehmen kenntlich, in deren *Vorrede* denn auch nicht an Polemik gegen Stäudlin gespart wird. Zudem finden sich in den Gedichten selbst ironische Anspielungen auf Stäudlins Almanach; und in der von ihm selbst verfassten Rezension der *Anthologie* nimmt Schiller abermals die Gelegenheit wahr, auf seine erste öffentlich ausgetragene literarische Fehde hinzuweisen, der noch viele folgen sollten (vgl. Misch 1998, 711ff.; zur Stellung der Stäudlin-Rezension im Rezensionswesen des 18. Jahrhunderts vgl. Koopmann 1976b, 229ff.).

Die Zusammenstellung der Gedichte, die von weitgehend epigonalem Charakter sind, ist auffallend improvisiert. Das verschweigt auch die in übermütigem Tonfall vorgetragene Selbstrezension nicht. Aber bei aller (Selbst-)Kritik attestierte er seinem Unternehmen – und damit seinen Gedichten – einen eigenwilligen Ton, der »zu tief und zu männlich [sei], als dass er unsern zuckersüßen Schwätzern und Schwätzerinnen behagen könnte« (22, 133f.). Aufschlussreich ist bei alledem, dass sich auch in diesem Bereich seines Œuvres schon zu Anfang jene Verschränkung des literarischen Werks mit gleichzeitig verfasster Selbstrezension, also Selbstkritik und Selbstreflexion, findet, welche man bei den frühen Bühnenwerken sehen konnte.

Nach der Flucht aus Stuttgart 1782 hat Schiller nur noch zu bestimmten Anlässen Gedichte geschrieben. Einige wenige veröffentlichte er 1786 in seiner Zeitschrift *Thalia* – darunter *Resignation* mit den sprichwörtlich gewordenen Versen »Zwei Blumen blühen für den weisen Finder,/ sie heißen *Hoffnung* und *Genuß*« (2 I, 403; zum philosophischen Hintergrund dieser Verse und der »Schlüsselrolle« des Gedichts in der frühen Lyrik Schillers vgl. W. Riedel 1996, 54ff.) sowie das berühmte *Lied an die Freude* (zum freimaurerischen Kontext vgl. Bruckmann 1991, 100). Erst 1788/89 setzte eine zweite kurze, aber intensive Periode lyrischer Produktion ein, die mit den philosophischen Gedichten *Die Götter Griechenlandes* und *Die Künstler* eine Ausnahmestellung nicht nur in Schillers Lyrik erreicht (vgl. VI. Kap.).

Die dritte Phase seiner lyrischen Arbeiten, die fast zeitgleich mit dem Abschluss der großen philosophisch-ästhetischen Abhandlungen 1795 begann, hatte ein theoretisches Vorspiel, das ganz entscheidende produktions- und wirkungsästhetische Maßstäbe Schillers formuliert. Es kann nicht allein für seine Lyrik der letzten Periode Geltung beanspruchen, sondern ganz allgemein für bestimmte Aspekte von Schillers Kunsttheorie. Deswegen soll es bei aller Komplexität seiner Argumentation und ihrer Voraussetzungen kurz skizziert werden.

Schiller hat zwei umfangreiche Rezensionen zum Anlass genommen, um Grundsätzliches über das Verfahren des lyrischen Dichters im besonderen und das des modernen Künstlers im allgemeinen zu formulieren. Die eine, Anfang 1791 veröffentlicht, galt den Gedichten Gottfried August Bürgers (vgl. die zahlreichen Literaturhinweise bei Köpf 1977-79; Bernauer 1995), die andere von 1794 Gedichten von Friedrich Matthisson. Die bedrängendste Frage war einmal mehr die, wie das Subjektive, besonders in der Lyrik, sich zum Allgemeinen, zum Objektiven würde läutern können. Gerade erst, als die Kunst begann, sich ihrer neu errungenen Autonomie zu versichern, da bedrohte die Kontingenz hemmungsloser Subjektivität jene von neuem, wenn sie die Kunst nicht gar gänzlich desavouierte. In seiner *Bürger*-Rezension hatte Schiller diese Läuterung vehement eingefordert:

»Eine der ersten Erfodernisse des Dichters ist Idealisierung, Veredlung, ohne welche er aufhört, seinen Namen zu verdienen. Ihm kommt es zu, das Vortreffliche seines Gegenstandes (mag dieser nun Gestalt, Empfindung oder Handlung sein, *in* ihm oder *außer* ihm wohnen) von gröbern, wenigstens fremdartigen Beimischungen zu befreien, die in mehrern Gegenständen zerstreuten Strahlen von Vollkommenheit in einem einzigen zu sammeln, einzelne, das Ebenmaß störende Züge der Harmonie des Ganzen zu unterwerfen, das Individuelle und Lokale zum Allgemeinen zu erheben.« (22, 253)

Fast vier Jahre später bemüht sich Schiller in der *Matthisson*-Rezension, sein Postulat produktions- wie wirkungsästhetisch zu begründen, indem er dessen wirkungspsychologische Voraussetzungen analog zu Kants transzendentalen Voraussetzungen aller Erkenntnis aufzuklären sucht. Der Dichter ist also nicht bloß in seiner Begrifflichkeit durch das Studium der Kantischen Philosophie beeinflusst, sondern weit mehr: er sucht ein Gesetz der Einbildungskraft zu konstruieren, das er als allgemein in allen Subjekten vorhanden annehmen will, um die wirkungsästhetischen Möglichkeiten von Lyrik nicht individueller Beliebigkeit preiszugeben (vgl. Schaarschmidt 1971, 85f.; Bernauer 1995, 218f.).

Wie ›konstruiert‹ Schiller nun sein seltsames Unternehmen, das für die eigene Dichtung, insbesondere für die Sprache seiner ab 1795 entstandenen Lyrik, von entscheidender Bedeutung ist? Er will auf Seiten des Lesers wie auf der des Dichters unterscheiden zwischen dem je Individuellen des Subjekts und dem, was er »Charakter der Gattung« nennt. Das erste ist kontingent, das zweite »notwendig«. Das erste stört das Ideal, an das sich der Dichter zu halten hat, das zweite soll jene Allgemeinheit bewähren, die er »reine Gattung in den Individuen« nennt. Um sich als Dichter aber überhaupt jenem postulierten Abstraktum in den Individuen zuwenden zu können, muss dieser selbst »zuvor das Individuum in sich ausgelöscht und zur Gattung gesteigert haben«. Nur wenn der Dichter die eigene Individualität transzendiert habe, nur wenn er »*als Mensch überhaupt*« empfinde und nicht länger als ein konkretes individuell empfindendes Subjekt, nur dann könne – gemäß dem ›Gesetz der Einbildungskraft‹ – »die ganze Gattung ihm nachempfinden« (22, 268f.).

Schiller will unter Poesie die Kunst verstehen, »*uns durch einen freien Effekt unsrer produktiven Einbildungskraft in bestimmte Empfindungen zu versetzen*« (22, 267). Diesen Effekt muss ein Dichter zu *berechnen* wissen. Um dies zu erreichen, hat er die Gesetzmäßigkeit der Einbildungskraft aller Subjekte zu erkennen, um sie sich *produktionsästhetisch* zunutze zu machen. Denn der Dichter darf die Phan-

tasie des Lesers auf keinen Fall sich selbst überlassen. Mit anderen
Worten: Er muss versuchen, den Assoziationsraum der in seinem
Gedicht aufgerufenen Vorstellungen vorherzubestimmen (zu den
Voraussetzungen der ›Assoziationspsychologie‹ Schillers vgl. W. Riedel 1989, 27f.). Den »notwendigen Zusammenhang« der Vorstellungen bzw. Imaginationen meint Schiller »auf eine objektive Verknüp-
fung in den Erscheinungen, nicht bloß auf ein subjektives und
willkürliches Gedankenspiel« zurückführen zu können. An diese in-
tersubjektiv gültigen ›Verknüpfungen in den Erscheinungen‹, diese
›bestimmten‹ Assoziationen also, müsse sich der Dichter halten. Das
könne ihm aber nur unter Berücksichtigung zweier Voraussetzungen
gelingen, die Schiller »objektive Wahrheit« und »subjektive Allgemeinheit« nennt: Der Dichter muss aus seinem Stoff alle bloß subjektiven und kontingenten Momente getilgt haben, damit sicherge-
stellt ist, »daß er sich an das *reine Objekt* gehalten« habe. Er *selbst*
aber soll sich zuvor dem allgemeinen Gesetz unterworfen haben,
»nach welchem die Einbildungskraft in allen Subjekten sich richtet,
nur dann kann er versichert sein, dass die Imagination aller andern
in ihrer Freiheit mit dem Gang, den er ihr vorschreibt, zusammenstimmen werde« (22, 268).

Schillers ›Konstruktion‹ verweist indes abermals auf ein Dilemma
des modernen Künstlers und seiner Aporien. Wie kann eine aus allen überkommenen Abhängigkeiten befreite Kunstform wie Lyrik,
zumal als traditionell subjektivste aller literarischer Gattungen, sich
ihre Freiheit bewahren, ohne dabei ungehemmter Subjektivität oder
platter Beliebigkeit zu verfallen (vgl. Darsow 1995, 31ff.)? Um dieser Alternative zu entgehen, kommt es dem Poetologen in *wirkungsästhetischer Hinsicht* zuallererst auf das Zusammenspiel zweier Elemente an. Einerseits gilt es, die Freiheit der Einbildungskraft des
Rezipienten nicht einzuschränken; gleichzeitig aber soll der Dichter
ein Verfahren entwickeln, um sie zu lenken. Seine Berechnung der
Imagination unter Berücksichtigung ihrer allgemeinen, d.h. objektiven Bedingungen müsse gewährleistet sein, »wenn ein Werk poetisch heißen soll«. Denn wenn ein Dichter die Einbildungskraft seiner Rezipienten nicht durch diese objektiv gegebene »*innere*
Notwendigkeit*« leiten könne, so müsse er sie entweder despotisch
bestimmen: Dann aber wäre es nicht mehr eine Wirkung, die der
Rezipient aus sich selbst hervorgebracht hätte, seine Imagination
bliebe ganz und gar fremdbestimmt. Oder aber der Dichter würde
jeder Einflussnahme auf die Phantasie seines Lesers entsagen mit der
Folge, dass er sich um die von ihm beabsichtigte Wirkung brächte.
Es müsse also notwendigerweise »beides beisammen sein«: die durch
den Dichter gelenkten Assoziationen des Rezipienten und dessen

freie Einbildungskraft (22, 269; für Schlaffer 1990, 551, scheitert die geforderte ›freie Einbildungskraft‹ an der »Barriere der Eindeutigkeit von Schillers Worten«).

Schillers Auffassung von Sprache, die er im letzten seiner sogenannten *Kallias*-Brief skizziert hat, scheint diese Objektivitätsbestrebungen *prima vista* gar nicht notwendig zu machen: Worte, als Medium des Dichters, sind ihm bloß »abstrakte Zeichen für Arten und Gattungen, niemals für Individuen«; der Zeichencharakter, d.i. die Bezeichnung der Dinge durch Worte, ist arbiträr und konventionell: »Die *Natur* des Mediums, deßen der Dichter sich bedient, besteht also ›in einer Tendenz zum *Allgemeinen*‹ und ligt daher mit der Bezeichnung des Individuellen (welches die Aufgabe ist) im Streit. Die Sprache stellt alles vor den *Verstand*, und der Dichter soll alles vor die *Einbildungskraft* bringen (darstellen) die Dichtkunst will *Anschauungen*, die Sprache gibt nur *Begriffe*.« (26, 228). Schillers theoretische Bemühungen wie seine nachfolgende lyrische Praxis wollten offenbar dieser Tendenz der Dichtung zum Individuellen Grenzen setzen, die immer in Gefahr war, sich in einer (be-)dürftigen Subjektivität zu verlieren.

In den sogenannten philosophischen Gedichten versuchte er denn auch, sich »über jede bestimmte und begrenzte Wirklichkeit hinweg zu der absoluten Möglichkeit zu erheben oder zu idealisieren« (20, 481). In faszinierender Weise hat der Dichter in der im August und September 1795 entstandenen *Elegie* (deren revidierte Fassung von 1799 den heute bekannteren Titel *Der Spaziergang* trägt) demonstriert, wie alles Kontingente subjektiven (Natur-)Erlebens in »*wahre Natur*« zu transformieren sei, die alles andere als »*wirkliche* (historische) *Natur*« ist (vgl. W. Riedel 1989). In diesem Gedicht, dessen Qualität Schiller selbst sehr hoch einschätzte, wird (produktionsästhetisch) alle empirische Wirklichkeit und (wirkungsästhetisch) alle individuelle Empfindung zur Verschandelung »jener allgemeinen Naturwahrheit«. Die heftige Zurückweisung jeglicher Mimesis in der Poesie betrifft die Natur genauso wie den Menschen – und zwar sowohl in produktions- wie in rezeptionsästhetischer Hinsicht: »Jeder individuelle Mensch ist gerade um soviel weniger Mensch, als er individuell ist; jede Empfindungsweise ist gerade um so viel weniger notwendig und rein menschlich, als sie einem bestimmten Subjekt eigentümlich ist. Nur in Wegwerfung des Zufälligen und in dem reinen Ausdruck des Notwendigen liegt der *große Stil*.« (22, 269).

Die von Schiller angenommenen allgemeingültigen Gesetze der Einbildungskraft sollen für den wahren Künstler unhintergehbare transzendentalästhetische Bedingungen sein. Um der Autonomie der

Kunst willen kommt es vor allem darauf an, sowohl der Individualität des Dichters wie auch der des Rezipienten Schranken zu setzen: Reinigung von kontingenter Subjektivität, zum Überindividuellen gereinigte Menschlichkeit soll als Ausweis gelungener Lyrik dienen, für die deshalb nur ›reine‹ Idealität und die Perhorreszierung aller spontanen Individualität bleibt. Das wiederum bedingt den ›großen Stil‹ (vgl. Ueding 1971).

Zumal die Forderung nach dem ›großen Stil‹ verweist jedoch auf das Heikle, auf das Ortlose, mithin auf das Unhaltbare der Schillerschen Bemühungen, die verdächtige Individualität hinter sich zu lassen. Der Gefahr, dass eine abstrakte Rhetorik an die Stelle individueller Erfahrung tritt, ist Schiller kaum entgangen.

Erstaunen kann solche Bestimmung angesichts der radikalen Kritik Schillers an abstrakten politischen Idealen, die alle Individualität auslöschen; erklärbar ist sie aus der Bemühung um eine transzendentalästhetische Begründung lyrischen Sprechens im Gefolge der kantischen Systematik, die aus der Sorge um den Verlust verbindlicher ästhetischer Maßstäbe resultiert. Aber ein drittes Moment machen sie verständlich: Wenn Schiller schließlich seine Zuflucht nur bei (fingierten) ›Idealen‹ finden wollte und das vormals so zentrale Psychophysische zu einer quantité négligeable verkommen zu lassen, scheint das nicht zuletzt mit der eigenen zerrütteten Leiblichkeit in einem prekärem Zusammenhang zu stehen. Für ihn selbst mag etwas Tröstendes in der triumphierenden Apotheose von metaphysischen Idealen und Transzendierung des Leiblichen gelegen haben, mit dem – für den Kranken allemal – notwendig die Angst vor Vernichtung verbunden ist. So heißt es in dem im Sommer 1795 entstandenen Gedicht *Das Reich der Schatten* (später unter dem Titel *Das Ideal und das Leben*):

> *Nur der Körper eignet jenen Mächten,*
> *Die das dunkle Schicksal flechten,*
> *Aber frey von jeder Zeitgewalt,*
> *Die Gespielin seliger Naturen*
> *Wandelt oben in des Lichtes Fluren,*
> *Göttlich unter Göttern, die Gestalt.*
> *Wollt ihr hoch auf ihren Flügeln schweben,*
> *Werft die Angst des Irrdischen von euch,*
> *Fliehet aus dem engen dumpfen Leben*
> *In der Schönheit Schattenreich!* (1, 247f.)

In den *Horen* und in den *Musenalmanachen* für die Jahre 1796 und 1797 versammelte Schiller seine schon von den Zeitgenossen kontrovers beurteilten Gedichte, die der in den Jahren zuvor entwickelten Poetik entsprachen. Wenn überhaupt, bedurfte es in einem ›sentimentalischen‹ Zeitalter einer ganz neuen Art von Lyrik, einer solchen etwa, die poetisches Sprechen mit philosophischen Ideen zu verbinden wüsste. Wie eine solche Verbindung gelingen könnte, hat Schiller in den Jahren 1795/96 in immer neuen Anläufen dichterisch formuliert. Zuweilen scheint ihm sein Projekt gelungen, bis er dann wieder zu anderen Lösungen kommt. Es ist in ausgezeichneter Weise *sein* Projekt und Problem, an dem er wie wenige andere laboriert hat – und das dennoch unabgeschlossen bleibt, weil es versucht, Inkommensurables zusammen zu zwingen. Seiner Poetik ist entgangen, dass sich lyrische Poesie nicht ungestraft von ihrer Wurzel losreißen kann: und diese Wurzel bleibt auch in der Moderne ein Subjekt, das sich notwendigerweise in »*zufälligen* Schranken« befindet, die seinem »*bestimmten* Zustande« unabdingbar sind.

Die Jahre 1797 und 1798 sind dann geprägt durch die großen Balladen, die in engem Austausch mit Goethe entstanden sind. Im *Musenalmanach* für 1798 erschienen *Der Ring des Polykrates, Der Handschuh, Ritter Toggenburg, Der Taucher, Die Kraniche des Ibykus* und *Der Gang nach dem Eisenhammer;* im *Musenalmanach* für 1799 *Die Bürgschaft* und das als Romanze bezeichnete balladenartige Gedicht *Der Kampf mit dem Drachen.* Im Jahr 1800 folgten u.a. noch das berüchtigte *Lied von der Glocke,* an dem Schiller seit 1797 gearbeitet hat, sowie das elegische Gedicht *Nänie* mit den berühmten Anfangsworten »Auch das Schöne muß sterben!« (vgl. 2 I, 326; Osterkamp 1996).

In den letzten Jahren bis zu Schillers Tod entstanden nur noch wenig neue Gedichte, der Dichter widmete sich vorwiegend der Sichtung, Ordnung und Überarbeitung seines lyrischen Werks. Im Jahr 1800 erschienen die *Gedichte von Friederich Schiller. Erster Theil,* denen 1803 ein zweiter Teil folgte. Das Manuskript einer geplanten *Prachtausgabe* hatte Schiller noch kurz vor seinem Tod beinahe beenden können. Es wurde jedoch wegen verlegerischer Streitigkeiten erst 1904 im Rahmen der *Säkular-Ausgabe* veröffentlicht.

Einer der interessantesten Aspekte des Schillerschen Œuvres ist die Rezeption und extrem kontroverse Bewertung seiner Lyrik (vgl. Bernauer 1995, 13-19 mit zahlreichen Literaturangaben insbesondere zur neueren Diskussion). Sie reicht schon bei den Zeitgenossen von der kritischen Bewunderung eines Wilhelm von Humboldt bis zum immer wieder gern zitierten Bericht Caroline Schlegels: » [...] über ein Gedicht von Schiller, das Lied von der Glocke, sind wir gestern Mittag fast von den Stühlen gefallen vor Lachen [...] « (2 II B, 165). Der Dichter selbst schwankte immer von neuem zwischen Zweifeln am Wert seiner lyrischen Arbeiten und dem Gefühl, einer neuen, noch nicht gehörten Form von Poesie Gestalt zu verleihen; so etwa während seines ganz eigenständigen lyrischen Projekts *Die Künstler* (vgl. 25, 211f. u. 220).

Was aber ist das Provozierende an Schillers Lyrik? Jean Paul, unmittelbarer Zeitgenosse Schillers und ohne Ressentiments persönlicher Art, welche bekanntlich beim Kreis der Romantiker um die Brüder Schlegel existierten, urteilte über eines seiner bekanntesten Gedichte:

»Ebenso lückenhaft ist das berühmte Gedicht ›an die Freude‹ gebauet, in welchem sich an den Trinktisch nicht bloß, wie bei Ägyptern an den Eßtisch, ›Tote‹ setzen, sondern auch ›Kannibalen‹, ›Verzweiflung‹, das ›Leichentuch‹, der ›Bösewicht‹, das ›Hochgericht‹, und worin aller Jammer zum Wegsingen und Wegtrinken eingeladen ist. Übrigens würd' ich aus einer Gesellschaft, die den herzwidrigen Spruch bei Gläsern absänge: ›Wers nie gekonnt, der stehle weinend sich aus unserm Bund‹, mit dem Ungeliebten ohne Singen abgehen und einem solchen harten elenden Bunde den Rükken zeigen, zumal da derselbe kurz vor diesen Versen Umarmung und Kuß der ganzen Welt zusingt und kurz nach ihnen Verzeihung dem Todfeind, Großmut dem Bösewichte nachsingt.« (Werke I 5, 395)

Dem (nicht ganz genau) zitierten Vers hat der Kritiker noch folgende Fußnote hinzugefügt: »Wie poetischer würde der Vers durch drei Buchstaben: ›der stehle weinend sich in unsern Bund!‹ Denn die liebewarme Brust will im Freudenfeuer eine arme erkältete sich andrücken.«

Eine pointiertere, dabei ganz und gar warmherzige Kritik wie diese lässt sich kaum denken – wobei diese Warmherzigkeit allerdings nicht dem Kritisierten gilt (vgl. Schillers eigene Kritik des Gedichts: 30, 206). Gerade deswegen aber demonstriert sie die sprachliche ›Gemeinheit‹, das Dilemma vieler lyrischer Erzeugnisse Schillers, die sich einem metaphysischen, in doppeltem Wortsinn übermenschlichen Pathos verdankt. ›Großer Stil‹, der eine von allem Subjektiven gereinigte sprachliche Formulierung anstrebt, gerät allzu leicht in Gefahr, jene Individualität vollständig auszumerzen, die lyrische Poesie gerade da, wo sie zu allgemeiner Bedeutsamkeit gelangt, nicht entbehren kann (vgl. Darsow 1995, 34ff. u. 82ff.). Denn abgesehen von allen vorgefertigten Erwartungen und Vorurteilen darüber, was denn Lyrik sei (vgl. die geraffte »Apologie« des lyrischen Schaffens Schillers bei Berghahn 1987, 361), verträgt lyrisches Formen viel weniger als episches oder dramatisches die individuell unbelebte Gestalt. Solch Defizit führt Schiller in der eigenen Lyrik ein ums andere Mal zu unbelebten Abstraktionen, zu zwar oft vor Kraft strotzenden Sentenzen, die aber das Zerbrechliche und oft Zerbrechende bedeutender Lyrik aus Angst vor bloß subjektivisti-

scher Schwärmerei von vornherein ausschließen. Aufgrund seiner
Diagnose der Moderne hat Schiller der eigensinnigen Aussagekraft
von lyrischer Sprache misstraut, die sich irgendeinem anscheinend
bloß Subjektiven überließ. Er vermochte nicht zu sehen, dass sie erst
dadurch imstande war, bewusst alle konventionelle Kommunikation
außer Kraft zu setzen – wie Hölderlin – oder diese in ironischer
Überpointierung *ad absurdum* zu führen – wie Heine –, um damit
den Fragmentierungen der Moderne allererst Ausdruck zu verleihen.

Dort aber, wo es gelingt, eigenes Erleben mit ästhetischen oder
geschichtsphilosophischen Konstellationen zu verschmelzen – wie in
Die Götter Griechenlandes, *Die Künstler* oder *Der Spaziergang* –, dort
scheinen sogar ganz unverwechselbare lyrische Prägungen zu entstehen, die man anderswo nicht so leicht findet. Und wenn Schiller sogar einmal alle sentimentalische, d.i. philosophische Abstraktion
vermeidet (wie in Theklas Lied im dritten Akt der *Piccolomini*: 8,
130), erreicht er auch jenes Moment des Enigmatischen und Viel-
deutigen, dessen Abwesenheit – nicht nur weil es bedeutender Lyrik
seit jeher eignet – immer wieder beklagt wurde (u.a. Staiger 1967,
199f. u. 209; dazu Mayer 1960, 77ff.).

Aber erst recht, wenn man versucht, von den Begrenzungen der
Lyrik Schillers abzusehen, und sie zum »überdauernd Menschheitli-
chen dieser bürgerlichen Welt«[sic!] erhöht (v. Wiese 1959, 572), so
gerät man in extreme Aporien. Das berühmte *Lied von der Glocke*
wäre nur dann in seiner Intention zu retten (vgl. zur Kontroverse
um dessen Nichtberücksichtigung in H. M. Enzensbergers Ausgabe
von Schiller-Gedichten Berghahn 1996, 268), wenn man annähme,
daß hier das Beispiel eines Autors in einer publikumsorientierten
Moderne vorläge, der in seiner schlagwortartigen Lyrik schon die
Rolle eines schlichten Werbetexters oder lobbyistischen Propagandisten dumpfer Bürgerlichkeit vorweggenommen hätte. Der jedoch
hätte sich, wäre es ihm einzig um einem ›hohen‹ Ton gegangen, natürlich niemals zu Schlüpfrigkeiten hinreißen lassen, wie sie dem
›klassischen‹ Weimarer Dichterfürsten unterlaufen sind:

> *Doch, bevor wirs lassen rinnen,*
> *Betet einen frommen Spruch!*
> *Stoßt den Zapfen aus!* (2 I, 231)

Schiller wollte es kaum je gelingen, eine ganz neue *unerhörte* lyrische *Sprache* zu kreieren – wie in der Lyrik Goethes und Hölderlins
oder Heines und Eichendorffs geschehen. Die ins Lyrische transfor-
mierten ›Ideen‹ gehen nur in seltenen Fällen über Sentenzen hinaus.
Ansonsten verfangen sie sich – wie im Fall des *Lied von der Glocke* –
etwa im Kreis einer verlogenen bürgerlichen Familienidylle. Nur we-

nigen Gedichten, wie etwa denen der Jahre 1788/89 in ihrer gattungsmäßigen Ortlosigkeit, eignet jenes Moment des Unerhörten.

Schiller büßte mit seinen theoretischen Forderungen zur lyrischen Sprache und deren praktischen Konsequenzen wie kaum ein anderer die Haupttendenzen seiner eigenen Zeit. Herder hatte sie als das »philosophische Zeitalter der Sprache« charakterisiert: das poetische schien ihm längst vergangen. Anders als dieser mit seiner radikalen Diagnose vom Sprachverlust, hatte Schiller als Resultat zu zeigen versucht, dass in einem sentimentalischen Zeitalter auch nur noch sentimentalische Dichtung möglich sei, deren Lyrik sich dessen Prämissen zu unterwerfen habe.

Schiller sind die Ambiguitäten von Sprache als eines sozialen Phänomens, das insbesondere in der Moderne zu einer immer weitere Bereiche uniformierenden Kommunikation führen musste, durchaus nicht verborgen geblieben. Nur mag er dem Dilemma zwischen Individualität und Uniformität der Sprache auch deswegen nicht immer entkommen zu sein, weil er ein Schriftsteller war, der öffentliche Wirkung entfalten musste und wollte – anders etwa als Hölderlin, der sich dergleichen konsequent verweigert hat. Schiller wollte gehört werden. Er ist einer jener Schriftsteller, die immer ein mögliches Publikum im Auge hatten, sei es um des Erwerbs willen, sei es wegen der beabsichtigten Wirkung. In der Lyrik nicht anders als in seinen dramatischen Werken hat er die wirkungsästhetischen Möglichkeiten der Sprache genau ausgelotet, ja – wie an der *Matthisson*-Rezension zu sehen war – genauestens zu kalkulieren versucht. Aber er hat ebenso um die Verluste gewusst, die eine derartige Sprache in Kauf nehmen muss. In einem Brief an Goethe vom Februar 1798 schreibt Schiller:

»Man kann wirklich, däucht mir, jedes Individuum als einen eigenen *Sinn* betrachten, der die Natur im Ganzen eben so eigenthümlich auffaßt als ein einzelnes Sinnenorgan des Menschen und eben so wenig durch einen andern sich ersetzen läßt, als das Ohr durch das Auge und s. w. Wenn nur jede individuelle Vorstellungs- und Empfindungsweise auch einer reinen und vollkommenen Mittheilung fähig wäre, denn die Sprache hat eine, der Individualität ganz entgegengesetzte Tendenz, und solche Naturen, die sich zur allgemeinen Mittheilung ausbilden büssen gewöhnlich soviel von ihrer Individualität ein, und verlieren also sehr oft von jener sinnlichen Qualität zum Auffaßen der Erscheinungen. Ueberhaupt ist mir das Verhältniß der allgemeinen Begriffe und der auf diesen erbauten Sprache zu den Sachen und Fällen und Intuitionen ein Abgrund, in den ich nicht ohne Schwindeln schauen kann.« (29, 212)

Ein Abgrund in der Tat, den sprachlich auszuloten der Lyriker vermieden hat. (Wilhelm von Humboldt 1973, 56 u. 58f., hat dies Ab-

gründige der Sprache benannt und ins Zentrum seiner Sprachphilo-
sophie gerückt.) Gegenüber Goethe formulierte Schiller das Problem
der grundsätzlichen Rätselhaftigkeit jeglichen individuellen Sprechens, das ihn schon lange beschäftigte, in einem ›objektiven‹
sprachlichen Gestus. Früheren Briefpartnern, die ihm vertrauter waren, hatte er es jedoch immer mit eigenen (in der Druckfassung
ausgeschiedenen) Versen des *Don Karlos* benannt, die er seiner Frau
im Sommer 1789 aufgeschrieben hat:

> *– – – Schlimm, daß der* Gedanke
> *erst in der* Worte *todte Elemente*
> *zersplittern muß, die Seele sich im Schalle*
> *verkörpern muß, der Seele zu erscheinen.*
> *Den treuen Spiegel halte mir vor Augen,*
> *der meine Seele ganz empfängt, und ganz*
> *sie wiedergibt, dann, dann hast du genug*
> *die Räthsel meines Lebens aufzuklären!* (25, 270)

Und er setzt etwas hinzu, das die prekäre und immer schon bedrohte Kommunikationsfähigkeit aller individuellen sprachlichen Äußerung *für Schiller selbst* schlaglichtartig deutlich werden lässt: »Damals als ich diese Verse schrieb, hätte ich nicht geahndet, daß ich sie
einmal für mich selbst würde reden laßen müssen.« (25, 270) Ver-
wirren muss ein derartiges Eingeständnis nicht nur bei einem, der
aller poetologischer Theorie zum Trotz geschrieben hatte, dass das
einzige, was der Dichter seinem Publikum mitteilen könne, seine
Individualität sei; sondern auch bei dem, der solche Verse über die
Fragilität und Vergeblichkeit der gelingenden Mitteilung über das
Medium Sprache macht. Vielleicht aber auch trog ihn seine Erinnerung, denn dass sie für ihn selbst sprachen, zeigt sich schon daran,
dass er die Verse mit ähnlicher Intention wie an Charlotte von Lengefeld nur wenig nach ihrer Entstehung dem Freund Körner und
(noch einmal einige Jahre später) Wilhelm von Humboldt geschrieben hat. Der *Dichter* Schiller hat wohl in den überwiegenden Fällen
jene allgemeine *ideale* Art der Mitteilung angestrebt, die er als
Freund in diesen *individuellen* Fällen offensichtlich so sehr ver-
wünschte.

VI. Diagnosen und Theorien –
Zu den ästhetisch-philosophischen
Abhandlungen

1. Weitblickende Diagnosen: Die Gedichte *Die Götter Griechenlandes* und *Die Künstler*

Während Schiller an seiner *Geschichte des Abfalls der vereinigten Niederlande von der Spanischen Regierung* arbeitete, berichtete er seinem Freund Körner im März 1788 – nicht ohne Stolz –, sich »aus dem Schulstaub meines Geschichtswerks auf etliche Tage losgerüttelt« zu haben. Er habe dabei die angenehme Entdeckung gemacht, daß seine Arbeit als Historiker entgegen den Befürchtungen Körners doch noch nicht den Dichter in ihm verkümmert habe. Ja er berichtete sogar vom Besten, was er »neuerdings hervorgebracht habe« (25, 29). Die Rede ist von einem der umfangreichsten und bedeutendsten Gedichte Schillers: *Die Götter Griechenlandes*, das in Wielands Zeitschrift *Teutscher Merkur* im Märzheft 1788 zuerst erschienen ist (zur umfangreichen Sekundärliteratur vgl. Bernauer 1995, 106; Koopmann 1996). Dieses Gedicht nimmt zusammen mit dem ein Jahr später entstandenen *Die Künstler* im lyrischen Werk Schillers eine Ausnahmestellung ein, weil sich der Dichter ganz eigenen Prinzipien unterwarf, die weder durch Vorbilder noch durch explizite ästhetische Theorie eingeschränkt wurden.

Schiller selbst schätzte an seinem Gedicht »eine edle Anmuth mit einer Farbe von Wehmuth untermischt« (25, 69). Was machte den Dichter wehmütig? Für Hegel, dem das Gedicht in seinen *Vorlesungen über die Ästhetik* einer umfänglicheren Erwähnung wert war, hatte diese ›Wehmut‹ in der »Sehnsucht nach Kunst überhaupt und näher nach der klassischen Kunst der Griechen und ihrer Götter und Weltanschauung« ihren Grund. Sie resultiere aus der Trauer über den Verlust jener griechischen Anschauung, »für welche die ganze Natur belebt und voll Götter war«. An deren Stelle seien die für einen Künstler gänzlich unbrauchbaren »Verstandesabstraktionen der modernen Aufklärung« getreten (Werke 14, 114ff.). Sicher mögen auch derlei Zeitphänomene, die Schiller wie andere beklagte, jenen wehmütigen Grundton hervorgebracht haben. Aber seine Diagnose geht doch viel weiter – und das bemerkten die unmittelbaren zeitgenössischen Kritiker ganz deutlich, zu denen Hegel nicht mehr zu zählen ist. Sie trug Schiller in der Diskussion über dies programmatische Gedicht (vgl. Fambach 2, S.40-73) den Vorwurf ein, des christlichen Gottes »Kindschaft entsagen zu wollen«, wie sich Friedrich Leopold Graf zu Stolberg empörte: »um, wenn das möglich wäre, wieder zu glauben, daß Bakchus mit frechen Mänaden schwärmen, und Venus mit Gnade auf den Dienst ihrer unzüchtigen Priesterinnen herab schaue, ist der abentheuerlichste Wunsch, dem sich ein Mensch überlassen kan, ein Wunsch, dessen Aeusserung sich nicht vom Begriffe der Lästerung trennen läßt« (2 II A, 164; Frühwald 1969; Oellers 1973). War der Kern dieser aufgeregten Kritik überhaupt berechtigt? Oder beruhte sie vielmehr auf dem profundem Missverständnis eines Werks, das vor dem Hintergrund einer idealisierten Vergangenheit kulturelle Defizite der eigenen Zeit anprangert?

Der erste diesbezügliche Einwand kam vom Freund Körner (vgl. 33 I, 180). Als dieser seinen im März 1789 erschienenen Aufsatz *Ueber die Freiheit des Dichters bei der Wahl seines Stoffs* verfasst hatte, kam Schiller noch einmal auf sein Verfahren zurück (vgl. 25, 166ff.). Dabei verteidigt er sich etwas gelangweilt gegen die Blasphemievorwürfe und plädiert demgegenüber nachdrücklich für die Autonomie des Kunstwerks. Es sei obsolet, vom (dichtenden) Künstler eine vollständige Würdigung von Religion oder Moral zu erwarten, da es ihm ja immer nur um das »*idealische*« eines realen Phänomens zu tun sein müsse. Für die Bewertung der jeweilig ausgewählten Materialien käme es allein auf die Qualität des Kunstwerks an. Es sei daher widersinnig, das autonome Kunstwerk völlig kunstfremden Kategorien wie ›unmoralisch‹ oder ›gottlos‹ zu unterwerfen. Wohlgemeinte Absichten, »das Moralischgute überall als höchsten Zweck zu verfolgen« (20, 134), hatten in der Kunst schon genug Mittelmäßiges hervorgebracht. Die ganz und gar selbstsichere und unaufgeregte Argumentation zeigt Schiller hier als Prototyp des bürgerlichen Künstlers der Moderne, dem die unangreifbare Autonomie ein integrales Moment des Kunstwerks ist.

Auch Hegels Analyse problematisiert das Skandalträchtige des Gedichts, die scheinbare Religionskritik. Auch er will den Vorwurf von Blasphemie keineswegs aus der Welt schaffen, wenn er die folgenden Verse kommentiert:

> *Diese traurge Stille,*
> *Kündigt sie mir meinen Schöpfer an?*
> *Finster, wie er selbst, ist seine Hülle,*
> *Mein **Entsagen** – was ihn feiern kann.* (1, 193, Hervorh. v. Hegel)

Hegel wirft Schiller ein unzureichendes Verständnis einer »wahrhaft christlichen« Auffassung von Entsagung vor: Sie, als Vermittlung des Endlichen mit dem Unendlichen, des Natürlichen mit dem Geistigen, des Menschlichen mit dem Göttlichen, lasse »den Geist zur höheren Freiheit und Versöhnung mit sich selbst kommen [...], eine Freiheit und Seligkeit, welche die Griechen nicht kannten« (Werke 14, 115). Für Hegel hat das christliche Abendland diese Erfahrung von ›höherer Freiheit‹ der griechischen Antike voraus. Das habe Schiller nicht verstanden, weshalb er jenes »berühmte Wort« schreiben konnte, das Hegel als »durchweg falsch« brandmarkte: »Da die Götter menschlicher noch waren,/ Waren Menschen göttlicher«. Nur mit solch ›falschem‹ Verständnis der christlichen Entsagung könne man wie Schiller von der »Abgeschiedenheit« Gottes und seiner »Loslösung von der entgötterten Welt« sprechen. Denn gerade der »geistigen Freiheit und Versöhnung des Geistes« mit dem Sinnlichen, dessen »Unangemessenheit« erst Entsagung aufheben kann, sei Gott immanent (Werke 14, 115).

Die Affirmation der eigenen Zeitumstände war Schillers Sache im Gegensatz zu Hegel nie, der nach zerstörerischen Erfahrungen mit einer »fertigen Welt« diese in allen ihren Erscheinungen und mit aller Konsequenz auf ihr Telos hin zu explizieren suchte. Polemisierte in den *Göttern Griechenlandes* also nur ein orientierungslos gewordener Künstler gegen einseitige Tendenzen der eigenen Aufklärungsepoche, wie Hegel suggeriert? Oder hätte Schiller mit diesem Gedicht nicht vielleicht doch eine großartige Diagnose eines unwiderruflich säkularisierten Zeitalters gegeben? Es war schon bei seinem Beharren auf der Autonomie des Kunstwerks zu sehen, dass es ihm auf plumpe Religionskritik überhaupt nicht ankam. Wohl aber ging es Schiller immer wieder um Zeitdiagnose.

Die wissenschaftliche Entmythologisierung vormals phantasie- und mythenerzeugender Phänomene wird in diesem Gedicht genauso konstatiert wie die Entsinnlichung der Religion oder die mechanische Ansicht einer Natur, aus der alles Göttliche verschwunden ist:

> *Wo jezt nur, wie unsre Weisen sagen,*
> *seelenlos ein Feuerball sich dreht,*
> *lenkte damals seinen goldnen Wagen*
> *Helios in stiller Majestät.* (1, 190)

Musik, Literatur, Bildende Künste, Tugenden, Liebe und Tod: alles hat in der modernen Welt säkularen Charakter angenommen; an allen diesen Phänomene ist der unwiderrufliche Verlust ihrer vormaligen Arcana zu beklagen. Aller Poesie beraubt, scheinen sie in einem

prosaischen Zeitalter ein marginales Dasein zu fristen, das nach
Rechtfertigung verlangt. Die im Gedicht zweimal auftauchende Metapher vom »Gerippe« (V. 105 u. 152, 1. Fassung) wird dann bei
Max Weber zum zentralen Signum der Moderne, die von »den kalten Skeletthänden rationaler Ordnungen« geprägt wird (1920, 561).

Wahrscheinlich hätte der Dichter durchaus mit einem seiner bi-
gotten und aufgeregten Kritiker sagen können: »Zieht hin, Götter
Griechenlandes [...]« (2 II A, 168). Sollten sie doch ziehen, wenn
der Mensch nicht unbehaust in einer Welt ohne Gott zurückbliebe.
Aber konnte denn die verwaiste Stelle überhaupt noch länger ein
Gott einnehmen, auch wenn es denn ein christlicher sein sollte?
Diese bedrängende Frage, die Schiller in all ihrer abgründigen Radikalität mit seinem Gedicht gestellt hat, bleibt in einer ganz und gar
entzauberten Welt allemal unbeantwortet – wenn man denn überhaupt noch einen Sinn in ihr zu sehen vermag. Er hat die Frage
noch einmal ausdrücklich in einem Brief an Körner in engem zeitlichen Zusammenhang mit der Auseinandersetzung um *Die Götter
Griechenlandes* gestellt und sie – indem er die Kunst an die Stelle
der metaphysischen Defizite des Menschen in einem säkularisierten
Zeitalter setzt (vgl. Demmer 1984, 47) – negativ beantwortet: »Was
ist das Leben der Menschen, wenn ihn ihm nehmt, was die Kunst
ihm gegeben hat? Ein ewiger aufgedeckter Anblick der Zerstörung.
Ich finde diesen Gedanken sogar *tief,* denn wenn man aus unserm
Leben herausnimmt, was der Schönheit dient, so bleibt nur das *Bedürfniß* und was ist das Bedürfniß anders, als eine Verwahrung vor
dem immer drohenden Untergang?« (25, 186f.) Gott *ist* schon verschwunden, aber das avisierte Szenario vom Ende der Kunst liefert
den Menschen erst einer vollends bedrohlichen Diesseitigkeit aus.

Dieses Briefzitat kommentiert zugleich zentrale Gedanken seines
1788 begonnenen Gedichts *Die Künstler,* das in erstaunlicher Strin-
genz die Konsequenzen weiterreflektiert, die sich aus dem in den
Göttern Griechenlandes diagnostizierten gesellschaftlichen Zustand
der Entzauberung in Hinsicht auf die Kunst und ihre veränderte
Funktion ergeben. Hatte dieses in der ersten Fassung mit 200 Versen bereits beträchtliche Ausmaße, so sprengen die 481 Verse der
Künstler schon von ihrem Umfang her konventionelle lyrische Formen. Wieland sprach »diesen neuen Formen« denn auch sogleich
den Charakter eines traditionellen Gedichts ab und hielt *Die Künstler* für »philosophische Poesie«. Der engagierten Auseinandersetzung
mit dessen Kritik (vgl. 25, 210f.) verdankt sich ein Werk, das beinahe
in umfassender Weise alle Probleme Schillers als Dichter der Moderne einschließt, weil es auch die des Ästhetikers, des Anthropologen
und des Geschichtsphilosophen bündelt. Eine zentrale Forderung

der bald nach den *Künstlern* entstandenen *Bürger*-Rezension war,
dass auch Lyrik im Intellektuellen und Moralischen auf der Höhe
ihrer Zeit sein müsse, um wie in einem Spiegel deren wichtigste
Tendenzen in sich zu versammeln. Es liegt nahe anzunehmen, dass
der Dichter diese in seiner monströsen lyrischen Schöpfung zu
gestalten suchte.

Vor allem ging es Schiller um die Darstellung seiner Ideen über
Ursprung und Entwicklung der Kunst sowie im besonderen um eine
Reflexion darüber, wie sich aus der Kunst die Wissenschaft und die
zivilisierten sozialen Formationen entwickelt haben. Dies ist eine in
der zweiten Hälfte des 18. Jahrhunderts zunächst von Hamann und
Herder, dann u.a. von Hölderlin und Schelling breit diskutierte Frage. Schiller hat diese geschichtsphilosophischen und geschichtspoetologischen Ideen seinem poetischen Material derart implantiert,
dass er »*die Verhüllung der Wahrheit und Sittlichkeit in die Schönheit*«
zur durchgängigen Hauptidee des Gedichtes zu machen suchte (25,
199). Das ist durchaus in zweifachem Sinn zu verstehen: Einerseits
galt es, die erkennende und moralische Aufgabe der Kunst durch die
eigene Praxis, durch die Form des Gedichts zu ›verhüllen‹; zum andern sollte im geschichtlichen Rückblick die Entwicklung jener
›Verhüllung‹ des Wahren und Sittlichen im Schönen dargestellt werden.

Als einzigen Vorzug, den der Mensch allen anderen Lebewesen
voraus hat, bestimmt Schiller in seinem Gedicht die *Kunst* – und
nicht die *Freiheit*. Denn ursprünglich liegt in der Kunst als Schönheit die im eigenen Zeitalter so viel gepriesene Vernunft beschlossen, die sich erst als »alternde« (V. 43) von jener emanzipiere. Nichts
anderes als die Kunst ist es auch, die dem aus dem Paradies versto-
ßenen, sterblich und hinfällig gewordenen Menschen tröstend zur
Seite bleibt:

> *als alle Himmlischen ihr Antlitz von ihm wandten,*
> *schloß sie, die Menschliche, allein*
> *mit dem verlassenen Verbannten*
> *großmüthig in die Sterblichkeit sich ein.* (V. 70-73)

Sie vermochte zuerst Sittlichkeit und Freiheit ohne Herrschaft und
Gewalt in der Welt zu manifestieren. Allein der Kunst gelang die
Versöhnung des Menschen mit der Natur, der er sich vorher nur zu
bemächtigen suchte. Sie zeigte dem Menschen das Schöne der Natur, damit er das Kunstschöne in inniger Verbindung mit der Natur
als »Schöpfungen der Menschenhand« erschaffen konnte. Jedoch
darf sich das Kunstschöne niemals korrumpierender Wirklichkeit
ausliefern:

> *Das Kind der Schönheit, sich allein genug,*
> *vollendet schon aus eurer Hand gegangen,*
> *verliert die Krone, die es trug,*
> *sobald es Wirklichkeit empfangen.* (V. 157-160)

Die Kunst allein befreit die Menschen aus den Zwängen bloßer Bedürfnisse; ihr verdankt der Mensch, das Telos des eigenen Schicksals wie das der Geschichte zu erkennen; sie vermag es, den Bogen über das sterbliche Leben hinaus zu spannen; sie erst verschafft dem Menschen jene Harmonie, mit der er zugleich die Welt auszustatten imstande ist: Jedes dieser vier Momente wird Schiller in den *Briefen über die ästhetische Erziehung des Menschen* wieder aufgreifen.

Die Kunst vermag, den Menschen mit seinem Schicksal zu versöhnen; sie ermäßigt die sonst immer wieder Schrecken verbreitende Notwendigkeit:

> *Mit dem Geschick in hoher Einigkeit,*
> *gelassen hingestützt auf Grazien und Musen,*
> *empfängt er das Geschoß, das ihn bedräut,*
> *mit freundlich dargebotnem Busen*
> *vom sanften Bogen der Nothwendigkeit.* (V. 312-315)

Wenn am Ende des 18. Jahrhunderts, im Zeitalter der heraufziehenden Weltbeherrschung durch die Wissenschaft, sich diese jenen Thron erträumt, den vormals die Kunst innegehabt zu haben schien, entlarvt der Dichter das als verzeihlichen Irrtum: *verzeiht ihm* [dem Wissenschaftler] – *der Vollendung Krone / schwebt glänzend über eurem* [der Künstler] *Haupt* (V. 391/392).

Dieses Gedicht entlarvt nicht allein ein Zeitalter, das sich immer mehr eindimensional auf Wissenschaftsgläubigkeit ausrichtet, sondern avisiert zugleich utopischen Trost angesichts der schwindenden Bedeutung der Kunst, insbesondere in seiner Schlussapotheose. Denn endlich werde sich auch die wissenschaftliche Wahrheit in der dichterischen Begeisterung wiederfinden: ein Gedanke (vgl. 28, 99), der in der nachfolgenden Generation (bei Hölderlin, Schelling und den Frühromantikern) entscheidende Bedeutung erlangen wird (vgl. Malles 1996, 190f.).

Da die Kunst alle Notwendigkeit mit Anmut umkleidet, wird ihr vom Dichter das Privileg zugesprochen, zu einer humanen Welt, ja sogar zur Durchsetzung von Menschenrechten, zu führen:

> *Da sah man Millionen Ketten fallen,*
> *und über Sklaven sprach jetzt Menschenrecht,*
> *wie Brüder friedlich miteinander wallen,*
> *so mild erwuchs das jüngere Geschlecht.* (V. 375-378)

Angesichts solcher Verse, solcher Schlussfolgerungen scheint es nur konsequent, dass der Verfasser dieses ›philosophischen‹ Gedichts in seinen wenig später entstandenen *Briefen über die ästhetische Erziehung des Menschen* den ›ästhetischen Staat‹ avisieren wird.

Hat das poetische Material der *Künstler* diese Ideen »beweisen« können? So heißt es in Schillers eigener Diktion hinreichend erhellend, denn Bemühungen dieser Art müssen die Grenzen bisheriger lyrischer Verfahren sprengen. Lyrik hat nie vorher und auch später nicht Sachverhalte oder Ideen beweisen wollen: Sie wollte rühmen wie Pindar, trauern wie Ovid, Gefühle und Affekte darstellen, Natur schildern, Gott loben oder von Menschen erzählen. Mitunter wollte sie auch belehren. Aber *beweisen*? Solche Grenzüberschreitung indiziert in geradezu dramatischer Weise das Problem des modernen ›sentimentalischen‹ Künstlers, der sich vor der Aufgabe sah, dem womöglich wieder Leben einzuhauchen, was er an anderer Stelle (in *Die Götter Griechenlandes*) als unwiderruflich mortifiziert erkannt hatte: *Und uns blieb nur das entseelte Wort* (2 I, 367).

Gegen die Vermutung Körners, »daß Wieland nicht so ganz Unrecht habe, wenn er das Ganze mehr für eine versificirte philosophische Abhandlung ansieht« (33 I, 311), beharrt Schiller auf seiner neuen Konzeption von Lyrik und antwortet mit Entschiedenheit: »Es ist ein *Gedicht* und keine Philosophie in Versen; und es ist *dadurch* kein schlechteres Gedicht, wodurch es mehr als ein Gedicht ist.« (25, 220). Hier scheint vielleicht zum ersten Mal Schillers Projekt einer anderen, der Moderne entsprechenden ›sentimentalischen‹ Dichtung auf, in die er all das einschmelzen möchte, was ihr bislang als inkommensurabel galt.

2.   Krankheit und Theorie

Ungefähr zu jener Zeit, als sich seine verheerende körperliche Zerrüttung zum ersten Mal in ihrer ganzen Brutalität manifestierte, begann Schiller damit, grundlegende Bestimmungen seiner idealistischen Kunsttheorie viel verbindlicher als im ›philosophischen‹ Gedicht oder im Kommentar eigener oder fremder Werke zu formulieren: gewissermaßen ›gesetzmäßig‹ in *philosophischer Terminologie*. Was dann in den folgenden Jahren bis etwa 1795/96 an theoretischen Begründungen der Kunst geleistet wurde, diente nicht nur der Rechtfertigung jener selbst, sondern auch dem eigenen Leben und Schaffen – gerade in einer Zeit höchster existentieller Gefährdung.

Im Januar 1791 hatte ihn die Krankheit zum ersten Mal lebensbedrohlich niedergeworfen. Die Schmerzen dauerten fort, bis ihn Anfang Mai »ein fürchterlicher krampfhafter Zufall mit Erstickungen« (26, 84) heimsuchte, bei dem er zu sterben glaubte. Seine Leiden, die ihn bis zu seinem Tod vierzehn Jahre später nicht mehr verließen, waren Folge eines Konglomerats schwerster Erkrankungen (vgl. Veil 1945, 97). Die nüchtern sachlichen Beschreibungen der Symptome, die der ehemalige Regimentsmedikus selbst aufgezeichnet hat, sind erschreckend: schwerste Krämpfe, Erstickungsanfälle, Erbrechen und Durchfall, Blut- und Eiterspeien, Fieber und Schweißausbrüche, die Unfähigkeit, Nahrung zu sich zu nehmen und daraus resultierende Ohnmachten, ja sogar Aussetzen des Pulses, dazu Aderlässe, Blutegel, Klistiere, dabei reichlicher Genuss von erleichterndem Opium; qualvolle Beschwerden, die Schiller bis weit in das Jahr 1793 hinein aufs heftigste peinigten.

Derartig katastrophale Zustände kann eigentlich keine ihrem Gegenstand angemessene Interpretation der gleichzeitig entstandenen ästhetischen Schriften ignorieren, ohne entscheidende Elemente von Schillers Argumentationen zu verfehlen (vgl. einen in der Forschungsliteratur eher seltenen Hinweis auf »die persönliche Dimension der Theorie« bei Zelle 1995, 159). Diese gewinnen im Zeichen der nur wenige Jahre zuvor formulierten Theorien des Mediziners und Anthropologen allemal prekäre Brisanz, wenn man bedenkt, dass doch dessen Interesse in besonderer Weise dem ›Commercium mentis et corporis‹ galt, jener geheimnisvollen Korrespondenz von seelischen Zuständen und deren körperlichen Ursachen und umgekehrt der Ätiologie körperlicher Gebrechen im Seelischen. In seiner dritten Dissertation hatte Schiller auf eine weitreichende Analogie von Körperlichem und Geistigem geschlossen: »*Die Thätigkeiten des Körpers entsprechen den Thätigkeiten des Geistes ; d. h. jede Ueberspannung von Geistesthätigkeit hat jederzeit eine Ueberspannung gewisser körperlicher Aktionen zur Folge, so wie das Gleichgewicht der erstern, oder die harmonische Thätigkeit der Geisteskräfte mit der vollkommensten Uebereinstimmung der leztern vergesellschaftet ist.*« (20, 57).

Nun wird ein derartiger Zusammenhang aufgekündigt: Der »ethische Mensch« in seinem körperlichen Leiden soll seinem leiblichen Zustand keinen Einfluss auf seine seelische Verfassung gestatten. Aber Schillers Postulate werden noch hybrider, wenn er dem ›ethischen Menschen‹ die Möglichkeit zusprechen will, den physischen Zustand kraft seiner Gesinnung zu bestimmen (vgl. 20, 211).

2.1 *Anmut und Würde*

Angesichts seines eigenen körperlichen Zustands schien dem Theoretiker ein derartiger Preis offenbar nötig: Wenn die leibliche Verfassung schon nicht ignoriert werden konnte, so sollte sie doch
wenigstens zu transzendieren sein. Da finden sich dann Sätze, die in
einer Radikalität den Primat des freien Willens über alle Natur und
Sinnlichkeit postulieren, die ihresgleichen suchen. In der im Frühling 1793 entstandenen Abhandlung *Über Anmuth und Würde* wird
der Mensch als ein Wesen bestimmt, das »absolut letzte Ursache seiner Zustände« sei, womit es allein von seinem freien Willen abhin-
ge, diese zu ändern: »Die Art seines Erscheinens ist abhängig von
der Art seines Empfindens und Wollens, also von Zuständen, die er
selbst in seiner Freyheit, und nicht die Natur nach ihrer Nothwendigkeit bestimmt.« (20, 262). Wie anders hatte da noch der Mediziner und Verfasser der *Räuber* gesprochen! Der *Versuch über den Zusammenhang der thierischen Natur des Menschen mit seiner geistigen*
hatte gerade zeigen wollen, »warum die thierische [sic!] Empfindungen mit unwiderstehlicher und gleichsam tyrannischer Macht die
Seele zu Leidenschaften und Handlungen fortreissen, und über die
geistigsten selbst nicht selten die Oberhand bekommen« (20, 46).

In *Anmut und Würde* wird nun die gegenteilige Perspektive herausgearbeitet. Der Geist, als freier Wille des Menschen, wird in seinem Einfluss auf die lebendige Natur, das organische Leben und die
animalischen Kräfte des Menschen untersucht. Dabei gibt der ›philosophische Arzt‹ Schiller, auch unter dem Einfluss Kants, seine Einsicht in den wechselseitigen Zusammenhang der den Menschen be-
wegenden physischen und psychischen Kräfte dem Buchstaben nach
zwar nicht preis. Aber sein Interesse besteht nunmehr darin, den
vernünftigen Willen auch als oberste Ursache der Empfindungen zu
profilieren. Das Verhältnis von Geist und Körper wird im zweiten
kürzeren Abschnitt der Abhandlung, der sich der *Würde* widmet,
endgültig zugunsten des Geistes, im Sinne des Kantischen Primats
der praktischen Vernunft, hierarchisiert.

Schiller liegt vor allem daran zu bestimmen, »wie der Geist –
auch nur als Princip der willkührlichen Bewegung betrachtet – seine
Wirkungen durch das ganze System« der gesamten Vermögen des
Menschen fortpflanzen könne. Die Schlussfolgerung ist, dass der
Geist nicht nur den Willen beeinflusse, sondern auch das, was der
Mensch willentlich nicht beeinflussen kann. Er bestimmt »nicht
bloß absichtlich, wenn er handelt, sondern auch unabsichtlich,
wenn er empfindet« (20, 262f.). Im Gegensatz zur reinlichen Be-
griffsklärung der menschlichen Vermögen, die Kant vornimmt,

stürzt Schiller hier alles in den Schacht eines alles beherrschenden
Geistes: Vernunft, Wille und Empfindung.

Der philosophische Anthropologe bestimmt angesichts seiner
leiblichen Zerrüttung das Verhältnis von *Geist und Körper* neu. Wo
der ›philosophische Arzt‹ der Karlsschule bei allen konstatierten Di-
chotomien noch deren Zusammenhang finden konnte, da will dem
unter Kants Einfluss geratenen Ästhetiker dergleichen kaum mehr
gelingen. Der anthropologische Untersuchungsgegenstand – das
Verhältnis des Geistes, als *willkürlicher* Vernunft, zur *unwillkürlichen*
Empfindung von Körper und Seele – steht neben der (produktions-)
ästhetischen Problemkonstellation: wie die *absichtliche Unabsicht-*
lichkeit des Künstlers *Freiheit und Vernunft* mit *Schönheit und Sinn-*
lichkeit in Einklang bringen kann. Das führt zu unaufgelösten Dissonanzen, so dass man dann wahrhaftig nur noch von einer
doppelten Ästhetik Schillers sprechen kann, um sich ein wenig aus
den theoretischen Sackgassen zu retten. (Vgl. SW V, 1152; Zelle
1994, 467; ders. 1995, 147ff., wo im Gegensatz zur übergroßen
Mehrheit der Interpreten der Schillerschen Ästhetik die doppelte
Ästhetik des Schönen und Erhabenen wie die doppelte Anthropologie der versöhnten *und* der gespaltenen Welt herausgearbeitet wird.)

Wohl gibt es die ›vermittelnde‹ Ästhetik des Schönen. Prägnant
wird am Ende des Abschnitts über die *Anmut*, die Schiller als
Schönheit der Gestalt unter dem Einfluss der Freiheit begreift, die
Aufgabe des Menschen formuliert, »eine innige Übereinstimmung
zwischen seinen beyden Naturen zu stiften, immer ein harmoniren-
des Ganze zu seyn, und mit seiner vollstimmigen ganzen Menschheit zu handeln« (20, 289). Alle Zentralbegriffe einer vermittelnden
Anthropologie sind in diesem Resümee seiner Überlegungen zur *An-*
mut versammelt. Aber Schiller eröffnet damit zugleich jene über die
Würde. In Anlehnung an seine berühmte Formel »Schönheit also ist
nichts anders als Freiheit in der Erscheinung« (26, 183) bestimmt er
nun seinen Begriff von Würde: »Beherrschung der Triebe durch die
moralische Kraft ist *Geistesfreiheit,* und *Würde* heißt ihr Ausdruck in
der Erscheinung.« (20, 294). Statt Freiheit also nun Geistesfreiheit,
die nur im Kampf mit seinem Leib, nur *gegen* die ›tierische Natur‹
des Menschen errungen werden kann. Ein über Natur und Vernunft
erhabener Wille wird installiert, der als eine metaphysische Instanz
gedacht wird, die »weder dem Gesetz der Natur, noch dem der Vernunft, so unterworfen ist, daß ihm nicht vollkommen freye Wahl
bliebe, sich entweder nach diesem oder nach jenem zu richten. Das
Thier *muß* streben den Schmerz los zu seyn, der Mensch kann sich
entschließen, ihn zu behalten.« (20, 290) Die »fortlaufende Kette«
ist zerrissen, der Mensch von seiner ›tierischen Natur‹ suspendiert:

Das »Weltmodell der ›chain of being‹« wird außer Kraft gesetzt, das dem Mediziner gerade ermöglicht hatte, »den Menschen gegen überschwengliche Definitionen seiner Bestimmung in Schutz zu nehmen und sein gemischtes Wesen als ›Vollkommenheit‹ eigener, ja singulärer Art zu begreifen« (W. Riedel 1985, 119; zu den wissenschaftsgeschichtlichen Umbrüchen im Zusammenhang mit der Vorstellung von der ›Kette der Wesen‹ vgl. Lepenies 1976, 41 ff.).

Die ›spaltende‹ Ästhetik des Erhabenen wird nun über der ›versöhnenden‹ Ästhetik des Schönen inthronisiert. *Anmut und Würde* markiert diese doppelte Ästhetik und Anthropologie und ihr Gefälle ganz deutlich. Wenn Schiller die Anmut in einer »*schönen Seele*« wohnen läßt, »wo Sinnlichkeit und Vernunft, Pflicht und Neigung harmoniren« (20, 288), so dementiert er diese Bestimmung nur wenige Absätze später und denunziert sie als eine ›bloße Idee‹, weil die physischen Bedingungen des Menschen sie niemals zur Existenz kommen ließen. Die *schöne* Seele kann als von Gefühlen affizierte im Gedränge des Lebens nur als *erhabene* in Erscheinung treten. Denn die menschliche Natur erlaubt im allgemeinen keine Übereinstimmung zwischen Neigung und Pflicht, zwischen Vernunft und Sinnlichkeit. Der Mensch kann »nicht mit seiner ganzen harmonirenden Natur, sondern ausschließungsweise nur mit seiner vernünftigen handeln« (20, 293). Solch Oszillieren zwischen der ›ganzen harmonirenden‹ Natur, die Schiller dem Menschen nur als Ideal attestiert, und seiner ›erhabenen‹ kennzeichnet sowohl die anthropologischen als auch die ästhetischen Bestimmungen seiner großen philosophisch-ästhetischen Schriften dieser Jahre.

Die um den ›ganzen‹ Menschen ringende Anthropologie des jungen Schiller wandelt sich zu einer doppelten. Zwar bleibt als dringlichstes Desiderat des modernen Menschen, die Brüche zwischen Vernunft und Natur, Körper und Geist zu schließen. Das aber ist in der Moderne nur unter kontingenten Bedingungen möglich. Schiller war offensichtlich in der Lage, die sich aus einer solchen ›doppelten‹ Konzeption ergebenden Widersprüche nebeneinander stehen zu lassen. Die Aporien, in die sich der Anthropologe nicht nur in *Anmut und Würde* verstrickt, sind allerdings ohne den psychophysiologischen Hintergrund des schwer kranken Verfassers kaum zu verstehen (vgl. u.a. Hamburger 1965, 136; Kondylis 1979, 283 ff., der Schillers begriffliche Differenzen in der Auseinandersetzung mit Kant als bloßes Unvermögen charakterisiert; zu den Voraussetzungen der Darstellung Schillers als »Defizitär-Kantianer« vgl. W. Riedel 1998a, 155 ff.).

2.2 Vom Erhabenen

Die teilweise rigorosen Formulierungen in Schillers ästhetischen Abhandlungen des Jahres 1793, die gänzlich die ›erhabene‹ Seite des
Menschen forcieren, sind also nicht allein mit dem Hinweis auf sein
begeistertes und intensives Kantstudium zu erklären, mit dem er
sich die Grundlagen für seine kunsttheoretischen Arbeiten der folgenden Jahre zu verschaffen suchte. Diese radikalen Postulate stehen
auch in einer abgründigen Dependenz zu der verheerenden Infragestellung der eigenen (leiblichen) Existenz, mit der Schiller sich in
dieser Zeit permanent konfrontieren musste. Denn natürlich leug-
nete der ehemalige Arzt keineswegs »das ganze System derjenigen
Erscheinungen am Menschen, die unter der blinden Gewalt des Na-
turtriebes stehen und ohne Voraussetzung einer Freyheit des Willens
vollkommen erklärbar« seien – wie es in der ebenfalls 1793 entstandenen Schrift *Über das Pathetische* heißt (20, 205). Aber vielleicht
hat Kants Ästhetik des Erhabenen für Schiller in der Ausweglosig-
keit seines schwerkranken Zustands zu einem willkommenen Remedium werden können.

Wie meistens zu dieser Jahreszeit hatte Schiller auch im Frühjahr
1793 unter heftigen Krankheitsanfällen zu leiden. Vor allem sein
wissenschaftliches Interesse ließ ihm seine Existenz einigermaßen er-
träglich werden, denn er meinte, sich durch seine philosophisch-äs-
thetische Arbeit am besten »über körperliches Leiden zu *erheben*« (26,
234; Hervorh. v. Vf.). Auch diese Formulierung mag indizieren, warum sich Schiller gerade jetzt so intensiv mit dem Phänomen des Erhabenen auseinander setzte. Dem schwer zerrütteten Körper war kaum
anderes als ein wahrhaft erhabener Wille entgegenzusetzen, um der
existentiellen Bedrohung nicht ganz zu unterliegen. Und das trennen-
de, zergliedernde philosophische Denken war für Schiller allemal
nicht auf den ›ganzen‹ Menschen mit seiner ›harmonirenden Natur‹
angewiesen wie die Poesie. Aus ihr, aus der poetischen Arbeit, hätte
sich die körperliche und seelische Not selbst im Medium der ›Erhabenheit‹ am Ende doch nicht ganz heraushalten lassen können, was
der Theoretiker nicht nur von anderen (vgl. die Ovid-Kritik 20, 450),
sondern auch von sich selbst vehement einforderte, um jeglichen Verdacht kontingenter Subjektivität zu zerstreuen (vgl. 26, 171). Denn
»Erhabenheit, Angst, Ekel und Verlorensein stehen einander näher, als
das gipserne Pathos des ersten Schlüsselworts dieser Begriffskette«
vermuten lässt (Zelle 1995, 169). Der lebensbedrohliche Zustand
hat zweifellos mit dazu beigetragen, dass in den ersten Jahren der
Krankheit die poetische Produktion weitgehend ausgeblieben ist. An
deren Stelle trat der Versuch einer *philosophischen Bewältigung*.

Jedenfalls gibt die Thematik der theoretisch-ästhetischen Arbeiten, die in der ersten Jahreshälfte 1793 entstanden sind, für die Erhellung dieser Interdependenzen manchen Hinweis; diejenige mit dem Titel *Vom Erhabenen* vielleicht am eindrücklichsten von allen. Darin manifestiert sich – durchaus im Gefolge Kants – sein Interesse augenfällig, die »wahre und vollkommene Unabhängigkeit« des Menschen von der Natur darzustellen: Eine Unabhängigkeit, die der Mensch vorzüglich durch das (Praktisch-)Erhabene erfahren könne. Kant hatte das Schillersche »praktisch-erhaben«, objektiver und weit weniger praktisch, »dynamisch-erhaben« genannt. Er wollte darunter die »scheinbare Allgewalt der Natur« verstehen, angesichts derer der Mensch ein »Vermögen zu widerstehen« entdecken könne (KdU § 28). Nichts anderes meinte Schiller in seiner Begegnung mit dem Tod erfahren zu haben. Aber er hatte doch weit mehr als nur *scheinbare* Allgewalt erfahren: Ihn hatte die reale Gewalt seiner lebensbedrohenden Krankheit erschüttert.

Der Theoretiker verdeutlicht durch den Zusatz ›praktisch‹ seine existentielle Aufladung des Kantischen Begriffs. (Die Interpretation der terminologischen Veränderung bei Schiller von de Man 1997 ist beispielhaft für eine jeglichen biographischen Hintergrund vernachlässigende Deutung; zur Kritik an de Man vgl. Zelle 1995, 155ff.) Das »Theoretischgroße«, das von Kant »mathematisch-erhaben« genannt wird, erweitert für Schiller »eigentlich nur unsre *Sphäre*, das Praktischgroße, das Dynamischerhabene« aber »unsre *Kraft*«. Durch die überstandene Begegnung mit dem ›Praktischgroßen‹ (und was wäre in der Lebenspraxis größer und bedrohlicher als der Tod) sollen dem Menschen ungeahnte Kräfte zuwachsen, die ihm die vollkommene Unabhängigkeit von der Natur einbilden; denn durch das »Praktischerhabene« wird für Schiller »der letzte Grund [...], die Existenz [...], das Daseyn selbst« erschüttert. Aber diese äußerste Anfechtung soll durch die Kraft der Vernunft überwunden werden. Durch diese Erfahrung gestärkt könne der Mensch fühlen, dass er imstande ist, sich »über das Schicksal, über alle Zufälle, über die ganze Naturnothwendigkeit« hinwegzusetzen: So könne er sich wahrhaft erhaben fühlen (20, 174f.). Vielleicht kann so nur ein unter Aufbietung aller seiner (Willens-)Kräfte gerade dem Tod Entronnener sprechen!

Schiller hat den Ursprung der Erfahrung des Praktisch-Erhabenen denn auch ausdrücklich in der Konfrontation mit der Hinfälligkeit des eigenen Leibs situiert, die sich in der *Realität* in körperlichem Schmerz, in der *Vorstellung* durch Schrecken manifestiere. Da der Leib und seine Sinnlichkeit sich schlechterdings nicht wehren können, so bleibt nur die »Lust am Erhabenen« (20, 175). Erstaun-

lich nur, dass der Arzt nun gar meinte, der Mensch könne sich über
»Naturbedingungen hinwegsetzen« (20, 172): Da wird die »moralische Sicherheit« angesichts des physischen Todes erörtert; da wird
ein »*intelligibles Selbst*« vorgestellt, das ganz und gar unabhängig sei
von aller körperlichen Verfassung des Menschen. Die Wirkung des
Erhabenen wird schließlich aus jenen Vorstellungen extrahiert, die
der Todkranke an sich selbst hatte erfahren müssen: nämlich erstens
die »einer objektiven physischen Macht«, zweitens die »unsrer subjektiven physischen Ohnmacht«, zu denen als drittes Moment das
Bewusstsein »unsrer subjektiven moralischen Übermacht« hinzutre-
ten müsse (20, 186). Der Ästhetiker des Erhabenen wollte konse-
quenterweise, »daß bey allem, was einen erhabenen Eindruck machen soll, die Sinnlichkeit mit ihren Foderungen schlechterdings
abgewiesen worden seyn« müsse. Für ihn sollte »aller Beruhigungs-
grund nur in der Vernunft zu suchen seyn« (20, 181; vgl. Kant KpV
B 561f./A 533f.).

Man kann diesen Aufsatz denn auch als einen nicht wenig erschütternden Versuch lesen, der furchtbaren Krankheit ihren Sinn
für das eigene Leben und Schaffen abzuringen. Eine derartige Lektüre lässt erst die rigorosen moralischen Schlussfolgerungen verständlich werden, die für den Dichter doch unbrauchbar sind: die
radikale Beherrschung der Natur des Menschen (seine Leiblichkeit,
seine Phantasien, seine Ängste) durch seine Vernunft. Der Kontrast
des konkret erfahrenen Lebens mit dem *einen* Teil des sich entwik-
kelnden ästhetischen Programms, der Theorie des Schönen, ist nur
dann bemerkenswert (vgl. Mayer 1986, 294), wenn man den *anderen*, die nosographisch aufgeladene Theorie des Erhabenen, nicht
zur Kenntnis nimmt. Diese Gegensätzlichkeit durchzieht Schillers
gesamte ästhetische Theorie.

Lässt man sich nur einmal auf die nicht zu kittenden Risse ein
und vermeidet eine vorschnelle ›Versöhnung‹, so enthüllt sich eine
Beschreibung der Bedingungen nicht nur des modernen Dichters,
sondern auch des modernen Menschen überhaupt, der hin- und
hergerissen ist zwischen dem Wunsch nach einheitsstiftender und
therapierender ›schöner‹ Aussöhnung der Gegensätze und dem Aushalten ihrer ›erhabenen‹ Abgründe. Aber Schillers Misstrauen gegenüber mitunter sorgsam annoncierten Harmonisierungen wird gerade
dadurch evident, dass er diese im Moment ihres scheinbaren Gelingens sogleich wieder destruiert. Auch als Theoretiker war er ein ge-
nuiner Dramatiker: Gegensätze, in apodiktischer Schroffheit vorgetragen, scheinen ihn fasziniert zu haben.

2.3 Schillers Kant-Studium und ›eine überraschende Ausnahme von allem Gewöhnlichen‹

In den ersten Jahren nach dem körperlichen Zusammenbruch Anfang 1791 war die Zeit für eigene schöpferische Tätigkeit kaum zu kalkulieren, wie die Briefe an den Verleger Göschen aus dieser Zeit zeigen. Da rezipierte der Kranke etwas, von dem er genau wusste, dass es sich nicht nur ›nebenher‹ abtun ließ: Anfang März 1791 teilte er Körner mit, dass er Kants *Kritik der Urteilskraft* studiere. Diese Nachricht elektrisierte den Freund, der gespannt war, welche Wirkung Kants Ideen auf Schiller haben würden (vgl. 34 I, 57). Aber das Jahr 1791 musste erst vergehen, bis dieser sich wieder zum Thema Kant äußerte. Ende November hatte er sich die *Kritik der praktischen Vernunft*, Mitte Dezember die *Kritik der reinen Vernunft* bestellt. In seinem Neujahrsbrief 1792 berichtete er dann von seinem intensiven Kant-Studium, das er so lange fortsetzen wollte, bis er sich die kritische Philosophie ganz zu eigen gemacht habe – wenn es auch drei Jahre dauern sollte. Im Mai und wieder im Oktober beschäftigte er sich erneut mit der *Kritik der Urteilskraft* (vgl. 26, 141 u. 161 sowie die Randbemerkungen in Schillers Handexemplar. In: Kulenkampff 1974, 126-144).

Die Aussicht zu einem derart lang andauernden philosophischen Studium war Schiller durch außergewöhnliche Umstände ermöglicht worden, die ihn, der bislang immer genötigt war, mit größter Sorgfalt Arbeit und Einkommen aufeinander abzustimmen, Ende 1791 in geradezu euphorische Stimmung versetzten. Denn Mitte Dezember erreichte ihn ein Brief des Prinzen Friedrich Christian von Augustenburg und des Grafen Schimmelmann aus Kopenhagen, beide hohe Beamte im dänischen Staatsdienst, letzterer Finanzminister, in dem sie dem schon lange verehrten Dichter für drei Jahre eine jährliche Pension von tausend Talern als Geschenk anboten. Daran waren offensichtlich keinerlei Bedingungen geknüpft; auch wenn der Prinz sowie alle an dem ›Deal‹ Beteiligten dem Kreis des reformierten Illuminatenordens angehörten oder ihm zumindest nahe standen, und sie sich Schillers Mitwirkung an ihren Plänen »für die Entwicklung der Menschheit und die Vervollkommnung der Welt« zumindest erhofft haben (vgl. Schings 1996, 199f.).

Durch den dänischen Dichter Jens Baggesen, der Schiller 1790 in Jena kennen gelernt hatte, waren der Prinz und sein Minister nicht nur mit dessen Werken – insbesondere mit *Don Karlos* – bekannt gemacht worden, sondern auch über seine materiellen Lebensumstände informiert. Als sich im Sommer 1791 das Gerücht von Schillers Tod bis in die dänische Hauptstadt verbreitet hatte, veranstalteten sie in Hellebæk, dem Landsitz des Grafen Schimmelmann, die berühmt gewordene Trauerfeier für den verehrten Dichter (vgl. 26, 123 u. 507f.).

Schillers Kollege an der Universität Jena Karl Leonhard Reinhold, Philosoph und Herold Kants in Deutschland, berichtete Baggesen im Oktober von der Genesung. Schiller sei »leidlich wohl« – und dann fügt Reinhold die so entscheidenden Sätze an: »vielleicht könnt' er sich noch ganz erholen, wenn er eine Zeit lang sich aller eigentlichen Arbeit enthalten könnte. Aber das erlaubt seine Lage nicht.« Er schilderte in grellster Beleuchtung die ungesicherte materielle Lage jener Intellektuellen, die mit einem minimalen fixen Einkommen vor allem von ihren schriftstellerischen Honoraren oder universitären Einnahmen (Kolleggelder) existieren mussten. Wurden sie krank, so gab es nur die Alternative, an der Krankheit zu sterben oder zu verhungern: Wenn sie krank seien, dann wüssten sie nicht, ob sie ihr Geld für Nahrung oder aber für ärztliche Versorgung ausgeben sollten. Und er fügte hinzu: »Ich kann arbeiten, und Schiller hat es noch besser gekonnt, und kann es jetzt kaum, ohne seine Existenz in Gefahr zu setzen. Ein schreckendes Beispiel für mich! Und doch, wäre nur Schiller einstweilen geborgen, wie gern wollte ich mich dann mit der Versorgung begnügen, die mir jetzt meine Gesundheit gewährt.« (26, 570; zum Zusammenhang der lebensbedrohenden Krankheit mit Schillers aufreibender schriftstellerischer Tätigkeit vgl. 26, 121).

Als das den beiden dänischen Adligen bekannt wurde, entschlossen sie sich, dem verehrten Dichter zu einer von materiellen Sorgen freien Regeneration seiner Gesundheit zu verhelfen. Schiller war völlig ahnungslos, das Angebot traf ihn wie aus heiterem Himmel. Zunächst scheint ihn die Überraschung erneut regelrecht krank gemacht zu haben, jedenfalls brauchte er einige Tage, um dem »Gedränge seiner Empfindungen« (26, 563) einigermaßen Herr zu werden. Die Art, wie ihn die unverhoffte Hilfe erreichte, die Diktion des Briefs, die auch einen heutigen Leser noch zu beeindrucken vermag (vgl. 34 I, 114), müssen ihn tief berührt haben.

Im Grunde bedeutete es die Erfüllung eines langgehegten Lebenstraums. An den ›Vermittler‹, den intellektuellen Kollegen Baggesen, schrieb Schiller, dass er nun erstmals imstande sei, seine künstlerischen und intellektuellen Potentiale ungehindert zu entwikkeln. Im Dankesbrief an seine adligen Gönner wird der begeisterte (»eine so überraschende Ausnahme von allem Gewöhnlichen«) zum hohen Ton und dabei idealistisch verklärt: »Rein und edel, wie Sie *geben*, glaube ich *empfangen* zu können.« (26, 124) Die verschiedenen Adressaten zeigen den Rhetoriker Schiller in glänzender, dem jeweiligen Gegenüber entsprechender Virtuosität.

Schiller war jetzt erst einmal in der Lage, seine finanziellen
Schulden zu bezahlen (vgl. 26, 137). Aber zugleich ergab sich für
ihn aus dem glücklichen Ereignis eine ganz andere ›Schuld‹: Er
meinte, dem Prinzen auch öffentlich seinen Dank abstatten zu müssen. Wie hätte er das besser tun können, als ihm eines seiner künftigen Werke zu widmen. Dieser Plan führte schließlich zu Schillers
berühmtestem   und   bedeutendstem   philosophisch-ästhetischen
Werk, den *Briefen über die ästhetische Erziehung des Menschen* (vgl.
bibliographische Angaben in: Bolten 1984). Denn sie entwickelten
sich aus den sogenannten *Augustenburger Briefen*, die Schiller 1793
an Friedrich Christian sandte. Um es wieder mit seiner Arbeitsökonomie zu beschreiben: seinen Dank an den philosophisch gebildeten
Adligen mit einer Folge von höchst gehaltvollen Briefen zu manifestieren, erlaubte und verlangte zugleich die Fixierung der für ihn
selbst dringend notwendigen Klärung seiner anthropologisch-ästhe-
tischen Problematik.

Drei Momente prägen die Jahre ab 1791 bis zu der epochema-
chenden Annäherung an Goethe 1794: die Krankheit und die daraus resultierende Unfähigkeit, in der bisherigen Weise schriftstellerisch weiterzuarbeiten; die Auseinandersetzung mit Kant, dessen
Werk er nun endlich rezipieren konnte. Das war notwendig, wenn
Bedeutung und Funktion der Kunst auf dem avanciertesten theoretischen Niveau der ästhetischen Diskussion seiner Zeit geleistet werden sollte. Daraus folgten – drittens – die rasch entstehenden philosophisch-ästhetischen Schriften.

Dass die Krankheit und die Notwendigkeit, den eigenen künstlerischen Standort und den der Kunst überhaupt zu bestimmen, zeitlich zusammenfiel – und zudem mit der Französischen Revolution
koinzidierte –, war wohl alles andere als Zufall. Die ästhetisch-phi-
losophische Arbeit ist jedenfalls keineswegs bloß Zeichen poetischer
Sterilität. Hinter einer derartigen Interpretation (vgl. Mayer 1986,
299) liegt jene Vorstellung einer Sphäre der Kunst und des Künstlers als einer anderen, immer erfüllten und immer kreativen Welt,
zu deren Verbreitung im Bürgertum (vor allem des 19. Jahrhunderts) Schiller allerdings selbst beigetragen hat. Dabei wird die
Theoriebedürftigkeit als spezifische Signatur von Kunst in der Moderne unterschlagen.

Schiller selbst hat seine theoretische Arbeit mit der verminderten
Arbeitskraft aufgrund seines geschwächten körperlichen Zustands
erklärt, was deren Notwendigkeit nicht weniger verharmlost. Die
Ende der 1780er Jahre entstandenen philosophischen Gedichte sind
mehr als nur Indizien eines Prozesses, der auch unter glücklicheren
gesundheitlichen Umständen hätte durchgeführt werden müssen;

worauf Schillers eigene Bemerkung hinweist, dass der Stoff der
Künstler »in den ersten 10 Bogen« der *Briefe* philosophisch ausgeführt sei (26, 342). Mit der Ausarbeitung seiner Abhandlungen ver-
schaffte Schiller seinen dichterischen Arbeiten neue theoretische
Grundlagen; nur geschah das jetzt viel prinzipieller als früher. War
es zunächst darum gegangen, das einzelne Werk und dessen Voraussetzungen zu durchleuchten und zu begründen, so ging es nun um
eine theoretische Grundlegung des Kunstschaffens schlechthin. Um
nichts weniger also als um eine Kunsttheorie, die die Fragwürdigkeiten und Probleme des ›Schönen‹ genauso wie die des ›Künstlers‹ auf
der Höhe der eigenen Zeit zu reflektieren suchte. Schiller hatte wie
kaum ein anderer seiner Generation ein untrügliches Gespür dafür,
dass es eine Legitimationskrise gab, die nur in Anlehnung an das
(hohe) Reflexionsniveau der zeitgenössischen Philosophie zu bewäl-
tigen war.

Schiller schrieb in seinem ersten *Augustenburger Brief* Anfang Februar 1793:

»Mein jetziges Unvermögen die Kunst selbst auszuüben, wozu ein frischer
und freier Geist gehört, hat mir eine günstige Musse verschaft, über ihre
Principien nachzudencken. Die Revolution in der philosophischen Welt hat
den Grund, auf dem die Aesthetick aufgeführt war, erschüttert, und das
bisherige System [...] über den Haufen geworfen. Kant hat schon, wie ich
Ihnen mein Prinz, gar nicht zu sagen brauche in seiner Critik der aesthetischen Urtheilskraft angefangen, die Grundsätze der kritischen Philosophie
auch auf den Geschmack anzuwenden, und zu einer neuen Kunsttheorie
die Fundamente, wo nicht gegeben, doch vorbereitet.« (26, 184)

Da aber die philosophischen Anstrengungen angesichts des politisch
dominierten Zeitinteresses sich kaum um neu zu schaffende kunst-
philosophische Grundlagen kümmern werde, so wolle er sich selbst
an diese Aufgabe machen. Und er fühle sich gerade durch seine
Erfahrungen als Künstler besser dazu disponiert als mancher Philosoph.

Schiller hatte durchaus Grund, von einer ›neuen Kunsttheorie‹
zu sprechen. Denn in seinem anderen Briefzyklus, den sogenannten
(an Körner gerichteten) *Kallias*-Briefen, die schon seit Januar in Arbeit waren, glaubte er, mehr als einen bloß subjektiven Begriff des
Schönen (wie Kant) gefunden zu haben. Dieser objektive Schönheitsbegriff sollte »eo ipso auch zu einem objectiven Grundsatz des
Geschmacks« (26, 170) führen. Hier manifestiert sich abermals der
Kern seiner kunsttheoretischen Bemühungen, den er erstmals Ende
der 1780er Jahre in seiner *Bürger*-Rezension pronConciert formuliert
hatte: Der Kunst sollte eine unabhängige Sphäre unbezweifelbar
vindiziert werden, die sie vom Verdacht funktions- und nutzloser

Spielerei entlasten würde. Dafür aber mussten Prinzipien des Geschmacks begründet werden, die jedem Vorwurf einer bloß subjektiven Beliebigkeit ästhetischer Urteile begegnen konnten.

Anfang 1794 meinte Schiller, »die eigentliche Sphære des Schönen gegen jeden Anspruch, der künftig dagegen gemacht werden könnte, völlig gesichert zu haben« (26, 342f.). Dabei bleibt letztendlich aber der angestrebte objektive Schönheitsbegriff wiederum bloße Idee: zwar »eine nothwendige Aufgabe für die sinnlichvernünftige Natur; in der wirklichen Erfahrung aber bleibt sie gewöhnlich unerfüllt [...]« (27, 71).

Es ist einer der für Schiller charakteristischen Widersprüche, dass er glaubte, der Kunst ein ›reines‹, d.h. *von aller Empirie freies Fundament* geben zu können (obwohl er doch durch die Erfahrungen in seiner dichterischen Arbeit selbst zutiefst in diese Problematik involviert war) und zugleich davon überzeugt war, gerade *durch seine Erfahrung als Künstler* der Ästhetik objektive Grundlagen verschaffen zu können. Dabei wird die Theorie, die also nicht zuletzt aus der Diagnose eigenen Tuns gewonnen wird, im Widerstreit gesucht: Anschauung vs. Begriff, Dichtung vs. Philosophie, Natur vs. Freiheit, Antike vs. Moderne, dazu die eigenen Prägungen naiv vs. sentimentalisch, Verwilderung vs. Erschlaffung und nicht zuletzt auch Verwilderung vs. Barbarisierung. Das alles ist nicht allein ästhetische Theorie, sondern in eminentem Sinn Gesellschaftstheorie. Sie ist allerdings auf dem Grund anthropologischer Setzungen und ästhetischer Praxis in der Moderne und deren aporetischer Antinomien aufgebaut. Die Frage nach dem ›ganzen‹ Menschen, die Schiller von Anfang an bedrängt hat angesichts einer zunehmenden Zersplitterung der Vermögen des modernen Menschen und der Aufspaltung seiner Gesellschaft, wird auch durch das Studium Kants und die Erfahrung der Krankheit nicht *ad acta* gelegt, wie es die Schrift *Vom Erhabenen* doch nahe zu legen scheint. Sie wird nun dissonant beantwortet, indem mit jenem nicht vermittelten ›erhabenen‹ Bruch, der dem gespaltenen ›modernen‹ Menschen unvermeidlich anhaftet, auch das Streben nach Aussöhnung, das in der Kunst zu gelingen scheint, nicht aufgegeben wird.

Seit November 1792 hielt Schiller zu Hause ein Privatkolleg über Ästhetik, das schon 1793 in Gestalt der Ausarbeitung oder zumindest der Konzeptionen beinahe aller in den nächsten beiden Jahren im Druck erschienenen Abhandlungen beachtliche Früchte zeitigte. Überhaupt entwickelte er in den ersten drei Jahren, in denen ihn die Krankheit immer wieder hemmte und niederwarf, eine verwirrende Vielzahl von Plänen und Projekten, die tatsächlich etwas von der Rastlosigkeit dessen ahnen lassen, der fürchtet, nicht mehr viel

Zeit zu haben. Das Bewundernswerte aber ist, dass er alle diese Pläne letztendlich realisiert hat: *Wallenstein*, von dem im Mai 1792 die Rede ist, konnte nach mehrjähriger Arbeit 1799 abgeschlossen werden, und die *Die Horen*, deren Plan Schiller Mitte Oktober 1792 seinem Verleger Göschen vorstellt und dann (in Cottas Verlag) Ende 1794 verwirklicht, sind die bedeutendsten.

3.   Diagnose und Therapie einer Epoche

Waren in den ersten beiden Monaten des Jahres 1793 schon die *Kallias*-Briefe entstanden, so folgten bald darauf neben einigen kleineren Arbeiten die Abhandlungen *Vom Erhabenen* und *Über Anmut und Würde*. Diese wollte Schiller »als eine Art von Vorläufer« (26, 246) seiner Theorie des Schönen, mithin seiner Kunsttheorie, verstanden wissen und hatte seine Überlegungen gleichsam immanent begonnen: Angespornt durch das Studium von Kants *Kritik der Urteilskraft* bedachte er die prominenten philosophisch-ästhetischen Begriffe des Schönen und Erhabenen, von ›Anmut‹ und ›Würde‹, vor allem in wirkungsästhetischer Perspektive. Bei einem solchen Vorgehen blieb die Frage weitgehend unbeantwortet, welchen Stellenwert diese Begriffe und damit die Kunst überhaupt in der Gesellschaft des ausgehenden 18. Jahrhunderts hatten. Um darauf eine Antwort geben zu können, war selbstverständlich eine Diagnose der gesellschaftlichen Situation vonnöten. Sie wird Schiller in den *Briefen über die ästhetische Erziehung des Menschen* vornehmen. Erst nach dieser Klärung war auch eine geschichtspoetologische Situierung des eigenen künstlerischen Schaffens insbesondere im Kontrast zur bewunderten Antike möglich. Dies sollte – das ›Programm‹ abschließend – die gleichzeitig entstandene, aber zuletzt vollendete große kunsttheoretische und poetologische Arbeit *Über naive und sentimentalische Dichtung* leisten. Sie gliederte sich ursprünglich in drei Komplexe: *Ueber das Naive*, mithin über das Erbe der Antike, *Über die sentimentalischen Dichter*, eine Situationsbeschreibung gegenwärtiger poetischer Arbeit, und über die *Idylle*, ein utopischer Ausblick auf das, was zukünftige Dichtung zu leisten hätte.

Im Brief vom Juli 1793 an den Prinzen von Augustenburg (26, 257ff.) hat Schiller die Motive, die seine Arbeit an den *Briefen* bestimmten, pointiert dargestellt. In einer auf halbem Wege stekkengebliebenen Aufklärung lokalisiert der Zeitdiagnostiker das schwerwiegendste Defizit: Zwar habe die philosophische Kultur viel für die »Aufklärung des Verstandes« getan; überhaupt fehle es nicht an der Erkenntnis von Wahrheit und Recht, mithin an philosophischer Einsicht. Doch das »dringendere Bedürfniß unsers Zeitalters« habe alle Aufklärung nicht stillen können, weil sie eine »bloß theoretische Kultur« sei. Es fehle ihr daher an Mitteln zur Realisierung und Durchsetzung ihrer Erkenntnisse und Einsichten. Um diesen Mängeln abzuhelfen, bedürfe es »ästhetischer Kultur«, kurz gesagt: der Kunst. Sie erst würde zu einer unbedingt benötigten ›schönen Empfindungsweise‹ fähig machen, ohne die alle einseitige ›Verstandeskultur‹ ihre Aufgabe verfehlen muss (vgl. Eagleton 1990, 111). Um die zentrale Funktion der ›schönen Empfindungsweise‹ für den Charakter aller Kultur in einer Gesellschaft darzustellen, hat Schiller die *Briefe* mit seiner kulturkritischen Diagnose eingeleitet.

Schiller sucht sich Klarheit zu verschaffen über die Bedingungen und Möglichkeiten des Kunstschaffens in der Moderne, d.h. wie die ihm notwendig erscheinende Ausbildung einer wahrhaft ›ästhetischen Kultur‹ gelingen kann. Dieses ganz eigene Anliegen muss ja zum Dreh- und Angelpunkt der Hervorbringung von Kunst werden. Denn offensichtlich sei, dass das Kunstschaffen nicht den herrschenden Zeitgeist ignorieren könne, der sich vor allem in der Kunstkritik manifestiere (vgl. Schwarzbauer 1993, 115ff.); weil der Künstler seinem Publikum doch auch gefallen wolle, kann er sich kaum deren nicht selten allzu seichten Geschmacksurteilen entziehen und wird so zu einem nicht geringen Teil durch seine eigene Zeit geprägt. Zwar sei es für den Künstler alles andere als anstößig, seine Zeitgenossenschaft zu demonstrieren; dennoch dürfe er niemals auf einem derartig unsicheren Terrain wie dem der rezensierenden Zeitgenossen seine ästhetischen Maßstäbe begründen. Sie wären mit fatalen Folgen für die Kunst einer Zeit von vornherein korrumpiert.

Soll die Kunst nicht in die Gefahr geraten, sich dem jeweils herrschenden Zeitgeist opportunistisch anzupassen, so müsse sie »*Ideale* haben, die ihr unaufhörlich das Bild des höchsten Schönen vorhalten, wie tief auch das Zeitalter sich entwürdigen mag«. Mit deren Hilfe solle die Kunst den Zeitgeist »zu sich erheben«. Dazu sei neben jener Kunst der Ideale ein »*Gesetzbuch*« der Ästhetik vonnöten, das die Kunst sowohl vor despotischen Anmaßungen beschränkter Geschmacksbildungen als auch vor ganz gesetzloser Anarchie schützen soll (26, 267).

Aber solche innerästhetischen Gründe waren eben durchaus nicht der einzige Antrieb für seine kulturkritische Diagnose. Sondern Schiller wollte damit weit mehr: weil – und von nichts weniger wollte er in den *Briefen* seine Leser überzeugen – »es die Schönheit ist, durch welche man zu der Freyheit wandert« (20, 312). Der

Transmissionsriemen aber von der Schönheit zur Freiheit sollte die
Ausbildung des Empfindungsvermögens sein. Und mit dieser ›Freiheit‹ war durchaus auch politische Freiheit gemeint. Schiller selbst
hat ausdrücklich die ersten neun Briefe, die im Januar 1795 *Die Horen* eröffneten, als eine Stellungnahme zu den politischen Verhältnissen der Zeit verstanden (vgl. 27, 67) – entgegen der eigenen Ankündigung, sich in der Zeitschrift »alle Beziehungen auf den *jetzigen*
Weltlauf« zu verbieten (22, 106).

Auch phylogenetisch hat Schiller die Herausbildung einer freien
Sozietät von Menschen in engem Zusammenhang mit der Ausbildung des »Geschmacks« gesehen. Die »Ausschmückung des Nothdürftigen« verrate schon die beginnende Zivilisation. Denn das Bemühen, einen günstigen Eindruck auf seine Mitmenschen zu
machen, zeige »die Meinung von dem *Werthe* der Andern« (21, 68).
In den *Briefen* nimmt er seinen Ausgangspunkt aber nicht vom Individuum, das sich in Gemeinschaft mit anderen sozialisiert; sondern er geht im 3. Brief von dem »Versuch eines mündig gewordenen Volks« aus, seinen »Naturstaat« in einen »sittlichen« zu
überführen. Während jener seine Machtstrukturen durch das Recht
des physisch Stärkeren regelt und daher seine Ordnung auf bloße
Gewalt gründet, gehorcht dieser Vernunftgesetzen. Für den Geschichts- und Freiheitsphilosophen ist es daher die vornehmste Aufgabe eines jeden Volkes, »den Staat der Noth mit dem Staat der
Freiheit zu vertauschen«, in welchem Natur und Freiheit, Gefühl
und Verstand der Individuen geachtet und in ihren Rechten wechselseitig respektiert werden (20, 318). Schon dieser Ansatz verrät,
dass es Schiller nicht bloß um eine Aufwertung der Empfindung gegenüber Vernunft und Verstand ging, sondern dass er vielmehr kraft
der Ausbildung des Empfindungsvermögens das durch bloß verstandesgeleitete Politik gescheiterte Projekt einer humaneren Gesellschaft retten wollte.

Die Abgründe einer staatlichen Veränderung im Zeichen menschenverachtender Vernunftdespotie haben Schiller und seine Zeitgenossen an der Entwicklung im revolutionären Frankreich gesehen.
Gerade die jakobinische Schreckensherrschaft hatte alle rein rationalistischen Aufklärungsideale endgültig diskreditiert. Das demonstriert eine Bemerkung am Ende des 3. Briefs, in der die Ereignisse
der *terreur* gleichsam ›nachzittern‹: »Das große Bedenken also ist,
daß die physische Gesellschaft *in der Zeit* keinen Augenblick aufhören darf, indem die moralische *in der Idee* sich bildet, daß, um der
Würde des Menschen willen seine Existenz nicht in Gefahr gerathen
darf.« (20, 314). Die physische Existenz des Menschen war unter
die Räder gekommen, um seine moralische zu begründen. Der hi-

storische Augenblick war nur scheinbar günstig, um »wahre Freyheit« zur Grundlage der politischen und gesellschaftlichen Verhältnisse werden zu lassen. Zwar könnte eine politisch-moralische Veränderung also eigentlich möglich sein, weil alte Vorurteile beseitigt, auch Erkenntnis und Wissen nicht mehr nur einer kleinen Gruppe Privilegierter zugänglich sei, dennoch diagnostiziert Schiller einen grundsätzlichen Mangel: Er besteht für ihn in nichts anderem als einer unzureichenden Ausbildung des Empfindungsvermögens, der allererst zu beheben wäre, um die Gesellschaft zu Verbesserungen im politischen und sozialen Leben fähig zu machen. Dazu bedarf es *ästhetischer Erziehung.* Sie allein könne für eine »Ausbildung des feineren Gefühlsvermögens« (27, 126) sorgen.

Die Fähigkeit, etwas als richtig zu erkennen, bleibt ohne die Fähigkeit, das Erkannte auch als richtig zu empfinden, gefährliches Stückwerk. Diesem Mangel verdankt sich für Schiller, dass die Menschen immer noch *Barbaren* seien; womit er jene bezeichnet die sich zwar aus dem Naturzustand befreit haben, worin deren Antagonisten, die *Wilden,* noch gefangen sind. Aber durch die rigorosen Prinzipien seiner Vernunft zerstört der Barbar nun seinerseits die Natur und jegliches Gefühl. Damit verfehlt er den *ganzen Menschen.* Die errungene Freiheit kann sich der Barbar nur mit erneuter Unfreiheit, mit Unterdrückung erkaufen. Allein auf blanke Rationalität gegründete politische Freiheit, so analysiert Schiller, verdient ihren Namen nicht, weil sie einseitig nur auf dem Verstandesvermögen des Menschen aufgebaut ist. Sie macht aus Wilden, die allein von ihren Gefühlen beherrscht sind, etwas weit Gefährlicheres: *vernunftbegabte Barbaren.*

Von dieser »Charakterlosigkeit des Zeitgeistes«, den Schiller exemplarisch beschwört wie nach ihm erst wieder Hegel und Marx (Popitz 1953, 29; vgl. Habermas 1985, 62; Werner 1990, 19f.), muss sich die nachrevolutionäre Zeit erst wieder erholen. Das aber kann mit keinem anderen ›Werkzeug‹ als der Kunst gelingen. Mit rhetorischem Geschick leitet Schiller seine Conclusio auf den die erste Folge abschließenden neunten Brief hin. Die Argumentation kulminiert in jenem berühmten Appell, dem sich seit seiner Formulierung alle bedeutende Kunst zu stellen hat: »Lebe mit deinem Jahrhundert, aber sey nicht sein Geschöpf; leiste deinen Zeitgenossen, aber was sie bedürfen, nicht was sie loben.« (20, 335). *Gelobt* hatten die (aufgeklärten) Menschen des 18. Jahrhunderts die Fähigkeit, sich des eigenen Verstandes zu bedienen, sie *bedurften* nach Schillers Diagnose der Ausbildung ihres Empfindungsvermögens.

Er schließt seine Philippika in der Hoffnung, dass endlich »der Schein die Wirklichkeit und die Kunst die Natur überwindet« (20,

336). Dass aber der Schein und die Kunst nur immer Postulate eines Ideals sind, das als das Andere der Wirklichkeit in Erscheinung
tritt, wusste Schiller nicht nur hinsichtlich des Ideals der praktischen Vernunft, sondern auch in Hinsicht auf die (Nicht-)Existenz
einer ›reinen‹ ästhetischen Wirkung – entgegen allen scheinbar anders lautenden ›idealen‹ Formulierungen. Denn in der Lebenswirk-
lichkeit, so konstatiert der Anthropologe ausdrücklich, werde niemals eine rein ästhetische Wirkung stattfinden, weil sich der
Mensch unter keinen Umständen aus der Abhängigkeit seiner psycho-physischen Konstitution befreien könne. Dieser Denkhabitus
Schillers, der beständig zwischen Ideal und Realität changiert, hat
manchen Rezipienten ratlos werden lassen (vgl. Luhmann 1997, 246).

Wie aber kann der Künstler selbst (und damit die Kunst) von
den »Verderbnissen seiner Zeit« (20, 334) verschont bleiben, die seine Aufgabe desavouieren? Die Antwort, die Schiller in den ersten
neun Briefen schuldig geblieben war, versucht er in der nächsten
Folge, dem zehnten bis sechzehnten Brief, zu geben: Sowohl die
Welt der Bedürfnisse (also die der Sinnlichkeit) als auch die der Gesetze (also die der praktischen Vernunft) bleiben wie für Kant auch
für Schiller die prinzipiellen anthropologischen Antagonismen. Jede
dieser Welten ist auf ihre Weise eine düstere, ernste, denn beide sind
das wirkliche Leben mit seinen physischen und moralischen Nöti-
gungen. Die erste manifestiert sich im Stofftrieb des Menschen, die
andere in seinem Formtrieb (zum Triebbegriff vgl. Pott 1980, 33ff.).
Es sind »diese beyden Triebe«, betont Schiller zu Anfang des 13.
Briefs noch einmal ausdrücklich, »die den Begriff der Menschheit
erschöpfen«. Dennoch, so die subtile Argumentation, sind damit die
Potentiale der menschlichen Natur verfehlt; denn der bloße Antagonismus müsste den Primat einer wahrhaft erhabenen Vernunft zum
Ergebnis haben, weil die Sinnlichkeit nicht dazu taugt, das spezifisch Menschliche zu umfassen.

Diese zweite Folge von Briefen gipfelt folgerichtig in der Einführung jenes berühmten dritten Triebes, der Sinnlichkeit und Ver-
nunft, Materie und Geist überhöhend vereinigen soll. Die Rede ist
vom Spieltrieb, den gerade die Vernunft fordern müsse »aus trancen-
dentalen Gründen [...], weil nur die Einheit der Realität mit der
Form, der Zufälligkeit mit der Nothwendigkeit, des Leidens mit der
Freyheit den Begriff der Menschheit vollendet« (20, 356). Diese
Einheit ist nichts anderes als die Schönheit, die das gemeinsame
Objekt von Stoff und Form des Künstlers ist, also auch Objekt des
Spieltriebs. Nun, da sich mit der Schönheit eine »glückliche Mitte«
konstituiert, verlieren auch die bedürftige Wirklichkeit (Sinnlich-
keit) und die gesetzmäßige Notwendigkeit (Moralität) ihren Ernst;

die erste werde *klein*, weil sie in der Kunst mit Ideen verbunden ist, insbesondere mit der *erhabenen Idee* der Würde: Das Leben, schreibt Schiller (und erinnert seinen Leser an den todkranken Propagandisten des über alle Leiblichkeit Erhabenen), »wird gleichgültiger, so wie die Würde sich einmischt«. Alle moralischen Ansprüche aber wirken *leichter* in *schöner Gestalt*, weil sie nicht mehr als bloße Nötigung empfunden würden. (20, 357; hier wiederholt Schiller gegen Kant ein Argument aus *Anmut und Würde*, das dieser 1794 in der 2. Auflage seiner ›Religionsschrift‹ freundlich zurückgewiesen hatte.)

Es klingt, als löste sich mehr als nur begriffliche Schwierigkeiten, wenn Schiller gegen Ende des 15. Briefs seine berühmte Formulierung findet: »Denn, um es endlich auf einmal herauszusagen, der Mensch spielt nur, wo er in voller Bedeutung des Worts Mensch ist, und *er ist nur ganz da Mensch, wo er spielt*.« (20, 359). Hier wird der Kunst ein Asyl, wo sich alle Erdenschwere, alle Mühsal, alle Gebrechen menschlicher Sinnlichkeit (d.h. auch Leiblichkeit) und alle uneinlösbaren Anforderungen (un-)menschlicher (weil metaphysischer) Moralgesetzlichkeit und niederdrückender Pflichten in den heiteren Schein möglicher Wirklichkeiten und wirklicher Möglichkeiten auflösen. Der eine Bezirk des Asyls heißt »schmelzende Schönheit«, wo sowohl die Zwänge menschlicher Empfindungen als auch die der Begriffe verschwinden; der allein von seinen Gefühlen übermannte sinnliche Mensch wird frei durch die Form wie der sich ständig formalen Gesetzen unterwerfende Mensch frei werden kann durch die Sinnlichkeit der Materie.

Aber Schiller zerbricht – wie häufig – ein mühsam aufgeführtes Gebäude sogleich wieder: Das der Schönheit als eines in sich *gelösten* harmonischen Ganzen gilt es vor möglichen Auswüchsen und Übertretungen zu bewahren. So gibt es auch noch jenen anderen Bezirk, den er »energische Schönheit« nennt. Ihr schreibt er eine entgegengesetzte, eine *anspannende* Wirkung zu, damit Sinnlichkeit nicht in Weichlichkeit und Apathie, in ›Erschlaffung‹, ausartet, Moral nicht zur Beliebigkeit, ja Frivolität degeneriert. Schiller baut nicht nur an dem Gegensatz »schön – erhaben« weiter, sondern konstruiert nichts weniger als ein Doppelgesicht der Schönheit selbst (auch wenn deren eine Seite mit dem Erhabenen verwandte Züge zeigt). Diese Janusköpfigkeit von Schönheit ist nur in der niemals vollständig zu erreichenden Ideal-Schönheit ausgelöscht wie die anthropologischen Gegensätze nur im (nicht real existierenden) Ideal-Menschen zusammenstimmen. Jenes Doppelgesicht ist zusammengesetzt aus *schmelzender* Schönheit, heiterer Sinnlichkeit, und *energischer* Schönheit, zu philosophischen Ideen leitender Erhabenheit. Darauf insistiert Schiller, soll anders nicht die (Kunst-)Schönheit ihre Fähigkeit verlieren, den ›ganzen‹ Menschen zu umfassen und zu erreichen. Ihm ging es nach seinem Kant-Studium nicht mehr allein um eine Anthropologie des ›ganzen‹ Menschen, »sondern um eine *vollständige* Anthropologie des Menschen in seiner gemischten Natur« (Zelle 1994, 441). So hat Schiller im 16. Brief deren harmonische Zusammenstimmung als bloße Idee relativiert und auf die Doppelnatur der »Schönheit in der Erfahrung« verwiesen, von der immer »zugleich eine auflösende und eine anspannende Wirkung« ausgehe (20, 360; vgl. Bräutigam 1987, 154f.). Die Antinomien sind prinzipiell unüberwindlich; und zwar aus anthropologischen Gründen, weil sie für Schiller Signaturen des Menschen und seiner Kunst in der Moderne sind.

Den letzten elf Briefen, die im Juni 1795 erschienen sind, hat Schiller den Titel »Die schmelzende Schönheit« gegeben. Das zeigt, dass es ihm hier vorrangig um jene die Gegensätze vermittelnde Funktion der Schönheit geht. Dennoch schickt er im 18. Brief noch einmal eine Bekräftigung der dualistischen Grundstruktur des Menschen voraus: »Die Schönheit, heißt es, verknüpft zwey Zustände miteinander, *die einander entgegengesetzt sind,* und niemals Eins werden können. Von dieser Entgegensetzung müssen wir ausgehen; wir müssen sie in ihrer ganzen Reinheit und Strengigkeit auffassen und anerkennen, so daß beide Zustände sich auf das bestimmteste scheiden; sonst vermischen wir, aber vereinigen nicht.« (20, 366; vgl. Henrich 1957). In den fünf folgenden Briefen, in denen eine komplexe Argumentation vorgenommen wird, weil beiden antagonistischen Prinzipien Rechnung getragen werden muß, verortete Schiller selbst den »Nervus der Sache« (28, 360). Denn nun gewinnt jener dritte ästhetische Zustand seine Konturen, in welchem die entgegengesetzten Zustände – im Hegelschen Sinn – aufgehoben sind. Diesen Zustand zwischen Leiden und Tätigkeit, zwischen bestimmter und absoluter Existenz, charakterisiert er im 20. Brief als »mittlere Stimmung, in welcher das Gemüth weder physisch noch moralisch genöthigt, und doch auf beyde Art thätig ist [...]« (20, 375). Er situiert ihn folgerichtig »mitten in dem furchtbaren Reich der Kräfte«, dem Physischen, und »mitten in dem heiligen Reich der Gesetze«, dem Moralischen. An diesem Diktum manifestiert sich vielleicht wie kein zweites Mal die ganz und gar besondere, nämlich doppelte, wenn nicht dreidimensionale Anthropologie Schillers, die es gleichsam in Überbietung der zwei voneinander gespaltenen (Kantischen) Welten unternimmt, eine dritte zu konstruieren. Hier »baut der ästhetische Bildungstrieb unvermerkt an einem dritten fröhlichen Reiche des Spiels und des Scheins, worin er dem Menschen die Fesseln aller Verhältnisse abnimmt, und ihn von allem, was Zwang heißt, sowohl im physischen als im moralischen entbindet« (20, 410). In dieser Topographie existieren alle drei ›Reiche‹; die beiden ersten werden jedoch vom dritten unbemerkt – wenn auch niemals auf Dauer – usurpiert. Schiller orientiert sich dabei an geschichtsphilosophischen Bestimmungen, die seinem Begriffspaar des Wilden bzw. Barbarischen zugrunde liegen: Wie der Wilde mit seiner durch nichts gebundenen Naturhaftigkeit dem Physischen unterworfen ist, so leugnet und unterdrückt der Barbar zugunsten des Moralischen seine natürlichen Voraussetzungen. Nur der in seiner Empfindung geläuterte Mensch vermag diese Verstrickungen zu transzendieren. Aber Schiller deutet gerade durch seine ›topographische‹ Verortung des ästhetischen Zustands an, dass der Mensch permanent bedroht ist, in eins der Extreme der beiden grundsätzlich getrennten Bereiche zurückzufallen.

Von seinen früheren vereinigungsphilosophischen Bestrebungen der *Theosophie des Julius* hat Schiller sich damit scheinbar endgültig verabschiedet. Er konstatiert quasi ›moderne‹, zerrissene, *arbeitsteilige* Zustände – und dennoch ist im ästhetischen Zustand der Antagonismus des ›Erleidens‹ und ›Beherrschens‹ von Natur aufgehoben, indem sich der Mensch jener ›anstrengenden‹ Zumutungen *spielend* entledigen kann.

Wenngleich auf einer anderen Ebene schließt Schiller jedoch durchaus an Bestimmungen an, die noch in die Zeit seiner ersten Dissertation zurückreichen. Dort hatte der Mediziner eine »*Mittelkraft*« angenommen, deren Beschreibung den ›ästhetischen Zustand‹ der *Briefe* vorausahnen lässt: »Dise [sic!] Kraft ist ganz verschieden von der Welt und dem Geist. [...] Ihr Verlust hat einen Riß zwischen Welt und Geist gemacht. Ihr Daseyn lichtet, weckt, belebt alles um ihn – [...]« (20, 13). Damals war er »zu der festen Überzeugung gekommen, daß die Mittelkraft in einem unendlich feinen, einfachen, beweglichen Weesen wohne, das im Nerven, seinem Kanal, strömt [...]« Sie bezeichnete er als »Nerven-geist« (20, 16) – und indiziert schon durch die getrennte Schreibweise, dass es sich um ein Medium handelt, das wie die Empfindung gleichsam zwischen Körper und Geist angesiedelt ist. Die Nerventheorie des jungen Schiller ist von W. Riedel – gerade in Hinsicht auf die *Briefe* – erhellend resümiert worden:

»So treffen sich in Schillers Nerventheorie die von der zeitgenössischen Physiologie und Medizin vertretene, empirisch belegbare und funktional bestimmte Idee des nervalen Vermittlers [zwischen Körper und Seele] und der einer metaphysischen Tradition entliehene spekulativ gewonnene und substantial entworfene Begriff eines mittleren Wesens. Die ›Mittelkraft‹ ist ›Medium‹ und ›Mittelding‹ zugleich.« (W. Riedel 1985, 100)

Empirisch ist in Schillers fast eineinhalb Jahrzehnten später verfassten *Briefen* die Empfindung, die funktional zum Vermittler von Leib und Seele, Materie und Geist, Sinnlichkeit und Vernunft wird; *spekulativ* der ›ästhetische Zustand‹, mit dem der Mensch – anders als im moralischen Sinn Kants – als freies Wesen entworfen wird.

Die Argumentation der Briefe ist verwickelt, da Schiller permanent zwischen ästhetischen, anthropologischen und philosophischen Perspektiven und Terminologien changiert. All das ist schwer zu durchschauen und hat deswegen immer wieder zu Missverständnissen Anlass gegeben, ja zu Verdikten über das unzureichende und allzu schwache begriffliche Instrumentarium des philosophischen Ästhetikers geführt (vgl. u.a. Kondylis 1979, 283ff.; Luhmann 1997, 246). Dreierlei vor allem erschwert ein zureichendes Verständnis ungemein: Einerseits das durch welche Umstände auch immer hervorgerufene Verfahren Schillers, die Explikation von Begriffen zwar anzukündigen, sie aber letztendlich nicht, jedenfalls nicht unter ihrem Titel detailliert durchzuführen – hier die »energische Schönheit«. (Möglicherweise wäre die 1801 veröffentlichte Schrift *Über das Erhabene* als »Ersatz« für die fehlenden Ausführungen über die ›energische Schönheit‹ anzusehen: vgl. 21, 330; Wilkinson/Willoughby 1967, 67; Zelle 1995, 179; ein Rekonstruktionsversuch bei Petrus 1993.) Andererseits verwirrt die Konsequenz Schillers, die soziologischen Determinierungen der von ihm beschriebenen Phänomene nicht außer Acht zu lassen, und doch immer so zu tun, als gelte seine Begriffsbestimmung unabhängig davon (vgl. das Unverständnis bei Luhmann 1997, 451); was zweifellos seiner ›philosophischen‹ Zeit geschuldet ist. Und zum Dritten gebraucht Schiller oftmals denselben Begriff auf verschiedenen Bedeutungsebenen, ohne das immer hinreichend deutlich zu machen.

Jedoch ergibt sich sein argumentatives Verfahren ja nicht zuletzt aus der verhandelten Sache selbst (vgl. Barnouw 1982, 145): besonders hier, wo die Rehabilitation von Empfindung und Gefühl zur Debatte steht, welche aller begrifflichen Analyse *sui generis* widerstreiten. So gibt er gleich im ersten Brief zu bedenken:

»Wie der Scheidekünstler so findet auch der Philosoph nur durch Auflösung die Verbindung, und nur durch die Marter der Kunst das Werk der freywilligen Natur. Um die flüchtige Erscheinung zu haschen, muß er sie in die Fesseln der Regel schlagen, ihren schönen Körper in Begriffe zerfleischen, und in einem dürftigen Wortgerippe ihren lebendigen Geist aufbewahren. Ist es ein Wunder, wenn sich das natürliche Gefühl in einem solchen Abbild nicht wieder findet, und die Wahrheit in dem Berichte des Analysten als ein Paradoxon erscheint?« (20, 310)

Schiller wusste selbst sehr genau, dass seine wenig schulmäßige Art des philosophischen Argumentierens im günstigen Fall vielleicht Bewunderung hervorrufen würde, jedoch bei Lesern Anstoß erregen musste, die sich vor allem an der Terminologie der kritischen Philosophie orientierten.

4. Diagnose eines Epochenwandels: Dichtung in sentimentalischer Zeit

Schiller bemühte sich unablässig, die Bedingungen seines dichterischen Schaffens aufzuklären. Dabei gelangte er zu einer Theorie der Moderne – um daraus Perspektiven für eine mögliche Veränderung der Gesellschaft abzuleiten. In den *Briefen* hatte er zu zeigen versucht, dass die Entwicklungspotentiale für ein humaneres Zusammenleben nur in der Ausbildung aller Vermögen des Menschen liegen konnten. In der Kunst hat Schiller jene ›glückliche Mitte‹ gesehen, die alle Seiten seiner gemischten Natur zum Zuge kommen ließ, und damit eine durch ästhetische Erfahrung gewandelte Kultur versprechen konnte. In ihr würde der Mensch das Schöne der Natur genießen können, ohne es begehren zu müssen; in ihr könnte er die Schönheit in der Kunst bewundern, ohne nach deren Zweck zu fragen. Dazu aber würde nicht nur »Abstraktionsvermögen« (theoretische Vernunft) und »Energie des Willens« (praktische Vernunft), sondern noch mehr »Freyheit des Herzens« (also Empfindungsvermögen) nötig sein, als zur Bewältigung bloßer Realität je erfordert wird. Letztlich kann dies dem modernen Menschen nur kraft einer »totalen Revolution in seiner ganzen Empfindungsweise« (20, 404f.) gelingen. Der *Dichter in sentimentalischer Zeit* soll mit seinen Werken die Mittel dazu bereitstellen und die Wege dahin aufzeigen. Das eigene dichterische Schaffen in seiner Zeit rückt so ins Zentrum der theoretischen Reflexionen.

Um die ästhetische Praxis in der Moderne zu rechtfertigen, war es unvermeidlich, deren Vorzüge vor dem Hintergrund der Kunst der griechischen Antike aufzufinden. Mit der Abhandlung *Über naive und sentimentalische Dichtung* versuchte Schiller nicht zuletzt, die ihn selbst bedrängende Frage zu beantworten: » ›In wiefern kann ich bey dieser Entfernung von dem Geiste der Griechischen Poesie noch Dichter seyn, und zwar besserer Dichter, als der *Grad* jener Entfernung zu erlauben scheint?‹« (28, 83). Schon diese Formulierung macht die Brisanz deutlich, die seinen geschichtspoetologischen Überlegungen zugrunde liegt in Hinsicht auf die eigene dichterische Existenz (vgl. Frick 1998, 104).

Die griechische Antike galt nicht nur dem 18. Jahrhundert als ein Zeitalter, das die Kunst wie kein zweites privilegiert und in sein gesellschaftliches Leben integriert hatte. Mit seinen Zeitgenossen war auch für Schiller deren ästhetische Ausnahmestellung über jeden Zweifel erhaben – trotz aller Bemühungen, den unverwechselbar eigenen Wert moderner Dichtung herauszuarbeiten: Keinem Vernünftigen könne es etwa einfallen, »in demjenigen, worin Homer groß ist, irgendeinen Neuern ihm an die Seite stellen zu wollen [...]« (20, 439). Aber umgekehrt galt ihm auch, dass kein antiker Dichter und am wenigsten Homer den Vergleich mit einem modernen Dichter aushalten könne hinsichtlich dessen, was diesen charakteristisch auszeichne. Entschieden war Schillers Urteil über die Inkompatibilität der modernen, der sentimentalischen Dichtung mit der antiken; unabhängig von aller der Antike zugestandenen Vollkommenheit zeichnet für ihn die Moderne unter den ihr spezifischen Bedingungen auch qualitativ ein höherer Wert aus: »Es ist etwas in allen modernen Dichtern (...) was sie, als modern, miteinander gemein haben, was ganz und gar nicht griechischer Art ist, und wodurch sie große Dinge ausrichten. (...) Es ist eine Realität und keine Schranke, und die Neuern haben sie vor den Griechen *voraus*.« (28, 84f.). Dichter von einer naiven, d.h. natürlichen, Gattung wie etwa Homer, konstatiert Schiller bündig, seien in einem künstlichen Zeitalter eigentlich nicht mehr denkbar. Denn der naive Dichter kann mit dem modernen ›sentimentalischen‹ Dichter gerade »in dem, was undarstellbar und unaussprechlich ist, kurz, in dem, was man in Kunstwerken *Geist* nennt« (20, 440) niemals konkurrieren, da er allein auf Darstellung und Nachahmung der Wirklichkeit beschränkt bleibt. Unmissverständlich räumt er damit dem Sentimentalischen den Vorrang vor dem Naiven ein. Es wird ihm zum *Prinzip der Moderne*. (Schiller – so Homann 1977, 91 – leiste mit seiner Konzeption der sentimentalischen Dichtung »erstmals« eine theoretische Fundierung der geschichtlichen Aktualisierung eines tradierten Literaturbegriffs für eine jeweilige Epoche.)

Der modernen Dichtung attestiert Schiller eine Eigengesetzlichkeit, vor allem aber eine qualitative Unvergleichbarkeit gegenüber jenen antiken Mustern, deren wunderbarer Suggestionskraft er sich auch selbst nicht hat entziehen wollen. Seine Bemühungen um eine moderne, d.h. auch historisch verifizierbare Gestaltung der antiken Tragödie zeigen dies (vgl. die Bemerkungen zu *Maria Stuart*). Die *Querelle des Anciens et des Modernes* hatte zwar schon eine lange Tradition; der Streit aber wird bei Schiller unter veränderten Vorzeichen erneut ausgetragen:

Mit dem Bewußtsein der Unvergleichbarkeit »zwischen griechischer und moderner Poesie, naturhafter Ursprünglichkeit und naturferner Reflexion steigerte sich der historische Gegensatz in das Bewußtsein einer Entzweiung von natürlicher und künstlicher Bildung. Diese Entzweiung weist insofern auf die französische *Querelle* zurück, als Perrault das Prinzip der *Inventio* auf der planmäßigen Künstlichkeit technischer Fortschritte der Neuzeit begründet und über die *Imitatio naturae*, d.h. die bloß die Natur nachahmende oder ihr Werk vollendende Leistung der antiken Künste gestellt hatte.« (Jauß 1970, 77)

Schiller sah wie viele seiner Zeitgenossen die griechische Literatur als Manifestation einer unverbildeten Natur. In einer bis zum ›Überlästigen‹ (Kant) zivilisierten Kultur sollte es daher zur vornehmsten Aufgabe der Kunst werden, ihre verlorene Einheit mit der Natur wiederzufinden, um sie unter gewandelten Vorzeichen erneut zu bewähren. Für den Diagnostiker der grundlegenden Veränderungen in der Moderne musste es obsolet erscheinen, die Aufgabe des Künstlers darin zu sehen, das Verlorene durch bloße »Nachahmung der Alten« wiederzuerlangen (Winckelmann 1965 I, 8; zu Schillers Winckelmann-Kritik vgl. Szondi 1978, 80; zu den divergierenden Kunstauffassungen beider vgl. Friedl 1987, 62ff.).

Für jenes Ziel musste ein ganz anderer, ein ganz neuer Ansatz gefunden werden. Mit Nachdruck wies Schiller deshalb auf die Zerrissenheit der modernen Welt hin, aus der die Entfremdung des Menschen von seiner inneren wie von der äußeren Natur sowie seine Fragmentierung resultiert. Der Mensch der Antike mochte sich noch als geistig-sinnliche Einheit erfahren haben, in der seine auseinanderstrebenden Vermögen untereinander und mit seiner Lebenswelt harmonierten. Dem Modernen ist diese Erfahrung zerbrochen (vgl. 20, 321ff.; Ueding 1990, 98; Frick 1998, 105ff.). Aus diesem Mangel erwächst ihm aber das Bewusstsein von Autonomie: Während dem Antiken seine Harmonie ohne eigenes Zutun zuteil wird, so soll der Moderne *aus sich selbst* die verlorene Koinzidenz zwischen Empfinden und Denken, zwischen Sinnlichkeit und Reflexion, als Ideal anstreben. Er kann dies kraft seines ›sentimentalischen‹ Geistes und seiner ›künstlichen‹ Reflexion, den Protagonisten einer naturfernen Kultur.

Diese Aufgabe impliziert ganz offenbar das anthropologische und das gesellschaftstheoretische Telos. Schiller hat es auf dem Grund der Klärung seiner Bedingungen *als moderner Dichter* herausgearbeitet. Er plädierte dafür, die durch Kultur zerstörte »Totalität in unsrer Natur [...] durch eine höhere Kunst wieder herzustellen« (20, 328). Diese ›höhere Kunst‹ soll die idealische Kunst des sentimentalischen Zeitalters sein. Sie wächst zwar notwendigerweise aus den (künstli-

chen) sentimentalischen Bedingungen moderner Kultur hervor.
Aber es muss ihr Bestreben sein, sich ›idealisch‹ über sie zu erheben.
Denn eine zerrissene Wirklichkeit verhindert *eo ipso* das Ideal ästhetischer Wirkung, in der der Mensch sich aus dem Verhaftetsein in
seine psychophysischen Bedingungen lösen könnte, ohne dabei seine sinnliche Konstitution zu verleugnen (vgl. 29, 131). Deshalb soll
die ästhetische Dignität eines Kunstwerks in der größtmöglichen
Annäherung an das ästhetische Ideal bestehen, dessen Wirkung –
trotz aller notwendigen gattungsmäßigen und stofflichen Besonderheit – nicht bloß einzelne Vermögen des Menschen in Bewegung zu
setzen vermag, sondern sein gesamtes Potential.

Folgerichtig muss der moderne Künstler sich und seine Poesie in
gehöriger Distanz zu der ihn umgebenden Wirklichkeit halten, will
er nicht angesichts der erdrückenden »Übermacht der Prosa« von einer ›schmutzigen Wirklichkeit‹ gänzlich korrumpiert werden (vgl.
Schillers eindringliches Plädoyer im Brief an Herder vom November
1795; 28, 98). Wie kann nun der Weg für den modernen Dichter
zu einer restituierten Ganzheit aussehen, da er nie und nimmer zu
einer vollendeten Versöhnung mit seiner Welt kommen kann, wie
sie den naiven Dichtern der Antike noch attestiert worden war?
Schiller exemplifiziert das vor dem Hintergrund seiner anthropologischen und gesellschaftstheoretischen Konstruktionen an *seinem* Paradigma des sentimentalischen Dichters:

»Die Natur macht ihn mit sich Eins, die Kunst trennt und entzweyet ihn,
durch das Ideal kehrt er zur Einheit zurück. Weil aber das Ideal ein unendliches ist, das er niemals erreicht, so kann der kultivirte Mensch in *seiner*
Art niemals vollkommen werden, wie doch der natürliche Mensch es in der
seinigen zu werden vermag. Er müßte also dem letztern an Vollkommenheit
unendlich nachstehen, wenn bloß auf das Verhältniß, in welchem beide zu
ihrer Art und zu ihrem Maximum stehen, geachtet wird. Vergleicht man
hingegen die Arten selbst mit einander, so zeigt sich, daß das Ziel, zu welchem der Mensch durch Kultur *strebt*, demjenigen, welches er durch Natur
erreicht, unendlich vorzuziehen ist.« (20, 438)

Schiller deutet jene ›Vorzüglichkeit‹ des modernen Dichters als Autonomie. Sie manifestiert sich in der erstrebten Wirkung seines
Werks, die jedoch aufgrund seiner sentimentalischen Bedingungen
kaum jemals zu realisieren ist. Anders als der antike Naive, der im
glückhaften Ausgleich mit seiner ihn umgebenden Wirklichkeit gedacht wird, muss der Moderne in immer erneuten Anläufen versuchen, sich dem uneinholbaren Ideal zu nähern.

Zwar sind die Orakel der Antike aus der Welt der Modernen verschwunden, aber gerade die Ideale ihrer sentimentalischen Kunst
mit ihren inkommensurablen Anteilen eröffnen neue Abgründe und

Unwägbarkeiten. Denn für die »Ideen«, wie etwa die der Freiheit, ist nach dem Diktum Kants »keine ihnen angemessene Darstellung möglich« (KdU § 23). Sie wären also *sui generis* undarstellbar: und dennoch sollen sie in der Kunst – und besonders in der Schillers – in einem ›Gegenstand‹ zur Darstellung gebracht werden (vgl. Heuer 1970). Dabei bleibt notwendigerweise ein unauflöslicher, rätselhafter ›Rest‹. Schiller findet dafür den Begriff des ›Musikalischen‹ und zwar anlässlich der Erörterung der »aus übersinnlichen Quellen« hervorströmenden Dichtungen Friedrich Gottlieb Klopstocks. Nicht ohne kritische Ambivalenz charakterisiert er sie als »keusch, überirrdisch, unkörperlich, heilig«. Aufgrund ihrer Idealität erklärt er sie zu Prototypen des Sentimentalischen, deren Wirkung »bloß einen bestimmten *Zustand des Gemüths* hervorbringt« (20, 456f.): Wie die Musik den Gemütszustand des Menschen nicht mittels empirischer Phänomene hervorruft, die über jene der materialen Klanggestalt hinausgehen, so soll auch die sentimentalische Poesie von aller begrenzten Erfahrungswelt abstrahieren (vgl. F. Schlegel SA 5, 197).

Gerade weil aber der Dichter in einer ›künstlichen‹ Moderne unweigerlich geprägt ist von ihrer »*Naturwidrigkeit*« (20, 430), muss er diese durch seine Ideen *erheben* und mit seinen Idealen transzendieren. Dazu ist er allerdings nur als sentimentalischer Dichter fähig. Denn auch die modernen Naiven müssen sich zwischen Ideal und Mimesis entscheiden und – wollen sie sich als *Dichter* retten – zu sentimentalischen werden. Andernfalls würden sie leicht zur »gemeine[n] Natur« (20, 476), die in der eigenen ›künstlichen‹ Zeit unausweichlich zu beklagenswerten Wirkungen führen müsste. Schiller wusste allzu gut, dass sich die modernen Künstler nur in Ausnahmefällen und mit äußerster Anstrengung den publikumsabhängigen Rezeptions- und Produktionsbedingungen entziehen konnten. Und dennoch schien ihm gerade das unabdingbar, denn »aus der Societät selbst können sie nie und nimmer hervorgehen« (20, 435).

Mit seinen Bestimmungen über den sentimentalischen Künstler konturiert Schiller zugleich die des eigenen künstlerischen Schaffens. Dies wird ihm zum Paradigma der Moderne, welches er in gehöriger Abgrenzung zu Goethes Schaffen herausarbeitet. Der ist ihm nur einer jener »Fremdlinge, die man anstaunt«, weil sie »durch ein günstiges Geschick vor dem verstümmelnden Einfluß« des eigenen sentimentalischen Zeitalters geschützt sind (ebd.). Goethe sei, so hatte Schiller in seinem berühmten ›Geburtstagsbrief‹ vom August 1794 formuliert, mit seinem »griechische[n] Geist in diese nordische Schöpfung geworfen« (27, 25f.). Mit Goethe aber hatte sich keineswegs ein antiker Geist in die sentimentalische Moderne ver-

irrt, sondern bloß einer, der auf beunruhigende Weise immun war
gegen die sentimentalischen Zumutungen der eigenen Zeit.

Denn das Naive der Antike ist nicht das Naive der Moderne.
»Der Dichter«, heißt es in der wohl prägnantesten und daher berühmtesten Formulierung am Beginn des Teils der Abhandlung, wo
Über die sentimentalischen Dichter verhandelt wird, »*ist* entweder
Natur, oder er wird sie *suchen*. Jenes macht den Naiven, dieses den
sentimentalischen Dichter.« (20, 436). Gleichzeitig aber hatte Schiller einige Seiten vorher unmissverständlich klargestellt, dass »in der
kultivierten Menschheit« der Moderne allein noch die Kindheit des
Menschen (und also auch des Dichters) dem verstümmelndem Einfluss der Kultur entzogen bliebe. Dennoch hielt er es angesichts seiner Prämissen für möglich, nicht nur in einem negativ konnotier-
ten, bloß affirmativen Sinn vom *Naiven der Moderne* zu sprechen
(vgl. Jauß 1970, 99).

Vor allem aus Gründen, die seiner Theorie inhärent sind, bleibt
Schiller nichts anderes übrig als am Begriff des Naiven festzuhalten.
Entgegen der Signatur seines Zeitalters will er durchaus Umstände
annehmen – wenn sie auch als ›zufällig‹ deklariert werden –, die
selbst unter ›sentimentalischen‹ Voraussetzungen Dichtungen der
›naiven‹ Gattung ermöglichen: durch jene gleichsam bewusstlose Fähigkeit des Künstlers, unter souveräner Hintansetzung aller (sentimentalischer) Reflexion und allen modernen Unbilden zum Trotz
Werke zu schaffen, die von der eigenen Zeit unkorrumpiert sind.
Ein Aspekt der Künstlerästhetik also macht für Schiller den Begriff
des Naiven unverzichtbar. Denn es war notwendig, innerhalb der
Theorie einen Platz für jenen Künstler zu finden, der »durch Einfalt
über die verwickelte Kunst triumphiert«: das *Genie* (20, 424). Dies
Problem, das ihm nicht zuletzt die (Kantische) Genieästhetik aufgegeben hatte, galt es, in die eigene Theorie zu integrieren. Selbst der
nüchterne Philosoph hatte ganz unverhohlen von den »Günst-
linge[n] der Natur« gesprochen. Sie, die Naiven in sentimentalischer
Zeit, haben nach Kant »die angeborne Gemütsanlage (ingenium),
durch welche die Natur der Kunst die Regel gibt« (KdU §§ 46f.).
Allein vom ›einfältigen‹, jede tradierte Regel ignorierenden *Genie*
schien auch Schiller jede innovative Bereicherung der Kunst herzu-
rühren. Insofern kann es nicht anders als naiv genannt werden:
»Naiv muß jedes Genie seyn, oder es ist keines.« (20, 424).

Das Verwirrende an Schillers Argumentation und seiner Begrifflichkeit ist auch hier, dass er mit dem Begriff des *Naiven* (wie mit
denen des *Sentimentalischen* und der *Kunst*) auf mehreren Ebenen
operiert (vgl. Homann 1977, 86ff.; Zelle 1995, 189ff.). Er verwendet ihn einerseits im Sinn von unverstellter ›Natur‹ der Antike als

Gegensatz zur künstlichen ›Kultur‹ der Moderne – also ge-
schichtspoetologisch – , und andererseits als Gegensatz zum Sentimentalischen, nun aber unter den Bedingungen einer ›sentimentalischen‹ Moderne – also gattungstheoretisch. Unter diesem Aspekt
glaubte er denn auch, sentimentalische Züge in der antiken Dichtung finden zu können (vgl. 28, 135; Frick 1998, 107). Nur aufgrund dieser begrifflichen Ambivalenz kann Schiller sagen: »Alle
Dichter, die es wirklich sind, werden, je nachdem die Zeit beschaf-
fen ist, in der sie blühen, oder zufällige Umstände auf ihre allgemeine Bildung und auf ihre vorübergehende Gemüthsstimmung Einfluß haben, entweder zu den *naiven* oder zu den *sentimentalischen*
gehören.« (20, 432).

5.   Theorie der Idylle – eine neue ›poetische Art‹

Für Schiller erweiterte die moderne ›sentimentalische‹ Poesie das
Gebiet »der wahren Dichtkunst«. Daher bedurfte es konsequenter-
weise auch neuer poetischer Formen und Gattungen, weil der sentimentalische Dichter prinzipiell von den traditionellen Formen des
naiven Dichters abweichen müsse. Weder könnten dessen Formen
dem modernen Dichter genügen, noch wäre es ihm möglich, sich
ihnen einigermaßen ungezwungen anzupassen. Aufgrund solcher
Diagnose ist es merkwürdig, warum die Abhandlung mit der (ange-
kündigten) Erörterung der idyllischen »*Empfindungsweise*« (20, 466)
– wie Schiller sich abermals ausdrückt – enden sollte: Einer Empfindungsweise, die sich insbesondere in der poetischen Gattung der
Idylle manifestiert hatte und auf den ersten Blick kaum zum Ausdruck des Modernen tauglich zu sein scheint. Denn das Idyllische
schaut (im traditionellen Verständnis) eigentlich immer traurig-
sehnsüchtig auf einen kulturell längst verspielten idealen »Stand der
Unschuld« oder auf ein verloren geglaubtes goldenes Zeitalter zurück (20, 468).
   Offensichtlich wollte der Theoretiker mit der grundsätzlichen
Neubestimmung einer tradierten Gattung die Möglichkeiten und
Ziele moderner Dichtung in einer (in mehrfachem Sinn) *idealen*
Form zusammenfassen. Auch seine etwas rätselhafte Bemerkung,
dass eine notwendige »ausführlichere Entwickelung« der Idylle einer
späteren Zeit vorbehalten bleibe (20, 466), kann darauf schließen
lassen. Die neu zu entwerfende Gattung einer modernen Idylle hätte
also die Transformation und Überbietung der traditionellen Gattung
unter den Bedingungen moderner Kultur sein müssen. Sie wäre da-

mit zugleich als das ersehnte Remedium zur Überwindung der Defi
zite der eigenen Zeit projektiert; darauf lässt auch der abermals zentrale Begriff ›Empfindung‹ schließen.

In einer defizitären Wirklichkeit muss die moderne Dichtung die
in ihr dargestellte Realität entweder auf Ideen beziehen (d.i. der
Weg der *Individualität* des sentimentalischen Dichters), oder sie
wird die Wirklichkeit zum Ideal veredeln (d.i. der Weg der *Idealität*).
Diese Postulate sind der vage angedeuteten Theorie seines Begriffs der
modernen Idylle von vornherein mitgegeben (vgl. 20, 471f.). Aber
nur einer vollkommenen Dichtung würde es gelingen, Idealität und
Individualität zu vereinigen. Dann erst wäre das Desiderat nach dem
»absoluten Dichtungsbegriff« (28, 144) erfüllt. Solche Erfüllung
nennt Schiller ›idealische‹ Poesie, die nicht mehr wie die sentimentalische nur nach dem Ideal strebt, sondern es erreicht hat.

Diese neu zu schaffende moderne Gattung wäre die dichterische
Überbietung von Fichtes ›Sehnen und Streben‹ des modernen unbe-
hausten Menschen, das nie an sein Ziel kommt: »*Vor* uns also liegt,
was Rousseau unter dem Namen des Naturzustandes, und jene
Dichter unter der Benennung des goldnen Zeitalters *hinter* uns setzen.« (Fichte Werke VI, 342). Der Gattungspoetologe Schiller folgt
diesem Diktum des Philosophen bis in die Formulierung hinein
(vgl. 20, 469; zum Verhältnis Schillers zu Fichtes Rousseau-Kritik
vgl. W. Riedel 1989, 65f.; zu Schiller-Rousseau vgl. Liepe 1926 u.
1927; Bräutigam 1987; Berief 1991). Die modernen Dichter sollen
in ihrer *sentimentalischen* Kunst danach streben, die Idee im utopischen Ort des Scheins zur poetischen Anschauung zu bringen. Die
idealische Kunst der Idylle vermag sie schließlich im einzelnen
Kunstwerk zu realisieren, um sie erfahrbar zu machen. Die moderne
Idylle soll ausdrücklich nicht wie die traditionelle rückwärtsgewandt
von verlorener oder wie die sentimentalische von wiedergewonnener
Einheit mit der Natur träumen, sondern sich die Errungenschaften
der Moderne poetisch anverwandeln:

> »Er [der Dichter] mache sich die Aufgabe einer Idylle, welche die Hirten-
> unschuld auch in Subjekten der Kultur und unter allen Bedingungen des
> rüstigsten feurigsten Lebens, des ausgebreitetsten Denkens, der raffinirte-
> sten Kunst, der höchsten gesellschaftlichen Verfeinerung ausführt, welche
> mit einem Wort, den Menschen, der nun einmal nicht mehr nach *Arkadien*
> zurückkann, bis nach *Elisium* führt.« (20, 472)

Die Idylle sollte jenen Begriff einer idealischen Poesie erfüllen, in
der sich die Empfindung des modernen Menschen wiederfinden lassen müsste: nun aber nicht mehr die des zerrissenen, sondern diejenige des mit seiner gespaltenen Welt versöhnten Menschen.

Dafür bestimmt Schiller die Gattung *Idylle* als komplexestes Gebilde moderner Dichtung. Denn weil sie der »erhabensten Schönheit« (20, 439) fähig sei, könne sie die zerrissenen Verhältnisse sentimentalischer Dichtung zwischen Wirklichkeit und Ideal aufheben, um einen »Zustand der Harmonie und des Friedens mit sich selbst und von aussen darzustellen«; und so ist es nur folgerichtig, sie auch als »letztes Ziel« aller Kultur zu bestimmen – und das läge jenseits einer entfremdeten Moderne und ihrer sentimentalischen Dichtung (20, 467). Die poetologische Vision gründet auf der geschichtsphilosophischen Idee, dass der mit seiner äußeren und inneren Natur zerfallene Mensch durch Kultur diese verlorengegangene Einheit wiederherstellt: und so mehr als nur »die beständige Annäherung zu derselben herausbringe« (Kant Anthropologie A 313/14). Die Idylle ist so nicht nur poetische Gattung, sondern zugleich erfüllte *philosophische Idee* der Zeit.

Aller »*Gegensatz der Wirklichkeit mit dem Ideale*«, an dem sich der sentimentalische Dichter ja bis ins Unendliche abzuarbeiten hätte, soll in der Idylle aufgehoben sein. Aller »Streit der Empfindungen« hört hier auf, »*Ruhe*« ist ihr herrschendes Charakteristikum. Schiller resümiert seinen »Begriff« der modernen Idylle als den »eines völlig aufgelösten Kampfes sowohl in dem einzelnen Menschen, als in der Gesellschaft, einer freyen Vereinigung der Neigungen mit dem Gesetze, einer zur höchsten sittlichen Würde hinaufgeläuterten Natur, kurz, er ist kein andrer als das Ideal der Schönheit, auf das wirkliche Leben angewendet« (20, 472).

In dieser Bestimmung kommt alles zusammen: Individuum und Gesellschaft, Neigung und (moralisches) Gesetz, Natur und Sittlichkeit, schließlich Schönheit und wirkliches Leben. Wohl annonciert Schiller damit die Perspektive, was eine Theorie der Idylle zu leisten hätte; aber er kann sie *en détail* (noch) nicht ausfüllen. Deutlich wird allerdings, dass er nicht nur einen *modernen* sentimentalischen Poesiebegriff formulieren will, der einem traditionellen durch die Signaturen der Moderne überlegen wäre, in der Ausführung jedoch deren Defizite zu büßen hat; sondern Schiller denkt zweifellos daran, einen traditionellen Begriff von Poesie zu verabschieden, der ihm nur in dessen eigener Sphäre unüberbietbar erscheint, nicht aber unter den Bedingungen der Moderne, die eine ganz neue ›poetische Art‹ fordert.

Ähnlich wie bei anderen Begriffsantinomien verfährt der Theoretiker auch hier: er lässt den Gegensatz von naiver und sentimentalischer Dichtung stehen; doch zugleich avisiert er sein Aufgehobensein in einer dritten Art von Poesie, der *idealischen*. Erreicht die moderne Dichtung ihr Ideal, dann ist sie weit über alle naive Dichtung *erhaben.* Rätselhaft formuliert Schiller: die moderne Poesie könne zwar »ihren Begriff nie erfüllen«, aber erfüllte sie ihn doch, »*so würde sie aufhören eine poetische Art zu seyn*« (28, 145).

Einmal mehr auch wird die ambivalente Begrifflichkeit Schillers offenbar, der mit dem Begriff der Idylle in historischer Perspektive gleichzeitig auf drei Ebenen operiert (traditionelle, sentimentalische, idealische Idylle) und systematisch die poetologische kaum von der geschichtsphilosophischen und anthropologischen trennen mag (vgl. Roche 1987, 40f., der fünf verschiedene Bedeutungen von Idylle bei Schiller unterscheidet).

Kern des Schillerschen Bemühens ist, in einer dichterischen Darstellung »ohne Beihülfe des Pathos einen hohen ja den höchsten poetischen Effekt hervorzubringen« (28, 119). Dabei darf jedoch das Signum des modernen Menschen, seine *Freiheit,* nicht unterschlagen werden. In seiner Schrift von 1793 *Über das Pathetische* schien ihm das unbedingte Freiheitsgefühl (im Moralischen) letztendlich nur durch Überwindung physischen Leidens, im Ästhetischen nur durch dessen Darstellung, also Pathos, möglich zu werden. In der modernen Idylle glaubte er nun eine neue dichterische Lösung finden zu können, die von allem menschlichen Leiden abstrahieren sollte. Das Ideal (oder die philosophische Idee) müsste so zu individualisieren sein, dass es der Darstellung individuellen menschlichen Leidens nicht länger bedürfe. Er habe angefangen, so schreibt er an Humboldt, an die Möglichkeit zu glauben, dass nicht nur die Komödie (deren Stoff die Wirklichkeit sei) auf alles Pathos verzichten müsse, sondern auch die moderne Idylle, deren Stoff das Ideal ist: »Denken Sie sich aber den Genuss, lieber Freund«, begeistert sich Schiller Ende November 1795, »in einer poetischen Darstellung alles Sterbliche ausgelöscht, lauter Licht, lauter Freyheit, lauter Vermögen – keinen Schatten, keine Schranke, nichts von dem allen mehr zu sehen – Mir schwindelt ordentlich, wenn ich an diese Aufgabe, – wenn ich auf die Möglichkeit ihrer Auflösung denke.« (28, 120). Derart euphorisch vorgetragene Perspektiven einer gattungspoetischen Neubestimmung, die offenbar aller Erdenschwere entbehren soll, erscheinen erneut in merkwürdigem Gegensatz zur leiblichen Verfassung ihres Konstrukteurs, der gerade zuvor wiederum monatelang von seinen körperlichen Gebrechen heftig gepeinigt worden war.

Freilich ist der neu zu entwerfende Begriff der Idylle abermals fundiert durch die zeitkritische Analyse. Sie wird einem (geschichts-) philosophischen Telos verbunden, dessen Idee den modernen Menschen mit allen kulturell verursachten Übeln versöhnen soll. Wäre diese Idee aber »bloß Schimäre, so würden die Klagen derer, welche die größere Societät und die Anbauung des Verstandes bloß als ein Übel verschreyen und jenen verlassenen Stand der Natur für den wahren Zweck des Menschen ausgeben, vollkommen gegründet seyn« (20, 468). Die geschichtspoetologische Periodisierung, die Schillers Klassifizierung von naiver, sentimentalischer und idealischer Dichtung zugrundeliegt, ist in diesem Zitat noch einmal (in umgekehrter Reihenfolge) zusammengefasst: In der ersten Periode, dem Naturzustand, standen die Griechen; die zweite ist die der Kultur; die dritte ist noch Idee, auf deren Realisierung bislang nur zu hoffen ist. Aber erfüllt sich die Hoffnung, »dann wird man die Griechen auch nicht mehr zurück wünschen« (21, 63).

Der im Januar 1796 in den *Horen* erschienene »Beschluss der Abhandlung über naive und sentimentalische Dichter« kündigte im Untertitel »Bemerkungen einen charakteristischen Unterschied unter den Menschen betreffend« an. Dieser Schluss ist dem anthropologischen und gesellschaftspolitischen Anliegen Schillers gewidmet und diskutiert einen »sehr merkwürdigen psychologischen Antagonism unter den Menschen in einem sich kultivierenden Jahrhundert«, dem er »eine schlimmere Trennung« attestiert, als irgendeine zufällige Interessenkollision zwischen Menschen es jemals bewirken könnte (20, 491). Dieser Antagonismus wird aus den Implikationen und der Dialektik des paradigmatischen Begriffspaars *naiv-sentimentalisch* extrahiert, das – von allen poetischen Konnotierungen gereinigt – letztlich im Gegensatz von *Realismus* und *Idealismus* gründe, den Schiller schon am Anfang aller Kultur wirksam werden sieht. Dieses Prinzip entfaltet seine diagnostische Kraft auch für die Erkenntnis der *eigenen* Zeitumstände.

Im Theoretischen wird dem Realisten »ein nüchterner Beobachtungsgeist und eine feste Anhänglichkeit an das gleichförmige Zeugniß der Sinne« attestiert; dagegen zeichne den Idealisten »ein unruhiger Speculationsgeist« aus, »der auf das Unbedingte in allen Erkenntnissen dringt«. Im Praktischen meint Schiller bei dem ersten »eine resignirte Unterwerfung unter die Notwendigkeit (nicht aber unter die blinde Nötigung) der Natur« zu erkennen, während er den anderen durch moralischen Rigorismus charakterisiert, »der auf dem Unbedingten in Willenshandlungen bestehet«: Der erste lässt sich bestimmen, der andere will bestimmen. Der eine *empfängt*, der andere *will*. Jenes Moment des Unwillkürlichen, das sich der Realist, der ›natürliche‹ Mensch (und im Poetischen das ›Genie‹) so unbefangen zunutze macht und aus dem er seinen Honig saugt, oszilliert in Schillers Theorie des Menschen und des Dichters beständig zwischen Bewunderung und skeptischer Ablehnung. Denn es will ihm doch nur äußerst selten geeignet scheinen, »die Regel des Augenblicks zu einem allgemeinen Gesetz« zu machen (20, 492f.) – ein Vermögen, das er Goethe konzedierte. Und genau so, wie es Schiller in der poetischen Sphäre um die Autonomie des Ästhetischen ging, so auch in der sozialen um die Selbstbestimmung des Menschen.

Aber das Misstrauen in die Verhältnisse der eigenen ›sentimentalischen‹ Zeit konnte nicht einfach verschwinden. Sie drohten permanent, den Realisten zur bloßen Affirmation zu überreden. Der Idealist steht sogar vor einem grundsätzlichen Dilemma: Denn Schiller attestiert ihm, dass »die menschliche Natur eines consequenten Idealism gar nicht fähig ist«. Das ›wirkliche Leben‹ stört ihm – gleich wie dem sentimentalischen Dichter sein Stoff (vgl. 29, 131) – die anhaltende Begeisterung für sein sittliches Handeln, weil die Realität sich kaum je dem Ideal nähert. Dennoch hat seine heroische Anstrengung hin zu wahrer moralischer Freiheit fraglos Schillers Sympathie, weil prinzipiell nur der Idealist darauf angelegt ist, korrumpierenden Zeitumständen zu widerstehen. Das wird bis hin zu den Charakteristika der politischen Option beider Typen deutlich. Der Realist habe es »in seinen politischen Tendenzen [auf] den *Wohlstand*« abgesehen, selbst wenn das etwa auf Kosten »der moralischen Selbständigkeit des Volks« ginge, wohingegen »der Idealist, selbst auf Gefahr des Wohlstandes, die *Freyheit* zu seinem Augenmerk« macht (20, 496f.).

Wie der sentimentalische Dichter – im Vergleich zum naiven – der Moderne weitaus mehr entspricht, so ist auch das Schicksal des Idealisten weit mehr das des modernen Menschen als das sich selbstbeschränkende, zufriedene des Realisten: »Der Idealist hat lange kein so gutes Schicksal. Nicht genug, dass er oft mit dem Glücke zerfällt, weil er versäumte, den Moment zu seinem Freunde zu machen, er zerfällt auch mit sich selbst, weder sein Wissen, noch sein Handeln kann ihm genüge thun. Was er von sich fodert, ist ein Unendliches, aber beschränkt ist alles, was er leistet.« (20, 498). Schiller will mit seiner Darstellung zugleich »den reichen Gehalt der menschlichen Natur« (20, 499) demonstrieren, die sich aus Anteilen beider Typen zusammensetzt, deren Ideal jedoch in einer sentimentalischen Moderne immer fragmentiert bleibt.

War mit der Einführung der Unterscheidung vom Realisten und Idealisten schon der dichtungstheoretische Charakter der Abhandlung zugunsten eines soziologisch-anthropologischen aufgegeben, so schließt Schiller mit einer historisch-politischen Analyse. Geht der Realist mit seiner blinden Unterwerfung unter die Gegebenheiten ins Extrem, so hat das im schlimmsten Fall Folgen, die verächtlich seien: Nicht nur einzelne Menschen, sondern ganze Völker lebten so in einem Zustand, der von keinem Gedanken an Freiheit und vernünftiger Selbstbestimmung getrübt ist. Fataler noch sind die Folgen eines extremen Idealismus, der sich nicht nur von physischen, sondern endlich auch von allen moralischen Bindungen loslöse: Da das »keine Ausschweifung der Natur sondern der Freiheit ist, also aus einer an sich achtungswürdigen Anlage entspringt, die ins unendliche perfektibel ist, so führt sie auch zu einem unendlichen Fall in eine bodenlose Tiefe und kann nur in einer völligen Zerstörung sich endigen« (20, 503). Nicht schwer zu sehen, dass hier an die jakobinische Terrorherrschaft der Französischen Revolution erinnert wird, die mit ihrem Vernunftkult bis dato die vielleicht extremste historische Manifestation menschlicher Hybris gewesen ist.

In gewisser Weise schließt sich hier der Kreis jener Überlegungen Schillers, die mit der kulturkritischen Diagnose seiner Zeit in den ersten *Briefen über die ästhetische Erziehung des Menschen* ihren Ausgang genommen hatten. Wie wäre – so lautete die bedrängende Frage – eine Ausbildung des mangelhaften Empfindungsvermögens in der Moderne zu bewerkstelligen, um zu einer politischen Freiheit zu gelangen, die einer vollständigen ›anthropologischen Schätzung‹ Rechnung tragen würde – und sich nicht nur an die so allmächtig scheinende Vernunft wendet? Die Kunstschönheit erkannte Schiller als probates Mittel. Sie sollte es sein, durch die der Mensch zur Freiheit seiner selbst wie zu der seiner Gesellschaft gelangen sollte. Der Begriff der Kunstschönheit aber, so ergab die Analyse eigener Praxis, war unter ganz und gar veränderten gesellschaftlichen Bedingungen neu zu bestimmen; wobei auch die umwälzenden Einsichten der zeitgenössischen Philosophie, die Schiller als Signatur der Moderne erkannte, zu integrieren waren. Ästhetik hatte also vorrangig jene anthropologischen Versäumnisse aus der Welt zu schaffen, aufgrund derer es einer eindrucksvollen jedoch defizitären Moralphilosophie versagt bleiben musste, die Aufgabe des ›kulturellen‹ Menschen zu einem gelungenen Ende zu führen. Sie musste ihre Aufgabe unter veränderten Bedingungen neu bestimmen; sie musste Formen finden, die dafür geeignet sein würden. Schließlich mag Schiller gehofft haben, mit seiner Vision einer idealischen Kunst und ihrer neu zu bestimmenden Gattung, der Idylle unter *kulturellen* Bedingungen, die Ausbildung einer neu zu formierenden ›Empfindungsweise‹ befördern zu können – für ihn das dringendste Bedürfnis der Zeit.

1. *Die Horen*: Eine Societät von Schriftstellern, wie noch kein Journal aufzuweisen gehabt hat

»Unser Journal soll ein Epoche machendes Werk seyn«, schrieb Schiller, als er mit den *Horen* eines der anspruchsvollsten Unternehmen der deutschen Pressegeschichte aufs Gleis zu setzen begann. Die Zeitschrift ist eine der berühmtesten der deutschen Publizistik geworden. Jedoch wurde sie es kaum durch den Beistand der antiken Göttergestalten, Eunomia, Dice und Irene, denen sie ihren Namen verdankt und die in der griechischen Mythologie Ordnung, Gerechtigkeit und Frieden repräsentieren, sondern aufgrund ihrer unbezweifelbaren Qualität und wegen ihrer literaturpolitischen Interessen. Die aber empfand ein Teil des Publikums rasch als anmaßend, was zu einer der berühmtesten literarischen Fehden führte, dem sogenannten *Xenien*-Streit. Erhellender für Schillers Intentionen ist denn auch seine weitere Charakterisierung der Namensgeberinnen: »Die Fabel macht sie zu Töchtern der *Themis* und des *Zeus*, des Gesetzes und der Macht [...]« (22, 107). Er wollte die Zeitschrift zu einem Herold neuer literarischer ›Gesetze‹ machen, die ihre Macht über eine zu formende literarische Öffentlichkeit ausüben sollten.

In den *Horen*, die monatlich von Januar 1795 bis April 1798 bei Cotta in Tübingen erschienen sind, wurden neben Schillers berühmten Abhandlungen und vielen seiner großen Gedichte dieser Jahre Goethes skandalträchtige *Römische Elegien* wie auch die *Unterhaltungen deutscher Ausgewanderter* mit dem wunderbaren *Märchen* erstveröffentlicht. Vielen anderen Autoren boten sie ebenso ein Forum: Gedichten Hölderlins genauso wie etwa Aufsätzen Herders (vgl. 27, 386ff.).

Anfang August 1793 waren Schiller und seine Frau, die im September ihr erstes Kind erwarteten, zu einer Reise nach Württemberg aufgebrochen. Über Verwandtschaftsbesuche hinaus ergaben sich während des mehr als achtmonatigen Aufenthalts vielfältige Kontakte zu alten und neuen Freunden und Bekannten. Die folgenreichste Begegnung war aber die mit dem Verleger Johann Friedrich Cotta. Dessen Interesse an einer Zusammenarbeit war Schiller schon am Anfang seines Aufenthalts in Württemberg zu Ohren gekommen.

Kurz vor seiner Rückreise nach Jena, Anfang Mai 1794, kamen die beiden bei einem gemeinsamen Ausflug ins Geschäft. Der Verleger plante eine politische Zeitung, für dessen Redaktion er Schiller gewinnen wollte. Ein solches Projekt war in jenen politisch aufgeregten Tagen, als der Terror der Französischen Revolution gerade seinen Höhepunkt erreichte, alles andere als verwunderlich; denn man würde sich um den Profit keine Sorgen machen müssen, zumal wenn es von einem berühmten Schriftsteller geleitet wurde, der im August 1792 von der Pariser Nationalversammlung mit dem Titel eines *Citoyen français* ausgezeichnet worden war (zu Schillers Rezeption der Revolutionsereignisse vgl. u.a. Karthaus 1989; Schwarzbauer 1993, 69f.).

Zu präzisen Abmachungen war es in Stuttgart noch nicht gekommen. Als Schiller Mitte Mai 1794 wieder in Jena war, beeilte er sich deshalb, dem neuen Verleger seinerseits zu versichern, dass die gemeinsamen Pläne zu beiderseitigem Vorteil realisiert werden sollten. Zugleich jedoch nutzte er die Gelegenheit, eine Fülle von Einwänden gegen die ihm angetragene Chefredaktion einer *politischen* Zeitung mitzuteilen. Denn da gab es noch den Plan für eine literarische Zeitschrift, für die er sich eine viel bessere Tauglichkeit attestierte: »[...] zu dieser könnte ich Ihnen 3 mal mehr Dienste leisten, weil ich hier ganz in meinem Fache wäre.« (27, 3). Man hört es gleich: Bei diesem Projekt handelte es sich um etwas, das ihm wie wenig anderes am Herzen lag. Von daher ist auch die Aussage als eine taktische zu verstehen, dass er sich als Publizist ›ganz in seinem Fache‹ fühle. Denn das will man ihm, der doch zuallererst Künstler hat sein wollen, nicht ganz glauben, wenngleich Schiller über eine mehr als zehnjährige Erfahrung als Zeitschriftenherausgeber verfügte (vgl. Misch 1998, 743ff.).

Sein Plan, den er nun mit großem strategischen Geschick verfolgte, galt einem schon langgehegten Projekt, das er bereits Jahre zuvor mit seinem Leipziger Verleger Göschen und mit Körner erwogen hatte. Diesem hatte er im Juni 1788 geschrieben: »Für die Grundlage eines *Journals*, das man in *viele* Hände bringen will ist *Dein* Plan offenbar zu ernsthaft, zu solid – wie soll ich sagen? – zu *edel*. Betrachte alle Journale, die Glück gemacht haben und sieh nach, *wodurch* sies gemacht haben. Unsre *philosophischen Briefe* in der Thalia sind ein Beispiel eines nach *Deinem* Plan äusserst zweckmäßigen und schönen Produckts – wie viele Leser haben sie gefunden?« Um eine breite Leserschaft und damit den erstrebten ökonomischen Erfolg zu erreichen, sei vor allem anderen folgendes nötig: »[...] muß 1) der Buchhändler das seinige thun, um dem Journal Ausbreitung zu geben 2) muss es *rasch* und *präcise* auf einander folgen 3) im Preiss nicht zu hoch seyn und 4) wo möglich sich durch interessante Nahmen empfehlen. *Mein* Nahme gilt freilich, aber doch nicht gerade bei *allen* Klaßen, um deren Geld es uns zu thun ist [...]«. Dafür erschienen ihm vor allem populäre Schriftsteller der älteren Generation wie Christian Garve (1742-1798), Johann Jakob Engel (1741-1812) oder Friedrich Wilhelm Gotter (1746-1797) erfolgversprechend. Herder hoffte er »durch große Preiße zu locken«, aber die beste Akquisition schien ihm schon damals ein anderer: »vielleicht komme ich mit *Göthen* in Verbindung [...]«. Am Ende seiner Projektskizze kam Schiller zum eigentlichen Anliegen: »Göschens *Vortheil* und *Wunsch* ist es, ein gangbares, jeden Monat rendierendes und accurat erscheinendes Journal zu verlegen: der unsrige ist, den meisten Antheil daran zu haben und es *gut* bezahlt zu bekommen.« (25, 70f.). Das *Horen*-Projekt hat fast alle Punkte dieser ursprünglichen Pläne realisieren können.

1792 bot er dem Verleger Göschen seine ›alte Idee‹ erneut an. Es sollte ein großes in zweiwöchentlichem Rhythmus erscheinendes Journal werden, »an dem dreißig oder vierzig der beßten Schriftsteller Deutschlands« mitarbeiten sollten (26, 159). Aber daraus wurde nichts. Sei es, daß Göschen neben dem von Wieland herausgegebenen *Teutschen Merkur* ein ähnliches Unternehmen für seinen Verlag zu riskant fand; sei es, dass er angesichts der lebensbedrohlichen Krankheitsanfälle Schillers kein Zutrauen in dessen Arbeitskraft hatte.

Als sich im Frühling 1794 mit Cotta erneut eine Chance für das Projekt zu bieten schien, nutzte Schiller sie energisch. Er konnte ein großer Werber sein und zeigte auch hier seine geschickte und geschmeidige Diplomatie: wie immer, wenn es darum ging, seine zentralen Ziele durchzusetzen. Als Cotta ihn Ende Mai auf seiner Rückreise von der Leipziger Messe in Jena besuchte, brachte der Verleger einen »Contract über den Verlag einer Allgemeinen Europäischen Staatenzeitung von Hrn. Hofrat Schiller« mit, Schiller legte seinen »Contract über die litterarische Monathsschrift Die Horen« vor. Beide Parteien unterzeichneten die Verträge.

Natürlich konnte Schiller nicht mit einem Schlag alle Bedenken des geschäftstüchtigen Verlegers gegen sein Projekt einer Literaturzeitung zerstreuen. Um Cotta ganz für seinen *Horen*-Plan zu gewinnen, bedurfte es einiger taktischer Winkelzüge. Deswegen hat Schiller wohl auch die ihm vorgelegte Vereinbarung über ein politisches Journal unterschrieben. Möglicherweise wäre es für ihn eine Verlegenheitslösung gewesen, um das auch nach der Schenkung aus Kopenhagen so dringend benötigte Geld zu verdienen (vgl. P. Weber 1987, 451). Nur kurz nach Cottas Abreise aus Jena Anfang Juni 1794 warnte er den engagierten Verleger jedoch schon vor allzu großen Hoffnungen und möglicherweise vergeblichen Vorarbeiten. Es musste der Gefahr vorgebeugt werden, dass Cotta durch eine sich immer länger hinziehende Bedenkzeit verärgert werden könnte, der schließlich doch die Absage folgen würde. Zugleich war dieser Brief eine gute Gelegenheit, noch einmal auf das viel glänzendere *Horen*-Projekt hinzuweisen. Er habe sich, so ließ er den Verleger wissen, inzwischen »mit mehreren sehr bedeutenden Männern« beraten: alle hätten sich übereinstimmend gegen die politische Zeitung ausgesprochen und das geplante literarische Journal favorisiert (27, 8; vgl. die Tagebucheintragung Wilhelm von Humboldts vom 7. Juni 1794 ebd., 253).

Während dieser Scheinbedenkzeit feilte Schiller unermüdlich an einer Einladung, mit der berühmte Schriftsteller zur Mitarbeit an den *Horen* gewonnen werden sollten. Schon Ende Mai und Anfang Juni erreichte sie die ersten Adressaten. Die ›großen Namen‹ schienen ihm offenbar mehr als jede inhaltlichen und programmatischen Vorgaben den Erfolg der Zeitschrift garantieren zu können.

Erst als das Einladungsschreiben (datiert auf den 13. Juni 1794) fertig war, hielt Schiller den richtigen Zeitpunkt für gekommen, Cotta in Tübingen definitiv mitzuteilen, dass er ein (tages-)politisches Journal nicht leiten wolle. Zur Begründung nennt er seinen im doppelten Wortsinn wetterwendischen Gesundheitszustand, der bei der vielen zu erwartenden Arbeit auf einem Gebiet, das ihm im Grunde widerwärtig war, vollends zu Grunde gerichtet würde – ganz im Gegenteil zum *Horen*-Projekt, dem er sich in jeder Hinsicht gewachsen fühle: »Diese Unternehmung *paßt* für mich, ich bin in diesem Fache *anerkannt*, ich bin *hinreichend* mit Materialien versehen, und kann selbst bey einem *geringen Grad von Gesundheit* noch dafür thätig seyn, weil ich es mit Neigung und innerm Berufe thun würde [...]«. Der Tag dieser Absage, der 14. Juni, war auch insofern der richtige Termin, weil jetzt die eigenen Vorbereitungen für die *Horen* so weit gediehen waren, um Cotta vor beinahe vollendete Tatsachen zu stellen: »Schon habe ich die PrivatAnzeige für die Mitarbeiter aufgesetzt, und übersende Ihnen solche hier im Abdruck. [...] An Kant, Garve, Klopstock, Göthe, Herder, Engel in Berlin, Gotter und einige andre habe ich schon Briefe und Avertissements gesandt. Hier in Jena haben sich die Profeßoren Fichte und Woltmann aufs genaueste mit mir dazu verbunden, und fangen bereits an, dafür zu arbeiten.« (27, 15).

2. Literaturpolitik und Ökonomie

Wohlklingende Namen hatte der eifrige Initiator da zusammengebracht. Sie versprachen, durch ihr Ansehen oder ihre Popularität seinem Unternehmen Glanz zu geben. Darüber hinaus jedoch verbanden diese Berühmten eigentlich gar keine Gemeinsamkeiten, es war eine »eher bunt zusammengewürfelte« Gesellschaft (Reed 1984, 41). Aber wenn das Projekt mit solchen Mitarbeitern gelingen sollte, würde es allemal einmalig sein. Zwar hätte Cotta sich jetzt kaum noch ohne Gesichtsverlust von dem Unternehmen zurückziehen können; aber Schiller scheint in ihm einen Verleger kennen gelernt zu haben, der auch ein kühl kalkulierender Geschäftsmann war. Und so fügte er noch einen Satz hinzu, der ihn unwiderstehlich in seine Netze locken musste, aber jahrelange verlegerische Streitigkeiten zur Folge hatte: »Was mich betrifft, so ist dieß der einzig mögliche Weg, daß sie der Verleger aller meiner künftigen Schriften werden; denn sobald ich für ein Journal schreibe, heben sich alle andern Verbindungen auf. Ließe ich aber meine Schriften einzeln drucken, so hätte H.[err] Göschen immer das erste Recht an meinen neuesten Arbeiten, indem ich sie ihm schon versprochen habe.« (27, 15f.).

Längst hatte er die Rechte an zukünftigen Werken seinem Leipziger Verleger Göschen versprochen, der übrigens auch die Werke Goethes und Wielands verlegte. Für Cotta war also nur über die Herausgabe der *Horen* an die Produkte Schillers zu kommen; andernfalls würden die Profite bei der Konkurrenz bleiben, die von den Werken des vor allem von der literarisch gebildeten Jugend bewunderten Dramatikers zu erwarten waren. An diesem Mann ließ sich verdienen. Schiller selbst machte unzweideutig darauf aufmerksam und appellierte ganz und gar berechnend an die ökonomischen Interessen des Verlegers. Jedenfalls war er bereit, für seinen Plan früher gemachte Versprechungen, wo nicht ausdrücklich zu brechen, so doch brutal zu unterlaufen (vgl. Hucke 1984, 21).

Aber bevor er zu diesem windigen Manöver angesetzt hatte, schmeichelte er Cotta noch auf ganz andere Weise. Er packte ihn bei seiner Ehre: »Was den Verleger betrifft, so zweifle ich, ob ein Buchhändler etwas ehrenvolleres unternehmen kann, als ein solches Werk, das die ersten Köpfe der Nation vereinigt, und wenn dieß die einzige Schrift wäre, die Sie verlegten, so müßte schon diese einzige Ihren Nahmen unter den deutschen Buchhändlern unsterblich machen.« (27, 15). Schiller war nicht kleinlich mit seinen Versprechungen (und letztlich hat er damit ja auch Recht behalten): Winkte da für einen Buchhändler doch ein Lohn, der weit über den erwarteten materiellen hinausging, und den er sich aus eigenem Ver-

dienst nie würde erwerben können. Schiller setzte damit wohl ganz
bewusst auf die an Cotta erkannte Eitelkeit (vgl. 28, 142).

Das Repertoire an Lockungen und Drohungen war also beträcht-
lich, und es hatte bekanntlich den gewünschten Erfolg. Am 24. Juni
1794 antwortete Cotta, dass es ihm mehr auf seine kommerziellen
Interessen als auf Schillers Gesundheit ankommen müsste, wenn er
auf der Etablierung des politischen Journals bestehen würde; da davon jedoch keine Rede sein könne, wolle er nun die gemeinsamen
Kräfte auf die Realisierung der *Horen* verwenden. Schiller hatte die
Konkurrenzsituation, in der sich nicht allein die Autoren, sondern
auch die Verleger befanden, ganz offenbar bis an eine äußerste
Grenze ausgereizt. Aber er hatte nicht überreizt.

Dem anderen Buchhändler, Göschen in Leipzig, dem Dichter
seit langem freundschaftlich verbunden und Verleger der *Neuen
Thalia*, stellte Schiller am 16. Juni, also nur zwei Tage nachdem
Cotta über die weit gediehenen *Horen*-Vorbereitungen informiert
worden war, mit Unschuldsmiene die Frage: »Wieviel Stücke Thalia
sollen noch erscheinen?« – um im nächsten Satz dafür zu plädieren,
»allerhöchstens« noch zwei nachzuliefern – um das Ganze dann zu
begraben (27, 17). Denn Konkurrenz aus eigener Produktion hätte
ja erst recht – neben den vielen anderen Zeitschriften eines am Ende
des 18. Jahrhunderts expandierenden Marktes – die erhofften hohen
Auflagenzahlen der *Horen* schmälern können.

Doch damit nicht genug. Cotta war offenbar der *Teutsche Merkur*, die Zeitschrift, die der inzwischen über sechzigjährige Wieland
schon 1773 begründet hatte, ein Dorn in seinem geschäftlichen
Auge. So fragte er bei Schiller an, ob nicht auch Wieland für die
Horen gewonnen werden könnte – um sich damit womöglich einer
anderen ernstzunehmenden Konkurrenz auf elegante Weise entledigen zu können. Schiller ging darauf ein und versprach das ihm
Mögliche zu tun, hat es dann aber wohlweislich doch gelassen. Mitte Juli 1794 jedenfalls annoncierte er in einem Brief an Cotta ein
absurdes Manöver: Er wolle Wieland vorschlagen, seinen berühmten
Teutschen Merkur »eingehen zu laßen«; da für den ja sowieso jeder
schlechte Aufsatz gut genug sei, glaube er nicht, dass sich Wieland
»in seinen alten Tagen noch in einen Wettkampf mit jungen und rü-
stigen Autoren« einlassen würde. Falls aber der Alte starrköpfig bliebe, würde ihn sein verdientes Schicksal bald ereilen: »Alsdann rech-
ne ich auch darauf,« prophezeite Schiller seinem Verleger
hochgemut, »daß der Merkur nach dem ersten Jahr der Horen von
selbst fallen soll, so wie alle Journale, die das Unglück haben, von
ähnlichem Innhalt mit den Horen zu seyn.« (27, 21; vgl. Sengle
1984, 63).

Das klingt alles – gelinde gesagt – nicht sehr freundlich, ja es
wäre ›rücksichtslos‹ im doppelten Sinn gewesen. Wielands Unterstützung während der lebensbedrohenden Krankheitsanfälle (vgl.
Schillers Danksagung 26, 98) zählte nun offenbar nicht mehr viel
angesichts der veränderten Interessenlage. Die grausamen Gesetze
eines kapitalistischen Medienmarktes forderten ihren Tribut (über
das wachsende Aufkommen literarischer Zeitschriften von 1770 bis
1795 vgl. B. Zimmermann 1988). Schiller betrieb ganz handfeste
Medienpolitik, weil er wusste, dass er nur so seine literaturpolitischen Vorstellungen würde durchsetzen können. Denn um diese
ging es schließlich neben seinen ökonomischen Interessen. Aber weder konnte er Wieland als Mitarbeiter gewinnen, noch schaffte er es,
dem *Teutschen Merkur* den Garaus zu machen. Der überlebte die
Horen um nicht weniger als zwölf Jahre. Aber vielleicht hat er auch
nur vor seinem neuen Verleger geprahlt. Und die Zeitschrift war ja
auch alles andere als so schlecht, wie die virtuose Lästerzunge Schillers sie bei passender Gelegenheit machte, der darin Bedeutendes
publiziert hat; nicht anders als der von ihm selbst umworbene Kant,
der 1788 dem *Teutschen Merkur* seine Abhandlung *Über den Gebrauch teleologischer Prinzipien in der Philosophie* überlassen hatte.
    Schon einen Tag, bevor das taktische Meisterstück an Cotta ab-
ging, am 13. Juni 1794, hatte Schiller eine Einladung zur Mitarbeit
ins ferne Königsberg geschickt. Konnte er Kant für eine Mitarbeit
gewinnen, würde das eine beträchtliche öffentliche Wirkung für die
Horen haben. Wartete doch das ›gelehrte‹ deutsche Publikum begierig auf jede Äußerung des siebzigjährigen Philosophen, dessen
Ruhm gerade in diesen Jahren ständig wuchs. Die drei großen *Kriti-
ken* entfalteten (etwas verspätet) ihre immensen Wirkungen: nicht
zuletzt durch Reinhold und Fichte an der Jenaer Universität, welcher übrigens Schillers Bitte mit zwei Briefen an Kant tatkräftig un-
terstützte. Letztendlich aber lieferte Kant doch keinen Beitrag für
die *Horen*, obwohl er fast ein Jahr später – nach Erscheinen der ersten Stücke des Journals – eine vage Zusage gegeben hatte.
    Eine ähnliche Wirkung wie von den erhofften Beiträgen Kants
war auch von der Mitarbeit Goethes zu erwarten, dessen *Werther*
schon vor über zwanzig Jahren die Öffentlichkeit elektrisiert hatte.
Noch hatte die berühmte Zusammenarbeit und Freundschaft nicht
begonnen. Deshalb ging am selben Tag auch ein Brief nach Weimar,
dessen Duktus fast unterwürfig klingt: »Der Entschluß Euer Hoch-
wohlgebohren, diese Unternehmung durch Ihren Beytritt zu
unterstützen, wird für den glücklichen Erfolg derselben entscheidend seyn, und mit größter Bereitwilligkeit unterwerfen wir uns allen Bedingungen unter welchen Sie uns denselben zusagen wollen.«

(27, 13). So demütig versuchte der ehemalige Schleifer aller angemaßten Autorität Beiträge bekannter Autoren an Land zu ziehen, die ihm für Profil und Profit der *Horen* unverzichtbar erschienen.

Für Schillers Strategie, die *Horen* am Zeitschriftenmarkt durchzusetzen, schienen Beiträge von Kant und Goethe in der Tat die beste Versicherung eines ›glücklichen Erfolgs‹ des Unternehmens. Goethe hat später, nach Schillers Tod, süffisant angemerkt, dass dessen überraschend freundliche Anteilnahme an seiner Person und Arbeit diesen speziellen Anlass gehabt habe. Der Plan von 1788 bestätigt diese Einschätzung allemal. Es muss Goethe schon merkwürdig vorgekommen sein, dass Schiller am Ende seines berühmten ›Geburtstagsbriefs‹ vom August 1794, in dem er sich soviel Mühe gab, ein großartiges Gemälde seines neuen Bekannten zu malen, anfragte, ob Goethe seinen Roman *Wilhelm Meisters Lehrjahre* nicht in mehreren Folgen in den *Horen* erscheinen lassen wollte. Nicht nur aufgrund dieser Merkwürdigkeit wird man Goethe seine kleine Boshaftigkeit kaum übel nehmen können. Denn um Mitarbeiter zu gewinnen, schrieb Schiller auch schon mal gegen seine eigentlichen Überzeugungen eine günstige Rezension – so im Fall des heute fast vergessenen Dichters Matthisson (vgl. Bernauer 1995, 229). Zunächst tat er fast alles Erdenkliche für »das berühmte *Weltjournal*«, wie er die *Horen* genannt hat (27, 91); und im Fall Goethe hatte sein unermüdliches Werben ja auch Erfolg – wenn der auch nicht Schillers Wunsch nachkam, seinen Roman zur Verfügung zu stellen. Aber das Unternehmen ließ auch die Befriedigung ganz eigener Interessen Goethes erwarten, nicht allein seine finanziellen. Es war für ihn ein Ansporn, manches wieder in Gang zu setzen, das bei ihm ins Stocken geraten war. Und so nahm er das Angebot »mit Freuden und von ganzem Herzen« (35, 21) an: nicht nur als Mitarbeiter sondern auch als Mitglied der Redaktion, wie Schiller nun seinerseits hocherfreut Körner mitteilen konnte. Überdies hat man vermutet, dass Schillers Bemühungen und Goethes Engagement auch mit dessen Funktion als Staatsminister zu tun hatte; dieses um die politische Richtung der *Horen* diskret beeinflussen zu können, jene um die Zeitschrift gegen mögliche Attacken von außen zu schützen (vgl. Hahn 1977-79, 48ff.; ebd., 51 zur Vermutung von Schulz 1955, dass Goethes Engagement dem Interesse an Fichte galt, der zunächst ja auch dem Redaktionsgremium angehörte).

Das Wichtigste war damit geschafft – und das Konzept mit den ›berühmten Namen‹ schien aufzugehen. Denn wer würde nicht in Gesellschaft so berühmter Namen gerne publizieren. Herder wurde die Sache durch seinen ehemaligen Lehrer (und jetzigen Gegner) Kant, durch Goethe und Klopstock und den Philosophen Friedrich

Heinrich Jacobi schmackhaft gemacht; diesem mit den Namen seines Freundes Goethe, mit dem Herders und Fichtes und natürlich: »vielleicht H.[err] Kant« (27, 29) – und so weiter ...

Das Karussell war angesprungen und begann schon zu laufen. Da setzte Schiller, Anfang September 1794, zu einem erneuten und äußerst geschickten Schachzug an, um das Ganze nun endgültig in seinem Sinn unter Dach und Fach zu bringen. Jetzt, angesichts dieser wahrhaft glänzenden Aussichten ermahnte er den Verleger, noch einmal genau zu überdenken, ob er seinen finanziellen Einsatz wirklich wagen wolle – denn Schillers Honorarforderungen waren für die damaligen Verhältnisse exorbitant (vgl. Gross 1994, 311): »Ehe wir aber in diese Unternehmung ernstlich hineingehen,« gab er zu bedenken, »so überlegen Sie doch noch einmal genau was sie dabey zu wagen und zu hoffen haben.« Von seiner Seite seien nun gar keine Schwierigkeiten mehr zu erwarten, jetzt da »eine Societät von Schriftstellern beysammen [sei], wie noch kein Journal (ich darf es wohl sagen) aufzuweisen gehabt hat. Göthe, Herder, Garve, Engel, Fichte, Fridrich Jacobi, Matthison, Woltmann, Genz aus Berlin und noch 4 biß 5 andere [...] Was von solchen Schriftstellern nur irgend geleistet werden kann wird geleistet werden [...]« (27, 36).

Und nicht nur hier hatte er Optimales anzubieten. Auch für die nötige Werbung hatte Schiller Vorsorge getroffen durch eine ungewöhnliche Zusage von Christian Gottfried Schütz, der Chefredakteur der angesehenen und weit verbreiteten *Allgemeinen Litteratur Zeitung* war, in der gegen Erstattung der Unkosten durch Cotta vierteljährlich eine ausführliche Rezension der *Horen* erscheinen sollte. Gewöhnlich wurde ein Jahrgang einer zu rezensierenden Zeitschrift pauschal gewürdigt (vgl. 27, 100; 35, 109; Schwarzbauer 1993, S.90ff., der in diesem Zusammenhang von »Manipulationsversuchen« der öffentlichen Meinung spricht; Schmidt 1989, 374, beurteilt Schillers Strategie als »ein regelrechtes Rezensionskomplott, um die *Horen* mit Gewalt am Markt durchzusetzen«).

Schiller konnte also mit vollem Recht von einer »Begünstigung« sprechen, »die noch keinem Journal widerfahren« sei und »die alle übrigen Anzeigen in andern gelehrten Zeitungen« überflüssig mache (27, 58f). Umso mehr muss seine Mahnung auffallen, dass sich Cotta alles noch einmal gut und ohne alle Rücksichten auf die ›erlauchte Societät‹ von berühmten Schriftstellern überlegen solle: Ob er wirklich den »Rubikon« überschreiten wolle? Der ›sanfte‹ Druck zur Entscheidung – »wozu Sie Sich 8 biß 12 Tage Bedenkzeit nehmen mögen«! – mutiert denn auch zu einer harmlos daherkommenden Drohung, der Schiller sich offenbar nicht enthalten mochte. Nun, da er die besseren Karten in der Hand hielt, wollte er die eige

nen Vorstellungen möglichst ohne Abstriche durchsetzen. Er zog
also seinen besten Trumpf: das Journal werde, ganz gleich wie Cotta
sich entscheiden werde, in jedem Fall erscheinen – wenn nötig,
dann eben mit einem anderen Verleger.

Aber wie nicht anders zu erwarten, war Cotta nur allzu bereit,
den ›Rubikon‹ zu überschreiten. Das Risiko erschien dem Verleger
nicht sehr hoch. Ganz Geschäftsmann dringt er im September 1794
allerdings noch einmal darauf, dass alle Mitarbeiter nicht in konkurrierenden Zeitschriften, sondern nur exclusiv in den *Horen* schreiben sollten; dies sei eminent wichtig, wenn das angestrebte Ziel erreicht werden sollte, das Projekt vor allem zu einem finanziell
lukrativen zu machen. Cotta bedurfte keiner idealistischen Verbrä-
mung. Und so enthüllt sein Brief ganz unbefangen, welche Interessen nicht nur der Verleger sondern auch Schiller mit den *Horen* verfolgte: es ging ganz einfach um eine ›reiche Quelle‹ finanziellen
Profits (vgl. 35, 54). Das war neben der literarturpolitischen Strategie schon das Movens der ersten Idee sechs Jahre zuvor gewesen,
und das war es auch jetzt.

Schiller war einer der ersten, der energisch den Versuch gemacht
hat, sich allein von seiner schriftstellerischen Arbeit zu ernähren, obwohl sich der Beruf des ›freien Schriftstellers‹ gerade erst entwickelte
(vgl. Ungern-Sternberg 1984, 158ff.; Schmidt 1989, 310ff.). Es war
sein konsequentes Bemühen seit 1782, allein mit seiner Schriftstellerei einen finanziellen Profit zu machen, der es ihm ermöglichte,
selbstbestimmt arbeiten und leben zu können. Für seinen *Fiesko*
hatte ihm der Mannheimer Verleger gerade mal 10 Karolin (ca. 60
Reichstaler) bezahlt; als Professor hatte er neben den vom Herzog
gewährten 200 Talern nur spärliche Einnahmen aus Hörergeldern:
Nun waren allein für einen Druckbogen der *Horen* an die 6 Louis-
dor (ca. 35 Taler) und jährlich etwa 300 Reichstaler für die
Chefredaktion zu erwarten (vgl. 27, 119 u. 168; 28, 437).

Ihm bot sich eigentlich erstmals die Chance, genug für ein relativ sorgenfreies Leben zu verdienen. Jedenfalls war er in finanzieller
Hinsicht lange genug ›idealistisch‹ gewesen: Unermüdlich hatte er
für Journale gearbeitet, was ihm wenig mehr als eine äußerst prekäre
Existenz eingetragen hatte; er hatte die Professur angenommen, welche ihm außer seinem dadurch gewachsenen öffentlichen Ansehen
ökonomisch kaum etwas einbrachte. Und wäre – damals im Dezember 1791 – Schiller durch das ›Wunder‹ aus Kopenhagen nicht von
seiner drückenden Schuldenexistenz befreit worden, hätten die
Zerrüttungen seiner Gesundheit wohl kaum ausgehalten werden
können. Es war nur recht und billig, dass er sich, mittlerweile auch
als Ernährer einer Familie, endlich eine solide ökonomische Basis

verschaffen wollte – unabhängig von mehr oder weniger generösen Fürsten und ihren Ministern (zur Einkommensentwicklung Schillers seit der Verbindung mit Cotta vgl. Fröhlich 1998, 86ff.).

3. Schöner Schein und ökonomisches Sein

Allerdings fällt unter solchem Aspekt ein gut Teil jener idealistischen Propaganda in sich zusammen, die den *Horen*-Plan begleitete. Schillers Versicherung in der »Einladung zur Mitarbeit«, dass es »nur der innere Werth einer literarischen Unternehmung ist, der ihr ein daurendes Glück bey dem Publikum versichern kann« (22, 103), ist denn auch das Papier nicht wert, auf dem es steht. Schiller hat es gewusst, denn er hat andere – nicht nur den als Publizisten erfolglosen Hölderlin, sondern auch Goethe – immer wieder gemahnt, das Bedürfnis des Publikums nicht zu vergessen. Er selbst hat sich jedenfalls um eine kräftige Portion von Pragmatismus bemüht, um den Publikumsgeschmack nicht aus den Augen zu verlieren.

Dennoch musste Schiller auf der Hut sein: Solche Art von Pragmatismus war in jenen intellektuellen Zirkeln, in denen sich die Ideologie von ›Künstlerautonomie‹ ausbildete, ganz offensichtlich verdächtig (vgl. Brender 1990, 97; Ungern-Sternberg 1984, 166); die Auseinandersetzung mit Körner über seine historiographischen Arbeiten hatte ihm das einmal mehr vor Augen geführt. Vielleicht hat Schiller dank seiner Lebensklugheit, die ihm ja kein Geringerer als Goethe (wiederum nicht ohne einen gewissen Beigeschmack) bescheinigte, genau gewusst, an wen er sich mit seiner ›Einladung‹ wandte. Waren es doch in der Tat meistens Leute, die keineswegs als ›freie‹ Schriftsteller ihr Auskommen suchen mussten und wirtschaftlich in weit gesicherteren Verhältnissen lebten als er selbst. Der Kämpfer für Wahrheit und vor allem für »eine höhere Würde« der Schönheit war in einer verzwickten Situation: Musste er sich und seinem Journal den Anschein geben, als ginge es allein um hehre Ziele, so war doch andererseits dafür zu sorgen, das Unternehmen zu einem literaturpolitischen *und* zu einem ökonomischen Erfolg zu machen. Unter welchem moralischen Druck er dabei möglicherweise gestanden hat, enthüllt ein kurzer Satz – wiederum von seinem vertrautesten Freund Körner –, den Schiller just während der Vorbereitungen für die *Horen* im Oktober 1794 zu lesen bekam: »Bezahlte [dichterische] Begeisterung hat etwas empörendes.« (35, 72). Nun, der sächsische Konsistorialrat Körner konnte ganz unbeschwert der Kunst und Literatur frönen, die er zu seinem Steckenpferd gemacht hatte. Er – zudem mit einem reichen Erbe ausgestattet – hatte es nicht nötig, sich seine ›Begeisterung‹ bezahlen zu lassen. Ganz im Gegensatz zu Schiller, der von seiner ›dichterischen Begeisterung‹ leben wollte und – *musste*. Früher, als Körner dem 28jährigen Dichter wieder einmal in finanziellen Schwierigkeiten geholfen hatte, hatte er dem Freund geschrieben, dass er Geld schon immer gering geschätzt habe; es habe ihn immer geekelt, mit ihm nahestehenden Menschen darüber zu reden. Schiller hat fast sein ganzes Leben auch mit seinen Nächsten über Finanzielles handeln müssen: seine Korrespondenz legt davon beredtes Zeugnis ab.

Er befand sich in einer weniger komfortablen Situation als die meisten Adressaten seiner ›Einladung‹, die er dennoch wohl richtig eingeschätzt hat. Zum Beispiel fühlte sich der Hamburger Publizist Johann Wilhelm von Archenholtz schon genug bezahlt durch die Ehre, angefragt worden zu sein: das Honorar sei ihm gleichgültig. Und der alte Dichter Johann Ludwig Gleim (1719-1803) wollte, dass durch sein Honorar irgendeinem »armen Mädchen« bei ihrer Ausstattung geholfen werde.

Anders war es bei Goethe. Schiller wusste das seit seiner Ankunft 1787 in Weimar, als Wieland mit ihm vertraulich über dessen ausgeprägten Geschäftssinn sprach und Herder ihn »noch mehr als Geschäftsmann denn als Dichter bewundert wissen« wollte (24, 131). So warnte er den Verleger Anfang 1795 vor Goethes Honorarforderungen und ermahnte ihn zugleich, ja darauf einzugehen: »Ihn müssen wir ja fest zu halten suchen, weil er viel in petto hat und auch überaus viel Eifer für die Horen zeigt. Ein Mann, wie Göthe, der in Jahrhunderten kaum einmal lebt, ist eine zu kostbare Acquisition, als daß man ihn nicht, um welchen Preiß es auch sey, erkaufen sollte.« (27, 118). Cotta stellte als erfahrener Geschäftsmann lapidar fest, dass man Goethe natürlich so bezahlen müsse, wie er es verlange. Schließlich wurde er mit mehr als 40 Reichstalern pro Bogen ›erkauft‹. Über dieses Spitzenhonorar gab es bald Gerüchte, so dass Wieland für seine Zeitschrift auf die Bremse treten mußte. Einem potentiellen Mitarbeiter schrieb er, dass der *Teutsche Merkur* nie und nimmer so viel bezahlen könne. Er selbst habe nie mehr als 15 oder gar nur zwölf Taler erhalten, und dies sei schon für ein exorbitantes Honorar gehalten worden (vgl. BW 470).

Aber tatsächlich erhielt nur Goethe den Spitzensatz. Herder, Fichte, Wilhelm von Humboldt und Schiller selbst bekamen ca. 30 Taler, August Wilhelm Schlegel ca. 25, andere noch weniger. Im Vertrag von Ende Mai 1794, den Cotta unverändert akzeptiert hat, ist die Spanne zwischen 15 bis zu 40 Talern pro Bogen festgesetzt. So wurden die *Horen* verhältnismäßig teuer: 6 Bogen kosteten 16

Groschen (= 2/3 Reichstaler). Den Konkurrenten Wieland ärgerte das, denn er fand die Zeitschrift noch dazu »ziemlich geschmacklos gedruckt. Die Herren«, schrieb er seinem Verleger Göschen, »sind theuer mit ihrer Waare [...]« (BW 424; zu Typografie und Design der *Horen* vgl. Gross 1994, 308ff.; vgl. zu Bücherpreisen Ende des 18. Jahrhunderts Kiesel/Münch 1977, 138). Aber Göschen, der sich doch von dem wortbrüchigen Schiller tiefenttäuscht hätte zeigen können (vgl. Hucke 1984, 20), nahm den Ball keineswegs auf. Sein Vertrauen in die Qualität des Publizisten Schillers war erstaunlicherweise ungebrochen: »Mit den Horen ist die Welt nicht zufrieden. Ich glaube die Welt hat Unrecht, denn ob ich sie gleich nicht lesen darf wegen Mangel an Zeit, so glaube ich doch Schiller wird nichts Schlechtes darin aufnehmen.« (BW 429). Offenbar richtete sich Göschens Enttäuschung, ja seine Wut, ganz gegen Cotta, der die Auseinandersetzung mit dem Kollegen über die Verlagsrechte an Schillers Werken auf der Leipziger Messe 1795 zu den »härtesten« seines Lebens zählte (vgl. 35, 197ff.).

Göschens Zeugnis macht eines nur allzu deutlich: Bald nachdem »das Schiff vom Stapel gelassen« war (so Körner über das erste Erscheinen der *Horen*), zeigte sich, dass eigentlich schon überall der Wurm drin war. Die ›Societat von Schriftstellern, wie noch kein Journal aufzuweisen gehabt‹ hatte, zerfiel noch im ersten Jahr des Erscheinens. Das ›Schiff‹ ging – wenn auch langsam – unter. Schiller überwarf sich mit Fichte, mäkelte an einem anderen Mitglied des Redaktionsausschusses herum, und die Qualität der immer zu wenigen Beiträge entsprach nur selten seinen Erwartungen. Aber es wäre wohl auch kaum möglich gewesen, das gleich zu Anfang von Schiller selbst mit seinen *Briefen über die ästhetische Erziehung des Menschen* etablierte literarische und zugleich theoretische Niveau aufrechtzuerhalten. Jedenfalls war ein breites Publikum nicht bereit, in solche Höhen zu folgen. Die Auflage der *Horen*, die so »hyperpompös« (Wieland) installiert worden waren, sank stetig: Lag die Startauflage bei 2000, so fiel sie schon im zweiten Jahrgang auf 1500, bis sie schließlich im dritten und letzten Jahrgang auf 1000 herunterging (vgl. 28, 437).

Schiller selbst hatte schon nach einem guten halben Jahr die Sorge um sein Journal satt. Das, was dazu hatte dienen sollen, ihm größtmögliche Unabhängigkeit als freier Schriftsteller zu gewähren, entpuppte sich als eine neue Fessel. Der unbändige Wunsch, in seiner Arbeit keinem fremden Gesetz gehorchen zu müssen, wurde durch die aufreibende Tätigkeit für die *Horen* konterkariert. Anfang 1798 hat Schiller »das Todesurtheil der drei Göttinnen Eunomia, Dice und Irene förmlich unterschrieben«. Er schließt dies Kapitel seines Lebens mit einem ironischen Appell: »Weihen Sie diesen edeln Todten eine fromme christliche Thräne, die Condolenz aber wird verbeten.« (29, 195).

4. Die Angriffe auf die *Horen* und der Xenienstreit: *Nulla dies sine Epigrammate*

Schon bald begannen die Angriffe auf Konzeption und Inhalte der *Horen*. Nur nach einem halben Jahr, im Sommer 1795, beklagte Schiller die wenig begeisterte, ja ablehnende Rezeption seines Journals (vgl. 28, 30). Die erwartete öffentliche Zustimmung entpuppte sich bald als eine mitunter empörte Ablehnung. Vor allem irritierte Kritik und Publikum die privilegierte Behandlung der Zeitschrift durch eine ausführliche Rezension in der *Allgemeinen Litteratur-Zeitung* vom Januar 1795 (vgl. Fambach 2, 115). Überdies war man über die schon im vorhinein proklamierte bessere Qualität im Vergleich zu anderen Zeitschriften verstimmt. Und schließlich glaubten viele Leser eine Diskrepanz zwischen Schillers glänzend formulierter »Ankündigung« und den ersten *Horen*-Stücken zu erkennen (vgl. Fambach 2, 104ff.).

Dabei nahm die Kritik insbesondere die *Briefe über die ästhetische Erziehung des Menschen* ins Visier. Gerade jenes Werk, mit dem sein Autor ›unsterblich‹ zu werden gedachte (vgl. 27, 119), wurde (wie vielleicht insgeheim gehofft) keineswegs als das neue »Gesetzbuch für die ästhetische Welt« (20, 311) auf- und angenommen. Schiller mag das nicht wenig enttäuscht haben, da er doch auf dem avanciertesten philosophisch-ästhetischen Niveau seiner Zeit argumentiert hatte. Mancher Kritiker beurteilte die *Briefe* gerade wegen ihrer Kantischen Terminologie negativ, ein anderer dagegen fand, dass der Autor Kants Ideen entstellt habe (vgl. Fambach 137 u. 153). In der privaten Korrespondenz suchte Schiller diesen Angriffen mit dem Hinweis zu begegnen, dass Kant selbst als kompetentester Beurteiler seiner ästhetischen Theorie trotz aller Differenzen Bewunderung geäußert habe.

Er reagierte empfindlich, weil die Kritik, die scheinbar auf nebensächliche Stil- und Gattungsfragen zielte, in Wahrheit ins Herz seiner philosophisch-ästhetischen Bestimmungen und seines Verfahrens traf. Der ebenfalls im Sommer 1795 mit Fichte ausgetragene Streit macht das ganz deutlich. Er ist paradigmatisch für vielfach geäußerte Kritik am Stil von Schillers philosophischer Prosa (vgl. Berghahn 1998, 292). Die Auseinandersetzung entzündete sich an der Zurückweisung von Fichtes Abhandlung *Ueber Geist und Buchstab in der Philosophie in einer Reihe von Briefen* für die *Horen.* Zweifellos war Schiller in besonderer Weise gekränkt, weil sich nicht einmal sein Kollege im Redaktionsausschuss seiner Autorität beugte, die er hinsichtlich der Notwendigkeit der Ausbildung ästhetischen Empfindens vor dem Hintergrund seiner Zeitdiagnose beanspruchen zu können meinte. Fichte hatte gewagt, sein ureigenes Thema aufzunehmen und ihm in seinen Resultaten *nicht* zu folgen. Die Vorstellung, »durch ästhetische Erziehung die Menschen zur Würdigkeit der Freiheit, und mit ihr zur Freiheit zu erheben«, sei – so Fichte – obsolet, weil sich erst durch politische Freiheit mehr ästhetischer Sinn entwickeln könne. Das sei schon daran zu sehen, dass »die Zeitalter und Länderstriche der Knechtschaft zugleich die der Geschmacklosigkeit« seien (Werke VIII, 286f.). Verständlich wohl, dass so ein eilig hergestellter Kausalnexus Schiller ärgern musste. So fragte er Fichte: »Was erhalte ich nun und was muthen Sie mir zu dem Publikum zu geben?« – und enthüllte den Grund seiner Verärgerung, indem er fortsetzte: »Die alte Materie, sogar in der schon da gewesenen unbequemen Briefform, und *Widerlegung meiner Theorie* [...]« (27, 366; Hervorh. v. Vf.). Da das Fichte zugesandte Schreiben nicht erhalten ist, wäre dessen endgültige Gestalt nur aus den vorliegenden Entwürfen und Fichtes Antwort zu erschließen. Offensichtlich ist jedoch, dass Schiller wenig diplomatisch den Philosophen mit verletzenden und teilweise unhaltbaren Angriffen kränkte, die Argumentation, Form und Umfang der Abhandlung betrafen. Der Angegriffene nahm die ihm zugespielten Bälle auf und schlug zurück: »Ihre Art [des Vortrags] aber ist völlig neu; und ich kenne unter den alten, und neuern keinen, der darin mit Ihnen zu vergleichen wäre. Sie feßeln die Einbildungskraft, welche nur frei seyn kann, und wollen dieselbe zwingen, zu denken. Das kann sie nicht; daher, glaube ich, entsteht die ermüdende Anstrengung, die mir Ihre philosophischen Schriften verursachen; und die sie Mehrern verursacht haben. Ich muß alles von Ihnen erst übersetzen, ehe ich es verstehe; und so geht es andern auch.« (35, 232). Diese Kritik an mangelnder Klarheit der philosophischen Schriften musste Schiller besonders schmerzen, weil Fichte zugleich seine poetischen und historischen Werke aufs Höchste lobte.

Die Kontroverse mit Fichte blieb eine mehr oder weniger interne, nicht jedoch die durch Schillers literaturpolitische Strategien provozierten Auseinandersetzungen um die *Horen.* Der verwundete Herausgeber und Autor hatte Lust, öffentlich zurückzuschießen. Dafür diente ihm zunächst die Abhandlung *Die sentimentalischen Dichter*, die am Ende des ersten *Horen*-Jahrgangs zum Jahreswechsel

1795/96 erschien. Er verschonte mit diesem »jüngste[n] Gericht«
(28, 111) auch einen Teil seiner dichtenden Zeitgenossen nicht,
denn es ging nicht zuletzt darum, deren Werke an den eigenen
Maßstäben zu messen. Neben allem ökonomischen Interesse an den
Horen sollte die Zeitschrift vor allem dazu dienen, die erarbeiteten
ästhetischen Grundsätze auch bei der literarisch interessierten Öffentlichkeit durchzusetzen. Um seinen Urteilen über die Zeitgenossen sofort die erwünschte öffentliche Wirkung zu verschaffen, nötig-
te er den Chefredakteur der *Allgemeinen Literatur-Zeitung*, Christian
Gottfried Schütz, einmal mehr zu einer zustimmenden Rezension.
Dieser hatte die theoretischen Abhandlungen des ersten *Horen*-Jahr-
gangs rezensieren wollen, was Schiller noch kurz vor der Jahreswen-
de 1795/96 veranlasste, Schütz die frischen Druckbogen des letzten
Horen-Stücks mit den *sentimentalischen Dichtern* aufzudrängen. Falls
dieser seinen Urteilen widerspreche, so drohte Schiller, werde er seine Einschätzungen auf Kosten der kritisierten Autoren öffentlich bekräftigen. Das hätte zweifellos zu erneutem Streit geführt: weshalb
Schütz gleich ganz auf die Rezension verzichtete. So blieb es bei jener August Wilhelm Schlegels, der allein die poetischen Werke der
Horen besprach. Schiller muss bei diesem Manöver klar gewesen
sein, dass Schütz gar nicht anders konnte, als zu schweigen oder seinen Verdikten zu widersprechen, wäre er anders doch mit Recht als
blinder Parteigänger der *Horen*-Macher Schiller und Goethe angeprangert worden. Sein Renommee und das der *Allgemeinen Literatur-Zeitung* stand auf dem Spiel (vgl. Schwarzbauer 1993, 119ff.).
    Schiller selbst charakterisierte die Konkurrenz literarischer »Ge-
meinheiten [=Gemeinschaften]« am Ende des 18. Jahrhunderts als
Naturzustand, ja als »Bellum omnium contra omnes« (27, 55). Auf
diesem Feld wollte er mit den *Horen* bestehen, die er als »eine wahre
Ecclesia militans« (28, 93) bezeichnete und auch sonst bei der Beschreibung der Situation der von mehreren Seiten angegriffenen
Zeitschrift nicht mit militärischer Metaphorik sparte. Beim ›Zu-
rückschlagen‹ gegen die unbotmäßigen Kritiker fand er dann in
Goethe mit den gemeinsam verfassten und euphemistisch so genannten *Xenien*, also Gastgeschenken, einen engagierten Mitstreiter.
Sie sind Ende September 1796 im *Musen-Almanach für das Jahr
1797* erschienen. Den dadurch provozierten Literaturstreit charakterisierte Goethe später als »die größte Bewegung und Erschütterung
in der deutschen Literatur« (SA I 35, 64).
    Der Anstoß zu den *Xenien* kam von Goethe, deren anfängliche
Motivation allerdings kaum als ›unschuldig‹, viel weniger noch als
›gleichgültig‹ charakterisiert werden kann, wie der Rückschau hal-
tende Initiator später glauben machen wollte. *Er* hatte am Ende des

ersten *Horen*-Jahrgangs den Einfall, über möglichst alle konkurrierenden Zeitschriften ironisch-kritische Epigramme zu dichten. Es ist nur zu verständlich, dass Schiller hellauf begeistert war; denn es hatte ja schon in der (arkanen) Konzeption der *Horen* gelegen, alle anderen vergleichbaren Publikationsorgane zur Bedeutungslosigkeit verkommen zu lassen.

Schiller wollte es jedoch dabei keineswegs bewenden lassen: »Ich denke aber«, antwortete der Streitlustige auf Goethes Vorschlag, »wenn wir das hundert voll machen wollen, werden wir auch über einzelne Werke herfallen müssen, und welcher reichliche Stoff bietet sich da! Sobald wir uns nur selbst nicht ganz schonen, können wir heiliges und profanes angreifen.« Für Goethes Aufenthalt in Jena Anfang Januar 1796 gab er die Parole aus: *nulla dies sine Epigrammate* (28, 152). Goethe hatte anfangs von hundert Xenien gesprochen, am Ende wurden es fast tausend. Davon wurden schließlich 517 Epigramme für die Veröffentlichung ausgewählt, die in 414 polemische *Xenien* und 103 ›unschuldige‹ sogenannte *Tabulae Votivae* unterteilt waren, welche größtenteils wohl auf Schiller zurückgehen (vgl. 28, 312).

Die ersten Xenien beginnen sogleich ein veritables Verwirrspiel. Am Anfang steht die Kontrollinstanz, der Zensor, genannt *Der ästhetische Thorschreiber*, der fragt:

Halt Passagiere! Wer seyd ihr? Weß Standes und Characteres?
Niemand passieret hier durch, bis er den Paß mir gezeigt.

Die *Xenien* (und ihre Verfasser) antworten frech und lassen niemanden über ihr Vorhaben im Unklaren:

Distichen sind wir. Wir geben uns nicht für mehr noch für minder,
Sperre Du immer, wir ziehn über den Schlagbaum hinweg. (1, 309)

Aber zugleich wollten die *Xenien*-Schreiber den Spieß herumdrehen und selbst Maßstäbe für die Literaturkritik setzen, deren vermeintlich unzureichende Beurteilungskriterien sie vor allem seit dem unerwartet desaströsen *Horen*-Echo aufgebracht hatten. Nun wollten sie selbst das Geschäft ästhetischer Kontrollinstanzen und kritischer Zensoren besorgen. Wen Schiller und Goethe jedenfalls durch *ihr* Tor trieben, der kam kaum mit heiler Haut davon. Die »kleine Hasenjagd in unserer Litteratur« (28, 114), die Schiller schon in seinen Bemerkungen über die ›sentimentalischen Dichter‹ begonnen hatte, wurde nun gemeinsam fortgeführt mit bemerkenswerter Freude an polemischer Schärfe. Dabei kam es zu erstaunlichen Koalitionen: auch mit Schriftstellern, die den ästhetischen Positionen und Ansprüchen Schillers und Goethes eigentlich gar nicht entsprachen.

Daran wird die literaturpolitische Strategie ganz deutlich, weil diejenigen, die geschont oder gar mit Lob bedacht wurden, meist anerkannte Schriftsteller waren, die von einem breiten Publikum geschätzt und geachtet wurden. Und dieses sollte ja schließlich auf die Seite der *Xenien*-Verfasser gezogen werden – allen nichtöffentlichen Publikumsbeschimpfungen zum Trotz.

An erster Stelle sollten diejenigen Kritiker ins Visier genommen werden, die die *Horen* nicht zustimmend rezensiert hatten. Sie sind denn auch die am häufigsten mit ›Gastgeschenken‹ Bedachten. Das war natürlich ganz in Schillers Interesse. Sie wurden jedoch zum Teil bis ins Persönliche bloßgestellt. Damit wurde der angezettelte Literaturstreit ungemütlich: Die widerlichste Episode betraf den Musiker und Journalisten Johann Friedrich Reichardt, von dem im siebten *Horen*-Stück einige Gedichtvertonungen erschienen waren. Dennoch hatte er die *Horen* (und besonders Goethes darin erschienene *Unterhaltungen deutscher Ausgewanderter*) heftig kritisiert. Schiller nahm das zum Anlass, gegen jemanden zu hetzen, den er noch wenige Monate zuvor (im Sommer 1795) mit schmeichelhaftesten Formulierungen um Gedichtvertonungen für den geplanten *Musenalmanach* gebeten hatte – allerdings vergeblich. Nun schrieb er an Goethe, der auch nicht viel für den *Horen*-Kritiker übrig hatte: »Wir müssen Reichardt, der uns so ohne allen Grund und Schonung angreift, auch in den Horen, bitter verfolgen.« (28, 175). Als Goethe schon ein Dutzend gegen Reichardt gerichtete Xenien ankündigte, war es Schiller bei weitem nicht genug, der noch einmal nachlegte: »Man muss ihn auch als Musiker angreifen, weil es doch auch da nicht so ganz richtig ist, und es ist billig, daß er auch biß in seine letzte Vestung hinein verfolgt wird, da er uns auf unserem legitimen Boden den Krieg machte.« (28, 183f.). Nach der *Horen*-Kritik von Friedrich Schlegel, die im September 1796 in Reichardts Journal *Deutschland* erschienen war, nannte er ihn gar ein Insekt, das man zu Tode hetzen müsse, wenn man Ruhe vor ihm haben wolle. Mit dem Verfassen von fast 60 Epigrammen gegen den verhassten Majestätsbeleidiger brachten die ›Dichterfürsten‹ ihre Zeit zu ...

Schillers Formulierung von der Verletzung ›legitimen Bodens‹ enthüllt recht genau die Selbstherrlichkeit, mit der der Dichter aufgrund seiner neugewonnenen Autorität Seite an Seite mit Goethe und als philosophischer Ästhetiker fortan seine Literaturpolitik betreiben wollte. Nun wo sich die so lang ersehnte Verbindung mit dem bewunderten Goethe auch vor der Öffentlichkeit manifestierte, begann sich seine doktrinäre Ader auszutoben. Dem 24jährigen Friedrich Schlegel, der gerne an den *Horen* mitgearbeitet hätte (vgl.

Schwarzbauer 1993, 241f.), wurde von Schiller in den *Xenien* übel mitgespielt. Obwohl Schlegel die Gedanken in seinem Aufsatz *Über das Studium der griechischen Poesie* ganz unabhängig von Schillers inzwischen erschienener Schrift *Über die sentimentalischen Dichter* entwickelt hatte, stattete er ihm dennoch im Vorwort des Druckes – also sogar öffentlich – Dank für neugewonnene Einsichten ab (SA I, 62ff. bes. 64; vgl. Brinkmann 1958). Aber auch das hielt Schiller (der übrigens nur Auszüge kannte) nicht davon ab, einige boshafte *Xenien* gegen Friedrich Schlegel zu verfassen. Er nahm dessen Gedanken nicht nur spöttisch aufs Korn, sondern riss sie auf geradezu fahrlässige Weise aus dem Zusammenhang und montierte sie sinnentstellend in den *Xenien* neu – um so den jungen Kritiker lächerlich zu machen. Warum? Schlegel hatte den *Musenalmanach auf das Jahr 1796* in Reichardts Zeitschrift *Deutschland* rezensiert und dabei auch über Schillers Gedichte kritische Anmerkungen gemacht, was ja durchaus zu den genuinen Aufgaben eines Rezensenten gezählt werden muss. Ein derartiges Vergehen verzieh Schiller nicht (vgl. Borcherdt 1948, 45ff.), in dessen Reaktion verletzte Eitelkeit wohl eine Rolle gespielt haben mag. Vor allem jedoch ging es um das literaturpolitische Anliegen, das durchgesetzt werden sollte. Schillers Verhalten hatte aber langfristig viel ungünstigere Folgen für ihn, als der sich im Bund mit Goethe unangreifbar Wähnende ahnte: die Frühromantiker inthronisierten Goethe und setzten ihn dagegen herab.

Friedrich Schlegel sollte gleich am Anfang seiner Laufbahn als Kritiker ›gezüchtigt‹ (wie Goethe sich in solchen Fällen auszudrükken pflegte), ja vielleicht zum Schweigen gebracht werden. Er hatte sich in der Tat wenig geschickt verhalten – anders als August Wilhelm, der im Zusammenhang mit der unverstellten Kritik seines Bruders an berühmten Schriftstellern lieber nicht genannt werden wollte (vgl. Briefe I, 30f.). Schiller aber erwies sich als nicht weniger ungeschickt. Er blieb unerbittlich trotz der Fürsprache Körners, der mit Schlegel in Dresden engen und vertrauensvollen Kontakt hatte (vgl. Baukc 1963). Körner meinte, dass Schiller wohl keinen besseren Gefolgsmann haben könne als Friedrich Schlegel: wenn es einen anderen Anschein habe, so resultiere das bloß daraus, dass er seine Aufgabe als Literaturkritiker besonders gewissenhaft erfüllen wolle (vgl. 36 I, 283f.).

Schiller ließ sich jedoch nicht umstimmen, da er die eigenen ›ästhetischen Wahrheiten‹ durch Friedrich Schlegel offenbar auf den Kopf gestellt sah. Eins der auf den verhassten jungen Kritiker gemünzten *Xenien* macht ganz deutlich, auf welchem Terrain sich der mühsam Arrivierte von seinem jungen Kritiker – übrigens ganz zu Unrecht (vgl. 2 II A, 571) – angegriffen glaubte:

Geschwindschreiber
Was sie gestern gelernt, das wollen sie heute schon lehren,
Ach! was haben die Herrn doch für ein kurzes Gedärm.

Schillers hauptsächliche Absicht mit den *Xenien* war wie gesagt, die Kritiker der *Horen* abzustrafen und sie womöglich einzuschüchtern – und das wurde von den Zeitgenossen sofort verstanden. »Alle,« schrieb der Direktor des Weimarer Gymnasiums Karl August Böttiger, »die ihre Knie nicht vor den göttlichen Horen gebeugt haben, werden darinnen guillotinirt« (Fambach 2, 173). Gemeinsam mit einem gewichtigen Mitstreiter konnte Schiller nun sein Geschäft fortsetzen, das er in der Abhandlung *Die sentimentalischen Dichter* schon allein begonnen hatte, und bei dem es galt, Literaten bloßzustellen, deren Werke seiner ästhetischen Doktrin nicht entsprachen. Und auch die Literaturkritik sollte sich endlich die eigenen Maßstäbe zu eigen machen, was insbesondere das Verhalten gegenüber dem jungen Friedrich Schlegel motiviert haben mag. Überdies konnten die *Xenien* das Bündnis mit Goethe vor der literarischen Öffentlichkeit demonstrieren.

Goethe enthüllte seine Interessen, auch seine Verletzungen, nach der Lektüre eines Briefs des Popularphilosophen Christian Garve an Schiller. Garve – als *Horen*-Autor – hatte seine Empörung über die *Xenien* zu Protokoll gegeben; insbesondere weil Schiller und Goethe über einem der schärfsten *Horen*-Kritiker, dem dichtenden Johann Caspar Friedrich Manso, ihren ganzen Hohn und Spott ausgeschüttet hatten. »Wie natürlich es doch solche Sittenrichter [wie Garve] finden,« schrieb Goethe daraufhin an Schiller, »daß ein Autor zeit seines Lebens seine besten Bemühungen verkennen, sich retardiren [hemmen], necken, hänseln und hudeln lasse, weil das nun einmal so eingeführt ist! Und dabey soll er geduldig, seiner hohen Würde eingedenk, mit übereinander geschlagnen Händen, wie ein ecce Homo dastehen, nur damit Herr Manso und seines gleichen, auch in ihrer Art, für Dichter passiren können.« (37 I, 178). Dieser Herr Manso erwies sich jedoch für die des literarischen Despotismus Verdächtigten ungewollt als hilfreich. Seine gemeinsam mit dem Verleger Johann Gottfried Dyk verfassten *Gegengeschenke an die Sudelköche in Jena und Weimar von einigen dankbaren Gästen* verfehlten durch ihre wenig geistreiche, beleidigende Polemik die intendierte Wirkung, ja bewirkten sogar das Gegenteil: dem Publikum wurde vorgeführt, dass die Aggressoren Schiller und Goethe mit ihrer Kritik an der Mittelmäßigkeit der angegriffenen Zeitgenossen so Unrecht nicht hatten.

Der literaturpolitische Streit behagte Goethe aber noch aus einem andern Grund. Es sei, so ließ er Schiller wissen, »eine nicht genug gekannte und geübte Politik daß jeder, der auf einigen Nachruhm Anspruch macht seine Zeitgenossen zwingen soll alles was sie gegen ihn in Petto haben, von sich zu geben, den Eindruck davon vertilgt er durch Gegenwart, Leben und Wirken jederzeit wieder [...] Ich hoffe daß die Xenien auf eine ganze Weile wirken und den bösen Geist gegen uns in Thätigkeit erhalten sollen, wir wollen indessen unsere positiven Arbeiten fortsetzen und ihm die Qual der Negation überlassen.« Goethe schloss eine erneute Fehde nicht aus: Wenn es wieder zu ruhig werden sollte, so drohte er schon Ende 1796, müsse man die Gegner »noch einmal recht aus dem Fundament ärgern« (36 I, 398).

So war auch das zweite gemeinschaftliche Unternehmen mit dem Ziel angelegt, Publikum und literarische Öffentlichkeit mit einem Kunstbegriff zu konfrontieren, dessen Maßstäbe die Kunst vor einem überspannten Subjektivismus einerseits, vor allzu kompromisslerischer Anpassung an marktgängigen Zeitgeist andererseits bewahren sollte. Es ist jene nach dem Abschluss der *Wallenstein*-Trilogie im Jahr 1799 intensiv betriebene Diskussion über das Phänomen des Dilettantismus. Schiller und Goethe haben in den daraus entstandenen Texten möglicherweise am deutlichsten den Weg gewiesen zu dem, das man heute meist plakativ als *Weimarer Klassik* bezeichnet. Es ist ein ganz und gar modernes Projekt, weil es sich über die Chancen und Gefährdungen von Kunst zu verständigen sucht, die sich aus allen bis dahin bestehenden Abhängigkeiten entlassen weiß, aber deswegen umso mehr in Gefahr gerät, neuen bislang ungekannten Defiziten auf den Leim zu gehen, ja sie sogar zu kultivieren. Manifestiert hat sich die *Weimarer Klassik* – fast überflüssig, es zu sagen – in den Werken, aber auf die Spur eines der zentralen Motive ihres schöpferischen Impetus führen jene Verständigungen und Selbstverständigungen, die sich in den vermutlich gemeinsam verfassten Schemata zu *Der Sammler und die Seinigen* und *Über den Dilettantismus* bewahrt haben (vgl. Koopmann 1998c, 645ff.).

VIII. Bündnisse – Synthesen – Akkumulationen

1. Zu Goethe: ›Wenige Sterbliche haben mich noch so interessiert‹

Im Verhältnis Schillers mit und zu Goethe manifestiert sich die wohl berühmteste Zusammenarbeit zweier hochbedeutender Künstler. Sie hat zur Bildung vielfacher Legenden geführt (welche in einigen Ausprägungen nicht zuletzt von beiden Autoren selbst initiiert wurden), die es im verwirrenden Dschungel einer Unzahl von Interpretationen zu umgehen gilt (vgl. eine repräsentative Auswahl der Forschungsliteratur bei Böhler 1995).

Das Verhältnis beider ist in seiner ganzen Vielschichtigkeit und Vielgesichtigkeit nur bei Kenntnis all jener sozialgeschichtlichen und literaturpolitischen Konstellationen zu beschreiben, die (notwendigerweise ausschnitthaft) benannt worden sind. Da ist einerseits das Zusammenspiel beider als Schriftsteller, deren literaturpolitische Intentionen sich vor allem in der gemeinsamen Autorschaft der *Xenien*-Dichter manifestierten; wobei die *konvergierenden* Interessen sichtbar werden, welche literarische und publizistische Maßstäbe setzen wollten. Andererseits kann die Brisanz der Beziehung, die bis zu Schillers Tod, ja selbst darüber hinaus, kaum verschwindet (vgl. Mayer 1973, 64ff.), Konturen gewinnen bei Betrachtung der Voraussetzungen der *ungleichen* gesellschaftlichen Situierung, aber auch derjenigen als Schriftsteller: Der eine ist Sohn eines begüterten Frankfurter Patriziers, der andere entstammt ärmlichen Verhältnissen; der um zehn Jahre Jüngere liest als Schüler den *Werther*, den *Götz von Berlichingen*, den *Clavigo* des berühmten Schriftstellers, der als hochgeehrter Gast bei der Zeugnisvergabe an den zwanzigjährigen Absolventen der Karlsschule im Dezember 1779 in Stuttgart zugegen ist. Ihn feiert der Zweiundzwanzigjährige als jenen Heros, der die französischen »Schleichhändler des Geschmacks über den Rhein zurückgejagt« (20, 82) und so der deutschen Literatur und damit auch dem eigenen Schaffen erst den Weg gebahnt hatte. Neun Jahre später betreibt der Geheime Rat des Souveräns, mithin als Staatsminister, die Ernennung des um Lohn produzierenden Historiographen zum (unbesoldeten) Universitätsprofessor.

Kaum vorstellbar, dass bei einer schnellen Annäherung derart ungleiche Voraussetzungen leicht überbrückt, oder gar einfach hätten verschwinden können (vgl. Fahs 1991). Geistige und persönliche Vertrautheit bildete sich erst nach einem langen Zeitraum lokaler Nähe durch die Veränderung verschiedener Punkte im jeweiligen Koordinatensystem der in ihren Voraussetzungen so ungleichen Männer heraus. Schiller hat genau das, bald nach dem Beginn der näheren Bekanntschaft im Sommer 1794, hellsichtig analysiert:

»Wie lebhaft auch immer mein Verlangen war, in ein näheres Verhältniß zu Ihnen zu treten, als zwischen dem Geist des Schriftstellers und seinem aufmerksamen Leser möglich ist, so begreife ich doch nunmehr vollkommen, daß die so sehr verschiedenen Bahnen, auf denen Sie und ich wandelten, uns nicht wohl früher, als gerade jetzt, mit Nutzen zusammenführen konnten. Nun kann ich aber hoffen, daß wir, soviel von dem Wege noch übrig seyn mag, in Gemeinschaft durchwandeln werden, und mit so größerm Gewinn, da die letzten Gefährten auf einer langen Reise sich immer am meisten zu sagen haben.« (27, 31)

Offensichtlich konfrontiert mit Berichten über den jungen Schiller bei seinem Aufenthalt in Stuttgart im Herbst 1797 hat Goethe sich ähnlich geäußert: »Für uns beyde, glaub ich, war es ein Vortheil, dass wir später und gebildeter zusammentrafen.« (37 I, 141).

Zehn Jahre zuvor, im Juli 1787, war Schiller nach Weimar gekommen, wo bekanntlich mit Wieland, Herder und Goethe drei der bedeutendsten deutschen Schriftsteller lebten. Der äußere Anlass, in die kleine thüringische Residenzstadt zu reisen, war ganz pragmatisch. Er wollte sich nach der schon 1784 erfolgten Ernennung zum ›Weimarischen Rath‹ durch Herzog Karl August – auf Verwendung in herzoglichen Diensten spekulierend – wieder in Erinnerung bringen. Der hat seinen ›Rat‹ jedoch nicht einmal empfangen. Von dieser Seite wurden Erwartungen Schillers also nicht erfüllt (vgl. 24, 148); und so ging es anfangs denn auch immer wieder darum zu erkunden, wie der so dringend benötigte Lebensunterhalt, das »verfluchte Geld« (24, 159), gesichert werden konnte. Wielands Schwiegersohn, der Jenaer Philosophieprofessor Karl Leonhard Reinhold, hatte ihm schon im August eine mögliche Anstellung an der Universität in Aussicht gestellt. Wieland selbst wollte ihn als Mitarbeiter für den *Teutschen Merkur* gewinnen. Da wurde sondiert, um Audienzen ersucht, antichambriert. Charlotte von Kalb, vertraute Freundin seit dem Mannheimer Aufenthalt, half Schiller mit manchen Ratschlägen für die kleine Weimarer Hofgesellschaft (vgl. 24, 129ff.). Sie erleichterten den Zugang zu dieser ihm fremden Welt, ihm, dem Bürgerlichen, der um seine »sehr precaire Rolle [...] unter dem Adel« (24, 156) ganz genau wusste.

Schillers strategisches Interesse war ein anderes: Es war durchaus der Vorsatz, sich den »Weimarischen Riesen« (24, 114) Wieland,

Herder und Goethe wenn möglich anzuschließen. Bereits zwei Tage nach seiner Ankunft, am 23. Juli, ging ein Schreiben an seinen berühmten schwäbischen Landsmann, um ihn endlich persönlich kennen zu lernen; schon für den Nachmittag desselben Tages erhielt Schiller die ersehnte Einladung Wielands, dem er als Autor der *Räuber* seit langem bekannt war. Anders Johann Gottfried Herder, den er am Tag darauf aufsuchte: bei ihm, mit dem er zur eigenen Überraschung viel über Goethe sprach, hatte er den Eindruck, dass er keines seiner Werke gelesen hatte.

Die Besuche bei Wieland und Herder datieren fast ein Jahr vor Goethes Rückkehr von seiner berühmten italienischen Reise im Juni 1788 nach Weimar. Im September trafen die beiden Dichter jedoch nicht dort, sondern in Rudolstadt bei Schillers zukünftiger Schwiegermutter Luise von Lengefeld zusammen. Goethe war in guter Stimmung und erzählte »gern und mit leidenschaftlichen Erinnerungen« von Italien. Schiller jedoch bedauerte, persönlich mit dem lang Erwarteten kaum mehr als über »allgemeine Dinge« gesprochen zu haben (25, 106). Nicht allein der Altersabstand, sondern mehr noch ganz unterschiedliche Lebenserfahrungen sowie eine in nichts zu vergleichende individuelle Entwicklung, so urteilte der 29jährige, seien unüberwindliche Hindernisse für jegliche nähere Verbindung. Überdies schien ihm Goethes Wesen grundsätzlich anders angelegt als das eigene: dessen Welt und die Art und Weise, mit ihr umzugehen, erkannte er sofort als grundverschieden von der seinen. Jener hat es nicht anders gesehen.

Schiller jedoch konnte es nicht dabei bewenden lassen: der *Dichter* Goethe hörte auch dann nicht auf, ihn zu faszinieren, als er über den *Menschen* längst den Stab gebrochen hatte. Hin- und hergerissen zwischen ambivalentem Respekt und Gefühlen von Abscheu schrieb er im Februar 1789 an Körner:

»Er macht seine Existenz wohlthätig kund, aber nur wie ein Gott, ohne sich selbst zu geben – dies scheint mir eine consequente und planmäßige Handlungsart, die ganz auf den höchsten Genuß der Eigenliebe calculirt ist. Ein solches Wesen sollten die Menschen nicht um sich herum aufkommen lassen. Mir ist er dadurch verhaßt, ob ich gleich seinen Geist von ganzem Herzen liebe und groß von ihm denke.« (25, 193)

Goethe seinerseits unterließ nach eigenem Zeugnis planmäßig nicht nur allen näheren Umgang, sondern mehr noch: er vermied, Schiller *überhaupt* zu begegnen; er verhielt sich tatsächlich wie die »stolze Prude, der man ein Kind machen muß, um sie vor der Welt zu demüthigen« (ebd.), wie Schiller den bewunderten Gehaßten charakterisierte. Erst als er – um in Schillers Bild zu bleiben – bei Goethe mit der Bitte um ein ›Kind‹ vorstellig wurde (will heißen: die Einladung zur Mitarbeit an den *Horen*), änderte sich das Verhältnis – und nun in der Tat schlagartig, »das auf einmal sich entwickelnde Verhältniß« zu Schiller, wie Goethe in seinem Rückblick in den *Tag- und Jahresheften* (für 1794) hinreichend präzise formulierte (SA I 35, 41).

Die entscheidende Begegnung fand am 20. Juli 1794 anlässlich einer Sitzung der Naturforschenden Gesellschaft in Jena statt, woran sich ein Gespräch anschloss, das zwei Tage später fortgeführt wurde. Einige Wochen danach hat Schiller darüber Körner berichtet, viele Jahre später Goethe das Gespräch als Keimzelle jenes »glücklichen Ereignisses« bestimmt, unter welchem Titel er die Begegnung und Zusammenarbeit mit Schiller 1817 zusammenfasste. Aber beide referierten die Unterredungen mit ganz unterschiedlichen Akzentuierungen: Für Schiller hatte man sich ausführlich über Kunst und Kunsttheorie unterhalten (vgl. 27, 34), Goethe dagegen hat das Gespräch als eines über die Erfahrung der wirkenden und lebendigen Natur erinnert. Diese differierenden Sichtweisen erhellen die Interessen der Gesprächspartner weit mehr als jene Begriffsprägungen, mit denen sie selbst und viele ihrer späteren Interpreten das Antipodische ihrer beiden Naturen zu demonstrieren nicht müde wurden. Da standen sich nicht in erster Linie der Realist und der Idealist gegenüber (jene von Schiller detailliert ausgearbeitete Unterscheidung, auf die Goethe immer wieder zurückkommt); auch nicht der pantheistische Spinozist und der erkenntniskritische Kantianer, und schon gar nicht der Naturforscher und der Freiheitsphilosoph. Sondern Schiller interessierte sich vor allem für die Begründung eines unbezweifelbaren Fundaments der Kunst, Goethe aber ging es um die weitere Vertiefung seiner naturwissenschaftlichen Studien – insbesondere die Bildung und Entwicklung natürlichen Lebens (Metamorphose der Pflanzen) und seiner Idee der Urpflanze. Bloß divergierende Interessen also, keineswegs aber unüberbrückbare Gegensätze (vgl. Buchwald 1959, 598f., der Goethes Bericht *Glückliches Ereignis* charakterisiert als »eine spätere Stilisierung, bei der namentlich die zwei Individualitäten viel zu sehr als gegensätzliche Typen hingestellt worden sind«; zur Stilisierung vgl. Böhler 1995).

Die Auseinandersetzung um die Priorität von Erfahrung und Idee, die für Goethe der Streitpunkt jenes Gesprächs gewesen war, eignete sich denn auch kaum dazu, es *nicht* fortzusetzen. Eine Bestimmung Goethes, nur wenig später (vermutlich zwischen 1796 und 1798) niedergeschrieben, lässt das ahnen. Sie bezeichnet eine der vier von ihm beschriebenen Arten, sich der Natur zu nähern, und kommt beinahe kantisch daher: »Die Umfassenden, die man in einem stolzern Sinne die Erschaffenden nennen könnte verhalten sich im höchsten Grade produktiv; indem sie nämlich von Ideen ausgehen sprechen sie die Einheit des Ganzen schon aus und es ist gewissermaßen nachher die Sache der Natur sich in diese Idee zu fügen.« (LA I 10, 130). Schiller hätte dem auch als ein Kantianer reinsten Wassers, der er *nicht* war, kaum widersprechen mögen.

Goethe handelte aber auch prompt und sandte Schiller Ende August 1794 einen Text mit dem Titel *Inwiefern die Idee: Schönheit sei Vollkommenheit mit Freiheit, auf organische Naturen angewendet werden könne.* Er wollte ihn als eine Diskussionsgrundlage verstanden wissen (vgl. 35, 43). Schiller hätte ihn durchaus als ein Exposé eines zukünftig gemeinsam auszuarbeitenden Projekts lesen können. Denn Goethes Gedankenskizze kulminierte werbend in einer Doppelfrage, deren Diskussion und mögliche Beantwortung für den ästhetischen Theoretiker wie für den Dramatiker allemal verlockend sein musste: »wie man Charaktere hervorbringen könne, ohne aus dem Kreise der Schönheit zu gehen, wie man Beschränkung und Determination aufs Besondere, ohne der Freiheit zu schaden, könne erscheinen lassen« (HA 13, 23). Schiller revanchierte sich umgehend und schickte zwei Abschnitte aus den sogenannten *Kallias*-Briefen vom Februar 1793: *Freiheit in der Erscheinung ist eins mit der Schönheit* und *Das Schöne in der Kunst*, und bat nun seinerseits um wohlwollende Lektüre.

Aber die Bitte wäre gar nicht nötig gewesen. Goethes Freude über den neugewonnenen Gesprächspartner ist alles andere als nüchtern. Er vergleicht die Lektüre der Schillerschen Texte mit einem köstlichen Trank, der »willig hinunter schleicht und auf der Zunge schon durch gute Stimmung des Nervensystems seine heilsame Wirckung zeigt« (35, 78); er ist voller Enthusiasmus. Ganz anders klingt dagegen Schillers Genugtuung über die so unerwartet unkompliziert verlaufene ›Eroberung‹ Goethes. Da wird bündig konstatiert, dass dieser »jetzt ein Bedürfniß« fühle, »sich an mich anzuschließen, und den Weg, den er bisher allein und ohne Aufmunterung betrat, in Gemeinschaft mit mir fortzusetzen« (27, 34). Und der Aufsatz, den Goethe übersandt hatte, wird bloß als ein Ergebnis der eigenen Anregungen vermerkt.

Die psychologischen und persönlichen Verstrickungen waren groß gewesen, und es scheint, dass Goethe – zunächst jedenfalls – viel mehr als Schiller imstande gewesen ist, *tabula rasa* zu machen. Aber Schillers Fähigkeit, Menschen, an denen ihm etwas lag, in seinen Bann zu ziehen, steigerte sich im Fall Goethes zu höchster Virtuosität. Das berühmt gewordene ›erste‹ Gespräch und die bald darauf folgende Analyse seiner dichterischen Existenz im nicht minder berühmten Brief zu Goethes fünfundvierzigsten Geburtstag zählen zu den erstaunlichsten Zeugnissen dieser Fähigkeit. Sie eröffneten die Jahre der Zusammenarbeit, die nicht nur in den intensiven poetologischen Reflexionen des Briefwechsels dokumentiert ist, sondern sich vor allem auch durch die fördernde Teilnahme des einen bei der Entstehung der Werke des andern auszeichnet.

Schiller begleitete Goethes Arbeit an *Wilhelm Meisters Lehrjahre* tatsächlich mit unvergleichlich intensivem Engagement. Als Goethe ihm im Juni 1796 das Manuskript des letzten, des achten Buchs des Romans übersandte, reagierte Schiller schon zwei Tage später mit Mitteilungen aus »der Masse der Eindrücke«, die ihn bei der Lektüre bewegt hatten. Als »unendlich« wertvoll hat Goethe Schillers abschließende Bemerkung bezeichnet: »Diese Tiefe bey einer ruhigen Fläche, die überhaupt genommen Ihnen so eigenthümlich ist, ist ein vorzüglicher Charakterzug des gegenwärtigen Romans.« (28, 232f.). Nur wenige Tage später setzte Schiller nach. Am 2. Juli kündigte er an, dass er entschlossen sei, den ganzen Monat der Diskussion über den Roman zu widmen. Und für sich selbst reservierte er sogar vier Monate, um eine »würdige und wahrhaft aesthetische Schätzung des ganzen Kunstwerks« vornehmen zu können. Das Erlebnis der Vollendung des *Wilhelm Meister* rechnete er »zu dem schönsten Glück« seines Lebens. Aber mehr noch: Das beiderseitige gute Verhältnis mache es ihm »zu einer gewißen Religion«, sich der Sache Goethes ganz zu widmen. Damit, schrieb Schiller, wolle er sich dessen Freundschaft »verdienen«. Und am Ende all dieser Superlative steht ein merkwürdiger Satz, von dem man nicht recht weiß, ob Schiller unfreiwillig etwas über die eigenen Gefühle preisgegeben hat, oder ob er vielmehr bewusst den Bewunderten auf die eigenen immer noch vorhandenen Ambivalenzen hat hinweisen wollen: »Wie lebhaft habe ich bey dieser Gelegenheit erfahren, daß das Vortrefliche eine Macht ist, daß es auf selbstsüchtige Gemüther auch nur als eine Macht wirken kann, daß es, dem Vortreflichen gegenüber keine Freyheit giebt als die Liebe.« (28, 235; vgl. *Don Karlos:* »[...] – ich endlich/ mich kühn entschloß, dich gränzenlos zu lieben,/ weil mich der Muth verließ, dir gleich zu sein.« 6, 18; *Die Wahlverwandtschaften:* »Gegen große Vorzüge eines andern gibt es kein Rettungsmittel als die Liebe.« HA 6, 398).

Selbstsucht und Freundschaft, Egoismus und Liebe – schon beim jungen Schiller begegneten diese Alternativen von ausschließender Konkurrenz und gegenseitiger Anerkennung. Auch als beide sich persönlich noch kaum kannten, war jenes Wechselbad der Gefühle im Kampf mit dem Phantombild Goethes wieder aufgetaucht. Viel spricht dafür, dass es bei der konkreten Begegnung und Auseinandersetzung nie ganz in Schranken gehalten werden konnte.

Erst einmal sollte jedoch dies Gespenst endgültig vertrieben werden, indem Schiller sein Versprechen auf wahrhaft überwältigende Weise einlöste. Nachdem er sich noch einmal um eine Durchsicht des gesamten Romans bemüht hatte, formulierte er seine ausführlichen Bemerkungen in mehreren Briefen. Goethe war dankbar, ja gerührt von einer Anteilnahme, die er nicht erwartet hatte, wohl auch kaum erwarten konnte. Schon als er den ersten Brief erhalten hatte, faßte er seine Überraschung zusammen:

»Wie selten findet man bey Geschäfften und Handlungen des gemeinen Lebens die gewünschte Theilnahme, und in diesem hohen ästhetischen Falle ist sie kaum zu hoffen, denn wie viele Menschen sehen das Kunstwerk an sich selbst, wie viele können es übersehen, und dann ist doch nur die Neigung die alles sehen kann was es enthält und die reine Neigung, die dabey noch sehen kann was ihm mangelt. Und was wäre nicht noch alles hinzu zu setzen um den einzigen Fall auszudrucken, in dem ich mich nur mit Ihnen befinde.« (36 I, 257)

Eine ähnliche Reaktion Schillers wird man dann anlässlich der gemeinsamen *Wallenstein*-Lektüre finden (vgl. 29, 264).

Goethe ermutigte Schiller in seinen Antwortschreiben, von seiner fördernden Kritik nicht abzulassen. Dieser war jedoch neben vielen Detailanmerkungen insbesondere darum bemüht, den Autor zu veranlassen, die philosophischen Züge des Romans deutlicher zu artikulieren: mithin jene Charakteristika, die seine eigene Theorie sentimentalischer Dichtung aufgestellt hatte. Aber erst im letzten dieser umfangreichen Briefe über den *Wilhelm Meister* hat Schiller diesen Beweggrund seines Engagements offen ausgesprochen: »Könnte ich nur in Ihre Denkweise dasjenige einkleiden, was ich im Reich der Schatten und in den aesthetischen Briefen, der meinigen gemäß, ausgesprochen habe, so wollten wir sehr bald einig seyn.« (28, 260). Ihm ging es – ganz grundsätzlich – um die Darstellung von Ideen. In diesem besonderen Fall um die Idee der Meisterschaft, die sich notwendig aus dem Begriff *Lehrjahre* ergäbe; als hätte Goethe es auf eine derartige Idee und ihre Begriffsdialektik angelegt. Begriffsdialektik aber war infolge der von Schiller gesetzten Antinomien wie Kunst und Wirklichkeit, Idealität und Realität das Baugerüst jenes Theoriegebäudes: Es gewinnt seine Dynamik aus dem immerwährenden (aber letztlich vergeblichen) Streben nach Erfüllung einer postulierten Idee. Genau dies hatte Schiller als zentrales Charakteristikum sentimentalischer Dichtung aufgestellt. Seine Forderung überträgt er nun auf *Wilhelm Meister*: »Nun kann aber diese Idee der Meisterschaft [...] den Helden des Romans nicht selbst leiten, sie kann und darf nicht, als sein Zweck und sein Ziel *vor* ihm stehen, denn sobald er das Ziel sich dächte, so hätte er es eo ipso auch erreicht; sie muß also als Führerin *hinter* ihm stehen.« (28, 251f.)

Schiller mahnte mehrfach eine deutlichere Darstellung der philosophischen Gehalte im *Wilhelm Meister* an – im allgemeinen und im besonderen derjenigen, die *er* darin zu sehen glaubte. Dafür argumentierte er unverhohlen mit dem Bedürfnis des Publikums in ihrem ›philosophischen Zeitalter‹ (vgl. 28, 254). Die teilweise rätselhaften, in ihrer Kürze oft mehrfach deutbaren Aussagen in Goethes (drei) Antwortbriefen scheinen sich vor allem einer dezidierten Stellungnahme zu Schillers Ansicht des Ganzen entziehen zu wollen, die vermutlich den gerade erst überwundenen Dissens wieder hätte aufbrechen lassen. Dagegen nahm er manche Anregungen dankbar auf, die Details betrafen. Ganz anders als Schiller begründete Goethe seine künstlerischen Entscheidungen eigentlich nicht, sondern sprach vielmehr davon, »durch die sonderbarste Natur-Nothwendigkeit« (36 I, 261) in seinem Verfahren gebunden zu sein. Einige Wochen später, im August 1796, beendete er die fruchtlose Diskussion mit dem Hinweis auf die »Verschiedenheit unserer Naturen«, die es unmöglich mache, Schillers Forderungen genügen zu können (36 I, 300). Diesen Befund bestätigte Schiller, als er im Oktober die endgültige Fassung des achten Buchs des Romans zu lesen bekam, lobte insbesondere die nun seiner Meinung nach präzisere Formulierung einiger philosophischer Gedanken, konnte es sich aber nicht verkneifen, noch einmal den Hauptpunkt seiner Kritik zu unterstreichen: »Meine Grille mit etwas deutlicherer Pronunciation der HauptIdee [d.i. Meisterschaft] abgerechnet wüßte ich nun in der That nichts mehr, was vermißt werden könnte.« (28, 314).

Aber die Diskussion über *Wilhelm Meisters Lehrjahre* hatte noch ein Nachspiel, das für ein Verständnis dieser so komplexen und komplizierten Beziehung zweier bedeutender Künstler höchst aufschlussreich ist. Schiller nahm sich ein Jahr später, im Herbst 1797, das Buch wieder vor. Was er anlässlich dieser erneuten Beschäftigung mit dem so ambivalent bewunderten Werk an Goethe schrieb, gleicht einem nachträglichen Verriss. Schiller versuchte in der Auseinandersetzung mit Goethes Roman, die Problemlagen moderner Dichtung gemäß seiner Theorie von naiver und sentimentalischer Dichtung in all ihrer Antithetik und Schärfe an jenem zu bewähren – im besonderen das Verhältnis von Prosa und Poesie, von Wirklichem und Idealem. In Goethes *Wilhelm Meister* lösen sich diese festen Bestimmungen auf, so dass Schiller etwas ratlos »ein sonderbares Schwanken zwischen einer prosaischen und poetischen Stimmung« diagnostizieren musste. Er warf dem Roman zu wenig

»poetische(n) Kühnheit« vor, was allein verständlich werden kann *sub specie* Schillerscher Poetologie. In ihrem Gefolge spielt er schließlich Goethes *Hermann und Dorothea* gegen den Roman aus. In diesem Werk, das bald nach dem *Wilhelm Meister* entstanden war, hatte Goethe den Versuch unternommen, ein modernes Versepos zu schaffen. Zwar lobte Schiller am *Wilhelm Meister* das einen Leser immer neu Bezaubernde des Romans. Aber er wollte dennoch nicht darauf verzichten, den Finger in eine Wunde zu legen, die Goethe kaum schmerzen konnte: »[...] doch führt mich der Hermann (und zwar bloß durch seine rein poetische Form) in eine göttliche Dichterwelt, da mich der Meister aus der wirklichen Welt nicht ganz herausläßt.« (29, 149). Mit dieser Formulierung ist recht genau jenes Moment bezeichnet, das Goethes dichterische Praxis von der eigenen ästhetischen Doktrin trennt. Denn gerade das, was *Wilhelm Meister* ihm nicht zu leisten vermochte, hatte er doch in seiner Dichtungstheorie unablässig gefordert, und seine Forderungen in den in diesen Jahren entstehenden Gedichten zu realisieren versucht: eine reine *idealische Kunst.*

Goethe antwortete vieldeutig. Mit abgründiger Ironie erwiderte er auf das Nachkarten Schillers: »Was Sie von Meister sagen verstehe ich recht gut, es ist alles wahr und noch mehr. Gerade seine Unvollkommenheit hat mir am meisten Mühe gemacht. Eine reine Form hilft und trägt, da eine unreine überall hindert und zerrt. Er mag indessen seyn was er ist, es wird mir nicht leicht wieder begegnen daß ich mich im Gegenstand und in der Form vergreife [...]« (37 I, 170). Ist alles ›wahr‹, was Schillers Brief sagt und meint, oder ist es der Roman, auf den sich dieses Diktum bezieht? Und was meint das ›alles wahr und noch mehr‹? Einsinnig ist diese Antwort kaum aufzuklären. Jedenfalls hatte Goethe die ständigen explizit wie auch versteckt vorgetragenen Mahnungen, sich doch mehr an die Theoreme einer idealischen Kunst zu halten, offensichtlich satt (vgl. Fischer 1994, 245).

Das Scharnier der Beziehung waren die literaturpolitischen Interessen. Hier gab es gemeinsame Ziele, in deren Verfolgung – beim Abfassen der *Xenien* – man sogar Spaß hatte an den gemeinschaftlich ausgedachten Bosheiten (vgl. 28, 276), hier spielten die sonst immer wieder aufbrechenden Differenzen keine Rolle, mussten die beiden Streitlustigen doch die gemeinsamen Gegner bekämpfen, um ihre Strategie zum Erfolg zu führen. Aber Goethe war »nach dem tollen Wagestück mit den Xenien« (36 I, 383) darauf bedacht, dass man die geforderten Ansprüche nun durch bedeutende Werke werde einlösen müssen. So ermunterte er Schiller zu dessen im Oktober 1796 aufgenommener Arbeit am *Wallenstein.*

Nun verkehren sich die Verhältnisse: Zur Diskussion steht das Unternehmen Schillers, das ihn bis zum April 1799 beschäftigen wird. Die Initialzündung zur Aufnahme der Arbeit an dem schon lange ins Auge gefassten Dramenstoff scheint seine Bearbeitung von Goethes *Egmont* für Aufführungen des Weimarer Theaters im April 1796 gewesen zu sein, die er selbst als nützliche Vorbereitung für das eigene Vorhaben angesehen hat (vgl. 28, 211). So näherte sich Schiller nach fast zehnjähriger Abstinenz dem Theater wieder ganz praktisch. Das konnte angesichts der Stoff- und Figurenfülle des *Wallenstein*-Projekts nur hilfreich sein. Und wirklich ergaben sich nach erneuten historischen Studien unerwartete Probleme bei der Organisation der Stoffmassen, worüber Schiller mit Goethe vermutlich bei dessen häufigen Besuchen in Jena konferierte. Im Winter 1797 war das Material schließlich so angewachsen, dass Goethe zur Lösung dieser schwierigen Formprobleme einen Zyklus von mehreren Stücken anregte.

Goethe war auch als Leiter des Weimarer Theaters höchst interessiert an der Vollendung des Werks. Denn es galt, Exempel zu statuieren. Er selbst wollte seinen Beitrag mit dem *Faust* leisten. Wieder wie schon bei seiner *Xenien*-Initiative war es Goethe, der – aus Verärgerung über die pauschale Geringschätzung aktueller literarischer Werke gegenüber jenen des vergehenden 18. Jahrhunderts (37 I, 185) – zur ›positiven‹ Setzung neuer und höchster Maßstäbe antrieb. Als Schiller Anfang Januar 1798 von bedeutenden Fortschritten seiner Arbeit am *Wallenstein* berichtete, und die Ursache dafür in der Begegnung mit dem ›objektiven‹ Goethe sehen wollte, antwortete dieser schon am nächsten Tag abermals mit nur wenig gebremster Euphorie. Sie demonstriert einmal mehr die über alles literarästhetische Gespräch hinausgehende Dimension, welche Goethe ganz anders als Schiller belebte:

»Wenn ich Ihnen zum Repräsentanten mancher Objecte diente, so haben Sie mich von der allzustrengen Beobachtung der äußern Dinge und ihrer Verhältnisse auf mich selbst zurückgeführt, Sie haben mich die Vielseitigkeit des innern Menschen mit mehr Billigkeit anzuschauen gelehrt, Sie haben mir eine zweite Jugend verschafft und mich wieder zum Dichter gemacht, welches zu seyn ich so gut als aufgehört hatte.« (37 I, 213)

Hier wird Merkwürdiges ausgesprochen: War es nicht genau umgekehrt gewesen? Hatte nicht die nähere Bekanntschaft mit dem Verfasser des *Wilhelm Meister* Schiller nach langer Durststrecke wieder zu eigener poetischer Arbeit angespornt? Gerade das Vorbild des dichterischen Schaffens Goethes hatte doch nicht wenig zu seinem Entschluss beigetragen, »die philosophische Bude« zu schließen (28,

132). Aber umgekehrt wurde eben auch Goethe mit seinem selbst erkannten zaudernden Wesen durch das fordernde Engagement des Herausgebers der *Horen* zu erneutem und beglückendem literarischen Schaffen angestachelt.

Von Schiller existiert jedoch kein solch enthusiastisches Bekenntnis. Und doch verdanken sich die großen Dramen zu einem nicht geringen Teil Goethes unermüdlichen Bemühungen um das Weimarer Theater. In ihm hatte der Dramatiker Schiller nach langer Zeit wieder wie in Mannheim und wie auch schon in Stuttgart eine konkrete Bühne vor Augen: ein Faktum, das nicht unwesentlich zu seiner erneuten Hinwendung zur dramatischen Form beigetragen haben dürfte (vgl. Goethes Erinnerung in den *Tag- und Jahresheften* für 1797, SA I 35, 70: »Schiller, der nunmehr ein wirkliches Theater in der Nähe und vor Augen hatte [...]«; Linder 1989, 23f.).

In zahlreichen gemeinsamen Gesprächen mit Goethe wurde Schillers Arbeit am *Wallenstein* diskutiert. Als Schiller Anfang Dezember 1798 Rat suchte, ob er den Anfang von Wallensteins Ende »aus dem Geist des Zeitalters« (30, 9) mit einem Buchstabenorakel oder astrologisch motivieren solle, und Goethe mit einer ausführlichen Darlegung seiner Gründe für letzteres plädierte, da bricht sich auch einmal Schillers Dankbarkeit für jene außergewöhnliche Teilnahme Bahn: »Es ist eine rechte Gottesgabe um einen weisen und sorgfältigen Freund, das habe ich bei dieser Gelegenheit aufs neue erfahren.« (30, 10).

2. *Wallenstein* – Ort von Synthesen

Der Historiker Schiller bezeichnete den Westfälischen Frieden von 1648, der den Verheerungen des Dreißigjährigen Krieges ein Ende setzte, als ein »Riesenwerk« (18, 384). In seinem *Wallenstein*, jener Dramentrilogie, die die Geschichte eines der Hauptakteure dieses Kriegs auf die Bühne bringt, sah Wilhelm von Humboldt Ähnliches: »Solche Massen hat noch niemand in Bewegung gesetzt; einen so viel umfassenden Stoff noch niemand gewählt; eine Handlung, deren Triebfedern und Folgen, gleich den Wurzeln und Zweigen eines ungeheuren Stamms, so weit verbreitet und so vielfach gestaltet zerstreut liegen, niemand in einer Tragödie dargestellt.« (38 I, 323).

Schiller hat das Werk als »dramatisches Gedicht« bezeichnet – genauso wie sein letztes, ungefähr zehn Jahre vorher entstandenes Schauspiel *Don Karlos*. Dessen beträchtlichen Umfang, der nur noch mühsam in fünf Akte zu fügen war, hat er noch einmal überboten.

Der ursprüngliche Plan des *Wallenstein* zu einer fünfaktigen Tragödie ließ sich angesichts der Materialfülle nach fast dreijähriger Arbeit nicht mehr realisieren, so dass das Werk – der Anregung Goethes folgend – schließlich ab September 1798 zu einer Folge von drei Stücken umgearbeitet wurde.

Schiller hatte das Schicksal des Oberbefehlshabers der kaiserlichen Truppen schon in der 1791 erschienenen *Geschichte des Dreißigjährigen Kriegs* dargestellt. Die bis heute nicht ganz geklärten Umstände der mit kaiserlicher Billigung erfolgten Ermordung Wallensteins im Jahr 1634 (vgl. 18, 329; Parker 1987, 220f.), der dem Hof in Wien zu mächtig und zu eigensinnig geworden war, hatte den Dichter zum Plan einer dramatischen Behandlung dieses Stoffs geführt. Aber erst nach Abschluss seiner philosophisch-ästhetischen Abhandlungen machte er sich daran, das Projekt zu realisieren.

Schiller hat die *Wallenstein*-Trilogie zum Ort einer großartigen Synthese seiner bisherigen Arbeit gemacht: als *Dramatiker*, indem er die zur Verfügung stehenden Gattungsmöglichkeiten in einem Werkzyklus erprobte; als *Historiker*, indem er – ausgehend vom erzählten Geschichtswerk – der Faktentreue des bloßen Realisten die sogenannte poetische Wahrheit hinzufügt; womit er nach Meinung neuerer Historiker von dem historischen Wallenstein »ein zutreffenderes Bild geliefert habe als in seinem Geschichtswerk, und zwar vor den ihn bestätigenden Quellenfunden des 19. und 20. Jahrhunderts« (Schulin 1995, 146); schließlich als *Anthropologe*, der auch hier mit seiner Darstellung aller Facetten zwischen Masse und Individuum, zwischen politisch und privat verstricktem Menschen, zwischen Realismus und Idealismus »einen gewißen menschlichen Kreis vollendet«, d.h. den ›ganzen‹ Menschen zeigen wollte (29, 166).

Die »eigentliche Tragödie« ist *Wallensteins Abfall und Tod*, wie Schiller den letzten Teil der Trilogie zunächst genannt hat. Nur dieser ist vom Autor ausdrücklich als Trauerspiel gekennzeichnet. Zur Gattung des Schauspiels gehören die ebenfalls fünfaktigen *Piccolomini*, die er als Exposition zur eigentlichen tragischen Handlung verstanden wissen wollte. In diesem Zyklus manifestieren sich also gleichsam die drei Gattungsmöglichkeiten des Dramas – Tragödie, Schauspiel, Komödie (vgl. Kaiser 1970, 333): Denn das einaktige Vorspiel, *Wallensteins Lager*, hat Goethe zutreffend »unter der Rubrik eines Lust- und Lärmspieles« verzeichnet (zit. nach Heuer/Keller 1977, 1).

Wallensteins Lager wurde konzipiert, um den Hintergrund lebendig werden zu lassen, vor dem Wallensteins militärische Macht und sein politisches Handeln erst einsehbar werden (vgl. 29, 289). Nicht zuletzt darin wollte Wilhelm von Humboldt die Modernität dieses

Werks sehen. Für ihn sprengt das ganze Werk tradierte Verfahren und führt zu einer spezifisch neuen Gattung, weil durch Schillers dramatische Verfahrensweise eine einzelne historische Gestalt und ihr Charisma im Spiegel großer Massen verständlich gemacht werde und ihre Wirkung auch nur so zu verstehen sei: »Wallenstein«, schrieb Humboldt im September 1800 aus Paris, »erschien schlechterdings nur als ein Vermeßner, wenn man nicht durch das ganze Heer, vom Gemeinen bis zum General, die Gründe des Vertrauens sahe, das er haben konnte, dasselbe nach seinem Willen zu führen« (38 I, 328). Der Briefschreiber, seit 1797 in Paris unmittelbarer Zeuge des Aufstiegs Napoleon Buonapartes, war vielleicht für die Wirkungen einer charismatischen Persönlichkeit auf große Menschenmassen besonders sensibilisiert. Jedenfalls hat er damit ein Phänomen in den Mittelpunkt seiner Lektüre gestellt, das mit dem Beginn der aufkommenden Nationalstaaten auf weitreichende Weise für die Moderne virulent wurde.

Dass Humboldt damit die Intention des Autors traf, macht Schillers Vers nur allzu deutlich: »Sein Lager nur erkläret sein Verbrechen.« (*Prolog* V. 118). Aber Humboldt erkannte auch die Charakterisierung des großen Gegenspielers des Herzogs von Friedland, Octavio Piccolomini, als paradigmatisch. Denn dieser gründet seine Gegnerschaft zu Wallenstein, der im Kaiser die höchste traditionale Autorität herausfordert, auf althergebrachte Ordnungen und hierarchische Institutionen, nicht wie der charismatische Wallenstein auf das schwankende Urteil einer wankelmütigen Menge. Für Schiller selbst ist Octavio denn auch »ein ziemlich rechtlicher Mann, nach dem Weltbegriff«. Sein maßgebliches Betreiben des Verrats an Wallenstein, dem Waffenbruder, motiviert sich aus seinen strengen Begriffen von Recht und Pflicht. Sein eng legalistisches Rechtsverständnis hat eine opportunistische persönliche Moralität zur Folge, die beinahe indifferent gegen den Inhalt der Pflicht ist: »Es ist nicht immer möglich,/ Im Leben sich so kinderrein zu halten,/ Wie's uns die Stimme lehrt im Innersten. [...] ich tue meine Pflicht [...]« (*Picc.* V. 2447-49 u. 2454). Denn, so Schiller, Octavio »will den Staat retten, er will seinem Kaiser dienen, den er nächst Gott als den höchsten Gegenstand aller Pflichten betrachtet« (30, 33):

OCTAVIO.　　　Laß uns die alten, engen Ordnungen
　　　Gering nicht achten! Köstlich unschätzbare
　　　Gewichte sinds, die der bedrängte Mensch
　　　An seiner Dränger raschen Willen band;
　　　Denn immer war die Willkür fürchterlich -
　　　Der Weg der Ordnung, ging er auch durch Krümmen,
　　　Er ist kein Umweg. (*Picc.* V. 463-469)

Mit psychologischer *und* historischer Hellsicht hat Schiller den *Traditionalismus* des Octavio gegen das Wallensteinsche *Charisma* gestellt, welches sich als ›inneres Orakel‹ manifestiert: »Das Orakel/ In seinem Innern, das lebendige, –/ Nicht tote Bücher, alte Ordnungen,/ Nicht modrigte Papiere soll er fragen.« (*Picc.* V. 459-462). An diesem Konflikt zweier Herrschaftslegitimationen diskutiert Schiller eine der umstrittensten Fragen aller moderner Staatstheorie, die legitime Ausübung des staatlichen Gewaltmonopols. Hier im *Wallenstein* ist es wie nicht selten in der realen Geschichte des modernen Staatswesens: einerseits durch die gesetzlose Verselbständigung militärischer Gewalt durch einen charismatischen Führer bedroht (vgl. die Charisma-Definition bei M. Weber 1921, 140; Hinderer 1979, 145 u. 150), wird es andererseits korrumpierbar durch blinde Befolgung legalistischer Vorgaben ›von oben‹, deren Ausführung, oftmals gleichgültig gegen ihre Inhalte, als ›Pflichten‹ gerechtfertigt werden.

Die kluge und engagierte Kritik Humboldts sah in ihrer Würdigung der ›Massenszenen‹ aber noch genauer. Sie vermerkte nicht nur die virtuose Zusammenschau einer Menge von Soldaten, Bauern und Gesindel, sondern sie bezeichnete genau jenes Merkmal, das zu einem der prägnantesten Momente in den realen geschichtlichen Auseinandersetzungen der Moderne um ihre Ideologien und deren uniformierenden Wirkungen geworden ist: »Eine ganze Masse von Menschen, und zwar als einen einzelnen Charakter, in einem Stück aufzuführen, wie Sie in den Pappenheimern gethan haben, ist unläugbar neu, aber von der größesten Wirkung.« (38 I, 328). Die Rede ist hier nicht mehr von der Darstellung des ›gemeinen Volkes‹ im *Lager* als Spiegelung eines ›Großen‹, sondern von denjenigen Soldaten, denen Max Piccolomini vorsteht. Sie sind zur Auslöschung eigener Individualität bereit, um ihrem ›Führer‹ blindlings zu folgen. Als sich sein Regiment um ihn versammelt, um sich gehorsam in die Schlacht führen zu lassen, sagt Max Piccolomini:

> Es hängt Gewicht sich an Gewicht
> Und ihre Masse zieht mich schwer hinab. –
> Bedenket was ihr tut. Es ist nicht wohlgetan,
> Zum Führer den Verzweifelnden zu wählen [...]
> Ihr habt gewählt zum eigenen Verderben,
> Wer mit mir geht, der sei bereit zu sterben! (*Tod* V. 2420-23, 2426/7)

Schillers Darstellung dieses Massenphänomens, übrigens die letzten Worte Max Piccolominis, legt selbst schon eine zumindest ambivalente Lektüre dieser Verse nahe, deren bestürzend präzise Hellsicht auf politische Entwicklungen der Moderne und deren katastrophale

Folgen sich erst unter dem Eindruck der realen historischen Erfahrungen des 20. Jahrhunderts ganz enthüllt.

Die dramaturgische Idee, die Bühnenfiguren zunächst durch deren Spiegelung in anderen Personen einzuführen, handhabt Schiller virtuos auf gleich mehreren Ebenen. Nicht allein Wallensteins militärisches, politisches und moralisches Charisma bildet das *Lager* ab, sondern auch charakteristische Züge anderer werden gezeichnet, bevor sie leibhaftig die Bühne betreten. Diese wiederum zeichnen am vielschichtigen Charakterbild der Titelfigur mit (vgl. Hinderer 1979, 142ff.). Wie Humboldt gleich sah, ist das viel mehr als nur ein eindrucksvoller Kunstgriff. Denn solche Dramaturgie erlaubt gerade, jene Zweideutigkeit der bedeutenden historischen Gestalt vorzustellen, wodurch sie für Schiller erst zur *tragischen* Gestalt wird: Wallensteins Charakter beschreibt er entgegen dem Nimbus, den ihm seine treu ergebenen Soldaten geben, als »eigentlich retardierend« (29, 141). Diese Janusköpfigkeit wird zur zentralen Triebfeder der tragischen Handlung.

Die tragische Gestalt – daran laborierte Schiller niemals so intensiv wie bei der Figur des Wallenstein – muss durch die Umstände niedergezwungen werden. Für die Handlung sei es sogar am besten, so extrahierte der Tragödientheoretiker aus dem Vorbild von Sophokles' *Oidipus Rex*, daß das unabänderliche Verhängnis schon vor der eigentlichen Tragödie geschehen sei. Diese Konstellation führe dann zur Katastrophe, die der Dramatiker auf der Bühne nur noch (im doppelten Wortsinn) *ent-wickeln* müsse (vgl. 29, 141). Deswegen beklagte Schiller zu Beginn der Arbeit im November 1796, dass weniger ein unabänderliches Schicksal den Untergang Wallensteins verursache, sondern vielmehr dessen eigene Fehler. Den prinzipiellen Makel seines Bühnenhelden verortete Schiller jedoch in seinem ganz und gar diesseitigen Realismus, der ihn als zentrale Dramenfigur kaum tauglich machte – und erst recht nicht für die zentrale Figur einer Tragödie: Denn Wallensteins Verhängnis verdankt sich in erster Linie einer Hybris und Verblendung aus rein egoistischen Motiven. Das Charakterbild, das der Historiograph Schiller in der *Geschichte des Dreißigjährigen Kriegs* von Wallenstein zeichnet, hat keinerlei idealistische Züge; es unterstreicht vielmehr seinen unbedingten Willen zur Macht (vgl. 18, 132).

Diese ›negative‹ Seite Wallensteins zeichnet Schiller denn auch in seiner Dramentrilogie: jenen bedenkenlosen Spieler (vgl. Guthke 1994, S.165ff.), der auch die ihm Nahestehenden als Mittel in seinen machtpolitischen Kalkülen vernutzt.

> Ein großer Rechenkünstler war der Fürst
> Von jeher, alles wußt er zu berechnen,
> Die Menschen wußt er, gleich des Brettspiels Steinen,
> Nach seinem Zweck zu setzen und zu schieben,
> Nicht Anstand nahm er, andrer Ehr und Würde
> Und guten Ruf zu würfeln und zu spielen. (*Tod* V. 2853-2858)

>Größe< wird Wallenstein nur durch seine stets berechnende Wirkung auf andere Menschen und die sich daran anschließende Legendenbildung zuteil: ob *ex negativo*, wenn in den zitierten Versen der beleidigte Ehrgeiz aus Buttler spricht, oder aber in jenen blendenden Worten, die sein Bewunderer Max Piccolomini für den Feldherrn findet:

> Jedwedem zieht er seine Kraft hervor,
> Die eigentümliche, und zieht sie groß,
> Läßt jeden ganz das bleiben, was er ist,
> Er wacht nur drüber, daß ers immer sei
> Am rechten Ort; so weiß er aller Menschen
> Vermögen zu dem seinigen zu machen. (*Picc.* V. 428-433)

Eigene Größe wollte Schiller seiner Figur anfangs sogar überhaupt nicht attestieren. Wallensteins Charakter sei »niemals edel und darf es nie seyn, und durchaus kann er nur furchtbar, nie eigentlich groß erscheinen« (29, 17). Erst allmählich gewinnt der andere, der tragische Wallenstein an Konturen: Ein Zögernder, der sich für jede Handlung erst bei den Sternen versichern zu müssen glaubt; ein Zauderer, der den rechten Augenblick niemals entschlossen ergreift; ja dessen sich selbst attestierte Menschenkenntnis nur in engen Grenzen funktioniert. Sie versagt gegenüber Octavio Piccolomini erbärmlich, was Schiller in seinem Geschichtswerk noch als eine für einen Realisten »unbegreifliche Blindheit« (18, 320; zu den Quellen vgl. SW II, 1253) erschienen war. In der Tragödie unterstreicht der Dramatiker seinen Befund wirkungsvoll durch eine symbolhafte Regieanweisung: Wallenstein »verbirgt das *Gesicht* an Buttlers Brust«, der seines späteren Mörders (8, 252, Hervorh. v. Vf.; vgl. Utz 1985, 77). Nur allmählich wandelte Schiller seine Titelfigur zu einer »Art >König Ödipus von Böhmen<« (Schulz 1981, 120; zur Wandlung der Figur vgl. Reinhardt 1982, 252ff.). Nur langsam entwickelte sich Wallenstein zu jenem *homo melancholicus*, der manche Interpretation des 20. Jahrhunderts fasziniert hat (vgl. Borchmeyer 1988, 10).

Erst nach beinahe zweijähriger Arbeit, im Oktober 1797, wollte ihm der *Wallenstein*-Stoff endlich als »reine tragische Fabel« in jenem Sinn erscheinen, den er am *Oidipus* des Sophokles diagnos-

tiziert hatte: »Der Moment der Handlung ist so prägnant, daß alles
was zur Vollständigkeit derselben gehört, natürlich ja in gewißem
Sinn nothwendig darinn liegt, daraus hervor geht. Es bleibt nichts
blindes darinn, nach allen Seiten ist es geöfnet.« Der tragische Eindruck der Handlung werde zudem dadurch immens erhöht, dass er
deren Abfolge bewusst im Gegensatz zum zögerlichen Charakter der
Titelfigur als eine permanente Akzeleration der Umstände komponiert habe: In diesem Strudel müsse Wallenstein schließlich unterge-
hen, wehrlos gegen eine Konstellation, die sich schicksalhaft über
ihm zusammengezogen hat. Nun erst schien ihm der gewaltige Stoff
als Ganzes »poetisch organisiert« (29, 141).

Die Gefahr war gebannt, die trockene historische *Stofflichkeit*
nicht transzendieren zu können. Gleichzeitig durfte die Poetisierung
des Historischen aber nicht soweit gehen, dass das Tradierte gänzlich
verfälscht wurde. Die dürren historischen Tatsachen sollten vielmehr
im Licht der poetischen Formung ihr Geheimnis preisgeben (vgl.
29, 74). Der Stoff musste in einer Weise poetisiert werden, die es
Schiller ermöglichen würde, das Sujet so zu *formen*, dass es dem am
Gegensatz des Realisten und Idealisten entwickelten anthropologischen Programm entsprechen würde, um auch als erhellende Folie
für die Diagnose der eigenen historischen Situation tauglich zu sein.
Das heißt jedoch keineswegs, dass Schiller etwa sein Werk der eigenen Theorie in engem (und ängstlichem) Sinn hätte kommensurabel machen wollen, sondern vielmehr galt es, im Medium der einzelnen Bühnenfiguren den ›ganzen‹ Menschen in allen Facetten
darzustellen. Schillers Versuch, seiner anthropologisch fundierten
Kunsttheorie zu entsprechen, wird am *Wallenstein* wie in einem
Brennglas deutlich. Ihm hätten sich, so schrieb er an Wilhelm von
Humboldt, bei der Beschäftigung mit Wallenstein seine Ideen über
den Realismus und Idealismus bestätigt. Sie wollte er sich zum Leitfaden bei der Bearbeitung nehmen. Es war also eine der selbstge-
stellten Aufgaben, seine zugleich typologischen wie zeitdiagnostischen Überlegungen über den Realisten und den Idealisten ins
dichterische Werk zu setzen, die am Ende seiner Abhandlung *Über
die naiven und sentimentalischen Dichter* ausgeführt sind (vgl. V.
Kap.).

Im *Don Karlos* hatte er mit der zentralen Figur des Marquis von
Posa einen idealistischen Typus *par excellence* geschaffen, dem er nun
attestierte, wenig wahrscheinlich und kaum glaubhaft zu sein. Wallenstein erschien ihm dagegen als Prototyp des Realisten, an dem
nichts Schönes, nichts Erhabenes, mithin nichts Idealistisches auszu-
machen war. Wie aber konnte ein derartiges Charakterprofil zur
zentralen Figur eines Werks gemacht werden, das gleichzeitig den

Prinzipien der eigenen anthropologischen Bestimmungen für die Moderne entsprechend sein würde? In ihrer »Totalität«, in der Darstellung des Ganzen einer realistischen Figur hoffte Schiller vergeblich, jene ›Wahrheit‹ auf die Bühne zu bringen, die seinen früheren Figuren gemangelt hatte; denn es musste sich bald herausstellen, daß »bloße Wahrheit für die fehlende Idealitaet (die sentimentalische nehmlich)« nicht entschädigen konnte (28, 204).

Wallensteins besonders realistische Züge wollten dem Dramatiker keineswegs als prononciert genug erscheinen, um beim Rezipienten des sentimentalischen Zeitalters überhaupt genügend Interesse zu erwecken. So verlangte die Aufgabe der Poetisierung des realen historischen Geschehens für den sentimentalischen Dichter schließlich doch, eine im historischen Material nicht verbürgte ›idealische‹ Kunstfigur zu erfinden und mit Zügen auszustatten, von denen sich jene der Titelgestalt hätten absetzen können. Das konnte zudem den dramatischen Konflikt zuspitzen. Aus diesem Grund führte Schiller die Gestalt Max Piccolominis in den tradierten Stoff ein, die ein durch und durch idealistisch geprägter junger Mann ist (übrigens vielmehr als der Marquis von Posa), bei dessen Gestaltung wie nicht anders zu erwarten Schillers ganze Sympathie lag (vgl. 29,15). Durch diese Figur gelingt es zudem, der Staatsaktion die Liebeshandlung Max-Thekla zu implantieren. Damit erst wird der politischen Sphäre eine eigenständige Privatsphäre entgegengestellt, in der sich jene abermals spiegeln kann.

Hinsichtlich des Antagonismus von Realismus und Idealismus ist Max die eigentliche *Gegenfigur* zu Wallenstein; dagegen ist der Vater Octavio nur sein (realistischer) *Gegenspieler* im Drama. Dieser ist gewissermaßen der ›Zwilling‹ Wallensteins, womit das schon von den *Räubern* bekannte Motiv wiederum erscheint. »Wir sind geboren unter gleichen Sternen« (*Picc.* V. 889), sagt Wallenstein seinem Schwager Terzky, als der ihn vor dem falschen Spiel des ›Fuchses‹ Octavio zu warnen versucht. Dieser mag seine politischen Ziele wohl nach verständigen, ja auch sittlichen Maßstäben verfolgen, aber seine Kabalen, sein Intrigenspiel, sein Verrat bleiben doch verächtlich. Das politische Spiel Wallensteins um Macht und Ordnung jedoch ist von ganz anderem Kaliber. Goethe sah darin »den *phantastischen Geist*, der von der einen Seite an das Große und Idealische, von der andern an den Wahnsinn und das Verbrechen grenzt« (zit. n. Heuer/Keller 1977, 9). Das Idealische in wahrhaft reiner Ausprägung verkörpert Max Piccolomini. Schiller schafft im komplexen Wechselspiel seiner drei Titelfiguren einen Raum, die vielfältigen Nuancen und Konflikte zwischen Tradition und Charisma, Legalität und faktischer Macht, Anpassung und Aufbegehren, zwischen realistischer Berechnung des Faktischen und idealistischem Entwurf von Möglichkeiten darzustellen. (Der Streit der Interpreten über Wallensteins ›realistischen‹ Charakter, erscheint nicht nur hinsichtlich der künstlerischen Gestaltung müßig, sondern mehr noch durch Schillers anthropologische Bestimmung, dass reiner Realismus genauso wenig möglich sei wie reiner Idealismus; zu gegensätzlichen Interpretationen vgl. Hinderer 1979, 126ff.; zum »phantastischen‹ Realisten« vgl. Schings 1990; zu Max Piccolomini vgl. Leistner 1985, 120f.).

Abermals also ein Vater-Sohn-Konflikt wie in allen Dramen der frühen Periode. Als ein zentrales Motiv der Dramentrilogie wird es gleich in den ersten Versen von *Wallensteins Lager* annonciert:

> BAUERNKNABE. Vater, es wird nicht gut ablaufen,
> Bleiben wir von dem Soldatenhaufen.
> Sind Euch gar trotzige Kameraden;
> Wenn sie uns nur nichts am Leibe schaden.
> BAUER. Ei was! Sie werden uns ja nicht fressen [...] (*Lager* V. 1-5)

Auch für Vater und Sohn Piccolomini wird es nicht gut ablaufen. Ein doppelter Vater-Sohn-Konflikt zumal: Beide, Octavio, der schlaue Realist, und Wallenstein in seinem schweifenden Realismus spielen mit hohem Einsatz. Beide werden bei dem Versuch, ihre Ziele durchzusetzen, zu Verrätern, Wallenstein gar auch noch zum Verratenen, der obendrein sein Leben verliert. *Beide* aber verlieren in Max ihren ›Sohn‹ und mit ihm unwissentlich das (bessere) Andere ihrer selbst; der eine, Wallenstein, nur seinen ›idealischen‹ (»- dich hab ich *geliebt*,/ Mein Herz, mich selber hab ich dir gegeben.«, *Tod* V.2157/58), der andere, Octavio, dazu noch seinen wirklichen Sohn (»Ist es denn wahr? Ich habe keinen Sohn mehr?«, *Tod* V.1279). Durch Max gewinnt die Titelgestalt endlich doch noch jene Dimension, die Schiller am historischen Wallenstein kaum hatte finden können: würdige Noblesse. Hier aber findet in eminentem und eigentlichen Sinn die *Tragödie* statt, die Schiller darstellt. Es ist die Tragödie des Idealisten in der Moderne: unmöglich für den ›idealischen‹ Max, in einer realistischen von materiellen und ehrsüchtigen Interessen geprägten Väterwelt den ›graden Weg‹ zu gehen. Das unendlich traurige Wort Shrewsburys (aus *Maria Stuart*) wird hier an den beiden Vatergestalten real exekutiert: »Ich habe deinen edlern Teil/ Nicht retten können.« Wer die Machtspiele nicht mitzuspielen bereit ist, wer die fatale Maskenträgerei nicht mitmachen will oder es nicht kann: der ist chancenlos. In Max kommt die vertrackte Dialektik in allem individuellen Idealismus zur Darstellung, der »Sprödigkeit« (Hegel) der Welt

das Seine abzulisten und in diesem (Selbst-)Betrug gleichzeitig zu
scheitern.

> Wenn du geglaubt, ich werde eine Rolle
> In deinem Spiele spielen, hast du dich
> In mir verrechnet. Mein Weg muß gerad sein [...]
> Wofür mich einer kauft, das muß ich sein. (*Picc.* V. 2601-3, 2609)

Schiller nahm die *Wallenstein*-Trilogie auch zum Anlass, die poli-
tisch-geographischen Veränderungen in Europa durch die Kriege im
Gefolge der Französischen Revolution zu thematisieren, welche die
mit dem Westfälischen Frieden tradierte politische Ordnung über
den Haufen warfen. Der *Prolog* macht auf die sich damit abzeich-
nenden Gefahren unzweideutig aufmerksam:

> Zerfallen sehen wir in diesen Tagen
> Die alte feste Form, die einst vor hundert
> Und funfzig Jahren ein willkommner Friede
> Europens Reichen gab, die teure Frucht
> Von dreißig jammervollen Kriegesjahren. (*Prolog* V. 70-74)

Zugleich mit der Analyse moderner Herrschaftsmechanismen erscheint im *Wallenstein* in historischer Spiegelung das, was in den
Briefen über die ästhetische Erziehung aus kulturkritischer und in der
Erörterung des realistischen bzw. idealistischen Typus aus anthropologischer Perspektive formuliert worden war: der Zerfall von Gewiss-
heiten, die die Gesellschaft des *Ancien Régime* für unverrückbar gehalten hatte. Schiller mochte auch hier nicht auf eine Zeitdiagnose
sowohl für die Gesellschaft als auch für die Kunst verzichten, wenngleich die Folgen der Veränderungen noch nicht absehbar waren:

> Und jetzt an des Jahrhunderts ernstem Ende,
> Wo selbst die Wirklichkeit zur Dichtung wird,
> Wo wir den Kampf gewaltiger Naturen
> Um ein bedeutend Ziel vor Augen sehn,
> Und um der Menschheit große Gegenstände,
> Um Herrschaft und um Freiheit wird gerungen,
> Jetzt darf die Kunst auf ihrer Schattenbühne
> Auch höhern Flug versuchen, ja sie muß,
> Soll nicht des Lebens Bühne sie beschämen. (*Prolog* V. 61-69)

Abermals wird hier die Ambivalenz des Kunstschaffens Schillers
deutlich. In der strengen Separierung der Kunst von der Wirklichkeit soll sie dennoch als deren Schatten die ›großen Gegenstände‹
im täuschenden Schein des Spiels aufführen. Indem sie als Kunst die
eigene künstliche Täuschung zugleich entlarvt, kann sie in Wett-
streit mit der Wirklichkeit treten. Sie allein vermag deren düstere

Notwendigkeit spielend zu transzendieren und soll so die Realität als in ästhetischer Freiheit erfahrene Wahrheit überhaupt erst zwanglos kommensurabel machen.

Deshalb musste es im *Wallenstein* darum gehen, das Prosaische, das die Moderne charakterisiert, mittels der Poetisierung des historischen Materials zu transformieren. Das war in diesem Fall eine verwickelte politische »Staatsaction«, die auf der Bühne nicht nur schwer zu ›organisieren‹ war, sondern sich als solche auch nicht sonderlich für einen Tragödienstoff qualifizierte. Was hätte schicksalhaft tragisch im Fall des ›Generalissimus‹ sein können? Sein Schicksal trat zunächst nur in dürftigem Gewand in Erscheinung: als Politik. Napoleon soll es bei seinem legendären Gespräch mit Goethe in Erfurt 1808 als dasjenige bezeichnet haben, das der Moderne angemessen sei (vgl. Goethe HA 10, 546; Schings 1990, 283ff.). Politik aber schien Schiller (wie schon beim *Fiesko*) für eine poetische Behandlung äußerst ungeeignet: »ein unsichtbares abstractes Objekt« (29, 17). Dieses Objekt musste bei der Dramatisierung des *Wallenstein* erst anschaulich werden, um das Werk nicht von vornherein einer von aller Poesie entzauberten Moderne zum Raub werden zu lassen. Belebung versprach das erneute Studium historischer Quellen, durch deren poetische Transformation es ihm – so meinte Schiller im November 1796 – gelingen würde, die Zeit des 30jährigen Kriegs im Zuschauer und Leser lebendig werden zu lassen (vgl. 29, 18).

Seine Hoffnung war, eine *neue* Stufe seiner dichterischen Möglichkeiten zwischen dem prosaisch Naiven und einem idealen Sentimentalischen zu erreichen, das in Gefahr war, bloß mit blendender Rhetorik vorgetragen zu werden. Emphatische Beschwörung leerer Utopien wie noch im *Don Karlos* galt es im *Wallenstein* genauso zu vermeiden wie eine lausige Anpassung ans positiv Gegebene – an das ›Prosaische‹. Dabei schien Schiller der wenig ›idealische‹ Stoff seiner dichterischen Physiognomie durchaus entgegenzukommen, denn er glaubte sich beim Wallenstein »bloß vor dem Extrem der Nüchternheit, nicht wie ehmals vor dem der Trunkenheit« (29, 18) vorsehen zu müssen.

Schiller scheint an der Stelle anzuknüpfen, die er theoretisch vorgezeichnet hatte als poetische Anverwandlung der Errungenschaften der Moderne. Dem eigenen schöpferischen Verfahren war es bisher unmöglich erschienen, trockene Realität zum Ausgangspunkt dichterischer Arbeit zu machen. Eine prosaische Wirklichkeit drohte das zu schaffende Poetische schon im vorhinein zu infizieren. Dieser tiefsitzende Verdacht ließ sich nur schwer ausräumen. Mit der Arbeit am *Wallenstein* verlor er seinen Schrecken, was Schiller insbesondere auf sein Studium der antiken Tragödie zurückführte. Zudem forderte sein neuer Weg den Vergleich mit dem Verfahren Goethes heraus (vgl. 28, 204f.). Die ironische Pointe dabei hat Schiller selbst nur allzu gut erkannt. Denn seinem ›nüchternen‹ Verfahren entsprach ziemlich genau das, was der Theoretiker des Sentimentalischen das ›objektive Verfahren‹ genannt und dem ›naiven‹ Goethe zugesprochen hatte.

Die Theoriebedürftigkeit Schillers wird denn auch nach Abschluss der im eigentlichen Sinn theoretischen Abhandlungen sogleich wieder deutlich. Wenn auch auf anderer Ebene und in anderer Weise als etwa bei den *Räubern* oder beim *Don Karlos* war dies Bedürfnis auch bei der Arbeit am *Wallenstein* gegenwärtig: es konnte in intensiven mündlich und schriftlich geführten Diskussionen mit Goethe befriedigt werden. Das gemeinsame Gespräch über die Differenzen und Kongruenzen dramatischer und epischer Dichtung mündete im Jahr 1797 in den gemeinsam erarbeiteten Aufsatz *Über epische und dramatische Dichtung*.

3.　Exkurs zu den Entwürfen: *Die Polizey*

Am 17. März 1799 hatte Schiller das fertige Manuskript von *Wallensteins Tod* an Goethe gesandt. Zwei Tage später berichtete er von der Leere, die sich – wie schon lange zuvor befürchtet – nach der mehr als dreijährigen Anstrengung nun auch tatsächlich eingestellt hatte (vgl. 30, 38). Ihn befiel eine beklemmende Unruhe, die er nur durch einen ihn ähnlich faszinierenden Stoff loszuwerden glaubte, den er bald zu finden hoffte. Wieder zwei Tage später, am 21. März, erzählte er Goethe jedoch schon von den ersten Plänen zur *Braut von Messina*. Am Tag darauf unterhielt man sich erneut, auch über einen weiteren Plan Schillers. Goethe notierte in seinem Tagebuch: »Gespräch über Tragödie und Comödie mit einem Policeysujet.« (SA III 2, 238) Auch bei Schiller selbst schwankt die Gattungsbezeichnung: *Die Polizey*, so der lapidare Titel, wird sowohl als Tragödie wie als Komödie (12, 130), aber (im sogenannten *Marbacher Dramenverzeichnis*, 12, 623) auch als Schauspiel projektiert. Dies mag sich dem Bewusstsein verdanken, durch die Arbeit an der *Wallenstein*-Trilogie seine dramatischen Möglichkeiten erheblich erweitert zu haben – ohne zuviel ängstliche Rücksicht auf traditionelle Gattungsschranken.

Bei diesem Projekt kann man nur bedauern, dass es nicht über Skizzen und Entwürfe hinausgewachsen ist. Denn hier erweist Schil-

ler einmal mehr sein untrügliches Gespür für die Brüche, d.h. für
die dramatisch akzelerierenden Veränderungen und Antagonismen
der anbrechenden Moderne: Öffentlichkeit vs. Intimität, Chaos vs.
Ordnung, Unübersichtlichkeit vs. Bürokratismus und wie schon im
Wallenstein Masse vs. Individuum. Offensichtlich hatte er den Ehrgeiz, den Prototyp einer Stadt zu Beginn des 19. Jahrhunderts mit
all den in ihr gärenden sozialen Spannungen und Bewegungen auf
die Bühne zu bringen. Er wählte sich dafür die zu seiner Zeit bedeu-
tendste Stadt Europas: Paris. Es ist schwer für einen Rezipienten,
der das hundert Jahre später entstandene *Passagen-Werk* von Walter
Benjamin kennt – ein ebenfalls unvollendet gebliebenes Riesen-
projekt –, nicht an die Überschrift des Benjaminschen Exposés von
1935 »Paris, die Hauptstadt des XIX. Jahrhunderts« erinnert zu werden: Sie geistert denn auch durch die Schillerschen Aufzeichnungen,
die eben jenes Phänomen in den Griff zu bekommen suchen, das
vielleicht wie kein anderes die gesellschaftlichen Umbrüche einer
chaotischen Moderne charakterisieren kann: die unübersichtlich gewordene (Groß-)Stadt, in der alle jene Entwicklungen kulminieren,
die das Gesicht einer industriell und damit sozial ganz und gar gewandelten Welt verändern werden.

Wie aber wollte Schiller diese »ungeheure Maße von Handlung«
(12, 91) überhaupt verarbeiten, die nötig sein würde, um ein Bild
des Molochs ›Stadt‹ auf der Bühne darzustellen? Wie würde er erreichen
können, dass der Zuschauer durch die Unzahl von Begebenheiten
und Personen nicht verwirrt werden würde? Über zweiunddreißig
Rollen hat Schiller notiert; mehr als in den Personenverzeichnissen
der *Wallenstein*-Dramen, die schon äußerst umfangreich sind. Er
traute sich – ermutigt durch die gelungene Bändigung des disparat-
ten *Wallenstein*-Stoffs – die Organisation solcher Stoff- und Perso-
nenvielfalt offensichtlich jetzt zu.

Zugleich mit der Entstehung des modernen Phänomens ›Großstadt‹ macht Schiller den in der deutschen Literatur bis dato noch
ganz und gar unerprobten Versuch, es literarisch in den Griff – und
dazu noch auf die Bühne – zu bekommen. Er hatte den ebenso ori-
ginellen wie banalen Gedanken, dieses ehrgeizige Unternehmen aus
der Perspektive jener ›modernen‹ Ordnungsmacht Polizei durchzuführen, welche das Doppelgesicht aller sozialen Kontrollmechanis-
men trägt: eine vor Verbrechen schützende Macht und zugleich ein
alles ausforschendes, Intrigen anzettelndes Spitzelwesen. Diese Institution scheint für Schiller zu dem zu werden, was in der antiken
Tragödie das göttliche Orakel gewesen war, dem im Gegensatz zum
Menschen das vergangene wie das künftige Schicksal bekannt war.
Man kann das einen Mythos einer naiven Moderne nennen. Ent-

kleidet von jedem göttlichen Nimbus schreibt Schiller der Polizei
dennoch gleichsam übermenschliche Kräfte zu: Insbesondere ihrer
Spitze, dem »Polizeyminister«, wird »Allwißenheit« attestiert, durch
die die Polizei nicht nur die schuldig Gewordenen ihrer gerechten
Strafe zuführt, sondern auch für den verzweifelnden »Unglücklichen« zum rettenden Schutz werden kann. Nichts kann sich »vor ihrem alles durchdringenden Auge« in Sicherheit wiegen (12, 95f.;
vgl. Hucke/Kutzmutz 1998, 528). Um die Janusköpfigkeit dieser
alle und alles infiltrierenden Institution der Moderne darzustellen,
wollte Schiller auch »die Nachtheile der Polizeiverfaßung« nicht un-
berücksichtigt lassen. Denn: »Die Bosheit kann sie zum Werkzeug
brauchen, der Unschuldige kann durch sie leiden, sie ist oft genöthigt schlimme Werkzeuge zu gebrauchen, schlimme Mittel anzuwenden« (12, 96). Abermals – wie im *Don Karlos* und im *Geisterseher* – wäre die Ambivalenz von Mittel und Zweck organisierter
Machtausübung zentral thematisiert worden.

Die Polizey wollte den Zuschauer gleich zu Beginn des Stücks
»mitten ins Getreibe der ungeheuren Stadt« versetzen, wobei »die
Räder der großen Maschine in Bewegung« zu sehen sein sollten. Als
Eröffnungsszene plante der Autor, im »Audienzsaal« vor dem Poli-
zeiminister Reportagen bzw. Spitzelberichte aus allen Quartieren
und quer durch alle Stände vortragen zu lassen (12, 91). Keine andere Institution scheint zur Darstellung moderner Unübersichtlichkeit besser geeignet: Schillers Beispiel ist ein »verloren gegangener
Mensch« (12, 96). Seine Spuren lassen sich im Gewimmel der
Großstadt nur bis zu einem gewissen Punkt verfolgen und verlieren
sich dann selbst für eine wohlinformierte Polizei. Keine moderne Institution scheint aber auch prädestinierter, die verwirrende Vielfalt
unterschiedlichster sozialer und individueller Lebensweisen sichtbar
zu machen. Und wenn nicht alles täuscht, wollte Schiller genau dies
mit seinem erstaunlichen Projekt bewerkstelligen:

»So wird ganz *Paris* durchwühlt, und alle Arten von Existenz, von Verderb-
niß [...] etc werden bei dieser Gelegenheit nach u.[nd] nach an das Licht
gezogen./ Die äusersten Extreme von Zuständen und sittlichen Fällen [...]
kommen zur Darstellung, und in ihren höchsten Spitzen und charackteris-
tischen Punkten. Die einfachste Unschuld wie die naturwidrigste Verderb-
niß, die idyllische Ruhe und die düstre Verzweiflung.« (12, 97)

Ein frühes Motiv seines Schaffens sollte hier gleichsam zu einer ›mo-
derneren‹ Ausprägung finden: das des Decouvrierens, die Aufdek-
kung unbemerkter Strukturen und der dahinter verborgenen
Handlungen. Das Entlarven beim ›frühen‹ Schiller diente insbesondere dazu, der verstrickenden und mit der konkurrenten bürgerli-

chen Klasse verstrickten höfischen Gesellschaftsstruktur beizukommen. Jetzt aber sollen offensichtlich Verhältnisse seziert werden, die
in ihrer viel chaotischeren Übereinanderschichtung sozialer Verhältnisse keineswegs mehr relativ eindeutige Grenzziehungen erlauben.
Die Unzahl von Personen und Typen, die gemäß der »Suite der
Handlung« aufgelistet werden, können das belegen (12, 94f.). Wenn
hier abermals das Räder- oder Triebwerk zur prominenten Metapher
wird, so ist doch unverkennbar, dass sich die Spieluhrenmechanik
des Rokoko, wo ein Rädchen in das andere greift, verändert hat.
Schon scheint die weitaus größere Dimension der Maschinenmecha-
nik des aufkommenden industriellen Zeitalters ins Blickfeld zu rükken, die Schiller offenbar auch im Zusammenhang mit seinem *Lied
von der Glocke* von 1799 an der Glockengießerei fasziniert hat (vgl.
2 II B, 170ff.).

Zwar wurde Schiller zu seinem Plan durch die Gestalt des Poli-
zeichefs von Paris unter Ludwig XIV., Argenson, angeregt, die er aus
der *Eloge de Monsieur d'Argenson* des französischen Aufklärers Fontenelle kannte. Er fand sie in dem monumentalen *Tableau de Paris*
seines Zeitgenossen Louis Sébastien Mercier (1740-1814; vgl. 24,
170), dessen zweite Auflage von 1782/83 er für die Ausarbeitung
seiner Skizzen benutzte. Aber Schiller prolongierte die Institution
des *Ancien Régime* gleichsam in die Moderne, indem er sie als jene
Organisation exponieren wollte, die wie kaum eine andere die ganze
Gesellschaft von innen her durchdringt und selbst das avancierteste
soziale Gebilde seiner Zeit, die Großstadt mit ihren sich anonymi-
sierenden Massen, beinahe noch in allen ihren Ausprägungen erfasst. Schiller erweist sich hier und im *Wallenstein* als ein Autor, der
– mit offensichtlichem Spürsinn für die Ambivalenzen einer heraufziehenden Moderne begabt (vgl. Kraft 1978, 243) – jene Institutionen ins (literarische) Visier genommen hat, deren rationalisierende
Funktionen wie kaum andere die Abgründe gesellschaftlicher Entwicklungen historisch bestimmt haben: das Militärwesen als zwischen-
staatlicher und die Polizei als innerstaatlicher Ordnungsfaktor (vgl.
Craig 1993, 63).

Ein weiteres dramatisches Projekt Schillers erscheint unter dem
hier vorgestellten Aspekt, die moderne Welt und deren sich wan-
delnde Paradigmen literarisch zu gestalten, noch ehrgeiziger als *Die
Polizey*; wenngleich dessen konkrete Ausführung in der Tat kaum
mehr vorstellbar ist. Es findet sich in einer anderen Skizze aufbewahrt, die *Das Schiff* (12, 305ff.) überschrieben ist und folgendes
Szenario avisiert:

»Die Aufgabe ist ein Drama, worinn alle interessante Motive der Seereisen, der außereuropäischen Zustände und Sitten, der damit verknüpften Schicksale und Zufälle geschickt verbunden werden. Aufzufinden ist also ein Punctum saliens aus dem alle sich entwickeln, um welches sich alle natürlich anknüpfen laßen [...], ein Punkt also, wo sich Europa, Indien, Handel, Seefahrten, Schiff und Land, Wildheit und Kultur, Kunst und Natur, etc darstellen läßt.«

Das Schiff soll zu einem »Symbol der europäischen Verbreitung, der ganzen Schiffarth u.[nd] Weltumseglung« werden. Man wird auch bei diesem Szenario Schiller eine gewisse Hellsichtigkeit im Hinblick auf tatsächlich stattgefundene historische Entwicklungen, wie etwa derjenigen des europäischen Kolonialismus im 19. Jahrhundert, kaum absprechen können.

IX. Klassische Rücksichten und moderne Vorbedeutungen

Schiller hat nach dem Abschluss der *Wallenstein*-Trilogie bis zu seinem Tod sechs Jahre später aus einer Fülle von dramatischen Plänen noch vier Bühnenwerke vollenden können. An diesen Arbeiten ist in der Praxis ein Oszillieren zwischen jenen Antithesen zu beobachten, die sich der Geschichtspoetologe und Theoretiker begrifflich herausgearbeitet hat: Antike vs. Moderne, naiv vs. sentimentalisch; d.h. zwischen einem geschichtsphilosophischen und einem geschichtspoetologischen Gegensatz. Antworten auf die Antike in der Form sind *Maria Stuart* und *Die Braut von Messina*, moderne Formen werden in der *Jungfrau von Orleans* und *Wilhelm Tell* erprobt (vgl. Schadewaldt 1963, 290). *Naiv* aber sind entsprechend der Schillerschen Terminologie die ›Helden‹ der zuletztgenannten Dramen, also der modernen Formate. Schon diese Beobachtung mag die eigentümliche Transformierung des antiken Erbes in die Moderne indizieren, die Schiller gelungen ist.

1. *Maria Stuart*: Schiller und seine Antike-Rezeption I

Am 20. April 1799 ist *Wallensteins Tod* mit großem Erfolg in Weimar uraufgeführt worden. Aber anders als nach der Beendigung des Manuskripts war es Schiller nun mit atemberaubendem Tempo gelungen, sich »mit Gewalt aus dieser Materie herauszureissen« (30, 46). Anfang Mai scheint er schon mitten in den Vorarbeiten zu seinem neuen Werk gewesen zu sein, das die Geschichte von Gefangenschaft und Hinrichtung der *Maria Stuart* im elisabethanischen England des Jahres 1587 auf die Bühne bringen wird.

Die Diskussion des Jahres 1797 mit Goethe über die antike und die moderne Tragödie (vgl. Szondi 1974 II, 46ff.) führt Schiller in seiner neuen Arbeit einer spannungsreichen Lösung zu, die wohl gerade deswegen als klassisch zu bezeichnen wäre. Hier hat der Dramatiker in spektakulärer Weise, dabei aber mit ›kühler‹, planvoller Behandlung des Stoffs sein Summum erreicht – zumal durch eine differenzierte und doch strenge Sprachschöpfung (vgl. 30, 95). Hier stimmt alles zusammen: Stoff und Form, Sprache und Theaterwirksamkeit, Anverwandlung von Historie und Zeitgenossenschaft,

individualpsychologische Behandlung der Protagonisten und ihre
sozialpsychologische Einbettung.

Formal gelingt diese ›Lösung‹, indem die Rahmenakte der Titelfigur, der schottischen Königin, der zweite und vierte Akt ihrer Gegenspielerin Elisabeth, der Königin von England, zugeordnet sind.
Im zentralen dritten Akt des Trauerspiels führt der Dichter beide in
jener fiktiven Begegnung der Königinnen zusammen, die in Wahrheit nie stattgefunden hat (vgl. Sautermeister 1979, 175f.; zu möglichen Vorbildern Kipka 1907; Grawe 1978, 98f.). Mit solchen Ordnungen sucht der Dramatiker, der klassizistischen Vorstellung von
der Ökonomie der antiken Tragödie gerecht zu werden (vgl. Guthke
1994, 212, der »Schillers äußerst komprimierende, Euripides' analy-
tischem Drama nacheifernde Handlungsführung mit ihrer formal-
artistischen Technik« betont). Und es ist ein kaum verschwiegener
Hinweis auf die *Antigone* des bewunderten Sophokles, wenn Schiller
davon spricht, »daß man die Catastrophe gleich in den ersten Scenen sieht«. Dies Potential des Stoffs überzeugte ihn besonders von
seiner »*tragischen* Qualität« (30, 61), weil es eine dramaturgische
Organisation erlaubte, die paradigmatisch in der ersten Szene der
Antigone zu sehen ist (zum Verhältnis *Maria Stuart-Antigone* vgl.
Prader 1954, 113ff.).

Die Annäherung an Sophokles gelingt aber auch *inhaltlich*:
Schiller thematisiert – wie Sophokles in der *Antigone* – die schuld-
hafte Verstrickung des Mächtigen (hier Elisabeth und dort Kreon)
und setzt dagegen das Schicksal der Ohnmächtigen (hier Maria und
dort Antigone). Er stellt wie jener die Frage nach dem Verhältnis
des von Menschen gesetzten Rechts, das sich auf Konventionen
gründet und deswegen fehlbar ist, und unverrückbaren höheren Gesetzen. Auf dem ersten beharrt Kreon, Antigone dagegen beruft sich
auf ein göttliches Gesetz. Aber Schiller nuanciert die Alternative von
(endlicher) Macht und (göttlichem) Recht, indem er Gerechtigkeit
mit dem ›heiligen‹ Gesetz zusammenschließt. In einer entzauberten
Moderne kann gesetztes Recht aber zur bloßen Machtausübung mu-
tieren. Der naturrechtlichen Berufung auf ein ›höheres‹ Gesetz ist in
einer säkularen Gesellschaft die Berufungsinstanz verloren gegangen:

MARIA. Denn nicht vom Rechte, von Gewalt allein
  Ist zwischen mir und Engelland die Rede. (V. 957/8)

  Ich bin die Schwache, sie die Mächtge – Wohl!
  Sie brauche die Gewalt, sie töte mich,
  Sie bringe ihrer Sicherheit das Opfer.
  Doch sie gestehe dann, daß sie die Macht
  Allein, nicht die Gerechtigkeit geübt.

> Nicht vom Gesetze borge sie das Schwert,
> Sich der verhaßten Feindin zu entladen,
> Und kleide nicht in heiliges Gewand
> Der rohen Stärke blutiges Erkühnen.
> Solch Gaukelspiel betrüge nicht die Welt! (V. 961-970)

Erneut wird das Verhältnis von Gerechtigkeit und Recht als (menschlicher) Satzung in der letzten Szene aus der Perspektive der mächtigen Gegenspielerin eindrücklich beschworen. Elisabeth sucht die Hinrichtung Marias nicht anders als der Kreon des Sophokles die Tötung der Antigone in ganz und gar formalistischer Weise zu rechtfertigen: »Das Urteil war gerecht, die Welt kann uns/ Nicht tadeln [...]« (V. 4004/5). Daraufhin demissioniert ihr loyaler Berater, der menschlich weitblickende Shrewsbury, den Schiller mit unnachahmlich ›erhabener‹ Resignation sagen lässt: »Ich habe wenig/ Getan – Ich habe deinen edlern Teil/ Nicht retten können.« (V. 4027-29). Shrewsbury übernimmt in Schillers Trauerspiel gleichsam die Rolle des Sehers Tiresias in der *Antigone*, der Kreon vor starrem Festhalten an seiner Macht, am von ihm selbst gesetzten Recht gewarnt hatte. Deswegen kann Schiller davon sprechen, daß Kreon »bloß die kalte Königswürde« (29, 56) ist. Gleiches ließe sich nach dem Ende der Maria Stuart von Elisabeth sagen. Der Herrscher gerät dadurch in jene Aporie, deren Konsequenz Tod und Einsamkeit ist. Kreon muss deren *tragische* Konsequenzen erleiden, wenn Frau und Sohn – verzweifelt über seine grausame Rechtsprechung – ihr Leben selbst beenden. Für die ›moderne‹ Mächtige in Schillers Drama, für Elisabeth, gibt es ein *trauriges* Ende: Sie bleibt, verlassen von ihren politischen und persönlichen Beratern, in der Einsamkeit der Macht zurück.

Auch der im Stück zentral thematisierte Diskurs einer schmerzvoll erfahrenen weiblichen Geschlechtsidentität in einer patriarchalisch verfassten Ordnung weist in die Moderne (zum Geschlechterdiskurs bei Schiller vgl. Mehring 1905; Bovenschen 1979; Fuhrmann 1981; Clasen 1991). Elisabeth mißachtet die ihr zugewiesene Geschlechterrolle souverän. Nicht zuletzt deswegen verweigert sie sich dem Drängen ihrer Räte, mit Rücksicht auf den Volkswillen zu heiraten: Die Königin konzediert ihnen, daß die ›natürliche Ordnung‹ durchaus zu achten sei. Doch zugleich entlarvt sie das Machtinteresse jener männlichen Ideologie in einer patriarchalisch verfassten Ordnung mit dem Argument ihrer eigenen Macht, mit dem sie sich freikauft:

ELISABETH.   Doch eine Königin, die ihre Tage
     Nicht ungenützt in müßiger Beschauung
     Verbringt, die unverdrossen, unermüdet,

> Die schwerste aller Pflichten übt, *die* sollte
> Von dem Naturzweck ausgenommen sein,
> Der *eine* Hälfte des Geschlechts der Menschen
> Der andern unterwürfig macht – (V. 1178-1184)

Eine Ehe könnte ihr nicht nur immer wieder ihre Minderwertigkeit demonstrieren, wo sie doch weiß, »wie ein Mann« regiert zu haben, sondern sie auch ihrer Unabhängigkeit als Frau berauben: »Der Ring macht Ehen,/ Und Ringe sinds, die eine Kette machen.« (V. 1210f.). Shrewsbury als Sprachrohr der öffentlichen Meinung, die dem Chor in der antiken Tragödie übertragen war (vgl. 38 I, 287; Prader 1954, 107), versucht, sie umzustimmen, indem er an ihre natürliche weibliche Mildheit appelliert. Das verbietet sich Elisabeth empört:

> Das Weib ist nicht schwach. Es gibt starke Seelen
> In dem Geschlecht – Ich will in meinem Beisein
> Nichts von der Schwäche des Geschlechtes hören. (V. 1374-76)

Solch weibliches Selbstbewusstsein kennt Maria ebenfalls. Ihr letzter Wille ist, auf dem Schafott nicht der Rohheit männlicher Henkersknechte ausgesetzt zu sein, sondern von ihrer Amme begleitet zu werden. Sie setzt ihn durch, indem sie sich auf ihre Kontrahentin beruft:

> MARIA. Habt Achtung gegen mein Geschlecht! Wer soll
> Den letzten Dienst mir leisten! Nimmermehr
> Kann es der Wille meiner Schwester sein,
> Daß mein Geschlecht in mir beleidigt werde,
> Der Männer rohe Hände mich berühren! (V. 3802-3806)

Seiner angeblich von allem Irdischen geläuterten Protagonistin wollte der Dramatiker auch in der Todesstunde eine Reminiszenz an ihre erotische Leidenschaft und Liebesfähigkeit nicht versagen, die Maria selbst im Angesicht des Todes noch einzusetzen weiß. Sie macht Leicester, den schwachen Günstling beider Königinnen, trotz letzter Dinge noch schwindeln. Offensichtlich wollte der Dichter Interpretationen einer ungebrochenen ›Verklärung‹ seiner Protagonistin durch diesen Kunstgriff in subtiler Weise unterminieren (vgl. Henkel 1990, 400; Guthke 1994, 220ff.). Die idealistische Überhöhung findet nicht statt (zur Interpretation Marias als ›schöne Seele‹ vgl. 9, 382f.; Sautermeister 1979, 195ff.) Kein Schluss bei Schiller, der nicht ambivalent wäre! Erst recht nicht hier, wo politische und sexuelle Macht und Ausgeliefertsein in eine intrikate Symbiose verschmolzen sind.

Schiller demonstriert in seinem Trauerspiel an der höchst gespannten Ambivalenz des Geschlechterdiskurses, dass dieser immer

auch ein Machtdiskurs ist. Das macht, dass der Dramatiker den Ge-
schlechtergegensatz weniger am Verhältnis seiner Protagonistinnen
zu den sie umwerbenden Männern gestaltet, sondern vorrangig am
Konflikt zweier Frauen. Elisabeth wird zur Repräsentantin einer
entsagungsvollen, Triebverzicht leistenden ›männlichen‹ Lebens- und
Herrschaftsweise, die einem protestantischen Arbeitsethos folgt. Sie
hat sich in schroffem Gegensatz zur sinnenfrohen katholischen Maria dem ›männlichen Gesetz‹ unterworfen, die »sich nur befliß, ein
Weib zu sein« (V. 1986). Eine, die ihre Sexualität hemmungslos aus-
gelebt hat, unterliegt dem vernichtenden Verdikt männlich bzw. pu-
ritanisch geprägter Moralität:

> ELISABETH. [...] Der Stuart wards vergönnt,
> Die Hand nach ihrer Neigung zu verschenken,
> Die hat sich jegliches erlaubt, *sie* hat
> Den vollen Kelch der Freuden ausgetrunken.
> LEICESTER. Jetzt trinkt sie auch den bittern Kelch des Leidens.
> ELISABETH. Sie hat der Menschen Urteil nichts geachtet.
> Leicht wurd es ihr zu leben, nimmer lud sie
> Das Joch sich auf, dem *ich* mich unterwarf.
> Hätt ich doch auch Ansprüche machen können,
> Des Lebens mich, der Erde Lust zu freun,
> Doch zog ich strenge Königspflichten vor. (V. 1974-1984)

In der Charakterisierung der Geschlechter wird zugleich der historische Gegensatz von sinnlicher Katholizität und sinnenfernem, stren-
gem Puritanismus manifest. Geographisch wird damit auf jenen von
Süden und Norden verwiesen, an den Schiller wiederum seine Bestimmungen von antik-modern bzw. naiv-sentimentalisch ange-
schlossen hat. Maria ist die katholische sinnenfreudige ›Südliche‹,
die sich ›naiv‹ auf ungeschriebene Gesetze beruft; Elisabeth die protestantische Puritanerin, für die allein menschlich gesetzte Rechte
Geltung haben, denen jeglicher Nimbus abhanden gekommen ist.

Hier wird in gewisser Weise der später von Hegel konstruierte
Gegensatz von männlich/weiblich vorweggenommen, dessen Paralle-
lität mit menschlich gesetztem positivem Recht und natürlichem
Recht aus den Antagonisten Kreon vs. Antigone des Sophokles extrahiert worden ist (vgl. Hegel, Werke 3, 327ff.). Zwar sättigt Schiller in *Maria Stuart* die antike Folie mit gleichsam modernem Inhalt,
zugleich aber hat er sie so wirksam verschleiert, dass bei der Diskussion seines Verhältnisses zur Antike meistens die in dieser Hinsicht
viel vordergründigere *Braut von Messina* ins Blickfeld gerückt wurde.

Schiller hatte sich Mitte Mai 1800 auf das Schloß Ettersburg zurückgezogen, um sein Trauerspiel fertigzustellen, ohne durch irgend-
welche alltägliche Beeinträchtigungen gestört zu werden. Anfang

Juni konnte er die Arbeit abschließen. Am 14. Juni war die Uraufführung von *Maria Stuart* in Weimar »mit einem Succeß,« so berichtete der Dichter seinem Freund Körner, »wie ich ihn nur wünschen konnte« (30, 162).

2. *Die Jungfrau von Orleans*: Poetisierung des Historischen und Enthistorisierung der Poesie

Nun ging es Schlag auf Schlag: schon zwei Wochen nach dem Erfolg der *Maria Stuart* war Schiller mitten in seiner nächsten dramatischen Arbeit. Ihn faszinierte die Geschichte der Jeanne d'Arc, jenes
Bauernmädchen, das durch sein charismatisches Auftreten den Wi-
derstand der Franzosen gegen die englischen Besatzer entfachte und
so dem Hundertjährigen Krieg (1339-1453) eine entscheidende Wen-
de gab. Der Stoff setzte seine dichterische Phantasie sofort in Bewegung, denn er schien ihm viel poetischer als früher bearbeitete Sujets.
(Storz 1959, 315 spricht von einer Entwicklung vom »historischen
zum poetischen Drama« seit *Wallenstein*.) Schiller empfand ihn »in
hohem Grade rührend«. Zum historischen Kern kamen Züge des
Märchenhaften, ja des Wunderbaren: mit trockener historischer Stofflichkeit hatte der Dramatiker, anders als im *Wallenstein*, hier nicht zu
kämpfen. Und er sah gleich, dass er eine ganz neue Form für das
Stück erfinden müsse: »Das Mädchen von Orleans lässt sich in keinen
so engen Schnürleib einzwängen, als die Maria Stuart. [...] Jeder Stoff
will seine eigene Form, und die Kunst besteht darin, die ihm anpas-
sende zu finden. Die Idee eines Trauerspiels muss immer beweglich
und werdend sein, und nur virtualiter in hundert und tausend möglichen Formen sich darstellen.« (30,181).
   In der *Maria Stuart* hatte Schiller das Historische des Materials
in eine moderne Fassung der sophokleischen Tragödie transformiert;
mit der *Jungfrau von Orleans* wird er dann eine *romantische Tragödie*
schaffen, deren schweifende Phantastik der szenischen Anlage ganz
andere, neue Perspektiven eröffnet. *Formal* also sind die Stücke von
ganz verschiedener Gestalt, aber entgegen allem Anschein bleibt
doch *inhaltlich* eine erstaunliche Verwandtschaft. In beiden Werken
geht es um die Macht von Frauen, die nicht allein mit heroisch er-
tragener Einsamkeit erkauft wird, sondern sich zudem durch mörde-
rische Gewalt legitimiert. Beider Macht ist jedoch ganz verschieden
motiviert: dort die traditionell durch Erbfolge zur Königswürde gelangte Elisabeth, hier das aus dem Nichts auftauchende Charisma
des Bauernmädchens Johanna.

Abermals geht es auch in der *Jungfrau von Orleans* um Macht und Erotik, um Triebverzicht oder gelebte Sexualität, um die Alternative entweder der Macht und Gewalt zu entsagen oder der Liebe und körperlichen Lust. Wieder handelt Schiller von Transzendierung der Geschlechtergrenzen in Gestalt einer *weiblichen* Protagonistin. Geheime Verbindungen solcher Thematik scheinen bis in seine Theoriebildung zu bestehen: die *anmutige* Maria und die *würdige* Elisabeth, die *naive* Jungfrau und die *erhabene* Johanna, die unschuldige Heilige und die wissende Heldin – als könnten sich diese Kategorien, denen die Dichotomie von Natur und Kultur zugrunde liegt, auf der Bühne am besten in Frauengestalten verkörpern (vgl. Bovenschen 1979, 256).

2.1 Schillers »romantische Tragödie« als Entgegnung auf Voltaires *La pucelle d'Orléans*

Aufschlussreich bei seiner Stoffwahl ist, dass Schiller mit der Geschichte der Jeanne d'Arc ein Sujet neu gestalten wollte, das dem zeitgenössischen Publikum nur allzu gut durch die satirische Bearbeitung Voltaires, des berühmtesten französischen Aufklärers, bekannt war. Warum? Schiller hat 1802 ein Gedicht mit dem Titel *Voltaires Pücelle und die Jungfrau von Orleans* veröffentlicht. Es fokussiert mit aller Klarheit, in welcher Weise der Autor seine ›romantische Tragödie‹ rezipiert wissen wollte. Deren Behandlungsart der Geschichte der Jeanne d'Arc richtet sich gegen eine auf die Ratio reduzierte Aufklärung, wie sie sich ihm in der komischen Bearbeitung des ›Erzrationalisten‹ Voltaire manifestierte (zum »subtilen Dialog« mit Voltaire vgl. Sauder 1979, 223). ›Witz‹ allein, im Sprachgebrauch des 18. Jahrhunderts also: Verstand, verfehlt an der wunderbaren Geschichte genau das, was die Empfindung, das ›Herz‹ des Rezipienten zu rühren imstande ist. Es verkürzt den ›ganzen‹ Menschen um alles, was sein unverstandenes Anderes als inkommensurable Schönheit, als Glauben, ja auch als Wahn ist. So heißt die erste Strophe des Gedichts:

> Das edle Bild der Menschheit zu verhöhnen,
> Im tiefsten Staube wälzte dich der Spott.
> Krieg führt der Witz auf ewig mit dem Schönen,
> Er glaubt nicht an den Engel und den Gott,
> Dem Herzen will er seine Hoheit rauben,
> Den Wahn bekriegt er und verletzt den Glauben. (2 I, 129)

Voltaires Spottlust war durch die märchenhafte Handlung mit ihren wenig glaubhaften Zügen zu seiner berüchtigten Satire gereizt worden. Er hatte die angebliche Keuschheit der Heldin – was ja auch in Schillers Tragödie zu einem zentralen Motiv wird – zum Anlass genommen, erotische Schlüpfrigkeiten mit polemischen Ausfällen gegen die heuchlerische Moral der Kirche zu verbinden. Diese brisante Mischung faszinierte das Publikum am Ende des 18. Jahrhunderts; im ›gebildeten‹ Deutschland war das »Voltairesche Poem« so gut bekannt, dass ein Teil des Publikums es »fast auswendig« wisse – wie Herzog Karl August vermutete (9, 442). Bei diesem Teil erwartete nicht nur der Herzog, sondern auch der Freund Körner, beträchtliche Vorbehalte hinsichtlich der ›erhabenen‹ Gestaltung der Schillerschen Johanna im Gegensatz zu der von Voltaire verspotteten pucelle, der ›Jungfer‹.

Seiner Abneigung gegen Voltaire hatte Schiller schon einige Jahre zuvor als Theoretiker des Sentimentalischen mit diskreditierender Schärfe Ausdruck verliehen. »Beynahe muß man also fürchten,« polemisierte er, »es war in diesem reichen Genius nur die Armuth des Herzens, die seinen Beruf zur Satyre bestimmte.« Mit demselben Argument wie im *Mädchen von Orleans* (unter diesem Titel hat Schiller das zitierte Gedicht ein Jahr später erneut veröffentlicht) wird der scharfzüngige französische Aufklärer und mit ihm seine grotesken Spottdichtungen in seine Grenzen verwiesen: »Wir begegnen immer nur seinem Verstande, nicht seinem Gefühl.« So scheut Schiller nicht das Verdikt, dass der *Schriftsteller* Voltaire »den Kreis der Menschheit in sich selbst nicht erfüllt« (20, 448).

Diesem umfassenden Anspruch konnte – wenn überhaupt – nur ein *Dichter* gerecht werden. Und Schiller wollte ihn mit seiner *Jungfrau von Orleans* einlösen: Denn hier galt es in ganz besonderer Weise, den ›Kreis der Menschheit‹ zu durchlaufen – gegen die populäre Manifestation einer fehlgeleiteten Aufklärungskultur. Was gegen Voltaire heißen musste, die ›Armut des Herzens‹ zu therapieren: Nicht zuletzt deswegen ist in auffallender Häufigkeit in Schillers romantischer Tragödie immer wieder vom »Herzen« die Rede (vgl. Sauder 1979, 225ff.). Diese Arbeit, so meinte ihr Autor, sei ihm aus dem Herzen gekommen; anders als bei seinen früheren Stücken, wo vorwiegend sein Verstand mit dem Stoff habe kämpfen müssen. In einem Brief an den Verleger Göschen heißt es dazu: »Dieses Stück floß *aus dem Herzen* und *zu dem Herzen* sollte es auch sprechen. Aber dazu gehört, daß man auch ein Herz habe und das ist leider nicht überal der Fall.« (31, 101). Man sieht auch hier: die Ausbildung des Empfindungsvermögens, die die *Briefe über die ästhetische Erziehung des Menschen* so vehement eingefordert hatten, wird abermals beschworen.

Die Wahl des Stoffes und seine ›aus dem Herzen‹ kommende Bearbeitung basiert also nicht allein auf einem psychologischen Moment des Dichters, sondern die *Jungfrau von Orleans* ist eine Reaktion auf eine einseitige Aufklärung, die in der Französischen Revolution insbesondere durch die *terreur* pervertiert worden war. Bekanntlich ist aber Voltaire einer der prominentesten französischen Vorkämpfer der Aufklärung gewesen: Was hätte also besser dazu dienen können, eine um das Gefühl verkürzte Aufklärung zu ›korrigieren‹, als sie auf ihrem eigenen Feld herauszufordern. Und diese Korrektur konnte mit nichts anderem besser geleistet werden, als mit dem schärfsten Kontrast allen Vernunftkults, eben dem ›Herzen‹ (zu dieser »moralanthropologischen Prämisse« vgl. W. Riedel 1989, 71ff.). Dass es sich tatsächlich um eine ›Korrektur‹ handeln sollte, zeigt ein Brief Schillers an Wieland vom Oktober 1801. Voltaire, schreibt er dort, habe »seine Pucelle zu tief in den Schmutz herabgezogen, so habe ich die meinige vielleicht zu hoch gestellt. Aber hier war nicht anders zu helfen, wenn das Brandmal, das er seiner Schönen aufdrückte, sollte ausgelöscht werden.« (31, 65). Spöttisch hat Heinrich Heine einige Jahre später ausgerufen: »Heil dir großer deutscher Schiller, der du das hohe Standbild wieder glorreich gesäubert hast von dem schmutzigen Witze Voltaires [...]« (Werke 4, 221).

Aber nicht nur eine literarische Figur musste rehabilitiert werden, sondern mehr noch galt es die moderne Poesie vor einer ›schmutzigen Wirklichkeit‹ zu bewahren; und in der Tat wird das Poetische in der *Jungfrau von Orleans* nun selbst zum Thema. Der Dichter Schiller suchte als *Kulturtheoretiker* die Antwort auf eine Frage, die der Verfechter einer Kunst des Ideals in immer neuen Anläufen nicht hat finden können. Was geschieht mit der Schönheit, wenn in sie die ›schmutzige Empirie‹ einbricht? Wie verhält sich Poesie als notwendig idealische Kunst (denn sonst verdiente sie ihren Namen nicht) zur gemeinen Realität des Lebens? *Die Jungfrau von Orleans* könnte darauf eine dichterische Antwort sein. Zur Peripetie des Dramas und im antiken Wortsinn zur Katastrophe der Heldin wird jene Szene (III, 10), wo ihre jungfräuliche Reinheit durch die Erfahrung ganz irdischer Liebesgefühle ›beschmutzt‹ wird:

> Wer? Ich? Ich eines Mannes Bild
> In meinem reinen Busen tragen?
> Dies Herz, von Himmels Glanz erfüllt,
> Darf einer irdschen Liebe schlagen?
> Ich meines Landes Retterin,
> Des höchsten Gottes Kriegerin,
> Für meines Landes Feind entbrennen! (V. 2542-2548)

In der vorhergehenden Szene (III, 9) hatte der Schwarze Ritter Johanna davor gewarnt, ihren physischen Vernichtungsfeldzug im Namen metaphysischer Ideale noch länger fortzusetzen. Diese rätselhafte Gestalt verdunkelt mit ihrem nächtlichen Schatten die lichte ›Reinheit‹ der Jungfrau, die die Bedrohung erkennt:

> Verhaßt in tiefer Seele bist du mir,
> Gleich wie die Nacht, die deine Farbe ist.
> Dich weg zu tilgen von dem Licht des Tags
> Treibt mich die unbezwingliche Begier. (V. 2410-2413)

So wäre die Jungfrau die allegorische Inkarnation jener Schönheit, die sich als *poetische* über eine dunkle Wirklichkeit erheben *will* und *soll*. Doch wird ihre ersehnte Reinheit immer wieder von einer feindlichen Realität bedroht, der sie sich endlich nicht mehr entziehen kann. Schiller selbst legt diese Deutung nah, wenn er in der zweiten Strophe seines Gedichts *Das Mädchen von Orleans* ausdrücklich eine Analogisierung von Jungfrau und Poesie vornimmt (vgl. 2 I, 129).

»*Prosa* ist die eigentliche Natur der Modernen« lautete das Diktum des jungen Friedrich Schlegel (SA I, 86), das er bei seiner Suche nach Perspektiven moderner Poesie von überall her zu vernehmen glaubte. Es steht durchaus im Einklang mit Schillers ästhetischer Theorie, dessen dichterische Praxis in der ganz und gar poetischen Figur der Johanna im Medium der Kunst das Gegenbild zu jener prosaischen Natur geschaffen hätte, die den Modernen eigentümlich ist. Aber es kann den Zumutungen der Moderne letztendlich nicht standhalten.

Die Jungfrau als Inkarnation der Schönheit bleibt eine Zeitlang unbeschadet trotz aller Anfechtungen einer Welt, die ihr verständnislos begegnet: fast unbekümmert darum, ob sie mordend dieser Welt begegnet oder von dieser verachtet und verstoßen wird. Aber zu retten ist sie nur in entrückter Apotheose. Die berühmten, von Johanna gesprochenen Schlussverse werden so zum poetischen Fazit aller Bestimmungen des Theoretikers einer ›idealen‹ Kunst:

> Der schwere Panzer wird zum Flügelkleide.
> Hinauf – hinauf – Die Erde flieht zurück –
> Kurz ist der Schmerz und ewig ist die Freude! (V. 3542-3544)

Was könnte ein solches Verständnis der Jungfrau als »Allegorie der Poesie« (Oellers 1996, 227) bedeuten? Weist Schiller damit noch radikaler als in seinem Gedicht *Die Künstler* von 1788 der Dichtung jenen Platz zu, den die entflohenen Götter verwaist zurückgelassen haben? Damit würde die Poesie enthistorisiert. Oder verweist Schiller damit vielmehr auf die historische Bedingung von Poesie in der modernen, ansonsten ›entzauberten‹ Welt? Und zwar so, wie er deren Weg auch theoretisch vorgezeichnet hat: Ohne die Auseinandersetzung mit der Realität gerät Kunst allzu leicht in Gefahr, sich in metaphysischen Abstraktionen zu verlieren (vgl. 20, 482ff.) – wie die von aller Wirklichkeit unbefleckte mordende Johanna. Nur der stetige Bezug auf die menschliche Natur gewährleistet der Poesie, den ›ganzen‹ Menschen und sein Empfindungsvermögen zu umfassen.

2.2   Die »charismatische« Jungfrau

Aber die vielfache Rede vom ›Herzen‹, aus welchem dem Autor sein Stück ›geflossen‹ sei, die postulierte Reinheit, ja Heiligkeit seiner Jungfrau, hat eine meist übersehene grauenhafte Rückseite. Sie manifestiert sich in der unvergleichlichen Brutalität der Titelgestalt, deren ›fröhliche‹ Mordlust so gar nicht zu den salbungsvollen Worten des Autors über sein Werk passen will.

> Wenn dich das Unglück in des Krokodils Gewalt
> Gegeben oder des gefleckten Tigers Klaun,
> Wenn du der Löwenmutter junge Brut geraubt,
> Du könntest Mitleid finden und Barmherzigkeit,
> Doch tödlich ists, der Jungfrau zu begegnen. (V. 1594-1598)

Hier entfaltet sich eine merkwürdige Dialektik: zweifellos angeschrieben gegen eine rationalistisch verkürzte und darum pervertierte Aufklärung, demonstriert Schiller in seinem Werk zugleich die unaufgeklärteste und grausamste Naivität, deren wahnsinniger Fanatismus unter Berufung auf göttliche ›Aufträge‹ mit schrankenlosem Blutdurst vernichtet. (Unbegreiflicherweise übersehen die meisten Interpretationen »die fanatische Brutalität« der Titelfigur [Guthke 1996, 119]; vgl. exemplarisch Sautermeister 1971, 85: Sie sei »Symbol des verlorenen und zukünftigen Paradieses und handelnder Träger der paradiesischen Idee in einem«.)

Wie ist dieser offenbare Widerspruch zu lösen? Schiller hat in der *Jungfrau von Orleans* seinen Darstellungen von Herrschaftsformen und Herrschertypen in seinen Dramen eine weitere Variante der *charismatischen* Gestalt hinzugefügt und in diesem Stück eine zentrale historisch-politische Problematik auf die Bühne gebracht, die wie wenig anderes der Reflexion bedurfte: Was geschieht, wenn in dieser säkularisierten Moderne jemand daherkommt und behauptet, in göttlichem Auftrag zu handeln?

> Doch weggerissen von der heimatlichen Flur,
> Vom Vaters Busen, von der Schwestern lieber Brust
> Muß ich *hier*, ich *muß* – mich treibt die Götterstimme, nicht
> Eignes Gelüsten, – *euch* zu bitterm Harm, *mir* nicht
> Zur Freude, ein Gespenst des Schreckens würgend gehn,
> Den Tod verbreiten und sein Opfer sein zuletzt! (V. 1658-1663)

Was geschieht, wenn (unweigerlich?) derjenige in eine ganz welt-immanente, eben menschliche Konfliktsituation gerät, die zunächst erfolgreich abgewehrt werden konnte? Was ist, wenn das Charisma verschwindet? Der Mensch ist ganz und gar zurückgeworfen auf sei-ne banale irdische Existenz, deren geglaubte oder gehoffte ›Gottge-fälligkeit‹ zu nichts wird. Genau das demonstriert Schiller, wenn ganz unvermutet dem ›geheiligten‹ unerbittlich mörderischen Trei-ben der Johanna durch die erotische Faszination, die der englische Feind Lionel auf sie ausübt, Einhalt geboten wird (vgl. zu dieser für einen heutigen Rezipienten so hellsichtigen dramaturgischen Ent-scheidung Schillers die Kritik Goethes: SA III 3, 215).

LIONEL *tritt ihr näher* Du tötest, sagt man, alle Engelländer,
    Die du im Kampf bezwingst – Warum nur mich
    Verschonen?
JOHANNA *erhebt das Schwert mit einer raschen Bewegung gegen ihn, läßt es aber, wie sie ihn ins Gesicht faßt, schnell wieder sinken*
                Heilge Jungfrau!
LIONEL.   Warum nennst du
    Die Heilge? Sie weiß *nichts* von dir, der Himmel
    Hat keinen Teil an dir.
JOHANNA *in der heftigsten Beängstigung* Was hab ich
    Getan! Gebrochen hab ich mein Gelübde!
    Sie ringt verzweifelnd die Hände
LIONEL *betrachtet sie mit Teilnahme und tritt ihr näher*
    Unglücklich Mädchen! Ich beklage dich,
    Du rührst mich […] (V. 2477-2484)

Schillers »romantische Tragödie« hat für eine Rezeption zweihundert Jahre nach ihrer Entstehung die vielleicht fremdeste Gestalt aller sei-ner dramatischen Werke (vgl. Sauder 1979, 18-22; eine geraffte Übersicht über die vielfältigen Deutungsangebote bei Guthke 1996, 115-121). Dennoch liegt in ihr eine Brisanz, die sich im zitierten Ausschnitt deutlich manifestiert. Die zweihundertjährige Geschichte der Moderne nach Entstehung des Schauspiels ist ja bedauerlicher-weise nicht gerade arm an historischen Beispielen, die vielfache menschliche Tragik durch Berufung auf ›göttliche‹ Aufträge entste-hen ließen. Leider nur brach eben jene (Menschen rettende) Welt-immanenz selten so wie bei Schillers *Jungfrau von Orleans* in ein mörderisches Geschehen ein.

Ein romantischer Dichter wie Clemens Brentano konnte die historisch manifest gewordenen Beispiele moderner Charismatiker und ihrer Destruktionspotentiale noch nicht kennen, als er etwas ungehalten nach der befremdenden Koalition von Krieg und Wunder fragte: »Warum die Wundergeschichte in das Reellste, Unwunderlichste, den Krieg, mit hineingesteckt, in dem es nicht zerrinnt und alleinsteht, weil bloße Tapferkeit dasselbe getan hätte.« (9, 446). Da wusste jedoch der Historiker Schiller als Diagnostiker einer säkularisierten Moderne und als Theoretiker moderner Herrschaftsformen allemal besser, dass ›bloße Tapferkeit‹ keinesfalls ähnlich funktioniert hätte. Denn sie allein ist nicht imstande, Charisma zu begründen. Für dessen Wirksamkeit kommt es auf ganz andere Qualitäten an, welche Johanna bis zum Einbruch jener menschlichen ›Katastrophe‹ (gr. Umkehr) sämtlich auszeichnen: »magische Fähigkeiten, Offenbarungen und Heldentum, Macht des Geistes und der Rede«, die »Gnadengaben« charismatischer Herrschaft (M. Weber 1922, 481; vgl. 482). Die Grenze zum Wunderverständnis eines ›katholischen‹ Romantikers wie Brentano ist in aller Schärfe gezogen, wenn Schiller auch das Wunder säkularisiert, indem er dessen Existenz allein im (Sozial-)Psychologischen beglaubigt. Es wird als Charisma (wie bei Johanna) nur solange anerkannt, wie es sich gegen alle Traditionen durch das Außeralltägliche der Geschehnisse erfolgreich ›bewähren‹ kann. Verliert es diese Bewährung, dann wird der Charismatiker zum Verbrecher, oder wie die Jungfrau zur »Hexe von Orleans« (V. 3108/9).

Und doch war Schiller mit diesem Sujet und seiner Charakterisierung als einer »romantischen Tragödie« wiederum Tendenzen der jungen romantischen Zeitgenossen auf der Spur. Friedrich Schlegels Definition des Romantischen bezeichnete (vor der Kenntnisnahme des Schillerschen Werks) das als »romantisch, was uns einen sentimentalen Stoff in einer phantastischen Form darstellt« (SA 2, 333). Eine zutreffendere Charakterisierung der *Jungfrau von Orleans* scheint kaum denkbar: ›naive‹ Motive verbergen einen modernen ›sentimentalischen‹ Stoff in märchenhafter historisch-religiöser Kulisse.

In derartigen Kongruenzen mag sich einmal mehr Schillers hochgradig sensibles Gespür für Zeitströmungen zeigen. Zwar hat er die *Jungfrau von Orleans* durchaus nicht willentlich in Hinsicht auf einen Publikumserfolg berechnet, auch nicht mehr – wie früher noch – berechnen müssen; im eigenen Bewusstsein war sein Werk sogar »der Ohnmacht, der Schlaffheit, der Charakterlosigkeit des Zeitgeistes« (30, 177) entgegengeschrieben worden. Aber sein Theaterinstinkt hatte sich dennoch nicht getäuscht. Die Zeitgenossen, oder um mit Schiller zu sprechen: der Zeitgeist, interessierte(n) sich mehr und mehr für das, was nicht nur Friedrich Schlegel das »Phantastische« nannte. Beide Aspekte hat Caroline de La Motte-Fouqué 1830 dokumentiert:

> »Unbeschreiblich, und mit nichts Anderm in der Folge zu vergleichen, war der Eindruck des phantastisch-romantischen Trauerspiels bei dessen erstem Erscheinen. Wohl kann man sagen, der Vorhang einer neuen Welt ward aufgezogen. Wenn der spätern romantischen Schule ohnstreitig das Verdienst zugeschrieben werden muß, die Richtung nach dem Idealen ausgebildet zu haben, so darf es nicht vergessen werden, daß die Jungfrau von Orleans das erste vollständige Kunstwerk war, das diese Richtung allgemein gab: *allgemein*, insofern das lebendigste Interesse augenblicklich für ein Uebersinnliches aufflammte, das der bisherigen Gesinnung, den politischen und philosophischen Ansichten, der poetischen Stimmung, wie sich diese in der Mehrzahl kund gab, völlig entgegen war.« (zit. n. JJPG, 43)

Schiller vermochte es jedoch, dieser weltflüchtigen Zeitströmung ihre beunruhigende moderne Signatur einzuschreiben. Diese aber – das zeigen alle wesentlichen Momente des Berichts der Zeitzeugin – ist unbemerkt geblieben.

Die *Jungfrau von Orleans* war zwar schon bei den ersten Aufführungen im Herbst 1800 ein großer Publikumserfolg; Kritik wurde jedoch vor allem an Pomp und Pathos der Aufführungspraxis laut. Ludwig Tieck erinnerten die großen Monologe an »Musik- und Konzertstücke« (9, 447), August Wilhelm Schlegel zweifelte, ob der aufwendige »Farbenzauber« dem Stück nicht zum Nachteil gereichen müsste, da er doch auf Kosten der klassischen Ausgewogenheit ginge, wie er sie an *Maria Stuart* zu bewundern empfahl (Vorl. 282). Andere Kritiker des 19. Jahrhunderts kritisierten das *Opernhafte*, einer bezeichnete gar den Monolog der Johanna zu Beginn des vierten Akts als eine »wundervolle Opernarie« (9, 448f.). Das alles war durchaus nicht zustimmend gemeint. Jedoch weisen alle diese Äußerungen in eine Richtung, die dann zu einer bestimmenden des 19. und anbrechenden 20. Jahrhunderts werden sollte und sich insbesondere in Richard Wagners künstlerischem Wollen manifestiert hat: das *Gesamtkunstwerk*. Wenig erstaunlich also, dass auch Wagner dies Werk Schillers bewunderte als eines, in dem alles zur Musik dränge (C. Wagner 1967, 236). In der *Jungfrau von Orleans* demonstriert Schiller unübersehbar derartige Tendenzen, die mit der Einführung des Chores in der *Braut von Messina* fortgeführt werden und schließlich im *Wilhelm Tell* kulminieren.

3.   *Die Braut von Messina*:
       Schiller und seine Antike-Rezeption II

Schillers nächstes Bühnenwerk *Die Braut von Messina* war schon
1799 unter dem Titel »Die feindlichen Brüder« projektiert worden.
Im Mai 1801 tauchte der Plan erneut auf. Aber offenbar begann
Schiller erst im Sommer 1802 mit der Niederschrift. Zu dieser Zeit
war seine Arbeitsfähigkeit noch stärker als sonst durch »unstäte Gesundheit und Schlaflosigkeit« (32, 1) eingeschränkt. Dennoch waren
bis Mitte November 1802 die Hälfte der knapp dreitausend Verse
fertig und schon Anfang Februar 1803 war *Die Braut von Messina*
vollendet. Vom Entschluss zur Ausführung seiner dramatischen Arbeit bis zu deren Fertigstellung brauchte er also nicht viel mehr als
ein halbes Jahr, für *Die Jungfrau von Orleans* waren noch knapp
zehn Monate notwendig gewesen, *Maria Stuart* hatte sogar fast vierzehn Monate in Anspruch genommen.
      Als Schiller im Frühjahr 1799 nach dem Abschluss der *Wallen-
stein*-Trilogie intensiv nach einem passenden Sujet für eine neue Arbeit fahndete, sichtete er gemeinsam mit Goethe Stücke, die brauchbar für das Weimarer Theater hätten sein können. Dabei fiel ihnen
ein Stück des englischen Zeitgenossen Horace Walpole mit dem Titel *The Mysterious Mother* auf, das in der Presse vielfach gelobt worden war (vgl. Thiergard 1959, 108). Ein Kritiker verglich es gar mit
dem *Ödipus Rex* von Sophokles und lobte zugleich die Individualität
der Charaktere und die kunstvolle Komplexität der Intrige als Erfor-
dernisse für die moderne Bühne. Das dem antiken wie dem modernen Werk gemeinsame Inzest-Motiv inspirierte Schiller offensichtlich zur Konstruktion der Fabel von der *Braut von Messina*. Es wird
dem des Brudermörders amalgamiert, das der Dramatiker schon
mehrfach ›durchgespielt‹ hatte. Die Auseinandersetzung mit der
griechischen Tragödie wurde im Formalen durch die Einführung der
antiken Institution des Chores noch ein Stück weiter als in *Maria
Stuart* getrieben. All dies ist im Titel versammelt, den Schiller der
Druckausgabe des Stücks voranstellte: *Die Braut von Messina oder
die feindlichen Brüder. Ein Trauerspiel mit Chören* (vgl. die Übersicht
zur Forschungsliteratur bei Homann 1977, 104ff.).
      Es gibt nicht wenige Hinweise, dass es dem Autor vorwiegend
darum gegangen ist, ein formales wie thematisches Pendant zur antiken Tragödie (vgl. Guthke 1994, 260) und insbesondere zum *Ödipus Rex* des Sophokles zu schaffen (vgl. 31, 36). Dafür sprechen
nicht nur die Einführung des Chors, sondern auch die Einhaltung
von formalen Merkmalen, die aus der antiken Tragödientheorie und
-praxis extrahiert sind, wie eine einfache Handlung mit wenigen

Personen und die Einheit von Zeit und Ort. Zwar gibt es unübersehbare Parallelen zum Ödipus-Stoff, aber auch zu prominenten *Sturm und Drang*-Dramen (vgl. A. W. Schlegel Vorl. 283), so dass also eher von einer Verschmelzung antiker und moderner Motive gesprochen werden müsste.

Dem Fürsten von Messina, Vater der Titelfigur und ihrer feindlichen Brüder, kündigt ein Traum die Vernichtung der Familie, ja seines ganzen Geschlechts, durch die Geburt einer Tochter an. Damit ginge der Fluch seines eigenen Vaters in Erfüllung, dem er dessen Frau (Isabella) wegnahm, um sie selber zu heiraten. Als Isabella ihm tatsächlich eine Tochter geboren hatte, gab er den Befehl, das Kind zu töten. Aus dieser Konstellation entwickelt Schiller ein Motiv, das aus der Geschichte von *Ödipus* bekannt ist: die heimliche Rettung dieses Kindes (Beatrice, die ›Braut von Messina‹) durch einen treuen Diener (Diego). Diese Rettung motiviert sich wiederum durch einen Traum der Mutter Isabella, aus dem sie sich die Beendigung der Feindschaft ihrer Söhne (Don Manuel und Don Cesar) durch die Tochter deuten lässt (V. 1300ff.). Doch das Schicksal, das der Tragödienautor über seine Figuren verhängt hat, erfüllt sich: Die feindlichen Brüder Don Manuel und Don Cesar verlieben sich beide in die unbekannte Schöne, die unbemerkt von der Welt hinter Klostermauern aufgezogen wurde. Beide wissen nichts von der Leidenschaft des andern. Als Liebende versöhnen sie sich und kündigen der Mutter ihre bevorstehende Eheschließung an, die ihnen nun auch die Wahrheit über die tot geglaubte Schwester enthüllt. Als deren Raub gemeldet wird, brechen beide zu ihrer Rettung auf. Der jüngere Bruder Don Cesar tötet den älteren Don Manuel, als er seine Geliebte in dessen Armen findet und an heuchlerischen Verrat glaubt. Am Ende ersticht er sich selbst, nachdem er seinen ungerechten Brudermord und in der Geliebten die eigene Schwester erkennen muss.

Aus der anscheinend frei erfundenen ›Story‹ mit ihrem mittelalterlichen Ambiente ist eine »offenbar abstruse Handlung« geworden, so dass man vermutet hat, der Autor habe die Konzentration des Rezipienten ganz auf die Form und die dramatische ›Methode‹ lenken wollen (Oellers 1996, 228; zu den Fragwürdigkeiten und Widersprüchen der Handlung vgl. Guthke 1994, 261ff.). Der Mangel an dramatischer Motivation entspricht einem Handlungsablauf »wie in der Retorte« (v. Wiese; vgl. Koopmann 1966 II, 76). Denn Schiller ging es offensichtlich um die Konstruktion einer Konstellation, die eine ›analytische Methode‹ zur Darstellung der Bühnenhandlung zulassen würde (vgl. v. Wiese 1959, 747), wie er sie am *Ödipus* des Sophokles bewunderte: ein von den Protagonisten nicht erkanntes

Schicksal, das sie unerkannt beherrscht und dem sie notwendig unterliegen müssen.

Dazu hätte aber das Inzest-Motiv ausgereicht. Schiller hat aber sein immer wieder bearbeitetes Thema von den verfeindeten Brüdern »mit dem Motiv der erotischen Rivalität« (Guthke) hinzugefügt, das erst die Diskussion über die Gründe von Krieg und Frieden im Volk von Messina auslöst. Hier scheint das Erbe des philosophischen Arztes erneut manifest zu werden, der seine Gestalten in künstlichen und kunstvollen Ordnungen und Zuordnungen konstelliert, um an ihnen psychische und soziale Befunde und deren Anamnese zu diagnostizieren. Erst die Schaffung dieser Strukturen erlaubt es dem Autor, die Verhaltensmechanismen seiner Protagonisten und ihre analytisch nach und nach hervortretenden Gründe wie in einem individual- *und* massenpsychologischen Experiment zu zeigen. Unter solchem Aspekt ist es im Fall der *Braut von Messina* angebracht, nicht nur von einem sophokleischen Erbe, sondern auch von einem freudianischen Ausblick zu sprechen. »Der Starke«, heißt es gleich anfangs, »achtet es/ Gering, die leise Quelle zu verstopfen,/ Weil er dem Strome mächtig wehren kann.« (V. 44-46). Wehe aber wenn der ›Starke‹ schwach wird (wie der König Ödipus) oder wie in der *Braut von Messina* der ›Starke‹ gar stirbt (wie der Fürst und Vater). Dann wird die verschwiegene Quelle psychischer Deformation zum alles mit sich reißenden Strom, alles vernichtenden »Schwefelstrom« (V. 399). Isabella, die Mutter, ist gleich der Iokaste beschädigt durch die patriarchalische Zumutung, ihr Kind töten zu lassen. Beatrice, als Kind verstoßen gleich dem Ödipus, sucht unbewusst wie er, die Wunde durch Inzest zu schließen. Die Gründe für den Bruderzwist bleiben im Unbewussten: »Doch *eures* Haders Ursprung«, erinnert die ratlose Mutter ihre Söhne, »steigt hinauf/ In unverständger Kindheit frühe Zeit [...]« (V. 410/11). Dieser familiäre Konflikt mit seinen psychischen Deformationen aber zeugt sich fort bis zum Bürgerkrieg.

Schiller war überhaupt nicht daran interessiert, in falsch verstandener Konkurrenz die antike Tragödie bloß nachahmend auf ein modernes Theater zu verpflanzen. Die These von der Unvergleichbarkeit antiker und moderner Dichtung blieb gültig. Seine Bewunderung der »Sophokleischen Tragödie« machte ihn nicht blind für die Tatsache, dass sie »eine Erscheinung ihrer Zeit« war, »die nicht wiederkommen kann, und das lebendige Produkt einer individuellen bestimmten Gegenwart einer ganz heterogenen Zeit zum Maaßstab und Muster aufdringen, hiesse die Kunst, die immer dynamisch und lebendig entstehen und wirken muß, eher tödten als beleben«

(30, 177). Er wusste aufgrund seiner theoretischen Erwägungen genau, dass unter ganz und gar veränderten historischen Bedingungen eine solches Bemühen von vornherein obsolet war. Daher hat es wenig Sinn, die *Braut von Messina* als einen »mehr oder weniger geglückten Versuch einer Erneuerung der griechischen Tragödie« anzusehen, wie der allgemeine Tenor der Interpreten referiert wurde (Kluge 1979, 242; vgl. Schadewaldt 1963).

Diese unüberbrückbare Kluft zwischen Antike und Moderne war jedoch keineswegs allgemeine Überzeugung seiner Zeitgenossen. Deshalb war das »Trauerspiel mit Chören« ein Wagnis, denn es forderte – anders als *Maria Stuart* – ganz offensichtlich zum Vergleich mit den großen Mustern der antiken Tragödie heraus. Der Dramatiker geriet für jeden kritischen Rezipienten in eine äußerst heikle Konkurrenz zu den griechischen Tragödiendichtern. Die Kritik August Wilhelm Schlegels an der Wiedereinführung des Chors auf der modernen Bühne (bzw. wie in diesem Fall: von Chören) macht ungewollt deutlich, worauf es Schiller ankam. Zwar wollte auch er einerseits die über alles Individuelle erhabene »ideale Person« auf die Bühne bringen, die allen Streit der Protagonisten unparteiisch betrachtet und kommentiert – wie Schlegel Sinn und Funktion der Institution des Chors in der antiken Tragödie charakterisierte (Vorl. 283). Aber zugleich sollte der Chor bei Schiller durch seine Teilung in zwei verfeindete Parteien »als blinde Menge« mithandeln (10, 15). Die Funktion des Chors in der *Braut von Messina* ist also um einen *modernen* Aspekt zu nuancieren. Er habe, so schrieb er an Körner, im Chor »einen doppelten Charakter« darstellen wollen: einerseits einen ruhigen, überlegen das Bühnengeschehen reflektierenden Kommentator, andererseits eine »selbsthandelnde Person«. In dieser Rolle wollte er »die ganze Blindheit, Beschränktheit, dumpfe Leidenschaftlichkeit der Masse darstellen« (32, 19f.). Das ist eine ungewöhnliche Neubestimmung der ehrwürdigen Bühneninstitution. Wieder – wie schon im *Wallenstein* und in der *Jungfrau von Orleans* – ziehen Schiller Massenphänomene der Moderne in den Bann.

Schiller wollte mit der Wiedereinführung des Chors in die moderne Tragödie offensichtlich den Beweis erbringen, dass es dem Modernen möglich sei, das ferngerückte antike Erbe mehr als nur in mimetischer Anverwandlung in seine Zeit zu transferieren. Ihm ging es um die lebendige Transformation historisch sehr entfernten Geistes durch die Moderne. Das bedurfte einer ausführlicheren Begründung, die Schiller in dem Aufsatz *Über den Gebrauch des Chors in der Tragödie* unternahm.

Das entscheidende Argument zur Begründung der Funktion des Chors in der modernen Tragödie findet Schiller abermals in der

Diagnose einer entzauberten Welt. An die Stelle einer lebendigen Öffentlichkeit sei der abstrakte Begriff des Staats gerückt, das lebendige Wort durch die tote Zeichenhaftigkeit der Schrift ersetzt, allgemeine Religiosität auf nur noch subjektiv verbindliche Konfession reduziert. Die Unmittelbarkeit menschlichen Erlebens, die durch die »künstliche Einrichtung« modernen Lebens verloren gegangen ist, soll durch die Poesie erneut zur Erscheinung gebracht werden. Zur sentimentalischen Dichtung der Moderne gehört jedoch unabdingbar Reflexion, die zugleich alle Poesie zu zerstören droht. Will die moderne Tragödie ihre eigene Zeit aber aussprechen, braucht sie ein reflektierendes Organ: »Der Chor *reinigt* also das tragische Gedicht, indem er die Reflexion von der Handlung absondert [...]«. Durch diese Absonderung soll es dem Dichter zugleich gelingen, die Reflexion durch poetische Kraft zu neutralisieren. Denn im Chor, »eine sinnlich mächtige Masse«, kann er Reflexion »mit der vollen Macht der Phantasie, mit einer kühnen lyrischen Freiheit« drapieren, »von der ganzen sinnlichen Kraft des Rhythmus und der Musik in Tönen und Bewegungen begleitet« (10, 13).

Schiller profiliert die eigene Position ein weiteres Mal, indem er sie nun zweifach kontrastiert: und zwar einerseits vor dem Hintergrund der griechischen Tragödie und zum andern gegen den Vordergrund späterer, vor allem der zeitgenössischen (romantischen) Dichtung. Seine Kampfansage gilt weiterhin einer unreflektierten Mimesis in der Moderne, die an einem »gemeinen Begriff des *Natürlichen*« festhält, »welcher alle Poesie und Kunst geradezu aufhebt und vernichtet«. Dessen Forderung nach ungebrochener »*Illusion*« von Wirklichkeit auf dem Theater macht Schiller als »armseligen Gauklerbetrug« verächtlich, weil doch das Dramatische vielmehr als »Symbol des Wirklichen« aufzufassen wäre (10, 10). In der Auseinandersetzung mit seiner weltflüchtigen romantischen Zeitgenossenschaft erteilt er in seiner Abhandlung allen ›charakterlosen Phantasien‹ eine Absage, die »durch phantastische und bizarre Kombinationen zu überraschen suchen«. Denn in Wahrheit seien sie zwar unterhaltsam, aber unpoetisch, weil sie »nur spielen«. Gerade dadurch aber verfehlen sie jene Begriffe des Spiels und des Scheins der *Briefe über die ästhetische Erziehung des Menschen*, denen es um die Schätzung des ›ganzen‹ Menschen zutun war: »Wie aber nun die Kunst zugleich ganz ideell und doch im tiefsten Sinne reell seyn – wie sie das Wirkliche ganz verlassen und doch aufs genaueste mit der Natur übereinstimmen soll und kann, das ists, was wenige fassen, [...] weil beide Foderungen einander im gemeinen Urtheil geradezu aufzuheben scheinen.« (10, 9).

4. *Wilhelm Tell*

Die Anregung zur Bearbeitung des *Tell*-Stoffs bekam Schiller durch
Goethe, wenngleich die Geschichte des Freiheitskampfes der
Schweizer bei den Zeitgenossen der Französischen Revolution äußerst populär war (vgl. Ueding 1979, 271; Guthke 1994, 280; diffe-
renzierend im Hinblick auf die breite Rezeption der Tell-Sage im
18. Jahrhundert Utz 1984, 27ff.). Goethe war im Oktober 1797
von seiner dritten Schweizer Reise zurückgekommen mit dem Vorsatz, den *Tell*-Stoff selbst dramatisch zu bearbeiten. Noch Ende des
Monats hatte Schiller zur Ausführung des Projekts geraten, weil eine
derartige Arbeit nach dem Roman *Wilhelm Meisters Lehrjahre* und
dem Epos *Hermann und Dorothea* eine ›Leerstelle‹ in Goethes Schaffen ausfüllen könne. Die Stoffe der genannten Werke nämlich charakterisiert er als »aesthetisch frey«: Für ihn sind sie aufgrund ihrer
Voraussetzungslosigkeit hinsichtlich historischer Dokumente ganz
freie dichterische Erfindungen; sie könnten deshalb für Repräsenta-
tionen einer ganzen Welt gelten. Dagegen sei die lokale und historische »Gebundenheit« der Geschichte Wilhelm Tells für den Dichter
beschränkend. Deshalb müssten bei einer Bearbeitung Perspektiven
gewonnen werden, die über jene Einschränkungen hinaus auf allgemeine Aspekte des Menschen weisen könnten. Also sprach der erfahrene Dramatiker historischer Sujets. Schiller schlägt auch hier sogleich (gattungs-)theoretische Pflöcke ein, die vielleicht mit dazu
beigetragen haben, dass Goethe, der solcherart Festlegungen im vorhinein verabscheute, die Ausarbeitung des *Tell*-Stoffs nicht weiter
verfolgen mochte (vgl. SA I 35, 185).

Aber Schiller wird diese Bestimmungen auch bei der eigenen Arbeit im Auge behalten. Gerüchte über seine Dramatisierung des *Tell*-
Stoffs hatte es schon lange vorher gegeben, bevor er Anfang 1802
mit der konkreten Arbeit für sein letztes vollendetes Bühnenwerk
begann, das am Ende einfach als »Schauspiel« bezeichnet ist. Es
bringt die Geschichte des Volksaufstands von 1291 in den drei
Schweizer Urkantonen gegen die Habsburger Machthaber auf die
Bühne; die Tell-Handlung hat Schiller entgegen den Quellen davon
weitgehend unabhängig durchgeführt. Beide Haupthandlungen sind
verbunden durch Tells Mord am habsburgischen Landvogt Geßler.
Sie ist nicht die Tat eines Aufständischen gegen politische Unterdrückung, sondern Folge jenes berühmten Apfelschusses: Der grausame Landvogt zwingt Wilhelm Tell, einen Apfel vom Kopf seines
Kindes zu schießen.

Schiller hat wohl nicht gewusst, dass die tradierte Historizität der
Tell-Geschichte Fiktion war: ein Mythos, der seinen Ursprung ver-

mutlich in einer skandinavischen Sage hat (vgl. v. Salis 1973). Offenbar war jedoch das Sensorium des Historikers hervorragend ausgebildet, denn erstaunlich genug ist, dass Schiller hellsichtig oder vorsichtig nur von ›historischen Elementen‹ sprach. Diese überhaupt in eine wirkungsvolle dramatische Handlung zu fügen, erwies sich zunächst als äußerst schwierig (vgl. 32, 57f.). Das Szenario des Stücks mit häufiger Verwandlung des Bühnenbildes und einer Unmenge von Gestalten ging wie meistens bei Schiller der eigentlichen Ausführung voraus, die ihm als die weniger komplizierte Aufgabe erschien. Zunächst war die fast unüberschaubare Anzahl von bald 50 Figuren zu komponieren und eine Platzierung ähnlich zahlreicher Motive zu konstruieren (vgl. Oellers 1996, 230). Die Kunstfertigkeit, mit der diese Aufgabe gelöst wurde, bleibt faszinierend (zur Arbeitsweise vgl. 32, 89).

Jedoch war und ist diese Fülle von Personen und Szenarien für eine theaterpraktische Umsetzung mit beträchtlichen Schwierigkeiten verbunden. Schon August Wilhelm Iffland, der ›erste‹ Franz Moor und inzwischen zum Berliner Intendanten avancierte Theatermann (beider Kontakt hatte seit der Mannheimer Zeit eigentlich nie ganz aufgehört), bemühte sich für seine Inszenierung um eine reduzierte Anzahl von Rollen. Und in der Tat war etwas, das für das Ensemble in Berlin nicht umzusetzen war, an jeder anderen deutschen Bühne fast undenkbar (vgl. 10, 453). Als *Wilhelm Tell* (mit Iffland in der Titelrolle) am 4. Juli 1804 am Königlichen Nationaltheater aufgeführt wurde, standen 31 Rollen und deren Schauspieler auf dem Theaterzettel. Von der Uraufführung, die am 17. März 1804 auf dem Weimarer Hoftheater über die Bühne ging, berichtete Schiller, dass siebzehn männliche Schauspieler 30 Einzelrollen übernommen hätten, wobei die Hauptrollen jeweils von nur einem Schauspieler gegeben worden seien. Für die Frauenrollen (und die der Kinder!) standen offenbar genügend Schauspielerinnen zur Verfügung. Letztlich aber, so meinte Schiller, dem derartige Besetzungsschwierigkeiten ganz und gar bewusst waren, müsse sich jedes Theater bei der Besetzung ganz pragmatisch nach dem ihm jeweils zur Verfügung stehenden Personal richten.

Der Freiheitskampf der Schweizer gegen ausländische Unterdrücker barg im Zeitalter napoleonischer Vorherrschaft in Europa und der sich in ihrem Gefolge herausbildenden Nationalstaaten eine eigentümliche Aktualität in sich, für die Schiller zweifellos Gespür hatte. Er wusste genau um das Verlangen des Publikums »auf solche Volksgegenstände« (32, 81). Deswegen galt es, alles zu vermeiden, das den (politischen) Erwartungen des zeitgenössischen Publikums gerade bei einem derartigen Sujet allzu geradlinig hätte entsprechen können.

Andererseits wollte Schiller durchaus den publikumswirksamen Wünschen Ifflands entgegenkommen. Der Berliner Intendant hatte vor allem mit seiner pompösen Inszenierung der *Jungfrau von Orleans* großen Erfolg gehabt. Er ermunterte den Dichter nun, deren populäre Züge bei einer neuen Arbeit zu berücksichtigen, um durch einen Publikumserfolg auch das Autorenhonorar in die Höhe zu treiben (vgl. 40 I, 55). Der Intendant reagierte damit geschickt auf Vorstellungen, die Schiller auch in finanzieller Hinsicht für mögliche Arbeiten für das Königliche National-Theater entwickelt hatte (vgl. 10, 453). Im Juli 1803 versicherte er Iffland, dass *Wilhelm Tell* dessen Wünschen gemäß ausgeführt werde. Der wiederum gab die Parole aus: »Tell für *Alle*« (40 I, 98). Schiller bekräftigte im August seine Versicherung, dass es ein »Volksstück« werde; im November versprach er erneut ein Stück »für das *ganze Publikum*« (32, 84).

Zwar kann die szenische und personelle Aufblähung im Verbund mit viel affektgeladener (bühnen-)musikalischer und (bühnen-)bildnerischer Pracht den *Wilhelm Tell* leicht zu einem veritablen *Festspiel* werden lassen, das die vertrackten politischen Dimensionen des Stücks vergessen macht. Aber das war nicht immer so. Sie müssen vor allem den Berliner Intendanten einigermaßen überrascht haben, der es deshalb für nötig hielt, unter fast konspirativen Umständen einen Emissär zu Schiller nach Weimar zu schicken, um über jene Stellen des Schauspiels verhandeln zu lassen, die ihm als politisch verfänglich erscheinen wollten. Dafür hatte er eine Art Fragebogen erstellt, der nicht nur solche Stellen verzeichnete, bei denen er Kundgebungen des Publikums befürchtete, die den Herrschenden nicht genehm sein könnten; sondern er hatte auch Probleme der szenischen Realisierung aufgelistet. Diese beantwortete Schiller schriftlich, jene hat er offensichtlich mit dem Vertrauten Ifflands mündlich abgehandelt – wahrscheinlich um die Zensur zu umgehen.

Iffland traute dem Berliner Publikum einiges zu; oder zutreffender könnte man sagen, dass er ihm zutiefst misstraute. Denn er befürchtete, Schillers Schauspiel könnte zum Stichwortgeber für politische Demonstrationen gegen die preußische Monarchie und ihre Repräsentanten werden. Einem derartigen Eklat wollte der Intendant schon im vorhinein jeglichen Boden entziehen. Deshalb ersuchte er den Autor, besonders jene politisch brisanten Stellen, die gegen feudale Unterdrückung zielten und lautstark Freiheit forderten, entweder zu streichen und oder wenigstens in ihren Formulierungen abzuschwächen. Der Pöbel sollte keinesfalls »zu einem tumultarischen Aufjauchzen« provoziert werden, ja Iffland fürchtete nichts mehr als »ein Wiehern der ausschweifenden Parthei« (10, 454 u. 456).

Bemerkenswert ist Schillers Reaktion. Zwar ist er zu Änderungen bereit, in der Sache lässt er sich aber kaum etwas abhandeln. Lapidar kann er dem Theaterdirektor nun antworten: »Können die Stellen, wie sie jezt lauten, auf einem Theater nicht gesprochen werden, so kann auf diesem Theater der Tell überhaupt nicht gespielt werden, denn seine ganze Tendenz so unschuldig und rechtlich sie ist, müßte Anstoß erregen.« (32, 123f.). In solch komfortabler Situation war nun der berühmte Autor gefeierter Theaterstücke. Weder musste er sich Eingriffe selbstherrlicher Intendanten in seine Stücke gefallen lassen, noch brauchte er sich deren vorauseilendem Gehorsam gegenüber den politisch Mächtigen zu beugen. Wie anders war es da bei seinen frühen Dramen gewesen!

Die dramaturgischen Kritikpunkte Ifflands setzen u.a. gerade da an, wo Schiller offensichtlich die zentralen Punkte nicht nur des Stücks selbst, sondern seines Begriffs des Tragischen verortete. Zum einen betreffen sie den berühmten Monolog der Titelfigur in der ›hohlen Gasse‹ vor dem Mord an dem tyrannischen Landvogt Gessler: Iffland bemängelte die Länge, die einen auf spannende Handlungsmomente fixierten Bühnenpragmatiker tatsächlich besorgen musste. Schiller jedoch verteidigte sein Verfahren vehement: »Gerade in dieser Situation, welche der Monolog ausspricht, liegt das Rührende des Stücks, und es wäre gar nicht gemacht worden, wenn nicht diese Situation und dieser Empfindungszustand, worinn Tell sich in diesem Monolog befindet, dazu bewogen hätten.« (10, 457f.). Wieder fokussiert der Autor die Darstellung eines ›Empfindungszustands‹ zum zentralen Movens seiner Arbeit. Zwar mag auf den ersten Blick die Rede vom ›Rührenden‹ befremdlich sein, das angesichts einer Mordtat allzu harmlos erscheinen wollte, wenn Schiller es nicht selbst in seinem Aufsatz *Ueber die tragische Kunst* als zentrale wirkungsästhetische Kategorie des Tragischen bestimmt hätte; und gar das Rührende *dieses* Stücks als Darstellung des (beinahe) höchsten tragischen Moment des Menschen. Denn die Tragik Wilhelm Tells ist, daß er zum Mörder wird. Genauer betrachtet beruht sie gerade darin, dass »die Ursache des Unglücks [d.i. der Mord] nicht allein nicht der Moralität widersprechend, sondern sogar durch Moralität allein möglich ist [...]« (20, 156). In seinem letzten vollendeten Bühnenwerk legt Schiller noch einmal die aporetische Dialektik von Mittel und Zweck bloß. Dieser – Befreiung von Tyrannei – mag moralisch so unanfechtbar sein wie nur immer möglich; das Mittel – Mord – zeitigt allemal diesem zuwiderlaufende

Konsequenzen. Genau hier liegt der Kern des Dramas, der den Rezipienten (auf-)rühren soll und um dessentwillen der *Wilhelm Tell* überhaupt geschrieben wurde. Und um diese quälend disparaten Empfindungen im Zuschauer aufzuwühlen, bedarf es jenes quälend langen Monologs.

Dieser Fokus wird auch von der vorletzten Szene des Schauspiels beleuchtet, die Iffland ebenso befremdete (vgl. 32, 124). Sie kann den Monolog erhellen und *vice versa*. Fast am Ende des Schauspiels kommt mit Johannes Parricida eine Figur auf die Bühne, die überhaupt noch nicht, auch nicht mittelbar, in Erscheinung getreten war. Parricida, dessen Name die latinisierte Form von Vatermörder ist, war Herzog von Schwaben. Er hatte seinen Onkel, den König Albrecht I. von Österreich, im Jahre 1308 aus ganz eigensüchtigen Motiven ermordet. »Von dem Blute triefend/ Des Vatermordes und des Kaisermords« (V. 3169/70), wie Wilhelm Tell den bei ihm Zuflucht Suchenden brandmarkt. Der Ermordete ist jener König, der den unterdrückten Schweizern nie »Gutes that« (V. 3071), ja der die brutale Herrschaft des von Tell ermordeten Landvogts Gessler zu verantworten hatte. Diese Begegnung erlaubt Wilhelm Tell anscheinend, sich mit naturrechtlicher Begründung von seiner Tat reinzuwaschen:

> TELL.   Unglücklicher!
> Darfst du der Ehrsucht blutge Schuld vermengen
> Mit der gerechten Nothwehr eines Vaters?
> Hast du der Kinder liebes Haupt vertheidigt?
> Des Heerdes Heiligthum beschützt? das Schrecklichste,
> Das Lezte von den Deinen abgewehrt?
> – Zum Himmel heb' ich meine reinen Hände,
> Verfluche dich und deine That – Gerächt
> Hab ich die heilige Natur, die *du*
> Geschändet – Nichts theil' ich mit dir – Gemordet
> Hast *du*, *ich* hab mein theuerstes vertheidigt. (V. 3174-3184)

Aber entschuldigt, ja rechtfertigt auch der Autor den Mord Wilhelm Tells durch das Auftreten eines Mörders aus Habgier, dem die hilflose Titelfigur ihre ›reinen‹ Hände entgegenhält? Galt dieser viel kritisierte Kunstgriff Schillers, eine keineswegs marginale Gestalt erst im letzten Akt des Stücks auftreten zu lassen, wirklich nur der Rechtfertigung der mörderischen Tat der Titelfigur? So dekretierte ein zeitgenössischer Rezensent ohne viel Federlesens und schloss messerscharf, dass all das überflüssig sei, weil Tells Tyrannenmord schon aus sich selbst gerechtfertigt sei (vgl. Kraft 1967, 226). Schiller aber demontiert solch kurzschlüssig ungebrochene Deutung, die in der Interpretationsgeschichte dann zur weitverbreiteten Charakterisierung des

Schauspiels als erfüllte Utopie, Idylle und dgl. mehr geführt hat
(vgl. v. Wiese 1959, Martini 1961, Kaiser 1974, Ueding 1979, Karthaus 1989; anders Guthke 1994, 291). Er demontiert sie nicht nur
durch sein ungewohntes dramaturgisches Verfahren des späten Auf-
tritts einer Figur, die am Nerv des Stücks so zentral beteiligt ist und
ihn gleichsam verdoppelt, sondern insbesondere durch die zwiespäl-
tige Gebrochenheit Tells im weiteren Verlauf des Gesprächs mit dem
reuigen Johann von Schwaben. Schiller fokussiert – in Korrespondenz mit Tells Monolog im vierten Akt – die tragische Dimension des
gefeierten Tyrannenmörders: das *factum brutum* Mord, und sei er als
Notwehr noch so gerechtfertigt, lässt sich nicht aus der Welt reden.

Die Engführung beider Szenen profiliert Schillers Begriff des
Tragischen. Schon in der mehr als zehn Jahre früher entstandenen
Schrift *Ueber die tragische Kunst* hatte er ihn mit jenem der Idylle
(nicht dem Begriff, aber der Sache nach) in ganz eigenartiger Weise
zusammengeschlossen. Dort avisiert er für die Moderne »eine rührende Kunst«, d.h. tragische Kunst, welche über alles Leiden erhaben sei, weil sie es kraft *vernünftiger* teleologischer Einsicht aus der
Welt schaffen kann: Tell versucht es in der Parricida-Szene, aber es
will ihm nicht gelingen.

Wilhelm Tell könnte wohl *prima facie* als Annäherung an jene
Konzeption gelesen werden, mit der Schiller die moderne über die
griechische Tragödie erheben wollte – zumal die Motive des Naiven
und des Idyllischen dem Stück eingeschrieben sind, um das Tragische *scheinbar* »in der großen Harmonie aufzulösen« (20, 157). Aber
sie werden letztendlich, in der Parricida-Szene, alle zerbrochen. Die
›idyllischen‹ Gestalten Tell und sein Landsmann Konrad Baumgarten (vgl. V. 90-97) bleiben Mörder. Es ist, als würde Schiller selbst
am Ende davor zurückschrecken, Ausprägungen der *subjektiven* Tragik in der Moderne zugunsten allzu idealisierender Harmonisierung
ideologisch überblenden zu wollen.

Nur von einer vordergründigen Exkulpierung des *Mörders* Tell
her wird auch verständlich, warum so viele Interpreten Schillers
›Volksstück‹ als Manifestation seiner Idyllenprogrammatik verstehen
wollten und dabei dessen tragische Dimension ignorieren mussten.
Vielleicht ist gerade *Wilhelm Tell* ein Widerruf seiner früher formulierten Idyllenkonzeption, die ihn unter Zuhilfenahme der modernen »geläuterten Philosophie« (ebd.) eine u-topische idealistische
Konzeption des Tragischen avisieren ließ. In Schillers letztem vollen-
detem Bühnenwerk will sie nicht länger funktionieren: keine Überwindung von Schuld, keine Läuterung, keine Apotheose.

Es ist diese Problemkonstellation: Tragik aus ethisch gebotener
Notwendigkeit (Tyrannenmord), die das subjektive tragische Mo-

ment (zum Mörder zu werden) aufgrund objektiver moralischer
Maßstäbe ignorieren könnte (Unrecht aus der Welt zu schaffen); dagegen ist aber jener subjektiven Verstrickung nicht zu entkommen,
die zu ihrer objektiven Rechtfertigung nichts als eine naturrechtliche
in Anspruch nehmen kann – subjektiv bleibt der Freispruch aus. So
bleibt auch für jene scheinbar objektiven moralischen Maßstäbe das
Subjekt unhintergehbar. Darin liegt das Tragische des Wilhelm Tell:
der katastrophale Einbruch einer gewalttätigen äußeren Realität, die
ihm in Gestalt Gesslers begegnet, in das Subjektive:

> TELL. Ich lebte still und harmlos – Das Geschoß
> War auf des Waldes Thiere nur gerichtet,
> Meine Gedanken waren rein von Mord -
> *Du* hast aus meinem Frieden mich heraus
> Geschreckt, in gährend Drachengift hast du
> Die Milch der frommen Denkart mir verwandelt,
> Zum Ungeheuren hast du mich gewöhnt -
> Wer sich des Kindes Haupt zum Ziele sezte,
> Der kann auch treffen in das Herz des Feinds. (V. 2568-2576)

Caroline von Wolzogen hat eine Äußerung Schillers überliefert, die
aus solchem Begriff des Tragischen erst verständlich wird: »Wenn es
nur mehr Stoffe, wie Johanna und Tell in der Geschichte gabe,«
wird der an geplanten Sujets doch nicht eben arme Dramatiker zitiert, »so sollte es an Tragödien nicht fehlen.« (42, 351). Warum?
Wie in Wilhelm Tell die Vergiftung durch äußere Realität mörde-
risch in sein fromm naives Inneres eindringt, so bricht Johannas
naiv-unreflektierter Aktionismus zusammen, als sie sich ihrer inneren Realität konfrontieren muss. Ist Tells Idylle durch seine Mordtat
entgegen aller Festspielszenerie unwiderruflich zerbrochen, so wird
Johannas metaphysisches Heldentum durch die Begegnung mit ihren realen erotischen Trieben zerstört.

Das ›Opernhafte‹ an *Wilhelm Tell* sah schon die zeitgenössische Kri
tik (vgl. Kraft 1967, 222). Schiller hat damit zweifellos theaterästhe-
tische Tendenzen des 19. Jahrhunderts eröffnet: als habe er hier in
seinem letzten großen Werk, das er zu Ende bringen konnte, noch
einmal einer zukunftsträchtigen Idee zum Ausdruck verholfen, die
sich dann weit über das 19. Jahrhundert hinaus als ›Gesamtkunstwerk‹ mit allen Konsequenzen entfaltet hat. Denn das ist ein
charakteristischer Zug des *Wilhelm Tell*, den das Schauspiel keineswegs nur *in nuce* vorwegnimmt. Richard Wagner, als Hauptprotago-
nist jener Idee, scheint jedoch nicht nur dem *Wilhelm Tell* sondern
auch anderen Bühnenwerken der ›späten‹ Periode nicht wenig ›abge-
schaut‹ zu haben (vgl. XI.).

Schiller hat seinem Werk musikalische Prinzipien einverleibt (nicht nur etwa in Form des Gedichtes als Lied), die mit ihren formalen Äquivalenten auch die Dramaturgie des Stücks ganz eigentümlich bestimmen. Gleich die Eingangszene beginnt mit einer ruhigen Variationenfolge (Melodie des Kuhreihens – Variation des Kuhreihens – Zweite Variation), in die die dramatische Rettung des verfolgten Konrad Baumgarten durch Tell über den vom Sturm aufgepeitschten Vierwaldstätter See mit schnellem Tempowechsel einbricht, begleitet von sich steigernden akustischen Regieanweisungen: »*es fängt an zu donnern – Brausen und Donnern – wiederholte Donnerschläge – heftige Donnerschläge, der See rauscht auf*« (10, 136ff.). Schließlich werden die sich überstürzenden Ereignisse durch das Eintreffen eines Reitertrupps der kaiserlichen Besatzungsmacht kontrapunktiert und ›stillgestellt‹. Das alles ist nah an Operndramaturgie. Jedenfalls hat eine Szenenfolge des fast gleichzeitig entstandenen *Fidelio* Ludwig van Beethovens eine ganz ähnliche Struktur: nach dem eher ruhigen, dennoch von erregter Spannung durchzittertem Chor der Gefangenen ›unterhalten‹ sich der Kerkermeister Rocco und Leonore, die als Fidelio verkleidete Frau des zu Unrecht gefangen gesetzten Florestan. Sie hatte die Mitgefangenen ihres Mannes ohne Erlaubnis aus den Verliesen an die frische Luft gelassen. Da stürzt plötzlich die Tochter des Kerkermeisters in höchster Angst (wie Konrad Baumgarten) herein, um ihren Vater vor der unbändigen Wut des brutalen Gefängnisgouverneurs über die nicht genehmigte ›Gefangenenbefreiung‹ zur Flucht zu veranlassen. Zwar lässt das Auftreten des Gouverneurs Don Pizarro den aufgeregten Wortwechsel augenblicklich verstummen, kann jedoch (wie die habsburgischen Verfolger im *Tell*) keine der subversiven Handlungen ungeschehen machen. Solche Koinzidenz ist kaum zufällig. Hatte Schiller sich doch an Plänen interessiert gezeigt, die der Abgesandte Ifflands an ihn herantrug: er sollte ein Libretto für eine Oper verfassen. Allerdings kamen ihm Bedenken, weil er wohl nicht zu Unrecht fürchtete, in Berlin kaum einen Komponisten finden zu können, der seinen Vorstellungen hätte entsprechen können (vgl. 32, 124; Brusniak 1998, 182).

Im *Wilhelm Tell* jedoch hat Schiller die musikalische Dramaturgie an mehreren prominenten Stellen immer wieder verstärkt. Nachdem die ganze Arbeit abschnittsweise bis Februar 1804 zu Iffland nach Berlin geschickt worden war, sandte er im März noch das den dritten Akt einleitende Lied und eine »GesangsStrophe« hinterher, die als Mönchschor dem vierten Akt einen »feyerlichen Schluß« geben sollte (32, 114f.).

Zeitgemäßes und Unzeitgemäßes verschlingen sich in historisch-politischer Perspektive im *Wilhelm Tell* mehr als in den andern dramatischen Werken seit dem *Wallenstein*: zeitgemäß in der möglichen Wirkung auf einen Teil des Publikums – wie die Bedenklichkeiten des Intendanten in der preußischen Metropole zeigen – und zugleich unzeitgemäß hinsichtlich der tatsächlichen politischen Tendenzen einer heraufziehenden Restauration. Nur kurze Zeit später gegen die französischen Besatzer des deutschen Reichs und damit entgegen den Intentionen des Verfassers in einem nationalistischen Sinn instrumentalisierbar bleibt es doch ein Stück, das Ideale der aufklärerischen Epoche des 18. Jahrhunderts und der Französischen Revolution reformulierte.

Diese ganz unterschiedlichen Tendenzen (und Sentenzen), die nützlich und nutzbar wären für politisch Mächtige wie für politisch Ohnmächtige, wird erneut und in merkwürdiger Weise virulent in der Rezeption des *Wilhelm Tell* durch den Nationalsozialismus. Sollte das Stück dort zunächst (wie schon bei Iffland) seine volkstümlichen, alle sozialen Differenzen unter den Teppich kehrenden Qualitäten entfalten, blieben den Machthabern schon bald jene scheinbar wohlfeilen Sprüche im Halse stecken, mit denen sich zweifelsohne *prima vista* ›völkische Propaganda‹ machen ließ. Um nicht am subversiven Charakter der Handlung zu ersticken, wurden 1941 von Hitler selbst weitere Aufführungen verboten (vgl. Ruppelt 1976; Maurer 1984; Albert 1994, 73).

Wilhelm Tell kann in diesem Sinn als Vermächtnis Schillers gelten, weil es dessen Konzept des ›ganzen‹ Menschen *und* seiner Beschädigungen in der Moderne bekräftigt. Möglicherweise hat es gerade infolge dieser Konzeption der Idee des ›Gesamtkunstwerks‹, die für eine zersplitterte Moderne so bestimmend geworden ist, den Weg bereitet. Denn der Autor manifestiert die Vereinzelung nicht allein in der Titelfigur paradigmatisch und profiliert die gesellschaftliche Aufspaltung und Parzellierung (wie in der Rudenz-Bertha-Handlung), sondern konterkariert derartige Tendenzen zugleich durch ›allumfassende‹ Regieanweisungen (wie die ›umarmende‹ vorletzte im Stück, in der jedoch die Titelfigur niemanden ›aktiv‹ umarmt; vgl. 10, 277). Deren ›Beweiskraft‹ ist jedoch durch die vorausgehende Handlung schon ramponiert.

X. Triumphaler Ausklang in intellektueller Einsamkeit

1. Triumph in Berlin und Isolation in Weimar

Der Erfolg des *Wilhelm Tell* krönte in vielfältiger Weise Schillers ganze Laufbahn als Schriftsteller. Nach der Weimarer Uraufführung reiste er zusammen mit seiner schwangeren Frau und den beiden Söhnen Karl (geb. 1793) und Ernst (geb. 1796) am 26. April 1804 nach Berlin, während die vierjährige Tochter Caroline in Weimar blieb; drei Monate später kam die zweite Tochter Emilie zur Welt. Der Aufenthalt in der preußischen Hauptstadt wurde zu einem Triumph für den beinahe Fünfundvierzigjährigen – man kann es ohne Übertreibung˙ sagen. Am 1. Mai traf die Familie ein. Schon am 4. Mai fand eine Aufführung der *Braut von Messina* im Königlichen National-Theater statt; am 6. und 12. Mai wurde *Die Jungfrau von Orleans* gegeben, schließlich ging am 14. Mai *Wallensteins Tod* über die Bühne. In späteren Zeiten hätte man das wohl ein Schiller-Festival genannt. Nach der Abreise Schillers und seiner Familie Mitte Mai war das Berliner Publikum also bestens auf die Erstaufführung des *Wilhelm Tell* am 4. Juli vorbereitet. Und so kann es auch nur wenig erstaunen, dass der von Iffland erhoffte Erfolg von dem tatsächlich eingetretenen noch übertroffen wurde.

Die intellektuelle und politische Prominenz der preußischen Metropole, an ihrer Spitze das Königspaar, suchte die Nähe des gefeierten Dichters. Diese Kontakte nutzte Schiller auch für ökonomische Verbesserungen seiner Lage. Er sondierte die Bedingungen einer Berufung nach Berlin, welche er nun – zum ersten Mal eigentlich – maßgeblich mitbestimmen konnte. Zwar, schrieb er an Körner, gefalle ihm Berlin mehr, als er erwartet habe: Freiheit und ungezwungenes bürgerliches Leben, Musik und Theater, sowie bessere Aussichten für die Zukunft seiner Kinder sprachen für die Ortsveränderung; aber andererseits fühlte er sich doch in Weimar »absolut frei«. Würde also der Herzog ein akzeptables finanzielles Angebot machen, so sollte die Entscheidung doch zugunsten der thüringischen Residenzstadt fallen (32, 133).

So geschah es. Schiller informierte nach seiner Rückkehr aus Berlin den Herzog über seine vorteilhaften Aussichten; Goethe machte er mit seinen konkreten Forderungen bekannt: statt der bis-

herigen 400 wollte er nun jährlich 1000 Reichstaler. Der Herzog er
hielt den Brief mit Schillers Gehaltsvorstellungen von seinem Geheimen Rat mit der Bemerkung »zu Huldvoller Beherzigung« – und
verdoppelte das Gehalt des Dichters, mit der Aussicht es bei nächs-
ter Gelegenheit noch einmal um die gewünschten 200 Taler aufzu-
stocken. Zudem versprach er, dass es Schiller in Zukunft gestattet
sei, einige Monate in Berlin zuzubringen.

Warum aber hatte Schiller überhaupt den Wunsch haben können, Weimar den Rücken zu kehren? Zwar war er erfolgreich wie
nie zuvor, seine Werke wurden von einem immer breiter werdenden
Publikum gelesen; viele Bühnen führten seine Dramen auf, so dass
man sogar von Popularität sprechen kann. Aber der Austausch mit
anderen Literaten, Philosophen und Wissenschaftlern, der in der
Blütezeit der Universität Jena einmal so vielfältig gewesen war, wollte nun nicht mehr gelingen. ›Geistesberührungen‹, ja ›Geistesrei-
bungen‹, die ihn in früheren Jahren »electrisierten«, wollten sich
nicht mehr einstellen (32, 12). Wilhelm von Humboldt war
mittlerweile in Rom, die Philosophen Schelling und Niethammer,
seine Landsleute, längst nicht mehr in Jena. Mehrfach hat Schiller
den Niedergang der Jenaer Universität beklagt, deren beste Professoren an andere Universitäten wechselten. Auch Christian Gottfried
Schütz und mit ihm die angesehene *Allgemeine Literaturzeitung* setzten ihre Wirksamkeit anderswo fort. Schiller, dessen schöpferisches
Leben sich ja von jeher in außerordentlichem Maße im Dialog mit
andern genährt hatte, blieb nur noch einer: Goethe.

Zwar waren die beiden Dichter durch Schillers Übersiedlung
nach Weimar Ende 1799 Nachbarn geworden. Aber im Gespräch
mit Goethe scheint Schiller die vormalige fruchtbare Intensität
abhanden gekommen zu sein. Früher, im Sommer 1799, hatte er
einmal geschrieben: »Es wird auch meiner Existenz einen ganz andern Schwung geben, wenn wir wieder beisammen sind, denn Sie
wißen mich immer nach außen und in die Breite zu treiben, wenn
ich allein bin, versinke ich in mich selbst.« (30, 74). Nun am Jahresanfang 1803, nach dem Abschluss der *Braut von Messina*, schien er
wieder in sich selbst zu versinken: Schiller fühlte sich allein. Um ungestört arbeiten zu können, hatte Goethe nicht das mindeste ver-
lauten lassen über das, womit er beschäftigt war (es war das Trauerspiel *Die natürliche Tochter*); denn ganz anders als Schiller
widerstrebte ihm, sich über eine im Prozess befindliche Arbeit aus-
zutauschen. Goethe hatte sich in »Quarantaine« (32, 6) begeben,
wie Schiller missmutig anmerkte. Der glaubte sich nun auch von
seinem langjährigen Mitstreiter verlassen, wie ein im Februar verfasster verbaler Wutausbruch nahe legt: Goethe würde jegliche

Konzentration mangeln, nicht die Spur eines konsequenten Schaffens und Handelns vermochte der unwillige Schiller mehr zu entdecken, nur einen Zustand unproduktiver Stagnation.

Allein, glaubte Schiller, nichts mehr bewirken zu können. Es will scheinen, als sei er zu dieser Zeit mehr und mehr auf sich selbst zurückgeworfen worden. Deswegen vor allem wohl erwog er ernsthaft, sich noch einmal nach einem ganz neuen Wirkungskreis umzusehen: »[...] wenn es nur irgendwo leidlich wäre, ich gienge fort.« (32, 12). Der einzige Ort aber, der Schiller zu einem Wechsel hätte veranlassen können, wäre Berlin gewesen. Vielleicht hätte er von dort aus die Rolle im literarischen Leben Deutschlands spielen können, die bisher Goethe im verschlafenen Weimar ausgeübt hatte. Aber so weit ist es bekanntlich nicht mehr gekommen.

Ebenfalls zu Beginn des Jahrs 1803 hatte er sich auch über den Zustand der Poesie bitter beklagt, der seiner Ansicht nach ganz heruntergekommen war. Bündnisse, Koalitionen, die er vormals doch mit großem diplomatischem Geschick herbeizuführen gewusst hatte, schienen ihm nun undenkbar: »[...] jeder steht für sich und muß sich seiner Haut wie im Naturzustande wehren.« (ebd.). Bei einer derartig resignativen Bewertung wird zweifellos die literaturpolitische Situation eine Rolle gespielt haben, die ja nicht unwesentlich von ihm selbst mitverursacht worden war. Die Brüder Schlegel im besonderen und die Frühromantiker überhaupt spielten ihn *gegen* Goethe aus, den sie als epochales Ereignis feierten. Umgekehrt wollte Schiller die Ursache für den Niedergang der Literatur in deren unheilvollem Einfluss sehen.

Gut einen Monat vor seinem Tod schrieb er resigniert an Humboldt: »Von unserer litterarischen Welt überhaupt kann ich Ihnen wenig berichten, denn ich lebe wenig mehr in ihr.« (32, 208). Auch auf diesem Feld war es um ihn, der doch wie wenig andere Schriftsteller lebenslang an den intellektuellen und literarischen Auseinandersetzungen leidenschaftlich teilgenommen, ja deren Debatten teilweise maßgeblich mitbestimmt hatte, am Ende einsam geworden.

2.   Der Übersetzer und Bearbeiter

Wie schon einmal im Krisenjahr 1791 gab eine Zeitung im Herbst 1804 wiederum Schillers Tod bekannt. Zum Jahresanfang 1805 meldete sich der permanent von Krankheitsanfällen Heimgesuchte mit gelassenem Sarkasmus bei Iffland: »Ich lebe auch noch, lieber

Freund, wiewol ich lange geschwiegen, und die Zeitungen mich todt gemacht haben.« (32, 182). Aber die nun völlig zerrüttete Gesundheit hatte ihn endlich doch zermürbt.

Dennoch hat Schiller in der unglaublich kurzen Zeit von kaum vier Wochen, von Mitte Dezember 1804 bis Mitte Januar 1805, die *Phèdre* von Jean Racine ins Deutsche übersetzt. Auch auf diesem Gebiet ist Schiller »mit seinen gegenüber dem Original auf gestalterischer Freiheit bestehenden Übersetzungsprinzipien in Theorie und Praxis ein Vertreter der *modernen* Auffassung« von literarischer Übersetzung (15 II, 459f., Hervorh. v. Vf.; vgl. Borchmeyer 1973, 56). Sicher kann man bei dieser Arbeit von einem Höhepunkt nicht nur im Hinblick auf seine Übersetzungen sprechen, sondern sie setzt auch Maßstäbe, was seine Verskunst betrifft (zu Details der Übersetzung vgl. Bloch 1968, 301ff.; 15 II, 477ff.) Das alexandrinische Versmaß, das nicht nur das des Originals ist, sondern der klassischen französischen Tragödie überhaupt, ersetzt Schiller durch den Blankvers, den Lessing für seinen *Nathan* gewählt und damit als repräsentatives Versmaß des klassischen deutschen Dramas durchgesetzt hatte. Diesen metrischen Wechsel machte sich der Übersetzer virtuos zunutze, indem er sprachlich eine Analogie zu dem schuf, was Goethe »die gehetzte Leidenschaft« (40 I, 273) des Stücks genannt hat. Sie hat Schiller in seiner Diktion mit unvergleichlicher Prägnanz in die deutsche Sprache übertragen:

> OENONE. *vor ihr niederfallend*
> Bei allen Thränen, die ich um dich weinte,
> Bei deinem zitternden Knie, das ich umfasse,
> Mach meinem Zweifel, meiner Angst ein Ende!
> PHÄDRA. Du willst es so, steh auf.
> OENONE. O sprich, ich höre.
> PHÄDRA. Gott. *Was* will ich ihr sagen! Und *wie* will ichs?
> OENONE. Mit deinen Zweifeln kränkst du mich, vollende!
> PHÄDRA. O schwerer Zorn der Venus! Strenge Rache!
> Zu welchem Wahnsinn triebst du meine Mutter!
> OENONE. Sprich nicht davon, ein ewiges Vergessen
> Bedecke das unselige Vergehn!
> PHÄDRA. O Ariadne, Schwester! Welch Geschick
> Hat Liebe dir am öden Strand bereitet!
> OENONE. Was ist dir? Welcher Wahnsinn treibt dich an,
> In allen Wunden deines Stamms zu wühlen?
> PHÄDRA. So will es Venus! Von den Meinen allen
> Soll ich, die lezte, soll am tiefsten fallen!
> OENONE. Du liebst?
> PHÄDRA. Der ganze Wahnsinn rast in mir. (15 II, 293ff.)

Schiller selbst war mit seiner Übersetzung zufrieden. Gleichwohl bezeichnete er sie etwas geringschätzig als »halb mechanische Arbeit« (32, 184), andererseits aber auch als »nicht so ganz leichte Arbeit« (32, 107). Goethe lobte sie nachdrücklich, der Herzog Karl August aber teilte dem Dichter seine Bewunderung mit. Von Schiller dazu aufgefordert, der alle Anregungen zur Vervollkommnung seiner Versgestalt begierig aufnahm, schickte er nach der Uraufführung am 30. Januar 1805 eine Liste mit Änderungsvorschlägen für diese letzte zu Ende gebrachte Arbeit Schillers (15 II, 681f.).

Bei Schillers Tätigkeit als Übersetzer und Bearbeiter von Theaterstücken anderer Autoren ist bemerkenswert, dass sie häufig Phasen von Abspannung nach der Vollendung eigener bedeutender Werke füllten oder in Zeiten quälender Krankheit vorgenommen wurden. Sie dienten offensichtlich als ein Remedium, das zu neuer eigener Schaffenskraft anregen sollte. Abgesehen von einer frühen *Vergil*-Übertragung scheint es immer auch darum gegangen zu sein – jedenfalls bei den umfangreicheren Projekten – für die Ausbildung einer eigenen, modernen Form des Trauerspiels zu *lernen*. Schon 1788 hatte er nach dem *Don Karlos* eine antike Tragödie, Euripides' *Iphigenie in Aulis*, und Szenen aus dessen *Phönizierinnen* (vgl. 15 I 195ff.) aus dem ihm nur wenig geläufigen Griechischen übersetzt (ebd., 211f.). 1803 übertrug er für das Weimarer Theater zwei zeitgenössische Komödien des Franzosen Louis Benoit Picard (1769-1828): *Der Parasit* und *Der Neffe als Onkel*.

Von Shakespeare hat Schiller zwei Dramen bearbeitet: im Jahr 1800 *Macbeth* und 1805 als allerletzte Arbeit den *Othello*. Als ein Beispiel des italienischen Repertoires formte er 1801 die *Turandot* von Carlo Gozzi (1720-1806) nach einer Prosaübersetzung von Friedrich August Clemens Werthes in Jamben um und dichtete einige *commedia dell'arte*-Szenen neu, die Gozzi nur skizziert hatte, weil sie der italienischen Bühnentradition gemäß aus dem Stegreif gespielt wurden (vgl. Guthke 1959). Im gleichen Jahr richtete er schließlich Lessings *Nathan der Weise* für die Weimarer Bühne ein. Von Goethes Bühnenwerken hat er 1796 dessen *Egmont* »grausam, aber konsequent« bearbeitet, wie der Autor selbst die Fassung Schillers charakterisierte, sowie 1802 *Iphigenie auf Tauris* und (vmtl.) 1803 *Stella* (vgl. Koopmann 1998e, 739).

3. Fragmentierte Apotheose: Demetrius

Die Geschichte vom falschen Zaren Demetrius war das letzte eigene Projekt des Dramatikers Schiller, zu dem er sich im März 1804 kurz vor der Uraufführung des *Wilhelm Tell* und gut ein Jahr vor seinem Tod entschlossen hatte. Die Wahl des Sujets für ein großes Historiendrama zeigt abermals ein erstaunliches Merkmal an Schillers Werk für die Bühne: Hatte er mit dem *Fiesko* und dem *Don Karlos* Stoffe aus der italienischen bzw. spanisch-niederländischen Geschichte des 16. und 17. Jahrhunderts bearbeitet, so war derjenige des *Wallenstein* der zentral- bzw. nordeuropäischen Geschichte dieser Zeit entnommen; *Maria Stuart* behandelte dann die englische, *Die Jungfrau von Orleans* schließlich die französische Geschichte. *Wilhelm Tell* fällt aus dieser Reihe nur den zeitlichen Verhältnissen nach heraus, denn der legendäre Befreiungskampf der schweizerischen Geschichte datiert schon im 13. Jahrhundert. Schiller fehlte also nur noch die osteuropäische Geschichte, um damit in seinem dramatischen Werk gleichsam den letzten weißen Fleck auf der Landkarte historisch-politischer Ereignisse der (christlichen) Alten Welt zu tilgen. Dies Werk wäre unter geographischem Aspekt beinahe enzyklopädisch zu nennen (vgl. die eindrückliche Formulierung bei Burckhardt 1955, 41: »[...] wie durch ein Tiefseebeben werden Ländermassen ans Licht gehoben [...]«; François-Poncet 1955; M. Riedel 1995, 35).

Dem Komplex unterschiedlichster Paradigmen möglicher Herrschaftsformen und -typen wird mit dem *Demetrius*-Projekt ein weiteres Exempel hinzugefügt, das weit voraus in die Moderne weist und seine Brisanz insbesondere im Licht der geschichtlichen Erfahrungen des 20. Jahrhunderts gewinnt. Es faszinierte Schiller gerade deswegen, weil es auf dem »Boden des Despotismus« (11, 110), in der fremden Welt des zaristischen Russlands, statuiert werden musste. Nicht die ›zufällige‹ Heirat einer russischen Großfürstin mit dem Erbprinzen von Weimar, die immer wieder zur Erklärung der Stoffwahl herangezogen wurde (vgl. u.a. 11, 430f.; Martini 1979, 316), sondern das Bemühen des Dramatikers, den historisch-politischen Komplex der Auflösung traditioneller Herrschaftsformen zu bearbeiten, manifestiert sich in der Wahl dieses Sujets. Schiller hat allerdings die Bühnenfassung des *Demetrius* nicht mehr zu Ende ausarbeiten können. Das ist vor allem angesichts des eindrucksvollen Plans mit dem Motiv des betrügerischen Usurpators bedauerlich, das er von Beginn an, seit Franz Moor in den *Räubern*, in immer neuen Variationen gestaltet hat.

Auf dieses Motiv war Schiller abermals nach Beendigung des *Wallenstein* in der englischen Geschichte des 15. Jahrhunderts gestoßen; und zwar in der Gestalt des Warbeck, welcher behauptete, erbberechtigter Enkel des englischen Königs Eduards III. zu sein, dessen Söhne von Richard III. ermordet worden waren. In Wirklichkeit war er ein Belgier, den die Gegner des regierenden Königs Heinrich VII. als Strohmann vorschickten, um dessen Herrschaft zu beenden. Den Stoff des Fragment gebliebenen Dramenprojekts *Warbeck* gab Schiller wohl auf, nicht aber das Motiv. Vielmehr ersetzte er ihn durch den ähnlich gelagerten Fall des *Demetrius* aus der osteuropäischen Geschichte (zur Abwägung der Vor- und Nachteile beider Stoffe vgl. 11, 179), die am Anfang des 19. Jahrhunderts noch wenig erforscht war (vgl. Szondi 1972, 137). Der wahre Zarewitsch dieses Namens war ein Sohn Iwan des Schrecklichen und seiner letzten Frau Marfa. Ihn hatte der regierende Nachfolger Iwans, Boris Godunow, ermorden lassen. Jedoch gab es bald Gerüchte, dass es sich bei dem ermordeten Kind nicht um den Zarensohn handelte. Nur wenig später erhob ein falscher Demetrius Anspruch auf den Zarenthron, der nach dem plötzlichen Tod Boris Godunows tatsächlich inthronisiert wurde.

Am Anfang des Schauspiels sollte zunächst eine »ungeheure Peripethie« (11, 129) stehen. Ein aus dem Kloster nach Polen geflohener russischer Mönch, der dort in Notwehr zum Mörder geworden ist, wird fälschlicherweise als derjenige erkannt, der als Demetrius rechtmäßiger Erbe des russischen Zarenthrons ist. Schiller hat notiert, was ihn offensichtlich individual- und massenpsychologisch an dieser Geschichte fasziniert hat: »1. Ein großes ungeheures Ziel des Strebens, der Schritt vom Nichts zum Throne und zur unumschränkten Gewalt. Er wird nicht nur unternommen sondern wirklich vollbracht durch Glück und Naturgewalt./ 2. Der Effekt des Glaubens an sich selbst und des Glaubens anderer. Demetrius hält sich für den Czar und dadurch wird ers. – Die Rußen glauben an ihn und so wird er zu dem Throne emporgetragen.« (11, 109). Diese Bestimmungen lassen wiederum Schillers Faszination für die irrationalen, d.h. (im Sinne Max Webers) nicht traditionalen Mechanismen deutlich werden, deren sich der Machterwerb vorwiegend in gesellschaftlichen Umbruchssituationen bedienen kann. Die *post festum* historisch mehrfach spiegelbare Bemerkung (Napoleon, Adolf Hitler) mag das unterstreichen: »Der Einzug des Abentheurers in Moskau.« Dass der ›Abenteurer‹, der falsche Zarensohn Demetrius, im Gegensatz zu dem vorgeschobenen Warbeck tatsächlich auf den Thron des absoluten Herrschers gelangen konnte, mag nicht wenig zur Entscheidung Schillers für den Demetrius beigetragen haben. Waren doch hier subjektiv-psychologische Dispositionen genauso wie massenpschyologische Phänomene und die sich aus beidem wechselseitig ergebenden Effekte darzustellen, die zu einem »erstaunenswürdigen Ziel« führten (ebd.).

Trotz weitgehend lähmender gesundheitlicher Verfassung scheint Schillers schöpferische Kraft bis zuletzt ungebrochen. Sie hat sich wohl auch an der Bühnenwirksamkeit des *Demetrius*-Stoffs entzünden können; denn dem Dramatiker schien er besonders günstig zu sein »wegen seiner mancherlei *sinnlichen* und zum Theil *prächtigen* Darstellungen« (ebd.). Dabei hatte er offensichtlich Szenen mit viel Bühnenpersonal vor Augen wie den triumphalen Einzug des für tot gehaltenen Zarewitsch in Moskau, oder die vermutliche Keimzelle des Projekts, seine »Bluthochzeit zu Moskau« (vgl. 12, 623), deren rauschender Tumult aus sich die Verschwörung gebiert, der der falsche Zar Demetrius zum Opfer fällt.

Eine dieser Szenen, die Schiller noch weitgehend ausgearbeitet hat, ist die des polnischen Reichstags. Dieser imposanten Staatsaktion als Eröffnung der zweiten Fassung lässt der Dramatiker (zu Beginn des geplanten zweiten Akts) eine Szenerie folgen, deren atmosphärische Besonderheit sich in einem Prosaentwurf zu höchster Beklommenheit verdichtet:

»Auf das belebte Tableau des P.*(olnischen)* Reichstags folgt unmittelbar das öde contemplative und abgezogene Klosterwesen im grellesten Contrast./ Eine kahle traurige Winterlandschaft, beschneite Gebirge, Meerufer, [traurigarmselige Hütten,] das Klostergebäude welches offen ist und durch eine Gallerie mit [...] einer Kirche communizirt. Oder ist man ganz im Freien [...] etwa unter Grabsteinen [...]| dann ist aber doch eine Ringmauer um das Kloster, hinter welcher sich die Eisberge zeigen. Oder die Scene kann in einem Klostergang seyn, der sich mit weiten Thoren nach hinten öfnet und die Landschaft zeigt. Kurz die Scene muß so beschaffen seyn daß sie 1) das Bild eines traurig einförmigen *Klosterlebens* (womöglich griechischer Kirche) und 2) eines öden kalten *Polarlandes* zugleich erweckt./ Der Schall einer Glocke eröfnet diesen Auftritt.« (11, 200f.)

Wer je Gemälde des romantischen Malers Caspar David Friedrich gesehen hat, wird nur schwer Ähnlichkeiten mit diesem erstaunlichen Szenario leugnen können, das nur solche Elemente vereinigt, die dann eine romantische Ästhetik vollends favorisiert hat. Das ahnungsvolle Schweigen solcher Bildwelten gestaltet Schiller zu einem zentralen Moment seiner dramatischen Handlung. Dessen Protagonistin ist Marfa, die ins Kloster verbannte Zarenwitwe: Ihr Schweigen lässt das Volk im Glauben, sie erkenne in Demetrius ihren Sohn; ihr Schweigen überantwortet ihn schließlich seinen Mördern (vgl. 11, 201: »Das Stillschweigen der Marfa ist selbst eine Handlung [...]«; 216 ff.; 224).

Das nachgelassene Material zum *Demetrius* lässt einen Einblick in die Verfahrensweise des Dramatikers Schiller zu, die durch die weitgehende Vernichtung der Vorarbeiten zu den vollendeten Stücken sonst nicht möglich wäre (vgl. Hahn 1959, 369; Linder 1989). Der von Goethe erwähnte ›Streit‹ Schillers mit sich und andern über das Für und Wider, ›wie es zu machen wäre‹, wird erlebbar bei der Lektüre der Gedanken und Reflexionen, der Skizzen und Pläne, bei den Szenarien und den in Versen ausgearbeiteten Dialogen, die zusammen genommen Zeugnis ablegen von seinem Bemühen, alle Facetten der wirksamsten Darstellung eines Stoffes zu erwägen und zu exekutieren. Dabei wird auch die Funktion eines berühmten, mehr aber noch berüchtigten Charakteristikums der Schillerschen Dramen deutlich: seine zu sogenannten ›geflügelten Wörtern‹ mutierten Sentenzen (zum möglichen Vorbild Euripides vgl. Schadewaldt 1992, 325). Er hat sie, jedenfalls in diesem Fall, in Gestalt von ›Sprüchwörtern‹ aus einschlägigen Sammlungen exzerpiert, um sie dann als »RedensArten« alles andere als zufällig dem Werk zu implantieren (vgl. 11, 82). Sie sollten wohl in erster Linie dazu dienen, ein jeweiliges Lokalkolorit zu unterstreichen; andererseits aber haben sie nicht wenig zu einer breiten Rezeption seiner Bühnenwerke beigetragen (vgl. Staiger 1959, 301).

Demetrius und die Jungfrau von Orleans als Vermächtnis an die Interpreten

Im *Demetrius* hat Schiller, zwei Wochen vor seinem Tod und mitten in der Arbeit, das Gegenstück zur *Jungfrau von Orleans* sehen wollen, »ob er gleich in allen Theilen davon verschieden ist« (32, 219): Noch einmal also die Figur der zwei Seiten derselben Münze, wie am Beginn schon die Brüder Franz und Karl Moor. Die Bemerkung ist nicht nur für das Verständnis der beiden ›späten‹ Bühnenwerke mehr als ein bloßer heuristischer Fingerzeig, sondern enthüllt ein Charakteristikum des ganzen Schillerschen Werks und mag insbesondere für die hier angestellten Überlegungen gar wie ein letztes Vermächtnis an den Interpreten erscheinen.

Nicht umsonst lässt Schiller in seinem »lyrischen Spiel« vom November 1804, betitelt *Die Huldigung der Künste*, die Schauspielkunst mit einer janusköpfigen Maske erscheinen. Welch Doppelgesicht enthüllen aber die *Jungfrau von Orleans* und der *Demetrius*? Der erleuchteten Jungfrau wird ihre Mission durch eine Stimme von außen aufgetragen; als ihre *innere* Stimme vernehmbar wird, zerbricht ihr Sendungsbewusstsein. Demetrius dagegen wächst alle Kraft aus seiner inneren Überzeugung zu, der Zarewitsch zu sein: »Er glaubt an sich selbst, in diesem Glauben handelt er und daraus entspringt das tragische. Gerade diese Sicherheit, womit er an sich selbst glaubt, ist das Furchtbare und, indem es ihn interessant macht, erweckt es Rührung.« (11, 205). Er ist der reine Tor, der unschuldig Naive, der – Schiller überbietet sich selbst in hymnischen Formulierungen – »ein Gott der Gnade für alle« (11, 168) und »gütig wie die Sonne« (11, 214) ist. Ihn kann nicht der Schatten eines Zweifels an der eigenen Herkunft und Bestimmung *aus sich selber* befallen – wie es der Jungfrau von Orleans widerfährt. Seine wahre Geschichte wird ihm »auf dem Gipfel des Glücks« (11, 215) *von außen* aufgedeckt: von jenem Mann, der den echten Demetrius umgebracht und den falschen geschaffen hat.

Johannas einbrechende Subjektivität macht Schluss mit ihrem mörderischen Treiben; die Zertrümmerung seiner geglaubten Identität, der Einbruch des Objektiven, macht Demetrius zum Mörder. Beider Konsequenzen sind also ganz entgegengesetzt: Johanna ist fortan bereit, sich selbst zu opfern; Demetrius wird zum misstrauischen Despoten und opfert andere. Beide aber verlieren mit der Erkenntnis ihrer wahren Identität ihr Charisma; beide auch verlieren ihren Nimbus: Johanna durch die plötzliche Erkenntnis ihres Mensch-Seins, Demetrius nach und nach durch die politischen Umstände. Aber abgesehen von den fundamentalen Unterschieden zwischen den märchenhaften Zügen der *Jungfrau von Orleans* und den mehr historischen des *Demetrius* fokussiert Schiller sein Interesse doch in beiden Stücken darauf, wie Macht- und Herrschaftsverhältnisse unter modernen, d.h. nicht-traditionalen, Bedingungen entstehen und wie sie sich legitimieren. Hier die begeisterte Ideologin, die sowohl die Mächtigen wie die Beherrschten mit ihrem Enthusiasmus für die gemeinsame Sache zu kaum glaublicher physischer und psychischer Kraft befähigt; dort der von sich selbst Enthusiasmierte, der mit dem Glauben an die eigene Sendung auch große Massen von seiner Ausnahmestellung überzeugen kann. Hat der einmal die Macht gewonnen, dann wird jeder Zweifel und jeder Zweifelnde eliminiert. Schiller dekliniert bis zuletzt in bestürzender Weitsicht Formen der Erringung und Ausübung von Herrschaft und Gewalt in einer (gerade entstehenden) Massengesellschaft durch, die ihre radikalsten Ausprägungen erst im 20. Jahrhundert erfahren sollten.

Tod

Von Anfang an hat Schiller sich mit den verschiedensten Ausprägungen von Beherrschung und Unterwerfung, Zwang und Auflehnung, Macht und Ohnmacht auseinandersetzen müssen – im Psychologischen nicht anders als im Ökonomischen, im Schöpferischen nicht weniger als im Gesellschaftlichen, insbesondere aber fast lebenslang im Physischen. Als sein Körper dann am Ende aller Beherrschung unterlag, sich schließlich endgültig auflehnte, war darin seltsamerweise doch etwas Überraschendes, Schnelles.

Über vierzehn Jahre aufs Höchste gesundheitlich gefährdet, mehrmals öffentlich für tot erklärt, hat Schiller bis Ende April 1805 am *Demetrius* weitergearbeitet. Manches spricht dafür, dass er (vielleicht auch als Arzt) am Ende um die Aussichtslosigkeit seiner gesundheitlichen Verfassung wusste (vgl. Briefe an: Goethe 22. Februar 1805, Körner 5. März 1805, seine Schwestern Christophine und Luise Ende März 1805); trotzdem – oder vielleicht gerade deshalb – äußerte er in seinem letzten Brief an den engsten Freund Körner die Hoffnung, wenigstens das fünfzigste Lebensjahr noch erreichen zu können. Der letzte erhaltene Brief ging an Goethe: Sachlich, kritisch das zu Verhandelnde erwägend, ist darin keine Rede von Krankheit und Todesahnung. Am 1. Mai noch ein Theaterbesuch, der mit einem Schüttelfrostanfall endet: die Zähne klapperten. Aber: »Er selbst schien sich auch nicht bedenklicher krank zu fühlen, als bei ähnlichen Anfällen.« (42, 428). So blieb es nach den überlieferten Zeugnissen bis kurz vor seinem Tod.

Am Morgen des 9. Mai 1805 ist Schiller gestorben. Zwei Tage später, nach Mitternacht des 11. Mai, hat man ihn, so wie es üblich war, auf dem Jakobsfriedhof in Weimar beerdigt. 1827 wurden die Gebeine in die Fürstengruft überführt, in der auch Goethe nach seinem Tod 1832 beigesetzt wurde.

XI. Weiteres zur Rezeptionsgeschichte

Die Darstellung des Schillerschen Werks fordert geradezu dazu auf, Reaktionen von Zeitgenossen zu Wort kommen zu lassen, seien es solche von Freunden oder Gegnern, seien es Äußerungen privater Provenienz oder öffentlich zur Diskussion gestellte Kritik. Denn Schiller verlangte in eminentem Ausmaß den Dialog über seine Arbeit, wie – um die wichtigsten Beispiele zu nennen – die freundschaftlichen Briefwechsel mit Körner und Wilhelm von Humboldt oder das einzigartige ›Werkstattgespräch‹ mit Goethe bezeugen können; und darüber hinaus suchte Schiller – mehr als andere Künstler – von Anfang an die Auseinandersetzung mit dem Publikum, dessen Erwartungen und Reaktionen er immer in sein Kalkül gezogen hat. All das gehört zur Rezeptionsgeschichte des Werks, das nicht nur zentral in der Literaturgeschichte ist, sondern dessen Auswirkungen auf die Kulturgeschichte weit über die Grenzen des deutschen Sprachraums reichen. Ein prominentes und wirkmächtiges Beispiel dafür ist die Begeisterung Dostojevskijs für Schiller und im allgemeinen die der Russen seiner Generation (vgl. Lavrin 1963, 10f.; Kostka 1965; Satonski 1987, 125ff.; Boerner 1998, 802; bibliographische Angaben für die internationale Schiller-Rezeption bei Hermann 1979, 379; ders. 1983, 377; Boerner 1998, 807f.).

Mit dem Hinweis auf die Russen seiner Generation und Dostojevskij, den Nietzsche bekanntlich als »einzigen Psychologen« (KSA 6, 147) gerühmt hat, sind schon beide Hauptaspekte fokussiert, die die Wirkung eines Werks wie das Schillers ausmachen: der eine betrifft Einfluss und Anregung auf Werke der Literatur und anderer Künste, der zweite den Grad seiner Popularität. Je weitere Kreise ein derartiges Œuvre erreichen kann, desto mehr lauert die Gefahr seiner Instrumentalisierung für ganz andere Zwecke, ja wie in diesem Fall einer einseitigen ideologischen Ausschlachtung, letztlich gar (wie am Fall des *Wilhelm Tell* gesehen) der Versuch, es zu direkter politischer Propaganda zu vernutzen (vgl. Ruppelt 1979).

Schiller und sein Werk sind im 19. Jahrhundert wie kaum etwas anderes zu kulturellen Repräsentanten politischer und gesellschaftlicher Tendenzen verschiedenster Couleur geworden (vgl. die geraffte Übersicht bei Albert 1994, 14ff.; Gerhard 1998). Schon zu Anfang des 20. Jahrhunderts hat man diese Dependenzen in der Geschichte der Schiller-Rezeption gesehen (vgl. Ludwig 1905, 89; Leppmann

1962, 97). Auch wo in derselben Epoche ideologische Gegner einander ansonsten bis aufs Blut bekämpften, meinten sie sich im Fall Schiller mit gleich gutem Recht auf diesen Autor berufen zu können.

Durch eine inzwischen unübersehbare Vielfalt von Deutungen und die Erforschung unzähliger Aspekte seines Werks und seines Lebens kann die Schiller-Rezeption oftmals mehr Aufschluss geben über die, die sich an diese Arbeit gemacht haben als über das, was ursprünglich und eigentlich der Gegenstand des Interpretations- und Forschungsinteresse gewesen sein mag. Das alles kann durch rezeptionskritische Analyse sichtbar werden und würde für mentalitätsgeschichtliche Diagnosen schier unerschöpfliches Material bereitstellen (vgl. Grawe 1992, 169).

Aus heutiger Sicht, wo sich das Rezeptionsinteresse zunehmend zu verflüchtigen scheint, aber ist bemerkenswert, dass sich eine ehemals derartig breite Rezeption wenngleich in kaum mehr zuschreibbaren Relikten bis ans Ende des 20. Jahrhunderts prolongieren konnte: Immer wieder wird gern Schillersches Freiheitspathos bemüht, wobei die bis heute nachhaltig wirksame Parole *Einheit und Freiheit* (vgl. die deutschen Einigungsfeierlichkeiten 1989/90) im 19. Jahrhundert fast selbstverständlich mit Schiller verbunden wurde (vgl. Noltenius 1984, 66).

Schon zwanzig Jahre nach Schillers Tod aber bekommt sein Werk durch das berühmte Urteil Georg Büchners jenen fatalen Stempel eines phrasenhaften, weltfernen Idealismus: »Was noch die sogenannten Idealdichter anbetrifft, so finde ich, dass sie fast nichts als Marionetten mit himmelblauen Nasen und affektiertem Pathos, aber nicht Menschen von Fleisch und Blut gegeben haben, deren Leid und Freude mich mitempfinden macht und deren Tun und Handeln mir Abscheu oder Bewunderung einflößt. Mit einem Wort, ich halte viel auf Goethe oder Shakespeare, aber sehr wenig auf Schiller.« (Werke 182). Damit ist die Parole ausgegeben, die mit nachhaltiger Wirkung zu jenem »flachgetretenen« Schiller-Bild geführt hat, dem nicht nur sein theoretisches Werk einen fatalen Tribut zu zollen hatte (vgl. Zelle 1995, 155ff.).

Sicherlich hat die blankgeputzte rhetorische Oberfläche der Sprache Schillers mitgeholfen, dass offenbar über weite Strecken der Rezeptionsgeschichte die Brüchigkeit idealistischer Entwürfe, die alle seine dramatischen Werke in vielfältigen Facetten darstellen, zugunsten jener pathetischen ›Idealbekundungen‹ verborgen geblieben sind, die nicht nur Büchner und Nietzsche verstört haben. Weil Schiller seine Sympathie für ein idealistisches Weltverhältnis kaum verborgen hat, konnte er von Nietzsche aufgrund seiner »großen glänzenden Worte und Prunk-Gebärden der Tugend« (KSA 11, 567) zu jenem »Moral-Trompeter von Säckingen« ernannt werden, als den ihn seine Verächter bis heute mit bissiger Häme gern zu bezeichnen pflegen. Auf idealistische Entwürfe ist in einer säkularisierten Welt freilich nicht zu verzichten. Darauf hinzuweisen, gehörte zweifelsohne zu den Schiller von Anfang bis zuletzt umtreibenden Anliegen. Aussichten purer Hoffnungslosigkeit wollte er sich ersparen. Deswegen hat er nicht nur die Widersprüche eines für die entzauberte Moderne unvermeidlichen Idealismus bis in seine mörderischen Konsequenzen hinein benannt, sondern wie im Fall Wilhelm Tells auch die Unlebbarkeit eines sich auf das Hier und Jetzt beschränkenden Realismus, falls dieser – ohne den Schutz normativer Ideen für das menschliche Zusammenleben – unter die Räder von Gewalt und Terror kommt. Idealismus und Realismus sind über weite Strecken der Rezeptionsgeschichte Schillers zu einer strikten Alternative gemacht worden. Und niemand anders als er selbst hat ja diese Begriffe zu Leitbegriffen nicht nur der Poesie, sondern zu jenem Antagonismus erklärt, der eine gespaltene Moderne prägt.

Mit dem Pfund eines moralisierenden Idealismus wucherte die in den 60 Jahren nach seinem Tod ständig wachsende Popularität bis zu den spektakulären Feierlichkeiten anlässlich der hundertsten Wiederkehr seines Geburtstags (vgl. Noltenius 1984, 9-182, bes. 592), als die Schiller-Verehrung schließlich gar volkstümliche Züge annahm, denen sich die noch heute an vielen prominenten Plätzen deutscher Städte sichtbaren Schiller-Denkmäler verdanken. Eine der farbenreichsten Darstellungen einer derartigen Wirkung des Schillerschen Werks bei breitesten Schichten der Bevölkerung im frühen 19. Jahrhundert findet sich in Gottfried Kellers Roman *Der grüne Heinrich* (1. Fassung 1854/55). Verstreute Bemerkungen im Romantext lassen ein lebendiges Bild über den ›Hausgebrauch‹ Schillerscher Texte bei den sogenannten einfachen Leute (wie etwa Heinrichs Vater) entstehen und demonstrieren die Unbefangenheit, mit der man sich des berühmten literarischen Werks bediente. Das zeigt besonders die Schilderung einer »vaterländischen« Aufführung des *Wilhelm Tell* »unter freiem Himmel« (Keller 1978, 336). Sie gibt einigen Aufschluss über eine heute kaum mehr vorstellbare Rezeptionsweise Schillerscher Dramen – mag die Darstellung in den Details auch ›erdichtet‹ sein. Was im Zeitalter des Historismus mit fulminanter Wirksamkeit bis in einfachste bildungshungrige Schichten hinein faszinierte – wie den von Keller beschriebenen Handwerkern und Stadtbürgern –, war jener durchaus volkstümliche Zug in seinen Geschichtsdramen, dem die Einbindung von manchmal kom-

plizierter Staatsaktion in das Leben sogenannter einfacher Volks-
schichten gelang. Hier verschränken sich Produktions- und Rezepti-
onsästhetik vielleicht ganz im dem Sinn, der den Intentionen des
Autors bei allem Abscheu vor anbiedernder Volkstümlichkeit zu-
grundegelegen haben mag.

Ähnliches manifestiert sich bei den Feiern zu Schillers hundert-
stem Todestag im Jahr 1905 (zur Rezeption in der deutschen Arbei-
terbewegung vgl. Jonas 1988). Eine von einem königlich-preußi-
schem Schulrat verfasste Schrift, betitelt *Unser Schiller*, zählt dem
Leser aus dem Werk extrahierte Lebensweisheiten auf. Sie werden
ihm als »unvergängliche Schätze« angepriesen und »einige schöne
Gedanken« (in numerischer Ordnung unter einander geschrieben)
werden zum Beleg dafür, wie Schiller »das deutsche Volk mit un-
sterblichen Dramen beschenkte« (Polack 1905, 90 u. 102; vgl. Gerhard 1998, 758ff.). Das Goethesche Diktum »Denn er war unser!«
aus dessen *Epilog zu Schillers Glocke* vom Jahr 1815 (HA I, 256ff.)
wurde nicht selten aus der nachzitternden Intimität der Mitleben-
den in fröhliche, wenngleich verehrungsvolle Kameraderie entbunden.

Besonders in Schillers späterer dramatischer Praxis waren stilistische
und bühnenpraktische Tendenzen aufzufinden, die sein Werk zu einem Vorläufer der Bemühungen des 19. Jahrhunderts um die Idee
des Gesamtkunstwerks macht. Sie gipfeln in Deutschland zweifellos
in den Musikdramen Richard Wagners, für den nach Schiller »nur
noch das musikalische Drama möglich war, zu welchem er
gleichsam den Übergang bildet« (C. Wagner 1967, 178). Dramatur-
gisch sind die Parallelen zu Lösungen Schillers so frappant, dass ein
großer Teil des Wagnerschen Arsenals dort Vorbilder hat: Man ver-
gleiche nur die ›Mauerschau‹ Kurwenals im dritten Akt von *Tristan
und Isolde* mit jener der ersten Szene des *Wilhelm Tell* (V. 165-169).
Eine Gegenüberstellung der Aufforderung des ›reinen‹ Tell an den
›ehrsüchtigen‹ Mörder Parricida mit derjenigen der ›heiligen‹ Elisabeth an den ›erotischen‹ Frevler Tannhäuser zur Bußreise nach Rom
zum Stellvertreter Gottes auf Erden kann aber sowohl die dramaturgische Vorbildfunktion der Schillerschen Idee als auch deren Diffe-
renz hinsichtlich der verhandelten psychologischen Ambivalenzen
beglaubigen. Zieht Tell die Kraft seiner Aufforderung aus einer individuellen ›Eingebung‹, so kommt sie bei Elisabeth aus ihrem Glauben an einen großen ›gnädigen‹ Gott; ist der Vatermörder Schillers
voll ängstlicher Reue, so will der Wagnersche Sünder endlich auch
in seiner Zerknirschung Lust empfinden. Der protestantische Indi-
vidualismus Schillers umschifft die Klippe einer romantisch perver-

tierten mittelalterlich katholischen Pseudofrömmigkeit, welcher
Nietzsche seinen Bayreuther Kontrahenten nicht zu Unrecht ver-
dächtigte. Kaum zu übersehen auch, dass die letzte Szene des *Wilhelm Tell* zur ›Keimzelle‹ der Festwiese der *Meistersinger von Nürn-
berg* geworden ist. Allerdings wird auch dort jeder affirmative
Charakter, der dem Wagnerschen Werk eignet, von Schiller durch
die Passivität Tells *ad absurdum* geführt: Sein Held jubelt *nicht* mit
der Masse. Auf »merkwürdige Affinitäten« zwischen »der *Wallenstein*-Trilogie und der *Ring*-Tetralogie« hat Borchmeyer hingewiesen
(1988, 292; ders. 1995).

Aber auch die Entwicklung der französischen *Grand opéra* wurde
zumindest indirekt durch Schillers letztes Drama befördert: 1829
komponierte Gioacchino Rossini seine Oper *Guillaume Tell*, welche
für diese bedeutende Entwicklung des Musiktheaters des 19. Jahrhunderts Maßstäbe setzte (vgl. Marggraf 1993, 20f.). Und schließlich fanden auch in Italien die frühen Schillerschen Dramen durch
die Vertonungen Giuseppe Verdis (mit Ausnahme des *Fiesko*), dem
bedeutendsten Opernkomponisten des 19. Jahrhunderts, einen kon-
genialen Bearbeiter. *Don Carlos* ist zu einer von Verdis faszinierends-
ten und bekanntesten Opern geworden (vgl. ebd., 21ff.; zum besonderen Fall von Verdis *Giovanna d'Arco* ebd., 22; Inasaridse 1989,
127ff.).

Noch zu Schillers Lebzeiten und bald danach haben so bedeutende Komponisten wie Joseph Haydn oder Ludwig van Beethoven
seine Werke vertont. Um mit dem berühmtesten Beispiel zu beginnen: Beethoven nahm 1823 die Hymne *An die Freude* zur Text-
grundlage des letzten Satzes seiner *Neunten Sinfonie*. Damit hat er
diesem Gedicht aus der frühen Schaffensperiode eine beispiellose
Popularität gesichert. Der Schiller durch den *Horen*-Streit so ver-
hasste Komponist und Schriftsteller Johann Friedrich Reichardt hat
1810/11 »Schillers lyrische Gedichte in Musik gesetzt« bei Breitkopf
veröffentlicht. Franz Schubert hat in seinem so hochbedeutenden
Liedschaffen von keinem Dichter – Goethe ausgenommen – eine
größere Anzahl von Gedichten vertont (vgl. Thomas 1990, 7ff.;
Huschke 1993). Der Komponist hat sich übrigens nicht gescheut,
die 140 Verse der Ballade *Die Bürgschaft* in Musik zu setzen. Die
wesentlich kürzere, *Der Handschuh*, hat wiederum Robert Schumann um die Jahrhundertmitte vertont, der auch eine Ouvertüre
zur *Braut von Messina* komponiert hat.

All diese Beispiele können nicht allein die erstaunlich schnelle, sondern mehr noch jene nachhaltige Verbreitung des Schillerschen
Werks dokumentieren, die in der Mitte des 19. Jahrhunderts alle so-

zialen Schichten erfasst hat. Dieser breitgefächerten Rezeption entsprechen ähnlich vielfältige Deutungen; keineswegs ist dem Werk
Schillers »von den verschiedenen sozialen Schichten dieselbe Bedeutung zugeschrieben« worden (Noltenius 1985, 595).
   Der fast sprichwörtlich gewordene Idealismus Schillers ist so im
doppelten Sinn *gemein* geworden. Allerdings wurde dabei vielfach
übersehen, dass er über weite Strecken des Werks vielmehr eine *Kritik
des Idealismus* ist. So wird die Schiller-Rezeption im 19. Jahrhundert
und weit ins 20. Jahrhundert hinein größtenteils durch jene affirmativen Züge überwuchert, die auf undialektische, ja undifferenzierte
Weise all das idealistisch verbrämt und unterschlägt, was Schiller in
seiner geradezu seismographisch auslotenden Erforschung der gefährlichen Ausschläge idealistischer Entwürfe in einer säkularisierten
Moderne demonstriert hat. Und um wie viel mehr noch haben die
Interpreten das Janusköpfige aller realistischen Weltaneignung unterschlagen, die – nach Schillers Diktum – *prima vista* viel weniger
verfänglich wäre, aber die doch angesichts ihrer Aporien diesen nur
umso gewaltsamer entkommen könnte. Beides ist notwendigerweise
erkauft mit einer Verschweigung all derjenigen destruktiven Aspekte, die Schiller wie kein anderer Autor seiner Zeit am Anfang der
Moderne in deren vielfältiges, zerrissenes und aporetisches Gesicht
nach- und zugleich vorgezeichnet hat. Das Urteil des 21jährigen
Friedrich Schlegel von 1793 über Schillers Werk will *post festum* gegen alle späteren Harmonisierungen geradezu prophetisch erscheinen: »und am Ende ist sein ganzes Wesen zerrißen und ohne Einklang« (KSA 23, 145).

XII. Bibliographie

Zur Zitierweise: Schillers Werke werden nach der Nationalausgabe unter Angabe des betreffenden Bandes und der zugehörigen Seitenzahl zitiert, die anderer Autoren erscheinen unter der Angabe des Namens und dem Jahr des Erscheinens des betreffenden Textes, soweit es sich nicht um Zitate aus Gesamtausgaben handelt. Ergänzungen des Verfassers sind durch eckige Klammern ohne sonstige Zusätze kenntlich gemacht.

Die zitierte Forschungsliteratur gibt einem Hypertextverfahren entsprechend wo immer möglich Hinweise zu den vielen Spezialbibliographien einzelner Werke, zu Werkgruppen und zu Themenkomplexen, die das Werk Schillers im einzelnen weiter zu erschließen vermögen.

1. Abkürzungen

Zeitschriftentitel

DVjs = Deutsche Vierteljahrsschrift für Literaturwissenschaft und Geistesgeschichte
GJb = Goethe Jahrbuch
JbGG = Jahrbuch der Goethe-Gesellschaft
JbWGV = Jahrbuch des Wiener Goethe-Vereins
JbJPG = Jahrbuch der Jean-Paul-Gesellschaft
JDSG = Jahrbuch der Deutschen Schillergesellschaft
ZfPhF = Zeitschrift für philosophische Forschung
ZfdPh = Zeitschrift für deutsche Philologie

Gebräuchliche Kürzel für die Werke Kants

KrV = Kritik der reinen Vernunft
KpV = Kritik der praktischen Vernunft
KdU = Kritik der Urteilskraft
Anthropologie = Anthropologie in pragmatischer Hinsicht
SdF = Der Streit der Fakultäten

2. Werkausgaben

Schillers Werke. Nationalausgabe (NA)

Historische-kritische Ausgabe. 1940 begründet von Julius Petersen. Fortgeführt von Liselotte Blumenthal, Benno von Wiese, Siegfried Seidel. Herausgegeben im Auftrag der Stiftung Weimarer Klassik und des Schiller-Nationalmuseums in Marbach a.N. von Norbert Oellers. Weimar 1943ff.

Die NA ist die vollständigste aller Gesamtausgaben der Werke und Briefe. Mehrfacher Wechsel der Herausgeberschaft im langen Zeitraum ihres Erscheinens zeitigte auch einen erheblichen Wandel editorischer Prinzipien. Die Bände dokumentieren im allgemeinen sorgfältig Überlieferung, Lesarten sowie Entstehungs- und Wirkungsgeschichte. Sie enthalten z.T. (insbesondere in den frühen Bänden) umfangreiche Essays der jeweiligen Herausgeber. Die neueren Bände geben Auskunft über Editionsgrundsätze und zeichnen sich durch ausführliche Stellenkommentare und Erläuterungen aus. Die Ausgabe liegt auch auf Datenträger vor.

Sämtliche Werke. Auf Grund der Originaldrucke (SW)

Hg. von Gerhard Fricke und Herbert G. Göpfert in Verbindung mit Herbert Stubenrauch. 5 Bände. München 1958-1959
Diese weitverbreitete handliche Ausgabe in modernisierter Orthographie und Interpunktion gibt eine leserfreundliche Edition der Werke mit Erläuterungen. Sie ist nicht um Vollständigkeit bemüht und enthält nur ausgewählte Varianten einzelner Werke.

Weitere Gesamtausgaben (Auswahl):

Schillers sämmtliche Werke. Hg. v. Christian Gottfried Körner. 12 Bände. Stuttgart und Tübingen 1812-1815
Schillers sämmtliche Schriften. Historisch-kritische Ausgabe. Hg. von Karl Goedeke. 15 Theile (in 17). Stuttgart 1867-1876
Sämtliche Werke. Säkular-Ausgabe. Hg. von Eduard von der Hellen u.a. 16 Bände. Stuttgart und Berlin 1904/05
Sämtliche Werke. Horenausgabe. Hg. von Conrad Höfer. 22 Bände. München und Leipzig 1910-1926
Sämtliche Werke. Nach den Ausgaben letzter Hand unter Hinzuziehung der Erstdrucke und Handschriften. Mit einer Einführung von Benno von Wiese und Anmerkungen von Helmut Koopmann. 5 Bände. München 1968
Sämtliche Werke. Berliner Ausgabe. Hg. von Hans-Günther Thalheim u.a. 10 Bände. Berlin 1980ff.
Werke und Briefe. Hg. von Otto Dann u.a. 12 Bände. Frankfurt a.M. 1988ff.

Ausgaben einzelner Werke oder Werkgruppen:

Der Venuswagen. Unveränderter Nachdruck der ersten Auflage von 1781 mit einem Nachwort von Norbert Oellers. Stuttgart/Weimar 1993
Medizinische Schriften. Eine Buchausgabe der Deutschen Hoffmann-La Roche AG aus Anlaß des 200. Geburtstages des Dichters 10. November 1959. [Miesbach] 1959
Friedrich Schillers »Die Räuber«. Faksimiledruck nach der bei J. B. Metzler erschienenen Erstausgabe. Mit einem Nachwort versehen von Reinhard Wittmann. Stuttgart 1992
Die Räuber – Vorreden – Selbstbesprechung – Textvarianten – Dokumente. Mit einem Essay »Zum Verständnis des Werkes« von Gerhard Storz. Reinbek 1965
Kabale und Liebe. Ein bürgerliches Trauerspiel – Textvarianten – Dokumente. Mit einem Essay »Zum Verständnis des Werkes« von Herbert Kraft. Reinbek 1967
Don Carlos – Briefe über Don Carlos – Dokumente. Mit einem Essay »Zum Verständnis des Werkes« von Gerhard Storz. Reinbek 1960

Wallensteins Lager – Die Piccolomini – Wallensteins Tod – Dokumente. Mit einem
Essay »Zum Verständnis des Werkes« von Gerhard Storz. Reinbek 1961
Wilhelm Tell – Quellen – Dokumente – Rezensionen. Mit einem Essay »Zum
Verständnis des Werkes« von Herbert Kraft. Reinbek 1967 (= Kraft 1967)
*Friedrich Schiller. Vollständiges Verzeichnis der Randbemerkungen in seinem Handex-
emplar der Kritik der Urteilskraft.* In: Jens Kulenkampff (Hg.): *Materialien zu
Kants Kritik der Urteilskraft.* Frankfurt a.M. 1974, S. 126-144
Die Horen. Repr. Eingeleitet und kommentiert von Paul Raabe. 1959
Die Horen. Nachdruck in sechs Doppelbänden mit einem Supplementband von
Rolf Michaelis. Weimar 2000

3. Bibliographien und wissenschaftliche Hilfsmittel

Marcuse, Herbert: *Schiller-Bibliographie. Unter Benutzung der Trömelschen Schiller-
Bibliothek (1865).* Berlin 1925 (Verzeichnet nur die Werke des Dichters. Gesamtausgaben bis 1840 und Erstdrucke.)
Schiller-Bibliographie [der Nationalen Forschungs- und Gedenkstätten der klassischen deutschen Literatur, Weimar] 1893-1958. Bearb. von Wolfgang Vulpius.
Weimar 1959. – 1959-1963. Bearb. von Wolfgang Vulpius. Berlin/Weimar
1967. – 1964-1974. Bearb. von Peter Wersig. Berlin/Weimar 1977. – 1975-
1985. Bearb. von Roland Bärwinkel et al. Berlin/Weimar 1989.
Schiller-Bibliographie [der Deutschen Schillergesellschaft, Marbach a.N.]. 1959-
1961. Bearb. von Paul Raabe und Ingrid Bode. In: JDSG 6 (1962) S. 465-553.
– 1962-1965. Bearb. von Ingrid Bode. Ebd. 10 (1966) S. 465-505. – 1966-
1969 und Nachträge. Bearb. von Ingrid Bode. Ebd. 14 (1970) S. 584-636. –
1970-1973 und Nachträge. Bearb. von Ingrid Hannich-Bode. Ebd. 18 (1974)
S. 642-701. – 1974-1978 und Nachträge. Bearb. von Ingrid Hannich-Bode.
Ebd. 23 (1979) S. 549-612. – 1979-1982 und Nachträge. Bearb. von Ingrid
Hannich-Bode. Ebd. 27 (1983) S. 493-551. – 1983-1986 und Nachträge. Be-
arb. von Ingrid Hannich-Bode. Ebd. 31 (1987) S. 432-512. – 1987-1990 und
Nachträge. Bearb. von Ingrid Hannich-Bode. Ebd. 35 (1991) S. 387-459
Köttelwesch: Bibliographie der deutschen Sprach- und Literaturwissenschaft auf
CD-ROM

Hermann, Helmut G.: *Der Dramatiker Schiller. Auswahlbibliographie.* In: *Schillers
Dramen. Neue Interpretationen.* Walter Hinderer (Hg.). Stuttgart 1979. S. 349-
380; 2., durchgesehene und bibliographisch erneuerte Aufl. 1983. S. 349-378
Bibliographische Angaben zu den großen dramatischen Werken Schillers (mit
Ausnahme der *Braut von Messina*) finden sich in der bei Reclam erschienenen
Reihe *Erläuterungen und Dokumente.*
Vgl. auch die bibliographischen Angaben bei H. Koopmann (1966, 2. Aufl.
1977) sowie ders. (1988), S. 144-159

Jahrbuch der Deutschen Schillergesellschaft (JDSG). Hg. von Fritz Martini, Herbert
Stubenrauch, Bernhard Zeller. Bd. 1 ff. Stuttgart 1957 ff.

Angaben zur Forschungsgeschichte bei Koopmann 1998e. S. 809-932

4.   Briefe, Gespräche, Zeugnisse

Sämtliche Briefe von und an Schiller sind veröffentlicht in den Bänden 23-40 der
NA (s.o.).
Schillers Briefe: Bd. 23 (1772-1785); Bd. 24 (1785-1787); Bd. 25 (1788-1790);
Bd. 26 (1790-1794); Bd. 27 (1794-1795); Bd. 28 (1795-1796); Bd. 29 (1796-
1798); Bd. 30 (1798-1800); Bd. 31 (1801-1802); Bd. 32 (1803-1805)
Briefe an Schiller: Bd. 33 I (1781-1790); Bd. 34 I (1790-1794); Bd. 35 (1794-
1795); Bd. 36 I (1795-1797); Bd. 37 I (1797-1798); Bd. 38 I (1798-1800);
Bd. 39 I (1801-1802); Bd. 40 I (1803-1805)
Briefe. Kritische Gesamtausgabe. Hg. und mit Anmerkungen von Fritz Jonas. Bd.
1-7. Stuttgart 1892-1896

Schillers Gespräche. Hg. von Flodoard Freiherr v. Biedermann. München 1961
Schillers Gespräche. Unter Mitwirkung von Lieselotte Blumenthal hg. von Dietrich
Germann und Eberhard Haufe. Weimar 1967 (= NA 42)

Wolzogen, Karoline von (1830): *Schillers Leben.* Stuttgart/Berlin o.J. In: Gesam-
melte Schriften Bd. II. Hg. v. Peter Boerner. Hildesheim/Zürich/New York
1990
Schillers Persönlichkeit. Urtheile der Zeitgenossen und Documente ges. von Max
Hecker (Erster Theil. Weimar 1904) und Julius Petersen (Zweiter und Dritter
Theil. Weimar 1908 und 1909) Repr. Hildesheim/New York 1976
Schiller und Goethe im Urtheile ihrer Zeitgenossen. Zeitungskritiken, Berichte und
Notizen, Schiller und Goethe betreffend, aus den Jahren 1773-1812. Ges. und
hrsg. von Julius W. Braun. Abt. 1: Schiller. Bd. 1: 1781-1793. (= Braun I) Bd.
2: 1794-1800. Leipzig 1882. Bd. 3: 1801-1805. Berlin 1882
Fambach, Oscar (=Fambach 2): *Schiller und sein Kreis in der Kritik ihrer Zeit.* Ber-
lin 1957
*Die Protokolle des Mannheimer Nationaltheaters unter Dalberg aus den Jahren 1781
bis 1789.* Max Martersteig (Hg.). Mannheim 1890
Pichler, Anton (1879): *Chronik des Großherzoglichen Hof- und Nationaltheaters in
Mannheim.* Mannheim 1879

*Schiller – Zeitgenosse aller Epochen. Dokumente zur Wirkungsgeschichte Schillers in
Deutschland.* Hg., eingeleitet und kommentiert von Norbert Oellers. Teil 1:
1782-1859. Frankfurt a.M. 1970. Teil 2: 1860-1966. München 1976 (= Oel-
lers 1976)
Friedrich Schiller. Hg. von Bodo Lecke. 2 Bände. München 1969-70. (Dichter
über ihre Dichtungen)
Schiller – Leben und Werk in Daten und Bildern. Ausgewählt und erläutert von
Bernhard Zeller und Walter Scheffler. Frankfurt a.M. 1977
Schiller. Bilder und Texte zu seinem Leben. Hg. von Axel Gellhaus und Norbert
Oellers. Köln/Weimar/Wien 1999

5. Biographien, Gesamtdarstellungen, Allgemeines

Alt, Peter-André: *Schiller. Leben – Werk – Zeit*. 2 Bände. München 2000
Berger, Karl: *Schiller. Sein Leben und seine Werke*. 2 Bände. München 1905-1909
Buchwald, Reinhard: *Schiller. Leben und Werk*. Wiesbaden 1959
Burschell, Friedrich: *Friedrich Schiller in Selbstzeugnissen und Bilddokumenten*. Hamburg 1958
Koopmann, Helmut: *Friedrich Schiller*. 2 Bände. [1966] 2. ergänzte Auflage Stuttgart 1977
ders.: *Schiller. Eine Einführung*. München/Zürich 1988
ders. (Hg.): *Schiller-Handbuch*. Stuttgart 1998
Lahnstein, Peter: *Schillers Leben. Biographie*. München 1981
Minor, Jacob: *Schiller. Sein Leben und seine Werke*. 2 Bände. Berlin 1890
Oellers, Norbert: *Schiller*. Stuttgart 1993
Palleske, Emil: *Schillers Leben und Werke*. 2 Bände. Berlin 1858/59
Polack, Friedrich: *Unser Schiller*. Liegnitz 1905
Staiger, Emil: *Friedrich Schiller*. Zürich 1967
Storz, Gerhard: *Der Dichter Friedrich Schiller*. Stuttgart 1959
Ueding, Gerd: *Friedrich Schiller*. München 1990
Weltrich, Richard: *Friedrich Schiller. Geschichte seines Lebens und Charakteristik seiner Werke*. Stuttgart 1899
Wiese, Benno von: *Friedrich Schiller*. [1959] 3. durchges. Auflage. Stuttgart 1963
Wilpert, Gero von: *Schiller-Chronik. Sein Leben und Schaffen*. Stuttgart 1958

6. Schiller im Internet

Im Internet finden sich zahlreiche biographische und bibliographische Angaben sowie Online-Publikationen. Neben den zur Verfügung stehenden Suchmaschinen sei die Adresse der Stiftung Weimarer Klassik mit weiterführenden Links genannt: http://www.weimar-klassik.de

7. Zitierte Quellenwerke

Büchner, Georg: *Werke und Briefe*. 7. Auflage 1973. München 1965
Eichendorff, Joseph von: *Werke Band III*. München 1970
Einige Originalschriften des Illuminatenordens, welche bey dem gewesenen Regierungsrath Zwack durch vorgenommene Hausvisitation zu Landshut den 11. und 12. Octob. etc. 1786 vorgefunden worden. Auf höchsten Befehl Seiner Churfürstlichen Durchleucht zum Druck befördert. München 1787
Fichte, Johann Gottlieb: *Sämmtliche Werke*. I. H. Fichte (Hg.). 11 Bände. Berlin 1971
ders. (GA): *Gesamtausgabe der Bayerischen Akademie der Wissenschaften*. Stuttgart 1962ff.
Goethe, Johann Wolfgang (HA): *Werke*. Hamburger Ausgabe. Erich Trunz (Hg.). Neubearbeitung 1981. 7. Aufl. 1982
ders. (SA): *Goethes Werke*. Sophien-Ausgabe. Hg. im Auftrage der Großherzogin Sophie von Sachsen, Abt. I-IV, 133 Bände in 143. Weimar 1887-1919

ders. (LA): *Die Schriften zur Naturwissenschaft.* Leopoldina-Ausgabe. Weimar 1947ff.

ders. (AS): *Amtliche Schriften.* Bd. II, 1. Weimar 1968

Haydn, Joseph: *Gesammelte Briefe und Aufzeichnungen.* Dénes Bartha (Hg.). Kassel 1965

Hegel, Georg Wilhelm Friedrich: *Werkausgabe Bd. 1-20.* Eva Moldenhauer und Karl Markus Michel (Hg.). Frankfurt a.M. 1971/1986

Bd. 3: *Phänomenologie des Geistes*

Bd. 14: *Vorlesungen über die Ästhetik II*

Heine, Heinrich: *Sämtliche Schriften.* Klaus Briegleb (Hg.). 2. Aufl. München/ Wien 1978

Hoffmann, E.T.A.: *Werke Band I.* Walter Müller-Seidel (Hg.). München 1960

Humboldt, Wilhelm von: *Schriften zur Sprache.* Stuttgart 1973

ders.: *Ueber die Aufgabe des Geschichtsschreibers.* [1821] In: *Über die Sprache.* München 1985. S. 28-45

Jean Paul: *Sämtliche Werke.* Norbert Miller (Hg.). München 1960

Kant, Immanuel: *Werke.* Wilhelm Weischedel (Hg.). Frankfurt a.M. 1964/77

ders.: *Akademie-Ausgabe* (AA) Band X

Keller, Gottfried: *Der grüne Heinrich* (Erste Fassung). München 1978

Lessing, Gotthold Ephraim: *Hamburgische Dramaturgie.* Kurt Wölfel (Hg.). Frankfurt a.M. 1986

Mercier, Louis Sébastien: *Tableau de Paris. Nouvelle édition. Corrigée et augmentée.* 2 Bände. Amsterdam 1782/83 (Repr. Paris 1994)

Nietzsche, Friedrich (KSA): *Sämtliche Werke.* Kritische Studienausgabe. G. Colli und M. Montinari (Hg.). 2. durchgesehene Aufl. München/Berlin/New York 1988

ders. (SB): *Sämtliche Briefe.* Kritische Studienausgabe in 8 Bänden. G. Colli und M. Montinari (Hg.). München/Berlin/New York 1975-1984

Platner, Ernst: *Anthropologie für Aerzte und Weltweise. Erster Theil* [mehr nicht erschienen] Leipzig 1772

Schlegel, August Wilhelm: *Vorlesungen über dramatische Kunst und Literatur.* Zweiter Teil. Stuttgart etc. 1967

ders.: *Briefe von und an August Wilhelm Schlegel.* Gesammelt und erläutert durch Josef Körner. Erster Teil: Die Texte. Zürich/Leipzig/Wien 1930

Schlegel, Friedrich (KSA): *Kritische Friedrich-Schlegel-Ausgabe.* 35 Bände. Ernst Behler, Jean-Jacques Anstett, Hans Eichner (Hg.). Paderborn/München/Wien 1958ff.

ders. (SA): *Kritische Schriften und Fragmente.* Studienausgabe in sechs Bänden. Paderborn 1988

Schopenhauer, Arthur: *Sämtliche Werke.* Wolfgang Frhr. von Löhneysen (Hg.). Frankfurt a.M. 1986

Streicher, Andreas (1836): *Schiller's Flucht von Stuttgart und Aufenthalt in Mannheim von 1782 bis 1785.* Stuttgart und Augsburg 1836 [Hg. von H. Kraft. Mannheim 1974]

Wagner, Cosima: *Tagebücher.* München 1967

Wieland, Christoph Martin: *Briefwechsel Band 12* (Juli 1793 – Juni 1795). Siegfried Scheibe (Hg.). Bearb. von Klaus Gerlach. Berlin 1993

Winckelmann, Johann Joachim: *Werke.* Repr. Darmstadt 1965

Zimmermann, Johann Georg: *Von der Erfahrung in der Arzneykunst.* 2 Bände. Zürich 1763-64

8. Forschungsliteratur

Albert, Claudia (Hg.): *Deutsche Klassiker im Nationalsozialismus: Schiller, Kleist, Hölderlin.* Stuttgart/Weimar 1994

Alt, Peter-André: *Tragödie der Aufklärung.* Tübingen 1994

ders.: *Aufklärung.* Stuttgart/Weimar 1996

Aurnhammer, Achim/Manger, Klaus/Strack, Friedrich (Hg): *Schiller und die höfische Welt.* Tübingen 1990

Balet, Leo und Gerhard, E. [Rebling, Eberhard]: *Die Verbürgerlichung der deutschen Kunst, Literatur und Musik im 18. Jahrhundert.* [1936] Hg. und eingeleitet von Gerd Mattenklott. Frankfurt am Main/Berlin/Wien 1981

Barkhoff, Jürgen/Sagarra, Eda (Hg.): *Anthropologie und Literatur um 1800.* München 1992

Barnouw, Jeffrey: *»Freiheit zu geben durch Freiheit«. Ästhetischer Zustand – Ästhetischer Staat.* In: Wittkowski, W. (Hg.): *Friedrich Schiller. Kunst, Humanität und Politik in der späten Aufklärung.* Tübingen 1982. S. 138-161

Bauke, Joseph P.: *Christian Gottfried Körner und Friedrich Schlegel. Ein unbekannter Kommentar zu Schlegels Frühschriften.* In: *JDSG 7* (1963). S. 15-43

Beaujean, Marion: *Zweimal Prinzenerziehung: Don Carlos und Geisterseher. Schillers Reaktion auf Illuminaten und Rosenkreuzer.* In: *Poetica 10* (1978). S. 217-235

Berghahn, Klaus L.: *Schiller. Ansichten eines Idealisten.* Frankfurt a.M. 1986

ders.: *Schillers mythologische Symbolik, erläutert am Beispiel der Götter Griechenlands.* In: Brandt, H. (Hg.): *Friedrich Schiller – Angebot und Diskurs: Zugänge, Dichtung, Zeitgenossenschaft.* Berlin/Weimar 1987. S. 361-381

ders.: *Das Lied von der Glocke.* In: Oellers, N. (Hg.): *Interpretationen. Gedichte von Friedrich Schiller.* Stuttgart 1996. S. 255-281

ders.: *Schillers philosophischer Stil.* In: Koopmann, H. (Hg.): *Schiller-Handbuch.* Stuttgart 1998. S. 289-302

Berghahn, Klaus L./Grimm, Reinhold (Hg): *Schiller. Zur Theorie und Praxis der Dramen.* Darmstadt 1972

Berief, Renate: *Selbstentfremdung als Problem bei Rousseau und Schiller.* Idstein 1991

Bernauer, Joachim: *»Schöne Welt wo bist du?«: Über das Verhältnis von Lyrik und Poetik bei Schiller.* Berlin 1995

Best, Otto F.: *Gerechtigkeit für Spiegelberg.* In: *JDSG 22* (1978). S. 277-302

Binder, Wolfgang: *Kabale und Liebe.* In: Wiese, B. v. (Hg.): *Das deutsche Drama vom Barock bis zur Gegenwart.* Düsseldorf 1958. S. 248-268

Bloch, Peter André: *Schiller und die klassische französische Tragödie.* Düsseldorf 1968

Böhler, Michael: *Geteilte Autorschaft. Visionen des Dichters, Realitäten des Schreibens.* In: *GJb* (1995). S. 167-181

Boehm, Gottfried/Pfotenhauer, Helmut (Hg.): *Beschreibungskunst – Kunstbeschreibung. Die Ekphrasis von der Antike bis zur Gegenwart.* München 1995

Böhme, Hartmut: *Natur und Subjekt.* Frankfurt a.M. 1988

ders.: *Einführung (Neue Erfahrungen von der Natur des Menschen).* In: Schings, H.-J. (Hg.): *Der ganze Mensch. Anthropologie und Literatur im 18. Jahrhundert.* Stuttgart/Weimar 1994. S. 139-144

Boerner, Peter: *Schiller im Ausland.* In: Koopmann, H. (Hg.): *Schiller-Handbuch.* Stuttgart 1998. S. 795-808

Bolten, Jürgen (Hg.): *Schillers Briefe über die ästhetische Erziehung*. Frankfurt a.M. 1984

ders.: *Friedrich Schiller. Poesie, Reflexionen und gesellschaftliche Selbstdeutung*. München 1985

Borcherdt, Hans Heinrich: *Schiller und die Romantiker. Briefe und Dokumente*. Stuttgart 1948

Borchmeyer, Dieter: *Tragödie und Öffentlichkeit. Schillers Dramaturgie im Zusammenhang seiner ästhetisch-politischen Theorie und die rhetorische Tradition*. München 1973

ders.: *Rhetorische und ästhetische Revolutionskritik. Edmund Burke und Schiller*. In: Richter/Schönert (Hg.): *Klassik und Moderne. Die Weimarer Klassik als historisches Ereignis und Herausforderung im kulturgeschichtlichen Prozeß. Walter Müller-Seidel zum 65. Geburtstag*. Stuttgart 1983. S. 56-79

ders.: *Macht und Melancholie: Schillers Wallenstein*. Frankfurt a.M. 1988

ders.: *Schillers Jungfrau von Orleans: Eine Oper für Richard Wagner*. In: Fisher, R. (Hg.): *Ethik und Ästhetik. Werke und Werte in der Literatur vom 18. bis zum 20. Jahrhundert. Festschrift für Wolfgang Wittkowski zum 70. Geburtstag*. Frankfurt a.M./New York 1995. S. 277-292

Bovenschen, Silvia: *Die imaginierte Weiblichkeit. Exemplarische Untersuchungen zu kulturgeschichtlichen und literarischen Präsentationsformen des Weiblichen*. Frankfurt a.M. 1979

Brandt, Helmut (Hg.): *Friedrich Schiller – Angebot und Diskurs: Zugänge, Dichtung, Zeitgenossenschaft*. Berlin/Weimar 1987

Bräutigam, Bernd: *Rousseaus Kritik ästhetischer Versöhnung. Eine Problemvorgabe der Bildungsästhetik Schillers*. In: *JDSG 31* (1987). S. 137-155

Brender, Irmela: *Christoph Martin Wieland in Selbstzeugnissen und Bilddokumenten*. Reinbek 1990

Brinkmann, Richard: *Romantische Dichtungstheorie in Friedrich Schlegels Frühschriften und Schillers Begriffe des Naiven und Sentimentalischen*. In: *DVjs 32* (1958). S. 344-371

Brittnacher, Hans Richard: *Die Räuber*. In: Koopmann, H. (Hg.): *Schiller-Handbuch*. Stuttgart 1998. S. 326-353

Bruckmann, Christoph: »*Freude! Sangen wir in Thränen,/ Freude! In dem tiefsten Leid.*« *Zur Interpretation und Rezeption des Gedichts An die Freude von Friedrich Schiller*. In: *JDSG 35* (1991). S. 96-112

Bruford, Walter H.: *Die gesellschaftlichen Grundlagen der Goethezeit*. [1936] Frankfurt a.M./Berlin/Wien 1973

Brusniak, Friedhelm: *Schiller und die Musik*. In: Koopmann, H. (Hg.): *Schiller-Handbuch*. Stuttgart 1998. S. 167-189

Burckhardt, Carl J.: *Schillers Mut*. In: *Schiller. Reden im Gedenkjahr 1955*. Bernhard Zeller (Hg.). Stuttgart 1955. S. 27-48

Burckhardt, Jacob: *Vorträge 1844-1887*. [1859] Basel 1918

Burkhardt, Johannes: *Der Dreißigjährige Krieg*. Frankfurt a.M. 1992

Bussmann, Walther: *Schillers ›Geisterseher‹ und seine Fortsetzer*. Diss. Göttingen 1961

Camigliano, Albert J.: *Friedrich Schiller und Christian Gottfried Körner. A critical Relationship*. Stuttgart 1976

Clasen, Thomas: »*Nicht mein Geschlecht beschwöre! Nenne mich nicht Weib*«. *Zur Darstellung der Frau in Schillers* »*Frauen-Dramen*«. In: Grathoff/Leibfried (Hg.): *Schiller. Vorträge aus Anlaß seines 225. Geburtstages*. Frankfurt a.M. 1991. S. 89-111

Craig, Gordon A.: *Die Politik der Unpolitischen. Deutsche Schriftsteller und die Macht 1770-1871.* München 1993

Dann, Otto/Oellers, Norbert/Osterkamp, Ernst (Hg.): *Schiller als Historiker.* Stuttgart/Weimar 1995

Dann, Otto: *Schiller, der Historiker und die Quellen.* In: Dann/Oellers/Osterkamp (Hg.): *Schiller als Historiker.* Stuttgart/Weimar 1995. S. 109-126

Darsow, Götz-Lothar: »...*aber von Ihnen dependier ich unüberwindlich...« Friedrich Hölderlins ferne Leidenschaft.* Stuttgart 1995

de Man, Paul: *Kant and Schiller.* In: *Aesthetic Ideology.* Minnesota/London 1997. S. 129-162

Demmer, Sybille: *Von der Kunst über die Religion zur Kunst-Religion. Zu Schillers Gedicht Die Götter Griechenlands.* In: *Gedichte und Interpretationen.* Bd. 3: *Klassik und Romantik.* Segebrecht, W. (Hg.). Stuttgart 1984

Dewhurst, Kenneth/Reeves, Nigel: *Friedrich Schiller. Medecine, Psychology and Literature. With the first English edition of his complete medical and psychological writings.* Oxford 1978

Diwald, Hellmut: *Friedrich Schiller. Wallenstein.* Frankfurt a.M./Berlin/Wien 1972

Duncan, Bruce: »*An Worte läßt sich trefflich glauben«. Die Sprache der Luise Millerin.* In: Wittkowski, W. (Hg.): *Kunst, Humanität und Politik in der späten Aufklärung. Ein Symposion.* Tübingen 1982. S. 26-32

Eagleton, Terry: *Ästhetik. Die Geschichte ihrer Ideologie.* [1990] Stuttgart/Weimar 1994

Eder, Jürgen: *Schiller als Historiker.* In: Koopmann, H. (Hg.): *Schiller-Handbuch.* Stuttgart 1998. S. 653-698

Elias, Norbert: *Über den Prozeß der Zivilisation. Soziogenetische und psychogenetische Untersuchungen.* [1936] 2 Bände. Frankfurt a.M. 1976

ders.: *Die höfische Gesellschaft. Untersuchungen zur Soziologie des Königtums und der höfischen Aristokratie.* [1969] Frankfurt a.M. 1983

Fähnrich, Hermann: *Schillers Musikalität und Musikanschauung.* Hildesheim 1977

Fahs, Wolfgang: *Zum Verhältnis Goethe-Schiller.* In: Mauser/Becker-Cantarino (Hg.): *Frauenfreundschaft – Männerfreundschaft. Literarische Diskurse im 18. Jahrhundert.* Tübingen 1991. S. 137-140

Figes, Orlando: *Die Tragödie eines Volks. Die Epoche der russischen Revolution 1891 -1924.* Berlin 1998

Finscher, Ludwig: *Was ist eine lyrische Operette? Anmerkungen zu Schillers Semele.* In: Aurnhammer/Manger/Strack (Hg.): *Schiller und die höfische Welt.* Tübingen 1990. S. 148-155

Fischer, Bernhard: *Goethes Klassizismus und Schillers Poetologie der Moderne: Über naive und sentimentalische Dichtung.* In: ZfdPh (1994). S. 225-245

François-Poncet, André: *Friedrich Schiller – Unser Mitbürger.* In: *Schiller. Reden im Gedenkjahr 1955.* Zeller, B. (Hg.). Stuttgart 1955. S. 90-98

Freese, Wolfgang/Karthaus, Ulrich: *Erläuterungen und Dokumente. Friedrich Schiller. Die Jungfrau von Orleans.* Stuttgart 1984

Frick, Werner: *Schiller und die Antike.* In: Koopmann, H. (Hg.): *Schiller-Handbuch.* Stuttgart 1998. S. 91-116

Friedl, Gerhard: *Verhüllte Wahrheit und entfesselte Phantasie. Die Mythologie in der vorklassischen und klassischen Lyrik Schillers.* Würzburg 1987

ders.: *Die Karlsschüler bei höfischen Festen.* In: Aurnhammer/Manger/Strack (Hg.): *Schiller und die höfische Welt.* Tübingen 1990. S. 47-76

Fröhlich, Harry: *Schiller und die Verleger*. In: Koopmann, H. (Hg.): *Schiller-Handbuch*. Stuttgart 1998. S. 70-90

Frühwald, Wolfgang: *Die Auseinandersetzung um Schillers Gedicht Die Götter Griechenlands*. In: *JDSG 13* (1969). S. 251-271

Fuhrmann, Helmut: *Revision des Parisurteils. Bild und Gestalt der Frau im Werk Friedrich Schillers*. In: *JDSG 25* (1981). S. 316-366

Geitner, Ursula: *Sprache der Verstellung. Studien zum rhetorischen und anthropologischen Wissen im 17. und 18. Jahrhundert*. Tübingen 1992

Gerhard, Ute: *Schiller als »Religion«. Literarische Signaturen des 19. Jahrhunderts*. München 1994

dies.: *Schiller im 19. Jahrhundert*. In: Koopmann, H. (Hg.): *Schiller-Handbuch*. Stuttgart 1998. S. 758-772

Graham, Ilse: *Schiller, ein Meister der tragischen Form. Die Theorie in der Praxis*. Darmstadt 1974

Grassl, Hans: *Aufbruch zur Romantik. Bayerns Beitrag zur deutschen Geistesgeschichte 1765-1785*. München 1968

Grathoff, Dirk/Leibfried, Erwin (Hg.): *Schiller. Vorträge aus Anlaß seines 225. Geburtstages*. Frankfurt a.M. 1991

Grawe, Christian (Hg.): *Erläuterungen und Dokumente. Friedrich Schiller. Die Räuber*. Stuttgart 1976

ders. (Hg.): *Erläuterungen und Dokumente. Friedrich Schiller. Maria Stuart*. Stuttgart 1978

ders.: *Schillers Gedichtentwurf Deutsche Größe: »Ein Nationalhymnus im höchsten Stil«? Ein Beispiel ideologischen Mißbrauchs in der Germanistik seit 1871*. In: *JDSG 36* (1992). S. 167-196

Groddeck, Wolfram/Stadler, Ulrich (Hg.): *Physiognomie und Pathognomie: Zur literarischen Darstellung von Individualität. Festschrift für Karl Pestalozzi zum 65. Geburtstag*. Berlin/New York 1994

Gross, Michael: *Ästhetik und Öffentlichkeit. Die Publizistik der Weimarer Klassik*. Hildesheim/Zürich/New York 1994

Guthke, Karl S.: *Schillers Turandot als eigenständige dramatische Leistung*. In: *JDSG 3* (1959). S. 118-141

ders.: *Das deutsche bürgerliche Trauerspiel*. [1972] 5. überarb. und erw. Aufl. Stuttgart/Weimar 1994

ders.: *Kabale und Liebe*. In: Hinderer, W. (Hg.): *Schillers Dramen. Neue Interpretationen*. Stuttgart 1979. S. 58-86

ders.: *Schillers Dramen: Idealismus und Skepsis*. Tübingen/Basel 1994

ders.: *Die Jungfrau von Orleans. Sendung und Witwenmachen*. In: Knobloch/Koopmann (Hg.): *Schiller heute*. Tübingen 1996

Haas, Rosemarie: *Die Turmgesellschaft in Wilhelm Meisters Lehrjahren. Zur Geschichte des Geheimbundesromans und der Romantheorie im 18. Jahrhundert*. Frankfurt a.M. 1975

Habermas, Jürgen: *Strukturwandel der Öffentlichkeit. Untersuchungen zu einer Kategorie der bürgerlichen Gesellschaft. Mit einem Vorwort zur Neuauflage 1990*. [1962] Frankfurt a.M. 1990

ders.: *Exkurs zu Schillers Briefen über die ästhetische Erziehung des Menschen*. In: *Der philosophische Diskurs der Moderne. Zwölf Vorlesungen*. [1985] Frankfurt a.M. 1988. S. 59-64

Hahn, Karl-Heinz: *Der handschriftliche Nachlaß Friedrich Schillers im Goethe- und Schiller-Archiv in Weimar*. In: *JDSG 3* (1959). S. 368-385 ders · *Im Schatten der Revolution – Goethe und Jena im letzten Jahrzehnt des 18. Jahrhunderts.* In: *JbWGV 81-83* (1977-79). S. 37-58

Hamburger, Käte: *Schillers ästhetisches Denken.* In: *Friedrich Schiller: Über die ästhetische Erziehung des Menschen in einer Reihe von Briefen.* Stuttgart 1965. S. 131-150

dies.: *Schiller und die Lyrik.* In: *JDSG 16* (1972). S. 299-329

dies.: *Zum Problem des Idealismus bei Schiller.* In: *JDSG 4* (1960). S. 60-71

Henning, Hans: *Schillers Kabale und Liebe in der zeitgenössischen Rezeption.* Leipzig 1976

Henkel, Arthur: *Wie Schiller Königinnen reden läßt. Zur Szene III, 4 in der Maria Stuart.* In: Aurnhammer/Manger/Strack (Hg.): *Schiller und die höfische Welt.* Tübingen 1990. S. 398-406

Henrich, Dieter: *Der Begriff der Schönheit in Schillers Ästhetik.* In: *ZfPhF 11* (1957). S. 527-547

ders.: *Hegel im Kontext.* Frankfurt a.M. 1967

Heuer, Fritz: *Darstellung der Freiheit. Schillers transzendentale Frage nach der Kunst.* Köln 1970

Heuer, Fritz/Keller, Werner (Hg.): *Schillers Wallenstein.* Darmstadt 1977

Hinderer, Walter (Hg.): *Schillers Dramen. Neue Interpretationen.* Stuttgart 1979

ders.: *Wallenstein.* In: Hinderer, W. (Hg.): *Schillers Dramen. Neue Interpretationen.* Stuttgart 1979. S. 126-173

ders. (Hg.): *Interpretationen. Schillers Dramen.* Stuttgart 1992

ders.: *Die Räuber.* In: Hinderer, W. (Hg.): *Interpretationen. Schillers Dramen.* Stuttgart 1992. S. 11-67

Homann, Renate: *Erhabenes und Satirisches. Zur Grundlegung einer Theorie ästhetischer Literatur bei Kant und Schiller.* München 1977

Hucke, Karl-Heinz: *Jene »Scheu vor allem Mercantilischen«. Schillers »Arbeits- und Finanzplan«* (= Studien und Texte zur Sozialgeschichte der Literatur 12). Tübingen 1984

Hucke, Karl-Heinz/Kutzmutz, Olaf: *Entwürfe, Fragmente.* In: Koopmann (Hg.): *Schiller-Handbuch.* Stuttgart 1998. S. 523-546

Huschke, Wolfram: *Schiller-Vertonungen im frühen 19. Jahrhundert.* Marbach 1993

Inasaridse, Ethery: *Schiller und die italienische Oper. Das Schillerdrama als Libretto des Belcanto.* Frankfurt a.M. 1989

Janz, Rolf-Peter: *Schillers Kabale und Liebe als bürgerliches Trauerspiel.* In: *JDSG 20* (1976). S. 208-228

ders.: *Die Verschwörung des Fiesco zu Genua.* In: Hinderer, W. (Hg.): *Schillers Dramen. Neue Interpretationen.* Stuttgart 1979. S.37-57

Jauss, Hans Robert: *Literaturgeschichte als Provokation.* Frankfurt a.M. 1970

Jolles, Matthijs: *Dichtkunst und Lebenskunst: Studien zum Problem der Sprache bei Friedrich Schiller.* Bonn 1980

Jonas, Gisela (Hg.): *Schiller-Debatte 1905. Dokumente zur Literaturtheorie und Literaturkritik der revolutionären Sozialdemokratie.* Berlin 1988

Kaiser, Gerhard: *Wallensteins Lager. Schiller als Dichter und Theoretiker der Komödie.* [1970] In: Heuer, F./Keller, W. (Hg.): *Schillers Wallenstein.* Darmstadt 1977. S. 333-363

ders.: *Idylle und Revolution. Schillers Wilhelm Tell.* In: *Deutsche Literatur und Französische Revolution. Sieben Studien.* Göttingen 1974. S. 87-128

Karthaus, Ulrich: *Friedrich Schiller.* In: Corino, K. (Hg.): *Genie und Geld. Vom Auskommen deutscher Schriftsteller.* Nördlingen 1987. S. 151-164 ders.: *Schiller und die Französische Revolution.* In: *JDSG 33* (1989). S. 210-239

Keller, Werner: *Das Pathos in Schillers Jugendlyrik.* Berlin 1964

Kiesel, Helmuth/Münch, Paul: *Gesellschaft und Literatur im 18. Jahrhundert: Voraussetzungen und Entstehung des literarischen Markts in Deutschland.* München 1977

Kipka, Karl: *Maria Stuart im Drama der Weltliteratur, vornehmlich des 17. und 18. Jahrhunderts. Ein Beitrag zur vergleichenden Literaturgeschichte.* Leipzig 1907

Klotz, Heinrich: *Kunst im 20. Jahrhundert. Moderne – Postmoderne – Zweite Moderne.* München 1994

Kluge, Gerhard: *Die Braut von Messina.* In: Hinderer, W. (Hg.): *Schillers Dramen. Neue Interpretationen.* Stuttgart 1979. S. 242-270

Knobloch, Hans-Jörg/Koopmann, Helmut, Hg. (1996): *Schiller heute.* Tübingen 1996

Köpf, Gerhard: *Friedrich Schiller: Über Bürgers Gedichte. Historizität als Norm einer Theorie des Lesers.* In: *JbWGV 81-83* (1977-79). S. 263-273

Kommerell, Max: *Schiller als Psychologe.* In: *Geist und Buchstabe der Dichtung. Goethe – Schiller – Kleist – Hölderlin.* Frankfurt a.M. 1956. S. 175-242

Kondylis, Panajotis (1979): *Die Entstehung der Dialektik: Eine Analyse der geistigen Entwicklung von Hölderlin, Schelling und Hegel bis 1802.* Stuttgart 1979

Koopmann, Helmut: *Schiller und die Komödie.* In: *JDSG 13* (1969). S. 272-285

ders.: *Schillers Philosophische Briefe – ein Briefroman?* [(1976a] In: Bormann, A. von (Hg): *Wissen aus Erfahrungen. Werkbegriff und Interpretation heute. Festschrift für Herman Meyer zum 65. Geburtstag.* Tübingen 1976. S. 192-216

ders.: *Der Dichter als Kunstrichter. Zu Schillers Rezensionsstrategie.* [1976b] In: *JDSG 20* (1976). S. 229-246

ders.: *Joseph und sein Vater. Zu den biblischen Anspielungen in Schillers Räubern.* In: *Herkommen und Erneuerung. Essays für Oskar Seidlin.* [1976c] Tübingen 1976. S. 150-167

ders.: *Don Karlos.* In: Hinderer, W. (Hg.): *Schillers Dramen. Neue Interpretationen.* Stuttgart 1979. S. 87-108

ders.: *Schiller-Forschung 1970-1980. Ein Bericht.* Marbach a.N. 1982

ders.: *Don Karlos.* In: Hinderer, Walter (Hg.): *Interpretationen. Schillers Dramen.* Stuttgart 1992. S. 159-201

ders.: *Die Götter Griechenlandes.* In: Oellers, N. (Hg.): *Interpretationen. Gedichte von Friedrich Schiller.* Stuttgart 1996. S. 64-83

ders.: *Schillers Lyrik.* [1998a] In: Koopmann, H. (Hg.): *Schiller-Handbuch.* Stuttgart 1998. S. 303-325

ders.: *Die Verschwörung des Fiesko zu Genua.* [1998b] In: Koopmann, H. (Hg.): *Schiller-Handbuch.* Stuttgart 1998. S. 354-364

ders.: *Schriften von Schiller und Goethe.* [1998c] In: Koopmann, H. (Hg.): *Schiller-Handbuch.* Stuttgart 1998. S. 639-652

ders.: *Schillers Erzählungen.* [1998d] In: Koopmann, H. (Hg.): *Schiller-Handbuch.* Stuttgart 1998. S. 699-710

ders.: *Übersetzungen, Bühnenbearbeitungen.* [1998e] In: Koopmann, H. (Hg.): *Schiller-Handbuch.* Stuttgart 1998. S. 729-742

ders.: *Forschungsgeschichte.* [1998f] In: Koopmann, H. (Hg.): *Schiller-Handbuch.* Stuttgart 1998. S. 809-932

Koselleck, Reinhard: *Kritik und Krise. Eine Studie zur Pathogenese der bürgerlichen Welt.* [1959] Frankfurt a.M. 1973

Košenina, Alexander: *Wie die ›Kunst von der Natur überrumpelt‹ werden kann. An thropologie und Verstellungskunst.* In: Barkhoff/Sagarra (Hg.): *Anthropologie und Literatur um 1800.* München 1992. S. 53-71

ders.: *Anthropologie und Schauspielkunst. Studien zur ›eloquentia corporis‹ im 18. Jahrhundert.* Tübingen 1995

Kostka, Edmund R.: *Schiller in Russian Literature.* Philadelphia 1965

Kraft, Herbert (Hg.): *Friedrich Schiller. Wilhelm Tell. Quellen, Dokumente, Rezensionen.* Reinbek 1967

ders.: *Um Schiller betrogen.* Pfullingen 1978

Krauss, Werner: *Über die Konstellation der deutschen Aufklärung.* In: Fontius, Martin (Hg.): *Werner Krauss: Das wissenschaftliche Werk Bd. 7. Aufklärung III. Deutschland und Spanien.* Berlin 1996. S. 5-99

La Motte-Fouqué, Caroline de: *Geschichte der Moden, vom Jahre 1785-1829. Als Beytrag zur Geschichte der Zeit.* [1830] In: *JbJPG 12* (1977). S. 7-60

Lavrin, Janko: *Fjodor M. Dostojevskij in Selbstzeugnissen und Bilddokumenten.* Reinbek 1963

Leistner, Bernd: *Spielraum des Poetischen. Goethe – Schiller – Kleist – Heine.* Berlin/Weimar 1985

Leppmann, Wolfgang: *Goethe und die Deutschen.* Stuttgart 1962

Lepenies, Wolf: *Das Ende der Naturgeschichte. Wandel kultureller Selbstverständigung in den Wissenschaften des 18. und 19. Jahrhunderts.* München 1976

Liepe, Wolfgang: *Der junge Schiller und Rousseau.* [1926] In: *Beiträge zur Literatur- und Geistesgeschichte.* Neumünster 1963. S. 29-64

ders.: *Kulturproblem und Totalitätsideal. Zur Entwicklung der Problemstellung von Rousseau zu Schiller.* [1927] In: *Beiträge zur Literatur- und Geistesgeschichte.* Neumünster 1963. S. 65-78

Linder, Jutta: *Schillers Dramen. Bauprinzip und Wirkungsstrategie.* Bonn 1989

Ludwig, Albert: *Das Urteil über Schiller im 19. Jahrhundert.* Bonn 1905

Luhmann, Niklas: *Die Kunst der Gesellschaft.* Frankfurt a.M. 1997

Malles, Hans-Jürgen: *Die Künstler.* In: Oellers, N. (Hg.): *Interpretationen. Gedichte von Friedrich Schiller.* Stuttgart 1996. S. 84-111

Malsch, Wilfried: *Robespierre ad portas? Zur Deutungsgeschichte der Briefe über Don Karlos von Schiller.* In: Bauer Pickar/Cramer: *The Age of Goethe Today. Critical Reexamination and Literary Reflection.* München 1990. S. 69-103

Mann, Golo: *Schiller als Historiker.* In: *JDSG 20* (1976). S. 98-109

Marggraf, Wolfgang: *Schiller auf der italienischen Opernbühne.* Marbach 1993

Marquard, Odo: *Abschied vom Prinzipiellen. Philosophische Studien.* Stuttgart 1981

Martini, Fritz: *Wilhelm Tell. Der ästhetische Staat und der ästhetische Mensch.* In: *Worte und Werte. Bruno Markwardt zum 60. Geburtstag.* Berlin 1961. S. 253-275

ders.: *Demetrius.* In: Hinderer, W. (Hg.): *Schillers Dramen. Neue Interpretationen.* Stuttgart 1979. S. 316-347

Maurer, Doris: *Schiller auf der Bühne des Dritten Reiches.* In: Claussen/Oellers (Hg.): *Beschädigtes Erbe. Beiträge zur Klassikerrezeption in finsterer Zeit.* Bonn 1984. S. 29-44

Mayer, Hans: *Schillers Gedichte und die Traditionen deutscher Lyrik.* In: *JDSG 4* (1960). S. 72-89

ders.: *Goethe – Ein Versuch über den Erfolg.* [1973a] Frankfurt a.M./Leipzig 1992. S. 64 -74 ders.: *Der weise Nathan und der Räuber Spiegelberg.* [1973b] In: *JDSG 17* (1973). S. 253-272

ders.: *Das unglückliche Bewußtsein. Zur Literaturgeschichte von Lessing bis Heine.* Frankfurt a.M. 1986

Mehring, Franz: *Schiller und die Frauen.* [1905] In: Franz Mehring: *Gesammelte Schriften Bd. 10.* Berlin 1961. S. 287-297

ders.: *Schiller. Ein Lebensbild für deutsche Arbeiter.* In: Franz Mehring: *Gesammelte Schriften Bd. 10.* Berlin 1961. S. 91-241

Metelmann, Ernst: *Schillers Räuber. Die Probleme um die Erstauflage von 1781.* In: Börsenblatt für den Deutschen Buchhandel, Nr. 72a vom 9. September 1957. S. 33-39

Michelsen, Peter: *Der Bruch mit der Vater-Welt: Studien zu Schillers Räubern.* Heidelberg 1979

Misch, Manfred: *Schillers Zeitschriften.* In: Koopmann, H. (Hg.): *Schiller-Handbuch.* Stuttgart 1998. S. 743-757

Müller, Ernst: *Der Herzog und das Genie.* Stuttgart 1955

Müller, Irmgard: *»Die Wahrheit... von dem Krankenbett aus beweisen...« Zu Schillers medizinischen Studien und Bestrebungen.* In: Grathoff/Leibfried (Hg.): *Schiller. Vorträge aus Anlaß seines 225. Geburtstages.* Frankfurt a.M. 1991. S. 112-132

Müller, Joachim: *Schillers Kabale und Liebe als Höhepunkt seines Jugendwerks.* In: ders.: *Wirklichkeit und Klassik. Beiträge zur Literaturgeschichte von Lessing bis Heine.* Berlin 1955. S. 116-148

Müller, Lothar: *Die kranke Seele und das Licht der Erkenntnis: Karl Philipp Moritz' Anton Reiser.* Frankfurt a.M. 1987

Müller-Seidel, Walter: *Das stumme Drama der Luise Millerin.* [1955] In: Berghahn/Grimm (Hg.): *Schiller. Zur Theorie und Praxis der Dramen.* Darmstadt 1972. S. 131-147

Muhlack, Ulrich: *Schillers Konzept der Universalgeschichte zwischen Aufklärung und Historismus.* In: Dann/Oellers/Osterkamp (Hg.): *Schiller als Historiker.* Stuttgart/Weimar 1995. S. 5-28

Nesseler, Olga und Thomas: *Auf des Messers Schneide: zur Funktionsbestimmung literarischer Kreativität bei Schiller und Goethe. Eine psychoanalytische Studie.* Würzburg 1994

Noltenius, Rainer: *Dichterfeiern in Deutschland. Rezeptionsgeschichte als Sozialgeschichte am Beispiel der Schiller- und Freiligrath-Feiern.* München 1984

ders.: *Zur Sozialpsychologie der Rezeption von Literatur. Schiller 1859 in Deutschland: Der Dichter als Führer und Heiland.* In: *Psyche 39* (1985). S. 592-616.

Oellers, Norbert: *Souveränität und Abhängigkeit. Vom Einfluß der privaten und öffentlichen Kritik auf poetische Werke Schillers.* In: *Untersuchungen zur Literatur als Geschichte. Festschrift für Benno von Wiese.* Hg. von Vincent J. Günther u.a. Berlin 1973. S. 129-154

ders.: s.o. *Schiller – Zeitgenosse aller Epochen* [1976]

ders.: *Friedrich Schiller. Zur Modernität eines Klassikers.* Frankfurt a.M. 1996

Osterkamp, Ernst: *Die Seele des historischen Subjekts. Historische Portraitkunst in Schillers Geschichte des Abfalls der Vereinigten Niederlande von der Spanischen Regierung.* In: Dann/Oellers/Osterkamp (Hg.): *Schiller als Historiker.* Stuttgart/Weimar 1995. S. 157-178

ders.: *Nänie.* In: Oellers, N. (Hg.): *Interpretationen. Gedichte von Friedrich Schiller.* Stuttgart 1996. S. 282-297

Parker, Geoffrey: *Der Dreißigjährige Krieg.* [1987] Frankfurt/New York 1997
Petrus, Klaus: *Schiller über das Erhabene.* In: *ZfPhF 47* (1993). S. 23-40
Pfotenhauer, Helmut: *Literarische Anthropologie. Selbstbiographien und ihre Geschichte – am Leitfaden des Leibes.* Stuttgart 1987
Popitz, Heinrich: *Der entfremdete Mensch. Zeitkritik und Geschichtsphilosophie des jungen Marx.* Basel 1953
Pott, Hans-Georg: *Die Schöne Freiheit. Eine Interpretation zu Schillers Schrift Über die ästhetische Erziehung des Menschen in einer Reihe von Briefen.* München 1980
Prader, Florian: *Schiller und Sophokles.* Zürich 1954
Reed, Terence J.: *Ecclesia militans: Weimarer Klassik als Opposition.* In: Barner/Lämmert/Oellers (Hg.): *Unser Commercium. Goethes und Schillers Literaturpolitik.* Stuttgart 1984
ders.: *Schillers Leben und Persönlichkeit.* In: Koopmann, H. (Hg.): *Schiller-Handbuch.* Stuttgart 1998. S. 1-22
Reichard, Georg: *August Wilhelm Schlegels Ion. Das Schauspiel und die Aufführungen unter der Leitung von Goethe und Iffland.* Bonn 1987
Reinhardt, Hartmut: *Die Wege der Freiheit. Schillers Wallenstein-Trilogie und die Idee des Erhabenen.* In: Wittkowski, W. (Hg): *Friedrich Schiller. Kunst, Humanität und Politik in der späten Aufklärung.* Tübingen 1982. S. 252-269
ders.: *Don Karlos.* In: Koopmann (Hg.): *Schiller-Handbuch.* Stuttgart 1998. S. 379-394
Riedel, Manfred: *Geschichte und Gegenwart. Europa in Schillers Konzept der Universalgeschichte.* In: Dann/Oellers/Osterkamp (Hg.): *Schiller als Historiker.* Stuttgart/Weimar 1995. S. 29-58
Riedel, Wolfgang: *Die Anthropologie des jungen Schiller. Zur Ideengeschichte der medizinischen Schriften und der Philosophischen Briefe.* Würzburg 1985
ders.: *Der Spaziergang: Ästhetik der Landschaft und Geschichtsphilosophie der Natur bei Schiller.* Würzburg 1989
ders.: *Die Aufklärung und das Unbewußte. Die Inversionen des Franz Moor.* In: *JDSG 37* (1993). S. 198-220
ders.: *Resignation.* In: Oellers, N. (Hg.): *Interpretationen. Gedichte von Friedrich Schiller.* Stuttgart 1996. S. 48-63
ders.: *Schiller und die popularphilosophische Tradition.* [1998a] In: Koopmann, H. (Hg.): *Schiller-Handbuch.* Stuttgart 1998. S. 155-166
ders.: *Schriften der Karlsschulzeit.* [1998b] In: Koopmann, H. (Hg.): *Schiller-Handbuch.* Stuttgart 1998. S. 547-559
Roche, Mark: *Dynamic Stillness. Philosophical Conceptions of Ruhe in Schiller, Hölderlin, Büchner, and Heine.* Tübingen 1987
Ruppelt, Georg: *Die Ausschaltung des Wilhelm Tell. Dokumente zum Verbot des Schauspiels in Deutschland.* In: *JDSG 20* (1976). S. 402-419
ders.: *Schiller im nationalsozialistischen Deutschland. Der Versuch einer Gleichschaltung.* Stuttgart 1979
Salis, J. R. von: *Ursprung, Gestalt und Wirkung des schweizerischen Mythos von Tell.* In: Stunzi, Lilly (Hg.): *Tell. Werden und Wandern eines Mythos.* Bern/Stuttgart 1973. S. 9-29
Satonski, Dmitri: *Friedrich Schillers Abhandlung Über naive und sentimentalische Dichtung und der europäische Realismus des 19. Jahrhunderts.* In: Brandt, H. (Hg.): *Friedrich Schiller – Angebot und Diskurs: Zugänge, Dichtung, Zeitgenossenschaft.* Berlin/Weimar 1987. S. 117-127

Sauder, Gerhard: *Die Jungfrau von Orleans*. In: Hinderer, W. (Hg.): *Schillers Dramen. Neue Interpretationen*. Stuttgart 1979. S. 217-241

Sautermeister, Gert: *Idyllik und Dramatik im Werk Friedrich Schillers. Zum geschichtlichen Ort seiner klassischen Dramen*. Stuttgart etc. 1971

ders.: *Maria Stuart*. In: Hinderer, W. (Hg.): *Schillers Dramen. Neue Interpretationen*. Stuttgart 1979. S. 174-216

Schadewaldt, Wolfgang: *Antikes und Modernes in Schillers Braut von Messina*. In: *JDSG 13* (1963). S. 286-307

ders.: *Die griechische Tragödie*. Tübinger Vorlesungen Bd. 4. Unter Mitwirkung von Maria Schadewaldt hg. von Ingeborg Schudoma. 2. Aufl. Frankfurt a.M. 1992

Schaarschmidt, Peter: *Die Begriffe »Notwendigkeit« und »Allgemeinheit« bei Kant und Schiller*. Diss. Zürich 1971

Scherpe, Klaus: *Die Räuber*. In: Hinderer, W. (Hg.): *Schillers Dramen. Neue Interpretationen*. Stuttgart 1979. S. 9-36

Schings, Hans-Jürgen: *Melancholie und Aufklärung. Melancholiker und ihre Kritiker in Erfahrungsseelenkunde und Literatur des 18. Jahrhunderts*. Stuttgart 1977

ders.: *Philosophie der Liebe und Tragödie des Universalhasses. Die Räuber im Kontext von Schillers Jugendphilosophie (I)*. In: *JbWGV 84/85* (1980/81). S. 71-95

ders.: *Schillers Räuber. Ein Experiment des Universalhasses*. In: Wittkowski, W. (Hg.): *Friedrich Schiller. Kunst, Humanität und Politik in der späten Aufklärung*. Tübingen 1982. S. 1-25

ders.: *Das Haupt der Gorgone. Tragische Analysis und Politik in Schillers Wallenstein*. In: Buhr/Kittler/Turk (Hg.): *Das Subjekt der Dichtung. Festschrift für Gerhard Kaiser*. Würzburg 1990. S. 283-307

ders. (Hg.): *Der ganze Mensch. Anthropologie und Literatur im 18. Jahrhundert*. DFG-Symposion 1992. Stuttgart/Weimar 1994

ders.: *Die Brüder des Marquis Posa. Schiller und der Geheimbund der Illuminaten*. Tübingen 1996

Schlaffer, Hannelore: *Die Ausweisung des Lyrischen aus der Lyrik. Schillers Gedichte*. In: Buhr/Kittler/Turk (Hg.): *Das Subjekt der Dichtung. Festschrift für Gerhard Kaiser*. Würzburg 1990. S. 519-532

Schmidt, Siegfried J.: *Die Selbstorganisation des Sozialsystems Literatur im 18. Jahrhundert*. Frankfurt a.M. 1989

Schulin, Ernst: *Schillers Interesse an Aufstandsgeschichte*. In: Dann/Oellers/Osterkamp (Hg.): *Schiller als Historiker*. Stuttgart/Weimar 1995. S. 137-148

Schulz, Gerhard: *Schillers Wallenstein zwischen den Zeiten*. In: Hinck, W. (Hg.): *Geschichte als Schauspiel*. Frankfurt a.M. 1981. S. 116-132

ders.: *Schiller und die zeitgenössische Literatur*. In: Koopmann, H. (Hg.): *Schiller-Handbuch*. Stuttgart 1998. S. 23-43

Schulz, Günter: *Die erste Fassung von Fichtes Abhandlung Über Geist und Buchstab in der Philosophie. In einer Reihe von Briefen 1794. Ein Beitrag zum Verhältnis Fichte-Schiller*. In: *JbGG* (1955). S. 114-141

Schuller, Marianne: *Körper. Fieber. Feuer. Medizinischer Diskurs und literarische Figur beim jungen Schiller*. In: Groddeck/Stadler (Hg.): *Physiognomie und Pathognomik. Zur literarischen Darstellung von Individualität. Festschrift für Karl Pestalozzi zum 65. Geburtstag*. Berlin/New York 1994. S. 153-168

Schwarzbauer, Franz: *Die Xenien: Studien zur Vorgeschichte der Weimarer Klassik*. Stuttgart/Weimar 1993

Sengle, Friedrich: *Die Xenien Goethes und Schillers als Dokument eines Generationenkampfes*. In: Barner/Lämmert/Oellers (Hg.): *Unser Commercium. Goethes und Schillers Literaturpolitik*. Stuttgart 1984. S. 55-77

Staiger, Emil: *Schillers Größe*. In: *Schiller. Reden im Gedenkjahr 1959*. Stuttgart 1961. S. 293-309

Steinhagen, Harald: *Der junge Schiller zwischen Marquis de Sade und Kant. Aufklärung und Idealismus*. In: *DVjs 56* (1982). S. 135-157

Szondi, Peter: *Der tragische Weg von Schillers Demetrius*. In: Berghahn/Grimm (Hg.): *Schiller. Zur Theorie und Praxis der Dramen*. Darmstadt 1972. S. 466-484

ders.: *Poetik und Geschichtsphilosophie II*. Frankfurt a.M. 1974

ders.: *Das Naive ist das Sentimentalische. Zur Begriffsdialektik in Schillers Abhandlung*. In: *Schriften II*. Frankfurt a.M. 1978. S. 59-105

Teller, Frida: *Die Wechselbeziehungen von psychischem Konflikt und körperlichem Leiden bei Schiller*. In: *Imago VII. Jg.* (1921), Heft 2. S. 95-126

Thiergard, Ulrich: *Schiller und Walpole. Ein Beitrag zu Schillers Verhältnis zur Schauerliteratur*. In: *JDSG 3* (1959). S. 102-117

Thomas, Werner: *Schubert-Studien*. Frankfurt a.M. 1990

Ueding, Gert: *Schillers Rhetorik. Idealistische Wirkungsästhetik und rhetorische Tradition*. Tübingen 1971

ders.: *Wilhelm Tell*. In: Hinderer, W. (Hg.): *Schillers Dramen. Neue Interpretationen*. Stuttgart 1979. S. 271-293

ders.: *Schiller und die Rhetorik*. In: Koopmann, H. (Hg.): *Schiller-Handbuch*. Stuttgart 1998. S. 190-197

Uhland, Robert: *Geschichte der Hohen Karlsschule in Stuttgart*. Stuttgart 1953

Ungern-Sternberg, Wolfgang von: *Schriftsteller und literarischer Markt*. In: Grimminger, R. (Hg.): *Deutsche Aufklärung bis zur Französischen Revolution 1680 – 1789* (= Hansers Sozialgeschichte der deutschen Literatur Bd. 3). 2. durchges. Aufl. München 1984. S. 133-185

Utz, Peter: *Die ausgehöhlte Gasse. Stationen der Wirkungsgeschichte von Schillers Wilhelm Tell*. Königstein 1984

ders.: *Auge, Ohr und Herz. Schillers Dramaturgie der Sinne*. In: *JDSG 29* (1985). S. 62-97

ders.: *Das Auge und das Ohr im Text. Literarische Wahrnehmung in der Goethezeit*. München 1990

Vaerst-Pfarr, Christa: *Semele – Die Huldigung der Künste*. In: Hinderer, W. (Hg.): *Schillers Dramen. Neue Interpretationen*. Stuttgart 1979. S. 294-315

Veil, Wolfgang H.: *Schillers Krankheit. Eine Studie über das Krankheitsgeschehen in Schillers Leben und über den natürlichen Todesausgang*. 2. ergänzte und erweiterte Auflage. Naumburg 1945

Veit, Philipp F.: *Moritz Spiegelberg. Eine Charakterstudie zu Schillers »Räubern«*. In: *JDSG 17* (1973). S. 273-290

Vierhaus, Rudolf: *Politisches Bewußtsein in Deutschland vor 1789*. [1967] In: Bolten, J. (Hg.): *Schillers Briefe über die ästhetische Erziehung*. Frankfurt a.M. 1984

ders.: *Deutschland im 18. Jahrhundert. Politische Verfassung, soziales Gefüge, geistige Bewegungen*. Göttingen 1987

Voges, Michael: *Aufklärung und Geheimnis. Untersuchungen zur Vermittlung von Literatur- und Sozialgeschichte am Beispiel der Aneignung des Geheimbundmaterials im Roman des späten 18. Jahrhunderts*. Tübingen 1987

Weis, Eberhard: *Der Illuminatenorden (1776-1786) unter besonderer Berücksichti-
    gung der Fragen seiner sozialen Zusammensetzung, seiner politischen Ziele und sei-
    ner Fortexistenz nach 1786*. München 1987 (Bayerische Akademie der Wissen-
    schaften, Phil.-Hist. Klasse, Sitzungsberichte 1987, H. 4)
Weissberg, Liliane: *Geistersprache. Philosophischer und literarischer Diskurs im spä-
    ten achtzehnten Jahrhundert*. Würzburg 1990
Weber, Max: *Gesammelte Aufsätze zur Religionssoziologie I*. [1920] 9. Aufl. Tübin-
    gen 1988
ders.: *Wirtschaft und Gesellschaft*. [1921] 5. Aufl. Tübingen 1980
ders.: *Gesammelte Aufsätze zur Wissenschaftslehre*. [1922] 7. Aufl. Tübingen 1988
Weber, Peter: *Schillers Horen – ein zeitgerechtes Journal? Aspekte publizistischer Stra-
    tegien im ausgehenden 18. Jahrhundert*. In: Brandt, H. (Hg.): *Friedrich Schiller –
    Angebot und Diskurs: Zugänge, Dichtung, Zeitgenossenschaft*. Berlin/Weimar 1987.
    S. 451-463
Werner, Hans-Georg: *Schillers literarische Strategie nach der Französischen Revoluti-
    on* (Sitzungsberichte der Akademie der Wissenschaften in Berlin) Jg. 1990
    Nr.7/G. Berlin 1991
Wilkinson, Elizabeth M./Willoughby, Leonard A.: *Schillers ästhetische Erziehung
    des Menschen. Eine Einführung*. München 1977. [Orig. *On the Aesthetic Educa-
    tion of Man*. Oxford 1967]
Wittkowski, Wolfgang (Hg.): *Friedrich Schiller. Kunst, Humanität und Politik in
    der späten Aufklärung*. Tübingen 1982.
Wittmann, Reinhard: *Ein Verlag und seine Geschichte. Dreihundert Jahre J. B.
    Metzler Stuttgart*. Stuttgart 1982
Wolgast, Eike: *Schiller und die Fürsten*. In: Aurnhammer/Manger/Strack (Hg.):
    Schiller und die höfische Welt. Tübingen 1990. S. 6-30
Zelle, Carsten: *Die Notstandsgesetzgebung im ästhetischen Staat. Anthropologische
    Aporien in Schillers philosophischen Schriften*. In: Schings, H.-J. (Hg.): *Der ganze
    Mensch. Anthropologie und Literatur im 18. Jahrhundert*. Stuttgart/Weimar
    1994. S. 440-468
ders.: *Die doppelte Ästhetik der Moderne: Revisionen des Schönen von Boileau bis
    Nietzsche*. Stuttgart/Weimar 1995
Zimmermann, Bernhard: *Lesepublikum, Markt und soziale Stellung des Schriftstel-
    lers in der Entwicklungsphase der bürgerlichen Gesellschaft*. In: *Propyläen Ge-
    schichte der Literatur Bd. IV*. Aufklärung und Romantik 1700-1830. Frankfurt
    a.M./Berlin/Wien 1983. S. 524-549

XIII. Personenregister

Abel, Jakob Friedrich   15, 75
Albert, Claudia   221, 233
Alt, Peter-André   45, 49, 70
Archenholtz, Johann Wilhelm von   158
Argenson, Marquis d'   192
Augé, Johann Abraham David von   38

Baggesen, Jens   120, 121
Balet, Leo   3
Balsamo, Giuseppe gen. Cagliostro   77
Barnouw, Jeffrey   133
Bauke, Joseph P.   165
Beaujean, Marion   65
Beck, Heinrich   39
Becker, Rudolf Zacharias   83
Beethoven, Ludwig van   220, 237
Beil, Johann David   39
Benjamin, Walter   190
Berghahn, Klaus L.   61, 93, 102, 103, 160
Berief, Renate   141
Bernauer, Joachim   96, 97, 101, 106, 154
Best, Otto F.   35
Beulwitz, Caroline von (später von Wolzogen)   10, 12, 84, 92, 219
Binder, Wolfgang   49
Bloch, Peter André   225
Boehm, Gottfried   1
Böhler, Michael   168, 171
Böhme, Hartmut   7, 52, 71
Boerner, Peter   233
Bolten, Jürgen   71, 122
Borcherdt, Hans Heinrich   165
Borchmeyer, Dieter   67, 183, 225, 237
Böttiger, Karl August   166
Bovenschen, Silvia   196, 200
Bräutigam, Bernd   131, 141
Brender, Irmela   157

Brentano, Clemens   206
Brinkmann, Richard   165
Bruckmann, Christoph   96
Bruford, Walter H.   1
Brusniak, Friedhelm   220
Büchner, Georg   234
Buchwald, Reinhard   14, 60, 171
Burckhardt, Carl J.   76
Burckhardt, Jacob   68, 227
Bürger, Gottfried August   96
Bussmann, Walther   73

Camigliano, Albert J.   61
Clasen, Thomas   48, 196
Consbruch, Johann Friedrich   25
Corneille, Pierre   60
Cotta, Johann Friedrich   147, 149-153, 155 159
Craig, Gordon A.   8, 192
Crébillon, Claude Prosper Jolyot de   60

Da Ponte, Lorenzo   27
Dalberg, Wolfgang Heribert von   33
Dann, Otto   93, 94
Darsow, Götz-Lothar   98, 102
Demmer, Sybille   109
Dewhurst, Kenneth   7, 15-17
Diderot, Denis   71
Diwald, Hellmut   93
Dostojevskij, Fjodor M.   233
Duncan, Bruce   51
Dyk, Johann Gottfried   166

Eagleton, Terry   126
Eder, Jürgen   86, 87
Eichendorff, Joseph von   5, 103
Elias, Norbert   1, 72
Engel, Johann Jakob   149, 150, 155
Enzensberger, Hans Magnus   103
Erhard, Johann Philipp   32
Euripides   195, 226, 230

Fähnrich, Hermann 95
Fahs, Wolfgang 169
Fambach, Oscar 107, 160, 166
Fichte, Johann Gottlieb 11, 93,
    141, 150, 153-155, 158-161
Figes, Orlando 23
Finscher, Ludwig 95
Fischer, Bernhard 176
Fontenelle, Bernard Le Bovier de 192
Francois-Poncet, André 227
Friedl, Gerhard 30, 136
Friedrich Christian, Herzog von
    Schleswig-Holstein-Augustenburg
    120, 121, 125
Friedrich, Caspar David 229
Frick, Werner 34, 136, 139
Friedrich II. 14
Fröhlich, Harry 33, 64, 157
Frühwald, Wolfgang 107
Fuhrmann, Helmut 196

Garve, Christian 149, 150, 155, 166
Geitner, Ursula 51
Gentz, Friedrich von 155
Gerhard, Eberhard 3
Gerhard, Ute 233, 236
Gerstenberg, Heinrich Wilhelm 21
Gleim, Johann Ludwig 158
Goethe, Johann Wolfgang 11, 13,
    21, 64, 79, 85, 86, 101, 103-105,
    138, 145, 147, 149-151, 153-155,
    157, 158, 162-179, 185, 188,
    189, 194, 205, 208, 213, 222-
    226, 230, 232-234, 236
Göschen, Georg Joachim 64, 73,
    77, 120, 125, 148, 149, 151, 152,
    159, 201
Gotter, Friedrich Wilhelm 149, 150
Gozzi, Carlo Graf 226
Graham, Ilse 4
Grammont, Joseph Friedrich 16
Grassl, Hans 74
Grawe, Christian 195, 234
Gross, Michael 1, 155, 159
Guthke, Karl S. 67, 182, 195, 197,
    204, 205, 208-210, 213, 218, 226

Haas, Rosemarie 76
Habermas, Jürgen 1, 128
Hahn, Karl-Heinz 154, 230

Hamann, Johann Georg 110
Hamburger, Käte 116
Haydn, Joseph 31, 237
Hegel, Georg Wilhelm Friedrich 45,
    106-108, 128, 186, 198
Heine, Heinrich 3, 103, 202
Helvétius, Claude-Adrien 75
Hemsterhuis, Frans 58
Henkel, Arthur 197
Henning, Hans 29
Henrich, Dieter 50, 58, 131
Herder, Johann Gottfried 58, 73,
    104, 110, 137, 148-150, 154,
    155, 158, 169, 170
Heuer, Fritz 138, 179, 185
Hinderer, Walter 23, 27, 35, 181,
    182, 186
Hitler, Adolf 221, 228
Hoffmann, E.T.A. 74
Hölderlin, Friedrich 40, 103, 104,
    110, 111, 148, 157
Homann, Renate 135, 139, 208
Homer 135
Hoven, Friedrich Wilhelm von 3, 16
Huber, Ludwig Ferdinand 60
Hucke, Karl-Heinz 151, 159, 191
Humboldt, Wilhelm von 8, 94,
    101, 104, 105, 149, 158, 178-
    182, 184, 223, 224, 233
Huschke, Wolfram 237

Iffland, August Wilhelm 50, 214-
    217, 220-222, 224
Inasaridse, Ethery 237

Jacobi, Friedrich Heinrich 155
Janz, Rolf-Peter 43, 49
Jauß, Hans Robert 136, 139
Jean Paul 102
Jonas, Gisela 236
Joseph II. 14

Kaiser, Gerhard 179, 218
Kalb, Charlotte von 169
Kant, Immanuel 3, 65, 78, 90, 91,
    97, 114-121, 123-125, 130, 131,
    133, 136, 138, 139, 142, 150,
    153-155, 160
Karl August, Herzog von Sachsen-
    Weimar-Eisenach 72, 87, 226

Karl Eugen, Herzog von Württemberg 14
Karthaus, Ulrich 148, 218
Keller, Werner 179, 185
Keller, Gottfried 235
Kiesel, Helmuth 80, 83, 159
Kipka, Karl 195
Klopstock, Friedrich Gottlieb 2, 138, 150, 154
Klotz, Heinrich 3
Kluge, Gerhard 211
Kommerell, Max 90
Kondylis, Panajotis 116, 133
Koopmann, Helmut 7, 15, 49, 71, 77, 95, 106, 167, 209, 226
Köpf, Gerhard 96
Körner, Christian Gottfried 60, 77, 81, 82, 84, 91, 105-107, 109, 111, 120, 123, 148, 154, 157-159, 165, 170, 171, 199, 201, 211, 222, 232, 233
Koselleck, Reinhard 4
Kostka, Edmund 233
Košenina, Alexander 26, 52
Kraft, Herbert 192, 217, 219
Krauss, Werner 1
Kulenkampff, Jens 120
Kutzmutz, Olaf 191

La Mettrie, Julien Offray de 18
La Motte-Fouqué, Caroline de 207
Lavater, Johann Kaspar 26
Lavrin, Janko 233
Leistner, Bernd 186
Lengefeld, Luise von 170
Lenz, Jakob Michael Reinhold 71
Lepenies, Wolf 116
Leppmann, Wolfgang 233
Lessing, Gotthold Ephraim 2, 70, 225, 226
Liepe, Wolfgang 141
Linder, Jutta 178
Ludwig XIV. 192
Ludwig, Albert 233
Luhmann, Niklas 129, 133

Malles, Hans-Jürgen 111
Malsch, Wilfried 64, 67
Man, Paul de 118
Mann, Golo 93

Mann, Thomas 70
Manso, Johann Caspar Friedrich 166
Mäntler, Christoph Gottfried 32
Marggraf, Wolfgang 237
Marquard, Odo 7
Martini, Fritz 218, 227
Marx, Karl 128
Matthisson, Friedrich 96, 97, 154, 155
Maurer, Doris 221
Mayer, Hans 35, 103, 119, 121, 168
Mehring, Franz 196
Mercier, Louis-Sébastien 192
Metelmann, Ernst 32
Metzler, Johann Benedikt 32, 95
Michelsen, Peter 30
Minor, Jacob 18
Misch, Manfred 5, 95, 148
Moritz, Karl Philipp 29, 92, 93
Mozart, Wolfgang Amadé 27, 31
Muhlack, Ulrich 86, 89, 91
Müller, Ernst 14, 18, 39
Müller, Joachim 49
Müller, Lothar 17, 21, 30
Müller-Seidel, Walter 51
Münch, Paul 80, 83, 159

Napoleon I. 188, 228
Nesseler, Olga und Thomas 11
Niethammer, Friedrich Immanuel 223
Nietzsche, Friedrich 232, 234, 235, 237
Noltenius, Rainer 234, 235, 238

Oellers, Norbert 11, 95, 107, 203, 209, 214
Osterkamp, Ernst 89, 92, 101
Ovid 111, 117

Palleske, Emil 13
Parker, Geoffrey 179
Petrus, Klaus 133
Pfotenhauer, Helmut 1
Philipp II. 72
Picard, Louis Benoît 226
Pindar 111
Platner, Ernst 7, 19
Platon 57, 58

Plutarch 88
Polack, Friedrich 236
Popitz, Heinrich 128
Pott, Hans-Georg 129
Prader, Florian 195, 197

Racine, Jean 60, 225
Recke, Elise von der 77
Reed, Terence J. 4, 151
Reeves, Nigel 7, 15-17
Reichard, Georg 71
Reichardt, Johann Friedrich 11,
    164, 165, 237
Reinhardt, Hartmut 71, 183
Reinhold, Karl Leonhard 65, 68,
    120, 153, 169
Riedel, Manfred 227
Riedel, Wolfgang 6, 7, 16, 55, 58,
    75, 96, 98, 99, 116, 132, 141,
    202
Roche, Mark 143
Rossini, Gioacchino 237
Rousseau, Jean-Jacques 42, 141
Ruppelt, Georg 221, 233

Sade, Donatien-Alphonse-François
    Marquis de 71, 72
Salis, J. R. von 214
Satonski, Dmitri 233
Sauder, Gerhard 200, 201, 205
Sautermeister, Gert 195, 197, 204
Schaarschmidt, Peter 97
Schadewaldt, Wolfgang 194, 211,
    230
Scharffenstein, Georg Friedrich 11
Schelling, Friedrich Wilhelm Joseph
    110, 111, 223
Scherpe, Klaus 37
Schiller, Karoline 10, 222
Schiller, Charlotte (geb. von Lenge-
    feld) 84, 87, 105, 147, 222
Schiller, Christiane 10
Schiller, Christophine 10, 232
Schiller, Elisabeth Dorothea 10, 12
Schiller, Emilie 222
Schiller, Ernst 222
Schiller, Johann Caspar 10, 12-14,
    87
Schiller, Karl 222
Schiller, Louise 10, 232

Schimmelmann, Ernst Heinrich Graf
    von 120, 121
Schings, Hans-Jürgen 17, 65, 120,
    186, 188
Schlaffer, Hannelore 99
Schlegel, August Wilhelm 102, 158,
    162, 165, 207, 209, 211, 224
Schlegel, Caroline 101
Schlegel, Friedrich 11, 102, 138,
    164-166, 203, 206, 207, 224, 238
Schmidt, Siegfried J. 155, 156
Schopenhauer, Arthur 64
Schubart, Christian Friedrich Daniel
    3
Schubert, Franz 237
Schulin, Ernst 86, 92, 179
Schuller, Marianne 18, 20
Schulz, Gerhard 2, 15, 183
Schulz, Günter 154
Schumann, Robert 237
Schütz, Christian Gottfried 155,
    162, 223
Schwan, Christian Friedrich 33, 40
Schwarzbauer, Franz 126, 148, 155,
    162, 165
Sengle, Friedrich 152
Shakespeare, William 21, 31, 60,
    65, 226, 234
Sophokles 195, 198, 208-210
Staiger, Emil 103, 230
Stäudlin, Gotthold Friedrich 95
Steinhagen, Harald 72
Stock, Dora 60
Stock, Minna 60
Stolberg-Stolberg, Friedrich Leopold
    Graf zu 107
Storz, Gerhard 199
Streicher, Andreas 38, 39
Szondi, Peter 136, 194, 228

Teller, Frida 38
Thiergard, Ulrich 208
Thomas, Werner 237
Tieck, Ludwig 207

Ueding, Gerd 4, 100, 136, 213, 218
Uhland, Robert 14, 15
Unger, Johann Friedrich 73
Ungern-Sternberg, Wolfgang 156, 157
Utz, Peter 43, 49, 183, 213

Vaerst, Pfarr. Christa   95
Veil, Wolfgang H.   112
Veit, Philipp F.   35
Verdi, Giuseppe   237
Vierhaus, Rudolf   1, 65
Voges, Michael   76
Voltaire (d.i. François-Marie Arouet)
   60, 200-202

Wagner, Cosima   207, 236
Wagner, Richard   207, 219, 236, 237
Walpole, Horace   208
Watson, Robert   93
Weber, Max   8, 109, 181, 206, 228
Weber, Peter   149
Weis, Eberhard   65
Weishaupt, Adam   68
Weissberg, Liliane   78

Werner, Hans-Georg   128
Werthes, Friedrich August Clemens
   226
Wieland, Christoph Martin   11, 65,
   73, 106, 109, 111, 149, 151-153,
   158, 159, 169, 170, 202
Wiese, Benno von   51, 103, 209, 218
Wilkinson, Elizabeth A.   133
Willoughby, Leonard A.   133
Winckelmann, Johann Joachim   136
Wittmann, Reinhard   32
Wolgast, Eike   14
Woltmann, Karl Ludwig   150, 155

Zelle, Carsten   112, 115, 117, 118,
   131, 133, 139, 234
Zimmermann, Bernhard   1, 153
Zimmermann, Johann Georg   20, 22

Sammlung Metzler

Deutsche Literaturgeschichte
SM   47 Steinmetz: Die Komödie der Aufklärung
SM   68 Kimpel: Der Roman der Aufklärung (1670-1774)
SM   75 Hoefert: Das Drama des Naturalismus
SM 128 Meid: Der deutsche Barockroman
SM 142 Ketelsen: Völkisch-nationale und nationalsoz. Lit. in Dtld 1890-1945
SM 144 Schutte: Lyrik des deutschen Naturalismus (1885-1893)
SM 157 Aust: Literatur des Realismus
SM 170 Hoffmeister: Deutsche und europäische Romantik
SM 175 Wilke: Zeitschriften des 18. Jh. II: Repertorium
SM 209 Alexander: Das deutsche Barockdrama
SM 210 Krull: Prosa des Expressionismus
SM 225 Obenaus: Lit. und politische Zeitschriften 1830-1848
SM 227 Meid: Barocklyrik
SM 229 Obenaus: Lit. und politische Zeitschriften 1848-1880
SM 234 Hoffmeister: Deutsche und europäische Barockliteratur
SM 238 Huß-Michel: Lit. und politische Zeitschriften des Exils 1933-1945
SM 241 Mahoney: Der Roman der Goethezeit
SM 247 Cowen: Das deutsche Drama im 19. Jh.
SM 250 Korte: Geschichte der deutschen Lyrik seit 1945
SM 290 Lorenz: Wiener Moderne
SM 298 Kremer: Prosa der Romantik
SM 329 Anz: Literatur des Expressionismus

Gattungen
SM   9 Rosenfeld: Legende
SM   12 Nagel: Meistersang
SM   16 Lüthi: Märchen
SM   52 Suppan: Volkslied
SM   53 Hain: Rätsel
SM   63 Boeschenstein-Schäfer: Idylle
SM   77 Straßner: Schwank
SM 116 Guthke: Das deutsche bürgerliche Trauerspiel
SM 133 Koch: Das deutsche Singspiel
SM 145 Hein: Die Dorfgeschichte
SM 154 Röhrich/Mieder: Sprichwort
SM 155 Tismar: Kunstmärchen
SM 164 Siegel: Die Reportage
SM 172 Würffel: Das deutsche Hörspiel
SM 177 Schlütter u.a.: Sonett
SM 191 Nusser: Der Kriminalroman
SM 208 Fricke: Aphorismus

SM 214 Selbmann: Der deutsche Bildungsroman
SM 216 Marx: Die deutsche Kurzgeschichte
SM 226 Schulz: Science Fiction
SM 232 Barton: Das Dokumentartheater
SM 248 Hess: Epigramm
SM 256 Aust: Novelle
SM 257 Schmitz: Das Volksstück
SM 260 Nikisch: Brief
SM 262 Nusser: Trivialliteratur
SM 278 Aust: Der historische Roman
SM 282 Bauer: Der Schelmenroman
SM 323 Wagner-Egelhaaf: Autobiographie

Autorinnen und Autoren
SM 71 Helmers: Wilhelm Raabe
SM 80 Kully: Johann Peter Hebel
SM 96 van Ingen: Philipp von Zesen
SM 97 Asmuth: Daniel Casper von Lohenstein
SM 99 Weydt: H. J. Chr. von Grimmelshausen
SM 102 Fehr: Conrad Ferdinand Meyer
SM 105 Prangel: Alfred Döblin
SM 107 Hoefert: Gerhart Hauptmann
SM 113 Bender: J.J. Bodmer und J.J. Breitinger
SM 114 Jolles: Theodor Fontane
SM 138 Dietz: Franz Kafka
SM 153 Schneider: Annette von Droste-Hülshoff
SM 159 Knapp: Georg Büchner
SM 163 Pape: Wilhelm Busch
SM 171 Peter: Friedrich Schlegel
SM 173 Petersen: Max Frisch
SM 179 Neuhaus: Günter Grass
SM 180 Barnouw: Elias Canetti
SM 185 Paulin: Ludwig Tieck
SM 186 Naumann: Adalbert Stifter
SM 189 Haupt: Heinrich Mann
SM 196 Knapp: Friedrich Dürrenmatt
SM 197 Schulz: Heiner Müller
SM 207 Wehdeking: Alfred Andersch
SM 211 Hansen: Thomas Mann
SM 213 Riley: Clemens Brentano
SM 215 Wackwitz: Friedrich Hölderlin
SM 218 Renner: Peter Handke
SM 221 Kretschmer: Christian Morgenstern
SM 223 Dietschreit/Henze-Dietschreit: Hans Magnus Enzensberger
SM 224 Hilzinger: Christa Wolf
SM 230 Vincon: Frank Wedekind
SM 231 Lowsky: Karl May

SM 233 Winter: Jakob Michael Reinhold Lenz
SM 237 Mayer: Eduard Mörike
SM 239 Perlmann: Arthur Schnitzler
SM 240 Wichmann: Heinrich von Kleist
SM 242 Bartsch: Ingeborg Bachmann
SM 243 Kaiser: E.T.A. Hoffmann
SM 245 Dietschreit: Lion Feuchtwanger
SM 254 Späth: Rolf Dieter Brinkmann
SM 255 Bäumer/Schultz: Bettina von Arnim
SM 258 Hein: Johann Nestroy
SM 261 Sammons: Heinrich Heine
SM 272 Sowinski: Heinrich Böll
SM 273 Mayer: Hugo von Hofmannsthal
SM 275 Schrade: Anna Seghers
SM 286 Janz: Elfriede Jelinek
SM 288 Jeßing: Johann Wolfgang Goethe
SM 289 Luserke: Robert Musil
SM 291 Mittermayer: Thomas Bernhard
SM 294 Löb: Christian Dietrich Grabbe
SM 295 Schaefer: Christoph Martin Wieland
SM 297 Albrecht: Gotthold Ephraim Lessing
SM 299 Fetz: Martin Walser
SM 304 Fasold: Theodor Storm
SM 310 Berg/Jeske: Bertolt Brecht
SM 312 Albrecht: Arno Schmidt
SM 318 Prill: Dante
SM 325 Kohl: Friedrich Gottlieb Klopstock
SM 326 Bartsch: Ödön von Horváth
SM 327 Strosetzki: Calderón
SM 328 Harzer: Ovid
SM 330 Darsow: Schiller

Printed in the United States
By Bookmasters